O RESGATE
DO
PENSAMENTO BÍBLICO

JOHN MACARTHUR

O RESGATE DO PENSAMENTO BÍBLICO

RECUPERANDO UMA VISÃO DE MUNDO
ALICERÇADA NOS PRINCÍPIOS BÍBLICOS
E NA MENSAGEM CRISTÃ

Think biblically!
Original edition copyright © 2003 por John MacArthur and Richard Mayhue. Published by Crossway a publishing ministry Good News Publishers. Wheaton, Illinois 60187, U.S.A. This edition published by arrangement with Croosway. All righgts reserved. Portuguese edition: © 2005, 2018 by Editora Hagnos Ltda.

TRADUÇÃO
Osvaldo Chamorro

REVISÃO
João Guimarães
Patricia Murari
Josemar de Sousa Pinto (Nova edição)

CAPA
Rafael Brum

DIAGRAMAÇÃO
Sônia Peticov

EDITORA
Marilene Terrengui

1ª edição – Junho - 2005
2ª edição - Setembro de 2018
Reimpressão - Outubro de 2020

COORDENADOR DE PRODUÇÃO
Mauro W. Terrengui

IMPRESSÃO E ACABAMENTO
Imprensa da Fé

EDITORA ASSOCIADA À:

Todos os direitos desta edição reservados à
EDITORA HAGNOS
Av. Jacinto Júlio, 27 - Jd. Satélite
São Paulo - SP - 04815-160
Tel/Fax: (11) 5668-5668
e-mail: hagnos@hagnos.com.br
www.hagnos.com.br

DADOS INTERNACIONAIS DE CATALOGAÇÃO NA PUBLICAÇÃO (CIP)
(CÂMARA BRASILEIRA DO LIVRO, SP, BRASIL)

MacArthur, John
O resgate do pensamento bíblico: recuperando uma visão de mundo alicerçadas nos princípios bíblico e na mensagem cristã/ John MacArthur; tradução Osvaldo Chamorro. -- São Paulo :Hagnos, 2018.

ISBN 978-85-7742-233-3

Bibliografia.
1. Vida cristã - Doutrina bíblica 2. Palavra de Deus 3. Bíblia I. Título II. Chamorro Osvaldo.

18-0881   CDD-230

ÍNDICE PARA CATÁLOGO SISTEMÁTICO
1. VIDA CRISTÃ - DOUTRINA BÍBLICA 230

Dedicatória

À diretoria, amigos do The Master's College,
corpo docente, funcionários, bacharéis e atuais/
futuros estudantes do The Master's College,
os quais se comprometem a viver pela glória e
vontade de Deus de acordo com a visão cristã de
mundo, moldada pelas Escrituras Sagradas.

Sumário

Colaboradores do The Master's College	9
Prefácio	11
Introdução	15

Primeira parte: A fundamentação bíblica

1. Adotando a autoridade e a suficiência das Escrituras John MacArthur	23
2. Cultivando uma mentalidade bíblica Richard L. Mayhue	40
3. Compreendendo a criação John MacArthur	62
4. Compreendendo o pecado John MacArthur	99
5. Alcançando um eterno e direto relacionamento com Deus John MacArthur	117
6. Vendo as nações da perspectiva de Deus Mark A. Tatlock	133

Segunda parte: A fórmula bíblica

7. Entendendo nosso mundo pós-moderno Brian K. Morley	155

8. Traçando um perfil masculino cristão   180
STUART W. SCOTT

9. Retratando a feminilidade cristã   199
PATRICIA A. ENNIS

10. Desfrutando música e adoração espirituais   219
PAUL T. PLEW

11. Por que aconselhamento bíblico, e não psicológico?   239
JOHN D. STREET

12. Por que uma visão bíblica da ciência?   263
TAYLOR B. JONES

13. Por que educação cristã, e não doutrinação secular?   286
JOHN A. HUGHES

14. Refletindo honestamente sobre a História   311
CLYDE P. GREER JR.

15. Desenvolvendo uma visão bíblica da Igreja e do Estado   348
JOHN P. STEAD

16. Propondo uma abordagem bíblica da economia   369
R. W. MACKEY II

17. Glorificando a Deus na cultura literária e artística   390
GRANT HORNER

Índice remissivo de pessoas e assuntos   417

Colaboradores do
The Master's College

Patricia E. Ennis, Ed.D., Universidade do Norte do Arizona
Presidente do Departamento de Economia Doméstica
Professora de Economia Doméstica

Clyde P. Greer Jr., D.A., Universidade Carnegie-Mellon
Presidente do Departamento de Estudos Históricos e Políticos
Professor de História

Grant Horner, Ph.D. (A.B.D.), Universidade da Carolina do Norte
Professor Assistente de Inglês

John A. Hughes, Ph.D. (A.B.D.), Universidade Brigham Young
Vice-presidente de Assuntos Acadêmicos
Professor de Educação

Taylor B. Jones, Ph.D., Universidade do Texas
Presidente do Departamento de Estudos Biológicos e Físicos
Presidente do Departamento de Matemática
Professor de Química

John MacArthur, Litt.D., D.D., Seminário Teológico Talbot
Presidente
Professor de Bíblia

R. W. Mackey II, Ed.D., Universidade Pepperdine
Presidente do Departamento de Administração de Negócios
Professor de Administração de Negócios

Richard L. Mayhue, Th.D., Seminário Teológico Grace
Vice-presidente Sênior e Reitor
Professor de Bíblia

Brian K. Morley, Ph.D., Escola de Teologia Claremont
Professor de Filosofia e Apologética

Paul T. Plew, Ed.D., Universidade Nova Southeastern
Presidente do Departamento de Música
Professor de Música

Stuart W. Scott, D. Min., Seminário Teológico Covenant
Professor Associado de Aconselhamento Bíblico

John P. Stead, Ph.D., Universidade do Sul da Califórnia
Professor de Estudos Históricos e Políticos

John D. Street, D. Min., Seminário Teológico Westminster
Presidente do Departamento de Aconselhamento Bíblico
Professor Associado de Aconselhamento Bíblico

Mark A. Tatlock, Ed.D., Universidade Nova Southeastern
Vice-presidente da Organização Vida Estudantil

Prefácio

No esforço de manter a missão do *The Master's College*, capacitar estudantes para uma vida de permanente comprometimento com Cristo, fidelidade bíblica, integridade moral, amadurecimento intelectual e constante contribuição ao reino de Deus, este volume foi escrito para instruir e incentivar a todos que irão eventualmente ler este material a adotar a visão cristã de mundo. Sem hesitação ou reservas, o *The Master's College* está comprometido com a autoridade absoluta, a centralidade, a infalibilidade, a superioridade e a suficiência da palavra de Deus. Dessa forma, as Escrituras servem para destacar a única e mais importante busca que orienta e modela nossa visão de Deus e o mundo que ele criou.

O resgate do pensamento bíblico é destinado a estudantes e não estudantes. Em uma era em que a influência pós-moderna defende que não há absolutos e que a opinião de todos tem o mesmo valor, este volume propõe um sério chamado a recuperar a visão cristã de mundo que é absoluta e exclusiva. Constatamos que muitos crentes individualmente, igrejas evangélicas conservadoras e escolas cristãs se afastaram da soberana visão de Deus e sua Palavra, fazendo que seu ponto de vista de mundo e do ser humano esteja comprometido pelo erro. Esses ensaios têm o objetivo de reafirmar e restaurar a visão bíblica da realidade da vida da perspectiva de Deus; alguns dos conteúdos têm a intenção de ser de advertência, outros são claramente proibitivos. Se o leitor for um estudante do ensino médio ou superior, pastor ou professor, um missionário ou conselheiro bíblico, um leigo ou servo cristão, este livro irá ajudá-lo a focar adequadamente a atenção no entendimento de Deus sobre o mundo em que vivemos.

Este volume não tem a intenção de ser um longo tratado sobre o assunto. Nesse sentido, as explanações e defesas contra outros pontos de vista não

« 12 »

foram incluídas.[1] Observe que nenhum capítulo esgota o assunto abordado, mas fornece um tratamento geral do tema que cremos apropriado para o objetivo da obra. Cada capítulo poderia ampliar-se formando um extenso livro. Além disso, disciplinas adicionais poderiam ser tratadas, havendo espaço que permitisse. De qualquer forma, a clara explanação dos temas e sua forma de apresentação são sua força intencional.

Este trabalho foi dividido em duas grandes seções. A primeira parte apresenta "A fundamentação bíblica", subdividida em seis grandes ideias que compõem as bases da visão cristã de mundo, incluindo uma ênfase especial sobre o Novo Testamento de Jesus Cristo. A segunda parte ilustra "A formulação bíblica", na qual muitos, mas não todos, dos mais importantes trabalhos externos contemporâneos do ponto de vista cristão são tratados de modo resumido e representativamente.[2]

Observe também a diversidade nos níveis de estilo literário no tratamento dos diferentes tópicos. Verifique especificamente os capítulos 1 e 2, cuja documentação é extensa; os demais capítulos têm uma documentação mínima. Em alguns casos, essa diversidade resulta da natureza dos assuntos específicos, e de uma pequena discordância, a partir da liberdade de escolha de cada colaborador. Embora o leitor possa perceber uma real, ainda que pequena diferença de opiniões, o corpo docente do *The Master's College* está unanimemente e de todo o coração comprometido com a visão bíblica da maneira como ela é apresentada nas Escrituras.

---

[1]Para informações adicionais quanto a essa dimensão dos estudos da cosmovisão, veja Norman L. Geisler e William D. Watkins, *Worlds Apart: A Handbook on World Views*, 2. ed. (Grand Rapids, MI: Baker, 1989); W. Andrew Hoffecker e Gary Scott Smith, eds., *Building a Christian Worldview*, vol. 1 (Phillipsburg, NJ: Presbyterian and Reformed, 1986); Ronald H. Nash, *Worldviews in Conflict: Choosing Christianity in a World of Ideas* (Grand Rapids, MI: Zondervan, 1992); David A. Noebel, *Understanding the Times* (Manitou Springs, CO: Summit Press, 1991); James W. Sire, *The Universe Next Door*, 2. ed. (Downers Grove, IL: IVP, 1988); e R. C. Sproul, *Lifeviews: Understanding the Ideas That Shape Society Today* (Old Tappan, NJ: Fleming H. Revell, 1986).

[2]Para ajuda adicional quanto ao assunto, veja Gordon H. Clark, *A Christian View of Men and Things* (Grand Rapids, MI: William B. Eerdmans, 1952; reimpressão, Grand Rapids, MI: Baker, 1981); Arthur F. Holmes, *Contours of a World View* (Grand Rapids, MI: William B. Eerdmans, 1983); Gary North, ed., *Foundations of Christian Scholarship* (Vallecito, CA: Ross House Books, 1979); W. Gary Phillips e William E. Brown, *Making Sense of Your World from a Biblical Viewpoint* (Chicago: Moody Press, 1991); Francis A. Schaeffer, *How Should We Then Live?* (Old Tappan, NJ: Fleming H. Revell, 1976); e também Herbert Schlossberg e Marvin Olasky, *Turning Point: A Christian Worldview Declaration* (Wheaton, IL: Crossway Books, 1987).

PREFÁCIO

Cada capítulo é concluído com uma seção que sugere leituras adicionais. Essas obras e autores são listados como representativos dos melhores volumes que o leitor pode encontrar, caso queira futuramente explorar um assunto interessante de qualquer capítulo apresentado. A inclusão de uma obra não constitui uma validação nossa de tudo o que ela contém, mas reflete uma impressão favorável de sua força geral.

As notas finais fornecem informações adicionais e documentos mencionados para uma visão literária de cada capítulo. Um índice de pessoas e um índice de assuntos no final da obra fornecem uma referência direta.

Os editores agradecem a todas as pessoas que colaboraram na produção de *O resgate do pensamento bíblico*. Os bibliotecários John Stone e Dennis Swanson ajudaram a disponibilizar valiosos recursos materiais e referências; as assistentes administrativas Marjorie Ackerman, Sharon Staats, Tanya ten Pas e as secretárias do corpo docente trabalharam em várias partes do projeto; os doutores W. Gary Phillips e Bob White leram o manuscrito e ofereceram auxílio para o aprimoramento da obra; Phil Johnson e Gary Knussman auxiliaram em muitos capítulos; e vários colegas do TMC fizeram valiosas sugestões durante a leitura preliminar dos rascunhos dos capítulos.

O corpo docente do *The Master's College* oferece *O resgate do pensamento bíblico.* com a simples oração de que o Senhor Jesus Cristo se agrade em encorajar esta geração de cristãos e a próxima para interpretar o mundo ao seu redor com a visão cristã por possuir *a mente de Cristo* (1Co 2.16).

JOHN MACARTHUR
RICHARD L. MAYHUE
JOHN A. HUGHES

Introdução

Weltanschauung.[1] O que é isso? Todos a têm. Ela modifica a maneira de as pessoas interpretarem a vida. É ela quem desencadeia a tomada de decisões, além das reações de cada um. Ela surge de diferentes maneiras. A filosofia, a ciência, a cultura e/ou a religião, geralmente, lhe fazem contribuições significativas. Mas o que *ela* é? É a visão de mundo que cada pessoa possui. O que é uma visão de mundo? Ela abrange a gama de suposições, convicções e valores por intermédio dos quais alguém tenta entender e dar sentido ao mundo e à vida. "Visão de mundo é um modelo conceitual por intermédio do qual, consciente ou inconscientemente, firmamos ou adaptamos tudo o que cremos, e através do qual podemos interpretar e avaliar a realidade."[2] "Visão de mundo é, primeiramente, *uma explicação e interpretação do mundo* e, em segundo lugar, *uma aplicação dessa visão à vida.*"[3]

Como alguém adquire uma visão de mundo? Onde ela começa? Cada visão de mundo começa com *pressuposições* — ou seja, opiniões que alguém crê serem verdadeiras, sem conferir evidências independentes de outras fontes ou sistemas. Interpretar a realidade, em parte ou no todo, requer que se adote uma posição interpretadora, já que não há ideias "neutras" no universo. Como consequência, é criada uma base para a construção da visão de mundo.

Quais são as pressuposições de uma visão cristã de mundo, que estão firmemente baseadas e vinculadas às Escrituras? Carl F. H. Henry, um

---

[1] A palavra alemã traduzida por "cosmovisão".

[2] NASH, Ronald H., *Faith and Reason* (Grand Rapids, MI: Zondervan, 1988), 24.

[3] PHILLIPS, W. Gary e BROWN, William E. , *Making Sense of Your World from a Biblical Viewpoint* (Chicago: Moody Press, 1991), 29.

« 16 » O RESGATE DO PENSAMENTO BÍBLICO

destacado filósofo cristão da última metade do século 20, responde de forma simples à questão: "... a teologia evangélica desafia a que se guarde apenas uma pressuposição: o Deus vivo e pessoal conhecido claramente por meio de sua revelação...".[4] Sem dúvida, o dr. Henry crê firmemente que "nossos sistemas teológicos não são infalíveis, mas a revelação oferecida por Deus o é".[5] O escritor Henry já havia considerado essa questão anteriormente: "Nas suas previsões ontológicas e epistemológicas, o cristianismo começa com a apresentação biblicamente fundamentada de Deus, e não com invenções especulativas que modificam a fé de acordo com a opinião de algum intérprete".[6] Ronald Nash exprime a questão de forma semelhante: "Os seres humanos e o universo no qual habitam são criação de Deus, tendo revelado a si mesmo nas Escrituras".[7]

A título de esclarecimento e orientação sobre este volume, estabelecemos duas principais pressuposições que fundamentam os capítulos que se seguem. A primeira se refere à existência eterna do Deus criador, pessoal, transcendente e trino. Já a segunda estabelece que o Deus das Escrituras revelou seu caráter, seus propósitos e sua vontade nas páginas infalíveis e inequívocas de sua Revelação, a Bíblia, a qual é superior a qualquer outra fonte de revelação ou conhecimento humano.

Qual é a visão cristã de mundo?[8] A seguinte definição é oferecida como modelo:

> A visão cristã de mundo enxerga e compreende a Deus, o criador, e a sua criação — ou seja, o homem e o mundo — primeiramente através das lentes da revelação especial de Deus, as Santas Escrituras, e depois, por intermédio da revelação natural de Deus na criação, interpretada pela razão humana e reconciliada pela e com a Escritura, para que creiamos e vivamos

---

[4] HENRY, Carl F. H., *God, Revelation and Authority*, vol. 1, *God Who Speaks and Shows* (Waco, TX: Word, 1976), 212.

[5] HENRY, Carl F. H., "Fortunes of the Christian World View", *Trinity Journal* 19 (1998): 168.

[6] Ibidem, 166.

[7] NASH, *Faith and Reason*, 47. Ele dá a mesma resposta em *Worldviews in Conflict* (Grand Rapids, MI: Zondervan, 1992), 52.

[8] Para uma breve história da cosmovisão cristã em geral e o recente clima espiritual na América, veja Henry, "Fortunes", 163-176 e Carl F. H. Henry, "The Vagrancy of the American Spirit", *Faculty Dialogue* 22 (outono de 1994): 5-18. Historicamente falando, James Orr é geralmente reconhecido como o primeiro teólogo moderno a organizar o pensamento cristão ao redor da ideia central de "cosmovisão", em *The Christian View of God and the World* (Edinburgh: A. Elliot, 1893; reimpressão, Grand Rapids, MI: William B. Eerdmans, 1948).

INTRODUÇÃO «17»

de acordo com a vontade de Deus, glorificando-o, dessa forma, de mente e coração, desde agora e por toda a eternidade.

Quais os benefícios obtidos ao adotarmos a visão cristã de mundo? Veja os seguintes exemplos de alguns tipos de questionamentos existenciais cruciais, cujas respostas podem ser obtidas por intermédio da verdade suprema e adotadas por meio da fé.[9]

1. De que maneira o mundo e tudo o que nele há vieram a existir?
2. O que é a realidade em termos de conhecimento e verdade?
3. Como funciona ou deveria funcionar o mundo?
4. Qual é a natureza do ser humano?
5. Qual é o propósito da existência de cada um?
6. Como deveríamos viver?
7. Há alguma esperança para mim no futuro?
8. O que acontece quando morremos? E após a morte?
9. É possível conhecer realmente tudo?
10. Como saber o que é certo e o que é errado?
11. Qual o sentido da história humana?
12. O que o futuro nos reserva?

Nós, os cristãos do século 21, nos confrontamos com as mesmas questões básicas sobre este mundo e a vida com que os primeiros seres humanos de Gênesis se confrontaram. Eles também tinham de escolher entre várias visões de mundo para responder às questões apresentadas. E assim ocorreu durante toda a História. Consideremos o que enfrentaram José (Gn 37—50) e Moisés (Êx 2—14) no Egito, ou Elias quando se encontrou com Jezabel e os profetas pagãos (1Rs 17—19), ou Neemias na Pérsia (Ne 1 e 2), ou Daniel na Babilônia (Dn 1—6), ou Paulo em Atenas (At 17). Eles descobriram a diferença entre a verdade e o equívoco, entre o certo e o errado, porque colocaram sua fé no Deus vivo e em sua Palavra revelada.[10]

---

[9]Essa sugestiva lista foi adaptada de James Sire, *Discipleship of the Mind* (Downers Grove, IL: IVP, 1990), 30-31, e *The Universe Next Door*, 2. ed. (Downers Grove, IL: IVP, 1988), 18.
[10]A exclusiva cosmovisão cristã não permite convicções pluralistas. Veja John MacArthur, *Why One Way? Defending an Exclusive Claim in an Inclusive World* (Nashville: W Publishing Group, 2002).

Mas o que, essencialmente, distingue a visão cristã de mundo de outras visões de mundo? Indo ao cerne da questão, ela difere de outras visões de mundo, pois: 1) reconhece que Deus é a única fonte de toda verdade e 2) relaciona tudo o que é verdadeiro à sabedoria de Deus e seus propósitos tanto para a vida terrena quanto para a eterna. Arthur Holmes resume brilhantemente as implicações únicas da visão cristã de mundo quando vincula a verdade absoluta a Deus.

1. Dizer que a verdade é absoluta, em vez de relativa, significa afirmar que ela é imutável e universalmente a mesma.

2. A verdade não é absoluta por ela mesma, mas porque provém exclusivamente do Deus único e eterno. Ela está fundamentada na "objetividade metafísica" da sua criação.

3. A verdade absoluta aqui sugerida, de outro lado, depende da verdade (ou fé) absoluta particular em Deus, já que podemos confiar em tudo o que ele faz e diz.[11]

Existe alguma incompreensão em relação à visão cristã de mundo, principalmente por parte dos cristãos? Há pelo menos dois conceitos errôneos. O primeiro é o que afirma que a visão cristã do mundo e da vida deve ser totalmente diferente de outras visões de mundo. Mas isto nem sempre é verdadeiro (por exemplo, todas as visões de mundo, inclusive a cristã, reconhecem a lei da gravidade universal); a visão cristã de mundo tem de ser diferente e única na maioria dos pontos importantes, especialmente no que se refere à pessoa de Deus, à natureza e ao valor das Escrituras, e à exclusividade de Jesus Cristo como Salvador e Senhor. O segundo conceito equivocado é afirmar que a Bíblia contém tudo o que precisamos saber. O bom senso deixa de lado essa ideia. De outro lado, é verdade que a Bíblia contém realmente tudo o que os cristãos precisam saber sobre sua vida espiritual e celestial por intermédio do pleno conhecimento do único e verdadeiro Deus, o qual é o maior e o mais importante nível de conhecimento (2Pe 1.2-4). Além disso, mesmo que não contenha informações completas sobre todos os assuntos, quando a Escritura se refere a qualquer tema, o faz com autoridade.

---

[11]HOLMES, Arthur F., *All Truth Is God's Truth* (Grand Rapids, MI: William B. Eerdmans, 1977), 37.

Como uma visão cristã de mundo pode ser espiritualmente proveitosa, e em quais contextos? Em primeiro lugar, *academicamente* falando, a visão cristã de mundo é oferecida não apenas como uma entre muitas possibilidades, mas como a única visão de vida cuja fonte singular de verdade e realidade é o Deus criador. Assim, ela funciona como uma resplandecente fonte de luz, refletindo a glória de Deus no meio da escuridão intelectual.

Em segundo lugar, a visão cristã de mundo pode ser usada como ferramenta efetiva de *evangelização*, visando a responder às questões e dúvidas dos incrédulos. Entretanto, deve ficar evidente que, em última análise, é o evangelho que tem o poder de trazer a salvação ao indivíduo (Rm 1.16,17). Carl F. H. Henry expressa com clareza a ideia de que

> Ninguém pode ser "persuadido a se tornar cristão". Contudo, ignorando as normas racionais, a experiência religiosa é menos bíblica e evangélica. Alguém pode ser persuadido intelectualmente sobre a consistência lógica e verdadeira do conceito evangélico em relação a Deus e ao mundo. De outro lado, esse alguém não precisa ser um crente para compreender as verdades contidas na revelação divina. Uma pessoa convencida intelectualmente da verdade do evangelho, mas que busca fugir ou adiar sua decisão pessoal quanto à confiança salvadora, está divinamente condenada, porém a fé pessoal é um dom do Espírito. O Espírito Santo usa a verdade como instrumento de convencimento e persuasão.[12]

Finalmente, a visão cristã de mundo é extremamente útil, no âmbito do *discipulado*, para informar e amadurecer um verdadeiro adorador de Cristo com relação às implicações e ramificações da fé cristã. Ela oferece um patamar por meio do qual 1) entendemos o mundo e toda a realidade da perspectiva divina, e 2) assumimos um estilo de vida de acordo com a vontade de Deus.

Qual deve ser o objetivo principal de se adotar a visão cristã de mundo? Por que a visão cristã de mundo merece ser recuperada? Veja o que diz Jeremias, que nos dá uma resposta direta de Deus:

> *Assim diz o Senhor: Não se glorie o sábio na sua sabedoria, nem se glorie o forte na sua força; não se glorie o rico nas suas riquezas; mas o que se*

---

[12]Henry, *Fortunes*, 175.

gloriar, glorie-se nisto: em entender, e em me conhecer, que eu sou o SENHOR [...] porque destas coisas me agrado, diz o SENHOR (Jr 9.23,24).

« Leituras Adicionais »[13]

GEISLER, Norman L. e WATKINS, William D. *Worlds Apart: A Handbook on World Views*. 2. edição. Grand Rapids, MI: Baker, 1989.

HOFFECKER, W. Andrew e SMITH, Gary Scott et al. *Building a Christian World View*. Vols. 1 e 2. Phillipsburg, NJ: Presbyterian and Reformed, 1986, 1988.

HOLMES, Arthur F. *Contours of a World View*. Grand Rapids, MI: William B. Eerdmans, 1983.

MACARTHUR, John. *Why One Way? Defending an Exclusive Claim in an Inclusive World*. Nashville: W Publishing Group, 2002.

NASH, Ronald H. *Worldviews in Conflict: Choosing Christianity in a World of Ideas*. Grand Rapids, MI: Zondervan, 1992.

NOEBEL, David A. *Understanding the Times*. Manitou Springs, CO: Summit Press, 1991. Reimpressão, Eugene, OR: Harvest House, 1994.

NORTH, Gary, et al. *Foundations of Christian Scholarship*. Vallecito, CA: Ross House Books, 1979.

ORR, James. *The Christian View of God and the World*. Edinburgh: A. Elliot, 1893. Reimpressão, Grand Rapids, MI: William B. Eerdmans, 1948.

PHILLIPS, W. Gary e BROWN, William E. *Making Sense of Your World from a Biblical Viewpoint*. Chicago: Moody Press, 1991. Reimpressão, Salem, WI: Sheffield Publishing, 1996.

WELLS, David F. *God in the Wasteland: The Reality of Truth in a World of Fading Dreams*. Grand Rapids, MI: William B. Eerdmans, 1994.

---

[13]Fontes adicionais da cosmovisão cristã são listadas na internet, no *site* The Wilberforce Forum (www.wilberforce.org).

« PRIMEIRA PARTE »

A FUNDAMENTAÇÃO BÍBLICA

CAPÍTULO 1

Adotando a **AUTORIDADE** e a suficiência das **ESCRITURAS**

JOHN MACARTHUR

Uma verdadeira visão cristã de mundo começa com a convicção de que o próprio Deus falou nas Escrituras. Como cristãos, estamos comprometidos com a Bíblia como a infalível e soberana palavra de Deus. Cremos que ela é fiel e verdadeira de capa a capa, em cada i ou um só til (cf. Mt 5.18). As Escrituras, portanto, são o modelo no qual devemos testar todas as outras declarações da verdade. A menos que esse conceito básico domine nossa perspectiva em toda a vida, não podemos legitimamente declarar termos adotado a visão cristã de mundo.

Os "princípios éticos judaico-cristãos" por si sós não formam uma visão cristã de mundo. A admiração da pessoa e dos ensinamentos morais de Cristo não torna, necessariamente, um ponto de vista cristão. Uma verdadeira visão *cristã* de mundo, de maneira simples, é aquela na qual a palavra de Deus, entendida corretamente, é firmemente estabelecida tanto como a base quanto como a autoridade final em tudo o que cremos ser verdade.

Quando temos uma visão correta das Escrituras, a própria Bíblia vem ao nosso encontro, para moldar o que acreditamos do começo ao fim. Ela deve comandar a forma como nos comportamos e conformar toda a nossa perspectiva de vida. Em outras palavras, se simplesmente começarmos a afirmar o que a Bíblia diz sobre ela mesma, o restante de nossa visão de mundo ruirá, ao adotarmos a Bíblia como princípio e critério de tudo o que cremos. Portanto, isso é crucial; é o ponto de partida fundamental no desenvolvimento de uma visão cristã de mundo.

Mas, a Bíblia é, nela e por si mesma, suficiente para nos fornecer uma completa visão de mundo? Muitos cristãos nos dias atuais parecem imaginar que a Bíblia nem é moderna o suficiente nem sofisticada o suficiente para preparar as pessoas para viverem no século 21. Especialistas em crescimento de igrejas afirmam aos pastores que eles devem olhar além da Bíblia, adotando princípios de liderança e sucesso colhidos do mundo moderno dos negócios. Psicólogos declaram que a Bíblia é muito simplista para ajudar pessoas com complexos emocionais e questões psicológicas. Nos quatro cantos do movimento evangélico atual, as Escrituras têm sido deixadas de lado em favor de novas filosofias, teorias científicas, comportamento experimental e técnicas de aconselhamento politicamente corretas e outras modas similares da vida moderna. Pessoas que afirmam serem evangélicas já experimentaram todas as novas tendências da opinião secular desde a metade do século 19.

Observando as tendências mais comuns na igreja, alguém pensaria que as pesquisas de opinião, mais que as Escrituras, determinam a verdade para os cristãos. (Uma pesquisa cristã recentemente propôs uma série de avisos gritantes em forma de um livro e uma série de *press releases*, dizendo que a igreja iria, em pouco tempo, desaparecer completamente se os líderes das igrejas não percebessem que as opiniões modernas da sociedade têm a força de moldar e até mudar radicalmente a essência natural da igreja no intuito de alavancar seu progresso através dos tempos. Esse ponto de vista é claramente contrário ao princípio de Mateus 16.18, onde somos informados de que as portas do inferno não prevalecerão contra a verdadeira igreja.) É evidente que muitos que se dizem evangélicos atualmente agem norteados por outros objetivos, e não por uma visão bíblica de mundo.

O ATAQUE À SUFICIÊNCIA DA BÍBLIA

Talvez a doutrina que mais esteja sob ataque na igreja de nossa geração seja a suficiência das Escrituras. Mesmo pessoas que proclamam a autoridade, a inspiração e a infalibilidade das Escrituras negam-se, às vezes, a afirmar sua *suficiência*. O resultado é praticamente o mesmo que negar a autoridade bíblica, porque afasta as pessoas da Bíblia, na busca de outra "verdade".

O que queremos dizer quando afirmamos que a Bíblia é suficiente? Queremos dizer que a Bíblia é um guia adequado para todas as questões de fé e conduta. As Escrituras nos apresentam toda a verdade que precisamos para a vida e a espiritualidade. Ou como dizem as palavras da Confissão de Fé de Westminster, de 1647: "Todo o conselho de Deus concernente a todas as coisas necessárias para a glória dele e para a salvação, fé e vida do homem, ou é expressamente declarado na Escritura ou pode ser lógica e claramente deduzido dela. À Escritura nada se acrescentará em tempo algum, nem por novas revelações do Espírito nem por tradições dos homens".[1]

A igreja simplesmente não crê mais nisso. A maioria dos cristãos parece supor que algo mais que a Bíblia é necessário para nos ajudar a sobreviver neste mundo moderno. Livrarias cristãs estão cheias de livros oferecendo conselhos retirados de outras fontes que não a Bíblia em quase todos os assuntos concebíveis — a paternidade, a condição cristã do homem e da mulher, sucesso e autoestima, relacionamentos, crescimento da igreja, liderança da igreja, ministério, filosofia e muito mais. Há pessoas que se autodenominam especialistas, declarando ter descoberto alguma verdade profunda e não revelada nas Escrituras, que se transformaram agora em líderes admirados e cultuados na paisagem evangélica contemporânea. A suficiência da Bíblia está sob ataque, e os efeitos na visão coletiva do mundo do movimento evangélico têm sido desastrosos.

Observamos a evidência disso no fato de que muitos pastores e líderes de igrejas atualmente duvidam que a Bíblia é o alimento completo para os santos. Eles querem complementar o ensinamento bíblico com diversões e ideias retiradas de fontes seculares. Aparentemente não acreditam que o estudo, o ensino e a aplicação da palavra de Deus por si sós sejam suficientes para satisfazer as necessidades espirituais das pessoas. E visivelmente não creem que pregar a Bíblia seja suficiente para conquistar os não crentes. Eles insistem, em vez disso, em procurar resultados espirituais usando os meios de comunicação atuais, a cultura visualmente orientada; declaram que a mensagem deve ser incrementada com música, drama, comédia e discursos motivadores extrabíblicos. Princípios bíblicos não são considerados suficientemente "relevantes" por si mesmos. Numerosas igrejas estão substituindo pregadores por entretenimento carnal. Há algum tempo, havia pastores que eram também professores da Bíblia, os quais cuidadosa e profundamente alimentavam suas ovelhas com um ensino bíblico modelar, preciso e inabalável; eram profundos, claros e convictos entendedores da palavra de Deus. Agora, com o passar do tempo, são cada vez mais raros de encontrar no meio evangélico.

---

[1] 1.6.

Precisamos de mais evidências para provar o fato de que os evangélicos estão perdendo a confiança na suficiência das Escrituras? Você verá isso no surgimento do misticismo evangélico — a crença de que os cristãos precisam ouvir Deus falando diretamente a eles por meio de impressões fortes em sua mente, uma voz em seus ouvidos ou outras sugestões místicas. Alguns evangélicos se tornaram obcecados por Satanás e pelos poderes demoníacos. Eles imaginam que podem comandar os demônios simplesmente por falar com eles. Todo misticismo é, de fato, nada mais que interesse pelo oculto. Ele se deriva de uma perda de confiança na suficiência das Escrituras. Aqueles que não estão convencidos de que a Bíblia é a revelação suficiente da verdade olham continuamente para outros lugares, buscam mais "revelação" e novas experiências místicas. Agindo dessa maneira, abrem bem a porta espiritual para os piores tipos de manifestação demoníaca.

Durante os últimos 25 anos, temos testemunhado o abandono da crença na suficiência da Bíblia em outra importantíssima área da vida: casamento e família. Em tempos passados, os cristãos acreditavam que se estudassem a palavra de Deus e obedecessem a seus princípios, teriam uma vida familiar que honraria a Deus e um casamento feliz que agradaria ao Senhor, mas agora há uma proliferação de novas técnicas e uma disseminação de conceitos, efeitos e opiniões distantes da Palavra, oferecidos como as verdadeiras chaves para lidar com problemas familiares. Tudo isso sugere que os cristãos não creem mais que a Bíblia seja uma fonte suficiente de instrução com respeito a essas questões.

Recentemente, li um artigo em uma respeitada revista, conhecida outrora por sua defesa dos princípios da Reforma — que sempre declarou sua fé na suficiência da Palavra. Infelizmente, nesse artigo o autor explicava por que tinha abandonado a confiança de que a Bíblia era suficiente. Ele mencionou que havia lido dados de uma pesquisa indicando que a taxa de divórcios entre "cristãos nascidos de novo" era tão alta ou ainda mais que a taxa de divórcios entre casais não cristãos. A análise desses resultados fez com que concluísse que a Bíblia simplesmente não tem todas as respostas quando adotada para manter unidos os casais cristãos. Esse escritor, que é um professor do Novo Testamento em um importante seminário evangélico, chegou à conclusão de que as linhas de direção bíblicas no casamento são simplesmente muito superficiais para serem assimiladas no mundo moderno. Em resumo, ele disse que abandonara sua confiança na suficiência da Bíblia por causa dos dados dessa pesquisa de opinião.

Mas gerações de cristãos podem testemunhar que o ensinamento bíblico sobre o casamento é suficiente, se obedecido, para manter casamentos verdadeiramente centrados em Cristo de forma saudável e vibrante. Certamente não deveríamos aceitar passivamente os dados de qualquer pesquisa com a intenção de provar que os casamentos de pessoas cristãs são mais suscetíveis a falhar que os casamentos de não cristãos. Em primeiro lugar, nenhuma pesquisa poderia determinar precisamente quem é realmente "nascido de novo" e quem não é. A pesquisa classificou as pessoas como "nascidas de novo" baseada apenas em suas declarações de que tinham algum tipo de crença em Cristo, mesmo que a análise de outras questões revelasse que elas não entendiam a essência do evangelho verdadeiro. Além disso, a pesquisa não levou em conta a informação de o divórcio ter ocorrido antes ou depois da conversão pessoal, invalidando, portanto, o tema versado.

Em segundo lugar, um casamento *nunca* fracassa, a menos que um ou ambos os cônjuges sejam desobedientes ao claro ensinamento bíblico sobre como viver com um parceiro em amor e entendimento (cf. 1Pe 3.1-7). A derrocada de casamentos supostamente cristãos atualmente não atesta a insuficiência da Palavra; apenas é prova da fraqueza e da ignorância bíblica daqueles que dizem crer que as Escrituras são a palavra de Deus.

As Escrituras se declaram suficientes?

Existem respostas bíblicas para esse pecaminoso abandono da suficiência das Escrituras? É evidente que há. Muitas passagens na Bíblia ensinam que as Escrituras são perfeitamente revelações suficientes: *visto como o seu divino poder nos tem dado tudo o que diz respeito à vida e à piedade...* (2Pe 1.3).

O texto de 2Coríntios 9.8, por exemplo, está repleto de exemplos a respeito da completa suficiência dos recursos providos por Deus: *E Deus é poderoso para fazer* ABUNDAR *em vós* TODA *a graça, a fim de que, tendo* SEMPRE, *em* TUDO, TODA *a suficiência,* ABUNDEIS *em* TODA *boa obra* (destaques do autor). Esse é um estado de compreensão incrível. Para qualquer um que declara que uma filosofia humana deve implementar a simples verdade das Escrituras, ou que as Escrituras não podem ser ligadas com assuntos sociais exatos e problemas individuais, é contradizer o testemunho divinamente inspirado de Paulo nesse versículo.

Quando Jesus orou ao Pai pela santificação dos crentes, ele disse: *Santifica-os na verdade; a tua palavra é a verdade* (Jo 17.17). "Santificar" significa "apartar do pecado, para ser santo e separado para Deus". Santificação inclui o conceito completo de maturidade espiritual. Jesus estava ensinando que todo o processo da santidade do crente é a realização da palavra de Deus (não a palavra de Deus somada a outra coisa).

Na verdade, sugerir que a palavra de Deus por si só é insuficiente é sustentar a opinião humana que tenta desvirtuar o âmago de praticamente todo culto, fingindo ser cristão. O que essas pessoas têm em comum é a crença de que o ser humano necessita da Bíblia somada a algo mais — os escritos de alguns "esclarecidos" profetas ou videntes, o decreto de tradições eclesiásticas, ou as conclusões da ciência e da filosofia secular. Podemos afirmar, então, que negar a suficiência da Bíblia é sustentar uma antiga heresia. Mas a Bíblia ensina consistentemente que a completa santidade do crente é obra da plena suficiência da palavra de Deus (cf. Jo 17.17).

Em 1Coríntios, Paulo descreveu como Deus lhe revelara (e ele instrui agora aos crentes de Corinto): ... *as quais também falamos, não com palavras ensinadas pela sabedoria humana, mas com palavras ensinadas pelo Espírito Santo, comparando coisas espirituais com espirituais* (2.13). Através do Espírito Santo, Deus dispensa sua sabedoria aos crentes. sua Palavra é tão compreensível, tão eficaz e tão completa que o versículo 15 diz que os crentes podem julgar (avaliar e considerar) *todas as coisas*. Cristãos que conhecem as Escrituras podem ter capacidade para discernir as coisas porque, de acordo com o versículo 16, eles têm *a mente de Cristo.*

A mente de Cristo é exatamente a mente de Deus — onisciente, suprema e sem nenhuma insuficiência. A Igreja, obediente à palavra de Deus, pode entender qualquer problema, desvendar qualquer necessidade ou solucionar qualquer questão aplicando a essência da mente de Deus. E a mente de Deus é revelada a nós nas Escrituras de forma que se adéque a todas as nossas necessidades espirituais.

Em Marcos 12.24, Jesus desafiou os fariseus: ... *Porventura não errais vós em razão de não compreenderdes as Escrituras nem o poder de Deus?* Todos os seus erros — como todo erro espiritual em qualquer contexto — derivavam da falta de conhecimento e entendimento da palavra de Deus. Observe também que Jesus equacionou o conhecimento das Escrituras com a experiência do *poder de Deus*. Alguns evangélicos modernos parecem pensar que, se a Igreja realmente quiser um poder real, não deve simplesmente proclamar a Bíblia. Esta é a visão de muitos carismáticos, que insistem que sinais e maravilhas são complementos necessários à mera proclamação da verdade da palavra de Deus. Outros, inclusive alguns dos líderes

ADOTANDO A AUTORIDADE E A SUFICIÊNCIA DAS ESCRITURAS

mais cultos e influentes do movimento de crescimento da Igreja, da mesma forma insistem que, a menos que a pregação bíblica seja complementada com outros programas, a Igreja jamais terá sucesso em salvar os perdidos. Eles erram profundamente, não reconhecendo que a mensagem do verdadeiro evangelho *é o próprio poder de Deus para salvação* (Rm 1.16).

Como Jesus lidou com Satanás quando foi tentado pelo mal (Mt 4.1-11)? ele usou alguma complicada fórmula de exorcismo para amarrá-lo ou expulsá-lo para o abismo? Não; ele simplesmente se dirigiu ao diabo em três ocasiões com as palavras "Está escrito" e dessa forma rebateu as táticas do inimigo pela citação das palavras das Escrituras. Por isso, até mesmo Cristo exercitou o poder de Deus por meio da palavra de Deus, e isso é o que destrói a tentação de Satanás.

O poder de Deus não se encontra em alguma fonte de conhecimento extrabíblica ou mística, no uso de sinais e maravilhas e discursos animados, *insights* da psicologia e filosofia secular ou *insights* pessoais sobre as necessidades humanas, mas o poder de Deus reside somente na inspirada, infalível e inequívoca palavra de Deus. Quando os crentes leem e estudam a palavra de Deus, obedecem a ela e a aplicam, obedecem à Palavra percebem que ela tem poder suficiente para orientar sobre qualquer situação na vida humana.

Jesus também disse: *Antes, bem-aventurados os que ouvem a palavra de Deus, e a observam* (Lc 11.28). Por intermédio disso, ele quis dizer que toda a suficiência espiritual está sujeita a ouvir a palavra de Deus e obedecer a ela. Normalmente comparamos "bem-aventurado" a uma pungente experiência emocional ou a um passageiro senso de empolgação. Mas aqui Jesus usou o termo para falar sobre um abençoado estado de vida — uma vida acompanhada pela paz e alegria, significado e valor, esperança e satisfação — uma vida que é fundamentalmente feliz e agradável. Obediência à suficiente palavra de Deus abre a porta para esse tipo de vida "bem-aventurada". Novamente a Bíblia é a resposta para todos os desafios da vida.

Em Lucas 16, Jesus relata a parábola de Lázaro (o mendigo cheio de chagas) e o homem rico. Lázaro morreu e foi descansar no seio de Abraão, o lugar da bênção. O homem rico morreu e foi sofrer no lugar de tormento. De sua posição de sofrimento, o homem rico implorou a Abraão:

Rogo-te, pois, ó pai, que o mandes à casa de meu pai, porque tenho cinco irmãos; para que lhes dê testemunho, a fim de que não venham eles também para este lugar de tormento. Disse-lhe Abraão: Têm Moisés e os profetas;

ouçam-nos. Respondeu ele: Não! pai Abraão; mas, se alguém dentre os mortos for ter com eles, hão de se arrepender. Abraão, porém, lhe disse: Se não ouvem a Moisés e aos profetas, tampouco acreditarão, ainda que ressuscite alguém dentre os mortos (Lc 16.27-31).

A perspectiva do homem rico é a mesma visão de muitos atualmente, os quais sempre parecem proclamar algum tipo de afirmação sobrenatural da verdade espiritual. Imaginam que uma clara instrução da Bíblia e o poder da boa-nova do evangelho por si sós não são suficientes. Mas o Senhor, por intermédio das palavras da parábola, argumentou de outra forma e disse que mesmo que ele em pessoa ressurgisse dos mortos (fenômeno evidentemente possível para Deus), milagres não são necessários para que a boa-nova do evangelho faça seu trabalho de transformar vidas. Por quê? Porque a palavra de Deus, por meio da inspiração e iluminação do Espírito Santo, é suficientemente poderosa — é completamente suficiente no que ela ensina sobre redenção e santificação.

Hebreus 4.12 é outro versículo significativo que declara a inerente suficiência das Escrituras: *Porque a palavra de Deus é viva e eficaz, e mais cortante do que qualquer espada de dois gumes, e penetra até a divisão de alma e espírito, e de juntas e medulas, e é apta para discernir os pensamentos e intenções do coração.* O escritor está essencialmente dizendo que a Bíblia é única e não há instrumento espiritual superior a ela para o crente. A palavra de Deus penetra o íntimo e a natureza de uma pessoa. Como? Porque é viva e poderosa, mais afiada que qualquer outra ferramenta espiritual, capaz de penetrar mais profundamente para limpar, e mais verdadeira que qualquer outro recurso para o qual alguém possa se voltar. Quando utilizada efetivamente e de forma apropriada, as Escrituras revelam os mais profundos pensamentos e intenções do coração humano, de modo que ... *não há criatura alguma encoberta diante dele; antes todas as coisas estão nuas e patentes aos olhos daquele a quem havemos de prestar contas* (v. 13). Dessa forma, a Bíblia pode fazer o que os psicanalistas jamais podem fazer. Ela é suficiente para penetrar e trazer à tona a parte mais profunda da alma humana.

Tiago 1.25 também dá testemunho da suficiência das Escrituras: *Entretanto aquele que atenta bem para a lei perfeita, a da liberdade, e nela persevera, não sendo ouvinte esquecido, mas executor da obra, este será bem-aventurado no que fizer.* A expressão *a lei perfeita, a da liberdade* é sinônimo da completa — e suficiente — palavra de Deus. Novamente, bem-aventurança, satisfação, realização e tudo o mais que pertence à vida e conduta para um crente estão sujeitos à obediência à palavra de Deus.

O apóstolo Pedro escreveu: ... *desejai, como meninos recém-nascidos, o puro leite espiritual, a fim de por ele crescerdes para a salvação* (1Pe 2.2). Crescimento e maturidade espiritual, que fazem parte do processo de santificação de todo aquele que deseja voltar às origens do cristianismo, estão ligados ao desejo do fiel de beber do *puro leite espiritual* — a palavra de Deus. Evidentemente, os nascidos de novo não querem nada mais além de leite e não podem sequer digerir outros alimentos. Pedro está dizendo que, como um bebê deseja ardentemente o leite para nutrição e crescimento, todos os crentes com o mesmo desejo e devoção devem ansiar pela palavra de Deus. A Palavra provê todos os recursos de que necessitam para a maturidade espiritual (cf. 2Pe 1.3).

Instruções ainda mais diretas e compreensíveis do poder e suficiência das Escrituras foram apresentadas por Paulo em sua mensagem de despedida aos anciãos de Éfeso: ... *como não me esquivei de vos anunciar coisa alguma que útil seja* [...] *porque não me esquivei de vos anunciar todo o conselho de Deus* [...] *agora, pois, vos encomendo a Deus e à palavra da sua graça, àquele que é poderoso para vos edificar e dar herança entre todos os que são santificados* (At 20.20,27,32). Paulo não via nenhuma parte da revelação de Deus como desprezível ou insuficiente para o crescimento espiritual. Nem viu qualquer delas como incapaz de fornecer subsídios para que esses presbíteros lidassem com os problemas da vida.

O Antigo Testamento é igualmente claro sobre a suficiência das Escrituras. Deuteronômio 6.4-9 é o resumo básico da doutrina para o povo de Israel:

> *Ouve, ó Israel; o* Senhor *nosso Deus é o único* Senhor. *Amarás, pois, ao* Senhor *teu Deus de todo o teu coração, de toda a tua alma e de todas as tuas forças. E estas palavras, que hoje te ordeno, estarão no teu coração; e as ensinarás a teus filhos, e delas falarás sentado em tua casa e andando pelo caminho, ao deitar-te e ao levantar-te. Também as atarás por sinal na tua mão e te serão por frontais entre os teus olhos; e as escreverás nos umbrais de tua casa, e nas tuas portas.*

Esta foi uma forma simples de resumir a maior ordem que Deus deu a Moisés. Mas a lei de Deus — sua Palavra revelada — foi e é o único recurso para a vida e a espiritualidade. Aonde quer que fossem, os filhos de Deus

«32» O RESGATE DO PENSAMENTO BÍBLICO

tinham sempre essa orientação divina em mente, aplicando as palavras do Deus vivo. Essas palavras ocuparam sua atenção como fonte e parte central de tudo. Para seu povo, em todas as eras, Deus ainda tem propósitos para a vida humana.

UM SALMO SOBRE A SUFICIÊNCIA DAS ESCRITURAS

O Salmo 19 é, eu creio, o mais conciso e direto tratado sobre a suficiência das Escrituras em toda a Bíblia. Esse Salmo nos conduz ao significado da revelação divina. A primeira metade, versículos 1-6, descreve a revelação de Deus na natureza, a qual por anos os teólogos têm chamado de *revelação geral*. Deus é revelado em sua criação. Como revela Romanos 1.20: *Pois os seus atributos invisíveis, o seu eterno poder e divindade, são claramente vistos desde a criação do mundo, sendo percebidos mediante as coisas criadas, de modo que eles são inescusáveis.*

Mas enquanto a revelação geral é suficiente para revelar o fato de que Deus existe, e para ensinar-nos algo sobre seus atributos, a natureza por si só não revela a verdade da salvação. O argumento do Salmo é a superioridade — a perfeição espiritual absoluta e a completa suficiência — da *revelação especial*, os escritos da palavra de Deus.

Então, a segunda parte do Salmo, versículos 7-14, destaca a absoluta e perfeita suficiência das Escrituras como nossa única verdade e infalível guia de vida. O salmista assim começa esta seção na palavra de Deus:

> *A lei do SENHOR é perfeita, e refrigera a alma; o testemunho do SENHOR é fiel, e dá sabedoria aos simples. Os preceitos do SENHOR são retos, e alegram o coração; o mandamento do SENHOR é puro, e alumia os olhos. O temor do SENHOR é limpo, e permanece para sempre; os juízos do SENHOR são verdadeiros e inteiramente justos (Sl 19.7-9).*

Esses três versículos afirmam a inteligência infinita da mente de Deus, contendo uma excelente, compreensível e também concisa instrução sobre a suficiência das Escrituras. Eles contêm seis linhas básicas de pensamento, cada uma com três elementos: um título para a palavra de Deus, uma característica da palavra de Deus e um benefício da palavra de Deus. Cada uma dessas linhas de pensamento usa a expressão-chave *do SENHOR*. Seis vezes a declaração do nome de Deus, Javé, é usada para identificar a fonte da Palavra suficiente.

O primeiro título para a Bíblia é *a lei*, a palavra hebraica *torah,* que significa basicamente ensinamento bíblico. Isso aponta para a didática ou natureza do ensinamento das Escrituras. Nas Escrituras, Deus dispensa verdadeira doutrina à humanidade, com relação ao que deveríamos crer, que tipo de caráter precisamos cultivar e como devemos viver. A *torah* é o ensinamento de Deus para todas as áreas da vida.

A primeira característica da palavra de Deus, de acordo com o versículo é que ela é *perfeita* (cf. Tg 1.25), em contraste com a imperfeição e falhas naturais do raciocínio humano. O termo hebraico traduzido por "perfeito" é uma palavra comum que também pode significar "total", "completo" ou "suficiente". Um especialista no Antigo Testamento, no esforço de capturar a totalidade do significado da palavra, disse que ela quer dizer "... tantos lados que abrange completamente todos os aspectos da vida".[2] É uma expressão de ampla compreensão, que declara que as Escrituras compreendem tudo, sem deixar nada de fora.

A primeira parte do versículo 7 também inclui os seis primeiros benefícios da Bíblia: ela reaviva a alma. O termo hebraico traduzido por "reviver" é uma referência à conversão, transformação, restauração e refrigério. Isso indica que as Escrituras são tão compreensíveis que, se forem cuidadosamente obedecidas, podem transformar toda a vida de uma pessoa em todos os aspectos. A verdade da Bíblia dá vida completa a todos os aspectos da alma. "Alma" é a tradução do termo hebraico *nephesh*, que significa a pessoa íntima, a essência do ser — o coração. Em outras palavras, as Escrituras são tão compreensíveis que podem transformar a pessoa inteira dando-lhe a salvação e suprindo todas as necessidades para sua santificação, fazendo nova a alma do indivíduo (cf. Rm 1.16; 2Tm 3.15-17; 1Pe 1.23-25).

O Salmo 119, que é um maravilhoso paralelo do Salmo 19, de forma acertada afirma: *Venha também sobre mim a tua benignidade, ó Senhor, e a tua salvação, segundo a tua palavra* (v. 41). A salvação está ligada à promessa de Deus ou à sua Palavra. *Isto é a minha consolação na minha angústia, que a tua promessa me vivifica* (v. 50). *Desfalece a minha alma, aguardando a tua salvação; espero na tua palavra* (v. 81; cf. v. 146, 174). Não é de estranhar que o apóstolo Paulo tenha ordenado a Timóteo: *... prega a palavra...* (2Tm 4.2). A palavra de Deus é suficiente para converter a alma.

---

[2]Leupold, H. C. *Exposition of the Psalms* (Grand Rapids, MI: Baker, 1969), 182.

Salmo 19.7 também declara um segundo título e característica da Bíblia: *o testemunho do* SENHOR *é fiel*. O salmista usa "testemunho" como um paralelo poético relacionado à "lei". Ele não está fazendo um contraste entre "lei" e "testemunho", mas sim usando as palavras como sinônimos, referindo-se às Escrituras. Além disso, "testemunho" define a Palavra que Deus escreveu como uma testemunha para a verdade. Na Bíblia, Deus dá testemunho sobre quem ele é e o que ele requer. seu testemunho é "fiel", em agudo contraste com o incerto, inseguro, hesitante, mutável e não confiável raciocínio humano. "Fiel" significa, não hesitante, imutável, inequívoco e digno de confiança. A verdade da palavra de Deus, assim, provê um fundamento sólido para cada pessoa, sem hesitação, sendo um sólido alicerce para edificar a vida e o destino eterno do cristão (cf. 2Pe 1.19-21).

O benefício desse testemunho fiel é o de "fazer sábios os simples". A raiz da palavra hebraica para "simples" conduz à ideia de uma porta aberta. Um indivíduo simples é como uma porta aberta — ele não tem discernimento sobre o que pode sair ou entrar. Tudo entra porque ele é ignorante, inexperiente, ingênuo e não sabe discernir as coisas. Pode ser até que tenha orgulho de ter uma "mente aberta", apesar de ser verdadeiramente um tolo. Mas a palavra de Deus faz com que essa pessoa seja "sábia". A tradução de "sábio" basicamente significa ser hábil no meio dos problemas, na prática sincera da vida cristã. Ser sábio é dominar a arte do viver diário por intermédio do conhecimento da palavra de Deus e sabendo aplicá-la em toda situação.

O Salmo 119 provê um testemunho adicional para valorizar a sabedoria que somente a palavra de Deus pode oferecer, demonstrada pelo pedido do salmista por essa sabedoria no versículo 27: *Faze-me entender o caminho dos teus preceitos...* De outra maneira, o salmista está clamando para que Deus o ensine, pois Deus sabe o caminho certo para viver. A sabedoria e a Palavra estão ligadas intrinsecamente: *Dá-me entendimento, para que eu guarde a tua lei, e a observe de todo o meu coração* (v. 34; cf. v. 66,104,125,169). Temos mais entendimento que todas as "sabedorias" combinadas dos que propagam o conhecimento humano (cf. v. 98-100).

A primeira metade do Salmo 19.8 começa com um terceiro título e característica da palavra de Deus: *Os preceitos do* SENHOR *são retos...* Aqui o título que Davi dá às Escrituras é "preceitos", significando princípios divinos, estatutos e direção divina. Ele define esses muitos preceitos simplesmente como "retos". Isso quer dizer que eles mostram aos crentes a estrada espiritual certa e os guia nela pelo verdadeiro entendimento.

As pessoas que seguem a palavra de Deus não são deixadas vagando pelo nevoeiro da opinião humana.

O resultado da aplicação dos princípios bíblicos, obedecendo a seus preceitos e andando em seus caminhos é a verdadeira alegria — *alegram o coração*. O profeta Jeremias, no meio de tremendo estresse humano — rejeição de sua pessoa e mensagem e o desastre que sobreveio a toda a sua nação — deu grande testemunho da alegria que vem por meio da palavra de Deus: *Acharam-se as tuas palavras, e eu as comi; e as tuas palavras eram para mim o gozo e alegria do meu coração...* (Jr 15.16; cf. 1Jo 1.4). O Salmo 119 provê favorável confirmação dessa verdade. No versículo 14, o salmista escreve: *Regozijo-me no caminho dos teus testemunhos, tanto como em todas as riquezas* (cf. v. 111). Se os que proclamam seguir a Cristo atualmente fossem tão entusiasmados pelos preceitos bíblicos quanto são pelo materialismo, o caráter da Igreja seria totalmente diferente e nosso testemunho para o mundo seria consistente e poderoso.

A segunda parte do Salmo 19.8 alista um quarto título e característica para identificar a palavra de Deus: *o mandamento do Senhor é puro*. A palavra "mandamento" enfatiza a autoridade, unindo o caráter da Palavra. Deus requer coisas corretas de seu povo e ele abençoa aqueles que obedecem, mas julga os que não obedecem. Seus mandamentos são "puros", uma palavra, na verdade, que poderia ser mais bem traduzida por "claros" ou "lúcidos". Alguns elementos das Escrituras são mais difíceis de entender que outros, mas geralmente a Bíblia é clara, e não obscura.

A pureza e a clareza da Bíblia produzem o benefício de "alumiar os olhos". Ela provê iluminação no centro da escuridão moral, ética e espiritual. Ela revela o conhecimento de tudo que não pode ser realmente visto de outra forma (cf. Pv 6.23). Uma das razões essenciais de que a palavra de Deus é suficiente para todas as necessidades espirituais humanas é que ela não deixa dúvidas a respeito da verdade essencial. A vida por si só já é confusa e caótica. Procurar a verdade fora da Bíblia só aumenta a confusão. As Escrituras, em contraste com tudo isso, são muito claras.

Conhecidos versículos do Salmo 119 contêm testemunho poderoso para a pureza e a clareza da Palavra: *Lâmpada para os meus pés é a tua palavra, e luz para o meu caminho* (v. 105); *A exposição das tuas palavras dá luz; dá entendimento aos simples* (v. 130).

O quinto título e a característica das Escrituras listados são a frase de abertura do Salmo 19.9: *O temor do Senhor é limpo...* Aqui o salmista usa o termo "temor" como sinônimo para a palavra de Deus. Por que ele fez isso? Porque a Palavra tem a intenção de conduzir e provocar em seus ouvintes o temor de Deus, o qual como resultado produzirá um temor respeitoso e vital naqueles que creem nisso (cf. Sl 119.38). E essa Palavra que procura produzir o temor de Deus em seus leitores é "clara". Ela fala com total ausência de impureza, corrupção, contaminação ou imperfeição. A palavra de Deus, e somente a palavra de Deus, é livre de pecado, livre de toda mácula do mal, vazia de corrupção e sem nenhum erro de qualquer tipo (cf. 119.9). O Salmo 12.6 afirma: *As palavras do SENHOR são palavras puras, como prata refinada numa fornalha de barro, purificada sete vezes* (cf. Sl 119.172).

Por conseguinte, a Bíblia tem o extraordinário benefício de durar para sempre (cf. Sl 19.9). *É pela palavra de Deus, a qual vive e permanece* (1Pe 1.23), que nunca muda e jamais precisa ser alterada, não importa a geração.

O sexto e último título e característica da Palavra listados na litania de louvor de Davi no Salmo 19 estão na segunda metade do versículo 9: ... *os juízos do SENHOR são verdadeiros.* Esses *juízos* são os julgamentos e ordenanças de Deus — em essência, veredictos divinos. Os mandamentos da Bíblia são os eternos decretos de julgamento supremo para a vida e destino eterno da humanidade. E esses juízos são *verdadeiros.* Ainda que, do ponto de vista terreno, a verdade seja muito difícil de ser descoberta pelo ser humano, a Palavra do Senhor é sempre verdadeira, portanto é sempre confiável, relevante e aplicável — em contraste com as mentiras dos homens não regenerados que são simples peças de jogo e também vítimas de Satanás, o pai da mentira.

O resultado da honestidade das Escrituras no versículo 9 é que ela é "toda justa". A expressão conduz à ideia de compreensibilidade. A Bíblia é completa, suficiente, fonte inequívoca de toda a verdade. Por isso Deus propõe esses mandamentos como: *Mas vós, que vos apegastes ao SENHOR Deus, todos estais hoje vivos* (Dt 4.4; cf. Ap 22.18,19). O Salmo 119.160 é outra maravilhosa instrução na compreensível e ajustada natureza das Escrituras: *A soma da tua palavra é a tua verdade, e cada uma das tuas justas ordenanças dura para sempre* (cf. v. 89,142,151). A palavra de Deus contém toda a verdade necessária para uma vida espiritual genuína e vai perfeitamente ao encontro de todas as necessidades espirituais da humanidade.

A segunda metade do Salmo 19 afirma o supremo valor das Escrituras:

Mais desejáveis são do que o ouro, sim, do que muito ouro fino; e mais doces do que o mel e o que goteja dos favos. Também por eles o teu servo é

ADOTANDO A AUTORIDADE E A SUFICIÊNCIA DAS ESCRITURAS

advertido; e em os guardar há grande recompensa. Quem pode discernir os próprios erros? Purifica-me tu dos que me são ocultos. Também de pecados de presunção guarda o teu servo, para que não se assenhoreiem de mim; então serei perfeito, e ficarei limpo de grande transgressão (v. 10-13).

Primeiro, Davi diz que a palavra de Deus é mais valiosa que *muito ouro fino*. Ter a incomparável palavra de Deus é muito melhor que possuir riqueza terrena. Bênçãos materiais são sem valor se comparadas à verdade da palavra de Deus.

Segundo, a Palavra é tão infinitamente preciosa porque é a fonte do maior prazer da vida, descrita no versículo 10 como mais doce do que o mel e o que goteja dos favos. Nada há mais enriquecedor, e significativo para o ser humano, e também fonte de prazer inesgotável, do que as alegres horas passadas lendo, estudando e meditando no conteúdo da palavra de Deus (cf. Jr 15.16). A falta de saída para os difíceis problemas da vida não é resultado de inadequação das Escrituras; é o resultado da inadequação das pessoas no estudo e aplicação da Palavra. Se as pessoas amassem a palavra de Deus como deveriam, ninguém jamais questionaria a suficiência da Bíblia.

Terceiro, a Bíblia é valiosa como a melhor fonte de proteção espiritual: *Também por eles o teu servo é advertido...* (v. 11). As Escrituras protegem os crentes em face da tentação, do pecado e da ignorância (cf. Sl 119.9-11).

Quarto, as Escrituras são fonte de grande vantagem, pois, guardando suas verdades, há *grande recompensa*. A verdadeira recompensa não vem do materialismo passageiro ou das teorias antropocêntricas e técnicas falhas, mas da obediência à Palavra, a qual resulta em glória eterna. Na verdade, a palavra "recompensa" aqui no hebraico é literalmente "o fim". O salmista está dizendo que na obediência à Palavra há um grande fim: uma eterna recompensa.

A Bíblia também é valiosa como meio de verdadeira purificação. Ainda exaltando as virtudes das Escrituras, Davi pergunta: *Quem pode discernir os próprios erros?* (v. 12). À luz de todas as características positivas e benefícios transformadores para a vida, presentes na palavra de Deus, Davi não podia entender por que alguém desobedeceria aos preceitos de Deus. Isso o levou a exclamar: *... Purifica-me tu dos que me são ocultos. Também de pecados de presunção guarda o teu servo, para que não se assenhoreiem de mim* (v. 12,13). "Faltas ocultas" são os pecados que não planejamos cometer e com frequência não nos lembramos de confessar. *Pecados de* *presunção* são pecados arrogantes, premeditados, que cometemos mesmo sabendo o que estamos fazendo.

Davi sinceramente desejou que esses pecados nunca o dominassem, porque dessa forma ele poderia ser *irrepreensível e livre de grande transgressão*. Ele usou um termo hebraico para "transgressão", o qual tem a ideia de quebrar deliberadamente, livre de qualquer moderação ou acusações do passado, tentando levantar uma barreira para escapar do domínio de Deus e do reino da graça. Isso simplesmente quer dizer apostasia. O salmista estava apelando a Deus, clamando por pureza de coração, que ele nunca rejeitaria, porque havia percebido que a palavra de Deus é a única proteção suficiente contra o desastre espiritual.

O Salmo 19 conclui expressando o compromisso do salmista com a Palavra: *Sejam agradáveis as palavras da minha boca e a meditação do meu coração perante a tua face, Senhor, Rocha minha e Redentor meu!* (v. 14). Davi queria que o Senhor transformasse em preceitos bíblicos suas palavras e seus pensamentos. Ele queria ser um homem da Palavra. Um verdadeiro e consistente compromisso com a revelação divina é o único compromisso que realmente importa nesta vida.

Muitas outras tendências na igreja evangélica dos dias atuais derivam do abandono deliberado da perspectiva refletida nesse Salmo. É porque os cristãos têm perdido seu compromisso com a suficiência das Escrituras que têm abraçado visões de mundo que não são verdadeiramente bíblicas. Por isso é que cristãos estão deixando a palavra de Deus (a mente de Cristo) com o objetivo de buscar todo tipo de ideias mundanas. Ainda que declarem crer na honestidade das Escrituras, aparentemente não acreditam que a Palavra seja *suficiente* para ir ao encontro de todas as suas necessidades e às daquelas pessoas as quais atacam. Eles demonstram falta de fé porque nunca foram realmente nobres como os de Bereia, que diariamente pesquisavam as Escrituras (cf. At 17.11). Eles têm tratado a Bíblia como um livro de declarações superficiais, por isso jamais desfrutaram o poder de suas ricas e profundas verdades. A mensagem da Igreja não deve ser a Bíblia *somada* aos valores do mundo, mas que a Bíblia *por si só* é suficiente. Essa deve ser a exclusiva e vital mensagem da Igreja.

Muitas pessoas nas igrejas e escolas evangélicas, atualmente, simplesmente concluem que certos problemas difíceis que encontram estão além do alcance das Escrituras. O problema real é que não são realmente devotadas às Escrituras. Não se comprometeram com a leitura diária e a aplicação da palavra de Deus em sua vida. Dessa forma, faltam-lhes o genuíno discernimento e entendimento bíblico. Se estudassem realmente as Escrituras, saberiam que ela é a única fonte cristã de força espiritual e de sabedoria. Ela é o recurso totalmente compreensível que Deus nos deu para lidarmos com as questões da vida. Quando os cristãos abandonam esse recurso, não é de estranhar que tenham conflitos espirituais.

A Bíblia é realmente suficiente para responder satisfatoriamente a todos os problemas da vida humana? Afirmamos veementemente que sim!

E ninguém diga que não é, seja por opinião explícita, seja por ação implícita, porque estará chamando a Deus de mentiroso e ignorando ou questionando seriamente a clara e evidente instrução de Paulo a Timóteo:

> *Tu, porém, permanece naquilo que aprendeste, e de que foste inteirado, sabendo de quem o tens aprendido, e que desde a infância sabes as sagradas letras, que podem fazer-te sábio para a salvação, pela fé que há em Cristo Jesus. Toda Escritura é divinamente inspirada e proveitosa para ensinar, para repreender, para corrigir, para instruir em justiça; para que o homem de Deus seja perfeito e perfeitamente preparado para toda boa obra* (2Tm 3.14-17).

Este é o ponto de partida para uma verdadeira visão cristã de mundo — e é o ponto ao qual os cristãos devem inevitavelmente retornar para poder avaliar e discernir toda opinião conflitante e qualquer filosofia. As Escrituras são verdadeiras. São confiáveis. E, acima de tudo, são suficientes para guiar-nos em todos os aspectos do desenvolvimento de uma visão de mundo que honra a Deus.

« Leituras Adicionais »

GEISLER, Norman L., ed. *Inerrancy*. Grand Rapids, MI: Zondervan, 1980.

KISTLER, Don, ed. *Sola Scriptura!* Morgan, PA: Soli Deo Gloria, 1995.

MACARTHUR, John. *Ashamed of the Gospel*. Wheaton, IL: Crossway Books, 1993.

_____. *Our Sufficiency in Christ*. Dallas: Word, 1991. Reimpressão, Wheaton, IL: Crossway Books, 1998.

_____. *Reckless Faith*. Wheaton, IL: Crossway Books, 1994.

RADMACHER, Earl e PREUS, Robert, eds. *Hermeneutics, Inerrancy and the Bible*. Grand Rapids, MI: Zondervan, 1984.

WARFIELD, Benjamin Breckinridge. *The Inspiration and Authority of the Bible*. Philadelphia: Presbyterian and Reformed, 1948.

CAPÍTULO 2

Cultivando uma
MENTALIDADE BÍBLICA

RICHARD L. MAYHUE

"Desperdiçar a mente é algo terrível." Esta expressão com certeza nos faz lembrar de uma proeminente instituição de nível universitário.[1] A maioria das visões de mundo, se não todas, deveria adotar esse aforismo normalmente bem aceito. No entanto, há uma grande divergência de opiniões ao descrever que tipo de desperdício está envolvido nisso, quão extenso ele é ou virá a ser, qual a melhor maneira de prevenir esse tipo de perda intelectual, e quais poderiam ser os melhores métodos para recuperar uma mente danificada ou negligenciada.

Este capítulo vai defender a ideia fundamental de que a mente humana: 1) que é redimida por meio de Jesus Cristo como Salvador e Senhor (cf. Rm 8.5-8), além de renovada constantemente pela Palavra (cf. Rm 12.2) e 2) que recebe ainda uma boa instrução (formal ou informal) com uma perspectiva de visão cristã de mundo, essa é a mente que adquire os maiores ganhos e experiências, com um mínimo de desperdício (cf. Sl 119.97-104). Enquanto o *slogan* clássico dessa instituição, mencionado anteriormente, aborda apenas o lado intelectual da vida, a visão cristã de mundo considera tanto o aspecto intelectual quanto o aspecto espiritual da humanidade como inseparáveis e intimamente ligados desde o princípio.

---

[1] A marca registrada da *United Negro College Fund*.

Quando Deus criou Adão e Eva (cf. Gn 1—2), ele os fez à sua própria imagem e semelhança (cf. Gn 1.27) com uma mente que lhes permitiu imediatamente pensar, comunicar-se e agir (cf. Gn 2.19,20; 3.1-6).[2] O criador desejava que sua criação o amasse com todo o entendimento (cf. Mt 22.37; 2Jo 6), portanto, as dimensões intelectual e espiritual foram unidas na criação do ser humano e na vontade de Deus para as suas criaturas.

Provérbios 27.19 nos fornece um axioma básico sobre o entendimento e o caráter individual de cada ser humano.

> *Como na água o rosto corresponde ao rosto, assim o coração[3] do homem ao homem.*

Desse modo, quem Adão e Eva vieram a ser depende de certa forma de como eles pensavam. Essa ideia básica também aparece em Provérbios 23.7: *Porque, como ele pensa consigo mesmo, assim é* (*New American Standard Bible*). Jesus usa uma metáfora semelhante em Mateus 15.18,19 para ilustrar os pecados do homem não por causa do que ele ingere fisicamente, mas por causa do que ele digere intelectualmente. Um indivíduo que pensa corretamente tende a agir corretamente, e, de maneira oposta, uma pessoa que pensa pecaminosamente agirá pecaminosamente em seus hábitos. As duas dimensões éticas e factuais da ideologia que alguém tem sobre a vida determinam o comportamento dessa pessoa. O mesmo princípio é também reconhecido no provérbio:

> Semeie um pensamento, e colherá uma ação;
> Semeie uma ação, e colherá um hábito;
> Semeie um hábito, e colherá um caráter.

Cada um se transforma intelectual e espiritualmente de acordo com o que pensa. Então, sem dúvida, o desperdício da mente é algo terrível, porque desperdiçar uma mente é desperdiçar uma pessoa.

---

[2] Uma das maiores tragédias no âmbito espiritual e intelectual dos dias atuais envolve a visão da maioria dos estudiosos cristãos de que Deus criou os céus e a terra por intermédio de outro meio que não *ex nihilo*, por decreto divino. Veja John MacArthur, *The Battle for the Beginning* (Nashville: Word, 2001), para uma clara defesa de uma criação literal de seis dias.

[3] Tanto a ideia hebraica (Sl 19.14) quanto a grega (Hb 4.12) por trás de "coração" enfatiza, com frequência, a capacidade e a função intelectual de uma mente humana nesse texto de Provérbios.

Fisiologicamente falando, o cérebro é o cerne da existência e da identidade humana. A raça humana foi especialmente separada de todos os outros elementos da criação por ter sido feita à imagem e semelhança de Deus e pela capacidade que lhe foi dada de raciocinar profundamente e, como consequência natural disso, viver de modo sábio. Quem poderia imaginar que um cérebro de pouco mais de 1 quilo — contendo aproximadamente 100 bilhões de neurônios e que processa algo em torno de 10 mil pensamentos por dia, regula cerca de 103 mil batimentos cardíacos a cada 24 horas, coordena mais de 23 mil inspirações por dia, e controla algo em torno de 600 músculos — poderia ter um papel tão importante na determinação da natureza e dos valores da vida? É isso exatamente o que as Escrituras nos revelam em Romanos 8.5: *Pois os que são segundo a carne inclinam-se para as coisas da carne; mas os que são segundo o Espírito para as coisas do Espírito.*

A MENTE JÁ FOI DESPERDIÇADA

Muito antes da frase "O desperdício da mente é algo terrível" ter sido criada no século 20, a mente humana já tinha sido seriamente prejudicada. Uma leitura cuidadosa das epístolas de Paulo pode revelar numerosas referências à mente humana que indicam sua degeneração, bem pouco tempo após a criação ter sido concluída, como narrada em Gênesis, nos capítulos 1 e 2.

Essa surpreendente descoberta pode ser mais bem captada na seguinte lista contendo 12 palavras negativas do Novo Testamento que descrevem a ruína da capacidade intelectual humana.

- Romanos 1.28: "depravada"
- 2Coríntios 3.14: "endurecida"
- 2Coríntios 4.4: "cega"
- Efésios 4.17: "vaidosa"
- Efésios 4.18: "obscurecida"
- Colossenses 1.21: "inimiga"
- Colossenses 2.4: "enganosa"
- Colossenses 2.8: "vã"
- Colossenses 2.18: "carnal"
- 1Timóteo 6.5: "corrompida"
- 2Timóteo 3.8: "corrupta"
- Tito 1.15: "corrompidas"

Como resultado desse sepulcro mental, as pessoas *sempre apren-dendo, mas nunca podendo chegar ao pleno conhecimento da verdade* (2Tm 3.7), e alguns ainda *têm zelo por Deus, mas não com entendi-mento* (Rm 10.2). Esta é a mais trágica expressão de uma mente des-perdiçada.

Porém, isso não significa que os seres humanos foram reduzidos à capacidade mental dos animais. Não quer dizer que alguém não possa progredir de forma extraordinária intelectualmente — alcançando, por exemplo, um Prêmio Nobel ou Pulitzer. Do mesmo modo, essa ideia também não se refere aos brilhantes trabalhos de arte, às maravilhosas descobertas científicas ou, ainda, à evolução sem precedentes da sociedade, nos dois últimos séculos. Não significa que não haja indivíduos superdotados em inteligência. Não quer dizer que alguém não possa executar boas ações ou viver de acordo com um código de normas morais elevadas.

Mas, então, o que isso quer dizer? Antes de responder a essa pergunta vital, seria melhor indagar: O que aconteceu, e por que a mente humana é desperdiçada?

COMO A MENTE FOI DESPERDIÇADA?

Quando a criação foi concluída, ... *viu Deus tudo quanto fizera, e eis que era muito bom* (Gn 1.31). Adão e Eva tinham comunhão com Deus e lhes foi dado o domínio sobre toda a criação (cf. Gn 1.26-30). Uma vida de felicidade terrena estava prometida para o futuro deles e de seus descendentes, antes que o pecado entrasse em cena.

Gênesis 3.1-7 descreve o golpe devastador e extenso que a mente humana recebeu e que afetou todos os seres humanos que vieram depois disso. Sem dúvida, Satanás travou uma guerra contra Deus e a raça humana, narrada nessa grandiosa passagem, em que o campo de batalha veio a ser a mente de Eva. Ela trocou a verdade de Deus (cf. Gn 2.17) pela mentira de Satanás (cf. Gn 3.4,5), e a mente humana, a partir desse dramático momento, nunca mais foi a mesma.

O método empírico, em sua forma mais primitiva, originou-se, de fato, em Gênesis 3, quando Eva concluiu que o único meio de decidir se Deus estava certo ou errado (depois que Satanás plantou a semente da dúvida sobre a veracidade de Deus na mente dela — Gn 3.4) era testando-o com sua própria mente e sentidos. Paulo explica essa atitude em Romanos 1.25, falando daqueles que decidem seguir o mesmo caminho espiritualmente perigoso de Adão e Eva: ... *pois trocaram a verdade de Deus pela mentira, e adoraram e serviram à criatura antes que ao criador...*

Em uma rápida descrição, Eva basicamente "comprou" a ideia de Satanás e acreditou que ela podia escolher entre desobedecer e comer ou obedecer e recusar a oferta. Eva pensou que por si só poderia determinar qual a melhor escolha, usando apenas a sua mente; a ordem de Deus já não tinha autoridade suficiente para ela. A revelação verbal de Deus não mais dizia o que era certo e o que era errado em sua vida. As instruções imperativas de Deus se tornaram opcionais porque, de repente, graças a Satanás, havia alternativas.

Então, vendo a mulher que aquela árvore era boa para se comer, e agradável aos olhos, e árvore desejável para dar entendimento, tomou do seu fruto, comeu, e deu a seu marido, e ele também comeu (Gn 3.6). Aqui encontramos o primeiro exercício da pesquisa empírica e da racionalização indutiva, em seus primórdios. Como primeiro ato da rebelião humana, Eva decidiu fazer três experiências consecutivas com a árvore para verificar quem tinha razão: Deus ou Satanás.

Desse modo, ela colocou a árvore à prova, e o primeiro teste foi de ordem física. Ela observou a árvore e, em seu exame, viu que a fruta era *boa para se comer*, tinha algum valor nutritivo. Isso deve ter feito Eva pensar: *Talvez Satanás esteja certo. Talvez Deus tenha exagerado em sua restrição, proibindo-me de ter todos os prazeres da vida e de comer de todas as frutas do jardim.*

Baseada nessa resposta positiva, ela, então, fez a segunda experiência. Eva percebeu que a fruta era *agradável aos olhos*. Ela não apenas nutriria seu corpo, mas Eva também descobriu que a fruta tinha um valor emocional ou estético. Ela olhou para a fruta e pensou que ela era *agradável aos olhos*. Colocando isso em termos modernos, ela se sentiu bem olhando para a árvore.

Mas Eva ainda não estava satisfeita. Ela quis ir mais além. É possível que tenha pensado: *Vou dar um passo mais adiante.* Veio, então, o último teste. Ela olhou e viu que a árvore era *desejável para dar entendimento*. O fruto tinha valor intelectual que poderia torná-la tão sábia quanto Deus.

Durante a deliberação de Eva, ela observou e concluiu que a árvore era realmente boa. Ela vinha ao encontro de suas necessidades físicas, estéticas e intelectuais. Eva concluiu, então, que ou Deus estava errado ou ele tinha mentido; o engano de Satanás a atraiu para longe da soberana e infalível verdade de Deus. A mente humana foi então desperdiçada para sempre. O fato de Eva ter sido enganada a levou à desobediência, pela rejeição explícita às ordens de Deus, tomando do fruto da árvore e comendo-o. Adão rapidamente fez o mesmo (cf. Gn 3.6).

Paulo resume a ação desastrosa de Eva do seguinte modo: *Mas temo que, assim como a serpente enganou a Eva com a sua astúcia, assim também sejam de alguma sorte corrompidos os vossos entendimentos e se apartem da simplicidade e da pureza que há em Cristo* (2Co 11.3; cf. 1Tm 2.14). A sedução da mente de Eva pelo engano de Satanás e a desobediência cega de Adão resultaram na corrupção da alma de ambos e, como consequência, na corrupção da alma daqueles que os sucederam (cf. Rm 5.12).

Assim, a mente humana foi desperdiçada pelo pecado. A mente do homem ficou tão debilitada que a comunhão com Deus não era mais humanamente possível, e a capacidade de ver e entender a vida da perspectiva de Deus se desfez. A raça humana estava agora alienada de seu Deus e criador.

Como resultado, os dois humanos originalmente criados por Deus, e toda a sua descendência, experimentaram uma inversão radical de seu relacionamento com Deus e seu mundo.

1. Eles não mais se preocupariam com os pensamentos de Deus, mas apenas com o pensamento do homem (Sl 53.1; Rm 1.25).
2. Eles não mais teriam visão espiritual, mas Satanás os cegou para não verem mais a glória de Deus (2Co 4.4).
3. Eles não mais seriam sábios, porém tolos (Sl 14.1; Tt 3.3).
4. Eles não mais viveriam para Deus, mas estariam mortos em seus delitos e pecados (Rm 8.5-11).
5. Eles não mais amariam as coisas do alto, mas as coisas da terra (Cl 3.2).
6. Eles não mais andariam na luz, mas, em vez disso, andariam nas trevas (Jo 12.35,36,46).
7. Eles não mais possuiriam a vida eterna, mas teriam de enfrentar a morte espiritual — ou seja, a separação eterna de Deus (2Ts 1.9)
8. Eles não mais viveriam dominados pelo Espírito, mas pela carne (Rm 8.1-5).

A MENTE PODE SER RECUPERADA?

Após a queda de Adão e Eva, seguida pela maldição de Deus sobre eles (Gn 3.16-19), a mente deles continuou atuante, mas não no nível elevado que possuía anteriormente.[4] Antes da Queda, Adão e Eva tinham apenas um potencial para pecar; após a Queda, adquiriram inclinação fortíssima para o pecado. A vida de ambos foi mais amaldiçoada que abençoada. Por terem rejeitado a verdade da revelação divina, eles então pensariam e viveriam distantes dele. A raça humana parecia estar fadada a uma vida sem esperanças após a morte.

No entanto, Deus, em sua misericórdia e graça, nos deu um Salvador que pôde restabelecer a comunhão entre ele e a raça humana perdida, de modo individual:

> Mas quando apareceu a bondade de Deus, nosso Salvador, e o seu amor para com os homens, não em virtude de obras de justiça que nós houvéssemos feito, mas segundo a sua misericórdia, nos salvou mediante o lavar da regeneração e renovação pelo Espírito Santo, que ele derramou abundantemente sobre nós por Jesus Cristo, nosso Salvador; para que, sendo justificados pela sua graça, fôssemos feitos herdeiros segundo a esperança da vida eterna (Tt 3.4-7).

A salvação pessoal pode ser alcançada pela fé na graça de Deus, que Jesus Cristo concedeu para redimir o pecado daqueles que creem que ele morreu e ressuscitou ao terceiro dia, salvando-os da ira de Deus (cf. Rm 10.9-13; 1Co 15.1-4; Ef 2.8,9; 1Pe 2.24).

A mente redimida

Como resultado da salvação, a mente de um novo convertido conhece e compreende a glória de Deus (2Co 4.6), enquanto anteriormente ele estava cego por Satanás (2Co 4.4). Essa pessoa já possui *o capacete da salvação* para proteger a mente contra as *ciladas* (Ef 6.11; uma palavra relacionada com a mente no Novo Testamento grego)[5] do diabo, em vez de estar

---

[4]A maioria dos cientistas simplesmente lança a ideia de que os seres humanos utilizam menos que 10% da mente como um mito que surgiu nos últimos anos do século 19 e início do século 20. Talvez isso seja verdade. Mas, mesmo reconhecendo que isso não pode ser mensurado com exatidão como se pretende, certamente a capacidade mental da raça humana pós-queda tem sido severamente diminuída, em comparação com aquela de Adão e Eva antes que eles pecassem. Isso é particularmente verdade no reino espiritual quanto à compreensão de Deus, do mundo que ele criou e de sua vontade para a raça humana.

[5]O substantivo grego usado aqui é *methodeia*, o qual conota um esquema tático de enganar mentalmente um oponente.

vulnerável a ele como era antes de estar salva (Ef 6.17). O novo homem (2Co 5.17-21) agora tem o conhecimento de Deus e de sua vontade, conhecimento que não tinha (1Jo 5.18-20).[6]

A mente renovada[7]

Quando alguém tem um relacionamento pessoal com Jesus Cristo, ele se torna uma *nova criatura* (2Co 5.17) que entoa *um cântico novo* (Sl 98.1), porém, isto não significa que tudo se torna novo no sentido de perfeição, na nova caminhada. A mente adquire um novo modo de pensar e uma nova capacidade para eliminar velhos pensamentos. Sem dúvida, Deus está no comando da renovação das mentes cristãs.

> *E não vos conformeis a este mundo, mas transformai-vos pela RENOVAÇÃO da vossa mente...* (Rm 12.2, destaque do autor).

> *... a vos RENOVAR no espírito da vossa mente* (Ef 4.23, destaque do autor).

> *... e vos vestistes do novo, que se RENOVA para o pleno conhecimento, segundo a imagem daquele que o criou* (Cl 3.10, destaque do autor).

A Bíblia diz: *Pensai nas coisas que são de cima, e não nas que são da terra* (Cl 3.2). Paulo coloca estes conceitos em termos militares: *... derribando raciocínios e todo baluarte que se ergue contra o conhecimento de Deus, e levando cativo todo pensamento à obediência a Cristo* (2Co 10.5).

Como podemos fazer isso? As Escrituras são a mente de Deus. Não toda a sua mente, é claro, mas tudo aquilo que Deus quer dar a conhecer a seus adoradores. Para pensar como Deus, é necessário pensar nas Escrituras. É por isso que Paulo encoraja os colossenses a que a palavra de Cristo habite ricamente neles (cf. Cl 3.16).

Harry Blamires, um inglês com extraordinário conhecimento sobre a mente cristã, explica muito bem esse conceito:

---

[6]Observe a conjugação do verbo "saber" (*oidamen*) que dá início a cada versículo em 1João 5.18-20. Veja também o uso de *ginoskomen* ("também sabemos") em 5.20.

[7]"Mente", "pensamento" e "conhecimento" são assuntos fundamentais no Novo Testamento. Mais de quarenta diferentes palavras são usadas para descrever e discutir a vida intelectual.

Pensar de forma cristã é pensar em termos da Revelação. Para os não cristãos, Deus e a teologia são invenções da mente humana. Para o cristão, Deus é real e a teologia cristã nos revela a sua verdade. Para a mente secular, a religião é apenas uma questão de teoria;[8] para a mente cristã, o cristianismo é uma questão de atos e fatos. Os atos e os fatos são a base de nossa fé, relatados na Bíblia.[9]

Na salvação, os cristãos são capacitados com habilidade mental regenerada para compreender as verdades espirituais. Após a salvação, os cristãos precisam readaptar seus pensamentos mediante a renovação da mente, usando a Bíblia como ferramenta para essa renovação. Embora o objetivo principal seja o pleno conhecimento de Deus e de sua vontade (cf. Ef 1.18; Cl 1.9,10), o crente precisa sempre estar atento para não retornar a seus pensamentos tolos e não bíblicos, causados pelos efeitos prolongados do pecado.

A mente iluminada

A Bíblia diz que os crentes precisam da ajuda de Deus para compreender sua Palavra:

> *Ora, nós não temos recebido o espírito do mundo, mas sim o Espírito que provém de Deus, a fim de compreendermos as coisas que nos foram dadas gratuitamente por Deus; as quais também falamos, não com palavras ensinadas pela sabedoria humana, mas com palavras ensinadas pelo Espírito Santo, comparando coisas espirituais com espirituais* (1Co 2.12,13).

Os teólogos chamam esse processo divino de *iluminação*. As pessoas geralmente dizem "fui inspirado" ou "fui iluminado" para descrever pensamentos turvos que mais tarde compreendem de uma nova maneira. Mas o processo divino é diferente: é o Espírito de Deus que ilumina os crentes por intermédio das Escrituras.

---

[8]Essa avaliação será feita com mais profundidade no capítulo 7 ("Entendendo nosso mundo pós-moderno") e no Capítulo 14 ("Refletindo Honestamente sobre a História"), onde muitas escolas de filosofia humana e várias abordagens seculares do entendimento de eventos passados são discutidos em detalhe.

[9] BLAMIRES, Harry. *The Christian Mind* (Londres: SPCK, 1963; reimpressão, Ann Arbor, MI: Servant Books, 1978), 110-111.

Uma boa oração que podemos fazer quando estudamos as Escrituras é: *Desvenda os meus olhos, para que eu veja as maravilhas da tua lei* (Sl 119.18). Esta oração é o reconhecimento que necessitamos da grande iluminação de Deus sobre as Escrituras. Podemos dizer também: *Ensina-me, ó Senhor, o caminho dos teus estatutos, e eu o guardarei até o fim. Dá-me entendimento, para que eu guarde a tua lei, e a observe de todo o meu coração* (v. 33,34; cf. também o v. 102).

Deus quer que os cristãos saibam sobre ele, o compreendam e o obedeçam. Então, ele lhes dá a ajuda necessária por meio do Espírito Santo. Crentes, como os discípulos com quem Jesus conversou na estrada para Emaús, necessitam da assistência de Deus: *Então lhes abriu o entendimento para compreenderem as Escrituras* (Lc 24.45). A ministração da luz de Deus sobre o significado das Escrituras é confirmada pelo salmista (cf. Sl 119.130).

Paulo e João também falam sobre isso no Novo Testamento:

> *... sendo iluminados os olhos do vosso coração, para que saibais qual seja a esperança da sua vocação, e quais as riquezas da glória da sua herança nos santos, e qual a suprema grandeza do seu poder para conosco, os que cremos, segundo a operação da força do seu poder* (Ef 1.18,19).

> *E quanto a vós, a unção que dele recebestes fica em vós, e não tendes necessidade de que alguém vos ensine; mas, como a sua unção vos ensina a respeito de todas as coisas, e é verdadeira, e não é mentira, como vos ensinou ela, assim nele permanecei* (1Jo 2.27).

A verdade sobre o processo de iluminação de Deus sobre as Escrituras para os cristãos deveria encorajar grandemente aquele que crê. Embora isso não elimine a necessidade de pessoas talentosas para ensinar (Ef 4.11,12; 2Tm 4.2) ou um trabalho árduo no estudo sério da Bíblia (2Tm 2.15), essa verdade garante que não é necessário submeter-se a dogmas eclesiásticos ou ser conduzido por falsos mestres. A dependência primária para o aprendizado das Escrituras deve estar no autor das Escrituras — o próprio Deus.

A mente de Cristo

Quando alguém pensa da forma como Deus quer, e age como ele quer, então essa pessoa é abençoada por Deus por causa de sua obediência (Ap 1.3). Espiritualmente falando, o cristão deve ser como um filho obediente, como a noiva imaculada, como uma ovelha sem mancha do rebanho de Cristo, que desfruta intimidade muito grande com Deus.

É espantoso como acadêmicos e filósofos ao longo dos séculos reconheceram a importância da mente, mas de outro lado rejeitaram o criador da mente e o Salvador da alma. Charles Colson nos relata um caso clássico:

> Estava frio e úmido naquele dia em 1610, quando um matemático francês chamado René Descartes vestiu sua capa e subiu ao compartimento lateral de um grande aquecedor. Descartes lutava havia semanas com questões sobre dúvida e razão em sua busca por alguma certeza no sistema filosófico. Enquanto se aquecia, sua imaginação começou a reluzir com a luz da razão, e ele resolveu então duvidar de tudo o que podia ser duvidoso.
>
> Horas mais tarde, a mente de Descartes foi iluminada por um pensamento inquietante e novo: ele concluiu que havia apenas uma coisa da qual não deveria duvidar, que era o fato de que duvidava. Foi um bom dia de trabalho. Assim, Descartes definiu sua famosa tese: *Cogito, ergo sum*: "Penso, logo existo". E, então, foi tomar uma bebida quente.
>
> A mais famosa afirmação de Descartes conduziu a uma novíssima promessa para o pensamento filosófico: o homem, melhor ainda que Deus, se tornou o ponto central ao redor do qual tudo gira; a razão humana se tornou a base sobre a qual uma estrutura de conhecimento pode ser construída; e a dúvida se tornou o valor intelectual mais elevado no ser humano pensante.[10]

A principal forma de idolatria consiste, da maneira como Descartes formulou sua tese, em rejeitar a mente de Deus nas Escrituras e prestar culto sobre o altar do pensamento particular e independente de cada um. A maior intimidade do cristão com Deus ocorre quando os pensamentos do Senhor substituem os nossos e, então, moldamos nosso comportamento de acordo com a mente de Cristo.

De modo diferente de Descartes, todos os cristãos deveriam ter alegria em adotar a mente verdadeira e exata de Deus Pai (Rm 11.34), Deus Filho (1Co 2.16) e Deus Espírito Santo (Rm 8.27). Em contraste com Pedro, que foi tentado por Satanás para pôr sua mente nas coisas do homem, os crentes devem colocar sua mente nas coisas de Deus (Mt 16.23). E isso não tem nada a ver com as diferentes categorias ou métodos

---

[10] COLSON, Charles. *Against the Night* (Ann Arbor, MI: Servant Books, 1989), 26-27.

CULTIVANDO UMA MENTALIDADE BÍBLICA « 51 »

de pensamento, mas sim com a maneira como podemos enxergar da perspectiva divina.

Os cristãos deveriam permanecer no temor da mente de Deus, assim como o apóstolo Paulo:

> *Ó profundidade das riquezas, tanto da sabedoria, como da ciência de Deus! Quão insondáveis são os seus juízos, e quão inescrutáveis os seus caminhos! Pois, quem jamais conheceu a mente do Senhor? ou quem se fez seu conselheiro? Ou quem lhe deu primeiro a ele, para que lhe seja recompensado? Porque dele, e por ele, e para ele, são todas as coisas; glória, pois, a ele eternamente. Amém* (Rm 11.33-36).

A visão de Deus é a única perspectiva verdadeira que pode explicar corretamente toda realidade conhecível. A mente de Deus é o modelo perfeito que desafia os cristãos, mas que nunca será totalmente alcançado. Os pensamentos humanos jamais serão superiores, iguais ou mesmo próximos aos de Deus. Há 2.500 anos, o profeta Isaías proferiu a seguinte verdade:

> *Porque os meus pensamentos não são os vossos pensamentos, nem os vossos caminhos os meus caminhos, diz o* SENHOR*. Porque, assim como o céu é mais alto do que a terra, assim são os meus caminhos mais altos do que os vossos caminhos, e os meus pensamentos mais altos do que os vossos pensamentos* (Is 55.8,9).

O modelo supremo para o aperfeiçoamento constante da mente cristã é o Senhor Jesus Cristo. Paulo declara: ... *Mas nós temos a mente de Cristo* (1Co 2.16). Como? Nós a temos por intermédio da Bíblia, que é a revelação especial e suficiente de Deus (2Tm 3.16,17; cf. 2Pe 1.3). Em Filipenses 2.5, Paulo nos instrui: *Tende em vós aquele sentimento que houve também em Cristo Jesus.* O apóstolo está indicando especificamente a intenção de Cristo para um *sacrifício* que leva à glória de Deus (2.7) e a *submissão* à vontade de Deus (2.8).

Como podemos ter a mente de Cristo e pensar de forma cristã? O escritor puritano John Owen (1616-1683) respondeu a essa séria questão deste modo:

> Podemos testar a nós mesmos, indagando se nossos pensamentos espirituais são iguais a hóspedes de um hotel ou como crianças morando em uma casa.

Há certa agitação e tumulto quando chegam hóspedes, mas em pouco tempo eles partem e são esquecidos. O hotel é então preparado para outros hóspedes. Assim ocorre também com os pensamentos religiosos que são apenas ocasionais. Mas crianças pertencem a uma casa. Elas estão perdidas se não voltam para casa. Todos os dias seus pais providenciam seu alimento e conforto. Pensamentos espirituais que provêm de uma mentalidade verdadeiramente espiritual são como crianças que moram em uma casa — sempre são esperadas e desesperadamente buscadas quando estão perdidas.[11]

A VERDADE, SATANÁS E A MENTE CRISTÃ

Deus é verdadeiro (Êx 34.6; Nm 23.19; Sl 25.10; Is 65.16; Jo 14.6; 17.3; Tt 1.2; Hb 6.18; 1Jo 5.20) e transmite apenas a verdade (Sl 31.5 [Versão King James]; 119.43,142,151,160; Pv 30.5; Tg 1.18). Então, a palavra de Deus é a verdade (Jo 17.17), e ela torna os discípulos de Cristo livres do pecado e da ignorância espiritual (Jo 8.32). Não é de estranhar então que Deus seja perfeito em sua sabedoria (Jó 36.4) e onisciência (1Jo 3.20). Deus é o modelo da racionalidade.

Mas o homem materialista pode conhecer a mente do Deus celestial? Ronald Nash responde com eloquência a esta questão:

> Não há nada na natureza da transcendência divina que impeça a possibilidade de se conhecer a mente de Deus. Não há nada de irracional ou ilógico sobre o conteúdo da revelação divina. O Deus cristão não é o Deus desconhecido da antiga Atenas ou da moderna Marburg. Ele é o Deus que criou homem e mulher como criaturas capazes de conhecer sua mente e vontade, o qual também disponibilizou informações sobre a sua mente e vontade nas verdades reveladas.[12]

A mente cristã deveria ser um repositório da verdade revelada por Deus. Ela não deveria temer, tremer, ceder ou dobrar-se diante de ideias

---

[11]A ilustração original é de John Owen, "The Grace and Duty of Being Spiritually Minded", em *The Works of John Owen*, ed. William H. Goold, vol. 7 (Edinburgh: Johnstone & Hunter, 1850-1853; reimpressão, Edinburgh: Banner of Truth, 1965), 297-298. A versão parafraseada muito mais legível usada aqui é de John Owen, *Thinking Spiritually*, ed. John Appleby (Londres: Grace Publication Trust, 1989), 21-22.

[12] NASH, Ronald H. *The Word of God and the Mind of Man* (Grand Rapids, MI: Zondervan, 1982), 14.

CULTIVANDO UMA MENTALIDADE BÍBLICA

«53»

opostas ou de argumentos aparentemente superiores (2Tm 1.7). A verdade não tem a sua origem na criatividade humana, mas em Deus. Então, os cristãos deveriam ser os campeões da verdade em um mundo repleto de mentiras, que são enganosamente disfarçadas e falsamente declaradas como a verdade.

Foi Deus quem convidou a nação de Israel: *Vinde, pois, e arrazoemos, diz o SENHOR...* (Is 1.18). O tema aqui em pauta é o arrependimento dos pecados e a salvação (v. 16-20). De forma prática, o mesmo convite é estendido a qualquer pessoa, porém isso não ocorre com tanta facilidade, porque sempre surgem barreiras colocadas por Satanás.

Estar de sobreaviso é estar "pré-armado" também. Comprometer-se a pensar como Cristo, honrando-o dessa maneira, implica assumir uma postura de oposição ao inimigo de Cristo. Satanás tem adoradores que pensam de modo contrário à palavra de Deus e desobedecem à vontade de Deus.[13]

Lembre-se de que, antes de alguém se tornar cristão, sua mente estava embotada pelo diabo: *... nos quais o deus deste século cegou os entendimentos dos incrédulos, para que não lhes resplandeça a luz do evangelho da glória de Cristo, o qual é a imagem de Deus* (2Co 4.4).

Mesmo após a salvação, Satanás continua a executar seus ataques intelectuais. Paulo tinha uma grande preocupação pela igreja de Corinto, pois escreveu: *Mas temo que, assim como a serpente enganou a Eva com a sua astúcia, assim também sejam de alguma sorte corrompidos os vossos entendimentos e se apartem da simplicidade e da pureza que há em Cristo* (2Co 11.3). Eva permitiu que Satanás pensasse por ela. Então ela decidiu pensar por conta própria, independente de Deus. Quando suas conclusões diferiram das de Deus, ela agiu de acordo com suas próprias conclusões, e não de acordo com os mandamentos de Deus; essa atitude de independência intelectual de Deus constituiu-se em pecado (Gn 3.1-7).

Satanás aponta seus dardos inflamados (Ef 6.16) em direção à mente dos crentes (2Co 11.3), fazendo de seus pensamentos vitais um campo de batalha da conquista espiritual. As Escrituras transbordam de exemplos daqueles que sucumbiram, como Eva (Gn 3) e Pedro (Mt 16). Alguns se afastaram vitoriosamente da rebelião, como Jó (Jó 1—2) e Cristo (Mt 4). Quando os cristãos caem, na maior parte das vezes, é porque se esqueceram de usar o capacete da salvação ou de empunhar a espada do Espírito (Ef 6.17).

---

[13] MAYHUE, Richard. *Unmasking Satan* (Grand Rapids, MI: Kregel, 2001), 21.

Ao alertar os cristãos sobre a constante e interminável batalha contra Satanás, Paulo, em duas ocasiões, fala sobre as ciladas e os desígnios do diabo. Duas palavras gregas diferentes são usadas,[14] mas elas se relacionam à mente:

> *Revesti-vos de toda a armadura de Deus, para poderdes permanecer firmes contra as ciladas do Diabo* (Ef 6.11).

> *... porque não ignoramos as suas maquinações* (2Co 2.11).

Como ninguém está imune a esses ataques, é necessário prestar atenção ao veemente encorajamento que Pedro faz: *Portanto, cingindo os lombos do vosso entendimento, sede sóbrios, e esperai inteiramente na graça que se vos oferece na revelação de Jesus Cristo* (1Pe 1.13; cf. 3.15).

Até aqui, a discussão tem sido focada na postura militar de prevenção ou defesa em relação à mente, porque uma boa parte das Escrituras trata da proteção pessoal. No entanto, Paulo também instrui quanto a uma ofensiva intelectual:

> *... pois as armas da nossa milícia não são carnais, mas poderosas em Deus, para demolição de fortalezas; derribando raciocínios e todo baluarte que se ergue contra o conhecimento de Deus, e levando cativo todo pensamento à obediência a Cristo* (2Co 10.4,5).

Essas *armas* (v. 4) certamente representam a palavra de Deus empunhada pela mente cristã no campo de batalha da luta contra o mundanismo. Nesse contexto da batalha mental-ideológica, as *fortalezas* (v. 4) são os "sofismas" (v. 4) e a "altivez" (v. 5) que são "levantados contra o conhecimento de Deus" (v. 5). Em outras palavras, toda filosofia, visão de mundo, apologética, ou qualquer outro tipo de ensinamento que questione, minimize, contradiga ou tente eliminar a visão cristã de mundo ou qualquer parte dela, tudo isso deve ser confrontado com um plano de batalha ofensivo e agressivo. A intenção final de Deus é a destruição ("demolir" e "derribar", são as palavras usadas no v. 4) daquilo que não corresponde aos ensinamentos claros das Escrituras sobre Deus e o mundo que ele criou.

---

[14]*Methodeia* e *noema*.

No contexto da segunda carta aos Coríntios, Paulo tinha em mente qualquer ensinamento ou assunto que não correspondesse à sua instrução apostólica que porventura chegasse a influenciar a Igreja. Se um descrente ou um crente fosse o responsável, se as ideias fossem oriundas de estudiosos ou não, se tal ensinamento tivesse amplo alcance ou não, todas as ideias e/ou opiniões que *não proviessem* do conhecimento de Deus deveriam ser consideradas *contrárias* à sabedoria de Deus. Por conseguinte, eles estavam sendo avisados para que defendessem a verdade divina num verdadeiro combate intelectual, estando em jogo inclusive a eliminação final. Todas as atividades intelectuais (por exemplo, ler, ouvir rádio, assistir à televisão e a filmes, estudos acadêmicos, conversas casuais) devem sempre ser submetidas ao filtro da visão cristã de mundo, para determinar quais delas estão aliadas às verdades das Escrituras e quais são suspeitas de serem inimigas.

USANDO A MENTE CRISTÃ

O Salmo 119 nos apresenta detalhes sobre a nova relação do cristão com a Bíblia, a qual contém a mente de Cristo. Em primeiro lugar, é preciso haver um amor profundo e um verdadeiro prazer pelas Escrituras (v. 47,48).[15] Em segundo lugar, um crente em Cristo deve ter um forte desejo de conhecer a palavra de Deus, como a melhor maneira de conhecer o próprio Deus (v. 16,93,176).[16] E em terceiro lugar, quando alguém conhece a Deus, deve ser levado a obedecer-lhe (v. 44,45).[17]

Meditação

Ouvir algo apenas uma vez não é o suficiente para algumas pessoas. Ponderar momentaneamente sobre algo profundo não permite que se assimile e se compreenda completamente o seu significado. Isso prova a veracidade da mente de Deus nas Escrituras. O Salmo 119 testifica a importância e a bênção de deter-se demoradamente sobre a palavra de Deus.

A ideia de meditar muitas vezes é mal compreendida. A meditação envolve ponderação e reflexão prolongadas. Uma expressão popular para a

---

[15]Cf. 119.16,24,35,70,77,92,97,113,127,140,143,159,163,165,167,174.

[16]O salmista, em forma de oração, convida Deus para ser seu professor (119.12,26,33,64,66, 68,108,124,135) e clama por entendimento divinamente revelado (119.27,34,73,125, 144,169).

[17]Observe a promessa do salmista em obedecer em 119.57,106,129,167,168.

meditação seria "ruminar" uma ideia, exatamente como o funcionamento do sistema digestivo bovino.

A ilustração mais apropriada é a do coador de café. A água é despejada sobre um pequeno cone e é filtrada através do pó de café. Após algum tempo, o sabor dos grãos de café é transferido para a água, e só então é chamado de "cafezinho". Da mesma forma, os cristãos têm de submeter seus pensamentos, fazendo-os passar pelos grãos da palavra de Deus e, depois de algum tempo, começam a pensar e agir religiosamente.

A Escritura ordena aos crentes que meditem em três áreas:

1. Deus (Sl 27.4; 63.6).
2. A palavra de Deus (Js 1.8; Sl 1.2).
3. As obras de Deus (Sl 143.5; 145.5).

Todos os 176 versículos do Salmo 119 exaltam as virtudes de se conhecer a mente de Deus e viver por ela. A meditação é mencionada pelo menos sete vezes como um hábito daquele que ama a Deus e deseja maior comunhão com ele: *Oh! quanto amo a tua lei! ela é a minha meditação o dia todo* [...] *Os meus olhos se antecipam às vigílias da noite, para que eu medite na tua palavra* (v. 97,148; cf. também v. 15,23,27,48,78,99).

Meditar na palavra de Deus expurga os velhos pensamentos que não são divinos, pois introduz e reforça novas ideias das Escrituras. Além disso, a meditação ainda coloca um escudo de proteção sobre a mente, bloqueando e rejeitando pensamentos que venham a contradizer a Deus. Esse é o processo bíblico de renovação da mente. Uma parte do erro de Eva pode ser atribuído à sua falha em meditar adequadamente sobre a clara e suficiente palavra de Deus (Gn 2.16,17).

Pense nisto

Alguém sugeriu que a mente é a raiz principal da alma. Sendo assim, é necessário alimentar cuidadosamente a alma, enterrando profundamente suas raízes na mente de Deus, contida nas Escrituras. Uma pergunta lógica que surge daí é: "Qual é o alimento mais recomendável para a alma?" A receita paulina para a mente inclui o seguinte cardápio (tipos de pensamentos): 1) *verdadeiro*, 2) *honesto*, 3) *justo*, 4) *puro*, 5) *amável*, 6) de *boa fama*, 7) *virtuoso*, e 8) *louvável* (Fp 4.8). Meditando na palavra de Deus e pensando nessas coisas, os cristãos evitarão centrar

CULTIVANDO UMA MENTALIDADE BÍBLICA

« 57 »

sua mente em *coisas terrenas* (Fp 3.19) e se absterão de ter uma mente dividida (Tg 1.6-8).

EQUILIBRANDO A REVELAÇÃO E A RAZÃO

A revelação divina e a razão humana são realmente como óleo e água, que nunca se misturam? Os cristãos, algumas vezes, têm caído em dois extremos equivocados no que concerne à revelação divina e à razão humana. O primeiro deles é o *anti-intelectualismo*, que defende basicamente a ideia de que, se um assunto não é discutido na Bíblia, então não é digno de ser seriamente estudado ou analisado. Ou ainda, apenas o que a Bíblia ensina em algum item é que deve ser estudado. Essa forma não-bíblica de se estudar e pensar leva a um retrocesso cultural e intelectual. No extremo oposto está o *hiperintelectualismo*, que considera as revelações naturais como tendo o mesmo ou ainda maior valor e credibilidade que a revelação especial de Deus nas Escrituras; quando há um conflito de ideias, a revelação natural é a fonte de verdade predileta. Isso leva a um retrocesso bíblico.[18]

Esse assunto não pode ser resolvido com uma abordagem condicional ("este ou aquele"; "ou"), mas sim por meio de uma abordagem relacional ("ambos"; "e"). O equilíbrio apropriado começa pela Escritura, em que não há equívoco.[19] Onde a Bíblia cita algum assunto, sua verdade é superior. Quando a Bíblia não revela, há um mundo inteiro criado por Deus a ser explorado em busca do conhecimento, porém com a consciência de que a habilidade humana para traçar conclusões é falível, de modo diferente da palavra de Deus. Isso é verdadeiro, de forma especial, no que se refere aos pensadores que continuamente contestam a necessidade da salvação humana em Cristo. No entanto, não quer dizer necessariamente

---

[18]O clérigo americano Increase Mather, [(NT): um dos líderes que contribuíram para o fim da pena de morte para os acusados de bruxaria], sabiamente observou: "... porque a ignorância é a mãe (não da devoção mas) da heresia". *A Discourse Concerning the Danger of Apostasy* (Boston: n.p., 1679), 92. Ele tinha especificamente em mente ignorância sobre as Escrituras, e não da educação em geral.

[19]Para mais informações sobre a natureza das Escrituras, veja Don Kistler, ed., *Sola Scriptura!: The Protestant Position on the Bible* (Morgan, PA: Soli Deo Gloria, 1995), que discute a autoridade e suficiência da Bíblia. Veja Norman L. Geisler, ed., *Inerrancy* (Grand Rapids, MI: Zondervan, 1980), considerada uma das melhores obras em um só volume já publicada sobre a infalibilidade das Escrituras; essa obra contém as conclusões das reuniões do Concílio Internacional sobre a Inerrância Bíblica (ICBI) de 1978, que aconteceu sob liderança de James Montgomery Boice, já falecido.

« 58 »   O RESGATE DO PENSAMENTO BÍBLICO

que seus atos ou ideias básicas estejam equivocados. Mas é certo que a visão de mundo dessas pessoas não está de acordo com a perspectiva de Deus.

Um exemplo recente do hiperintelectualismo é percebido na obra *The Scandal of the Evangelical Mind*. O autor escreve: "Por 'mente' ou 'mentalidade', não penso à primeira vista em termos de teologia".[20] Ele continua: "Eu diria que uma 'mentalidade' evangélica se refere mais ao esforço em pensar como cristão — pensar de acordo com um sistema cristão — por intermédio de todo o escopo do aprendizado moderno".[21] O comentário do autor levanta uma questão muito mais significativa: Como alguém pode pensar de forma cristã sem pensar teologicamente, e como alguém pode pensar teologicamente sem pensar biblicamente? Não é de admirar que o escritor confesse que tem pensado muitas vezes que é impossível ser, integralmente, evangélico e intelectual.[22] Na opinião desse escritor, isso mostra o desequilíbrio do hiperintelectualismo da pior forma possível, mostrando que ele dá demasiada atenção à mente decaída do homem e quase nenhuma atenção à mente perfeita de Deus e sua revelação infalível expressa nas Escrituras.

Uma abordagem mais recomendável é aquela de J. Greshan Machen, uma das melhores mentes conservadoras do cristianismo em seu tempo (1881-1937): "Todo cristão deve pensar em Deus; todo cristão deve ser, em algum grau, um teólogo".[23] Qualquer que seja o tema, devemos analisá-lo primeiramente da perspectiva divina presente na Escritura, e não segundo a opinião humana baseada na observação, pesquisa e lógica. Harry Blamires resume a ideia muito sucintamente: "Pensar de forma cristã é pensar de acordo com a Revelação".[24] É uma contradição clara alguém dizer que é um pensador cristão e relegar a mente de Deus presente nas Escrituras a um lugar igual ou inferior ao pensamento humano.

Arthur F. Holmes, ex-presidente do Departamento de Filosofia em uma conhecida universidade cristã, expressa de modo convincente a centralidade de Deus e de sua revelação especial na visão cristã de mundo:

---

[20] NOLL, Mark A. *The Scandal of the Evangelical Mind* (Grand Rapids, MI: William B. Eerdmans, 1994), 6.

[21] Ibidem, 7.

[22] Ibidem, 9.

[23] MACHEN, J. Gresham. *The New Testament*, ed. W. John Cook (Edinburgh: Banner of Truth, 1976), 374.

[24] BLAMIRES, *The Christian Mind*, 110.

CULTIVANDO UMA MENTALIDADE BÍBLICA

« 59 »

> A questão crucial para a recuperação da verdade, de outro lado, é como a visão cristã de mundo pode ser introduzida na educação. Não digo que ela não deva ser excluída, mas sim que, na prática, quando pensamos de forma cristã, ela não pode ser *deixada de fora*. Nossa visão de mundo nos mostra de que maneira devemos moldar e relacionar as ideias, e ver tudo relacionado a Deus.[25]

Inequivocamente, com e pela perspectiva da visão cristã de mundo, os crentes entrelaçam sua mente e a mente de outros ao que há de melhor em suas habilidades e oportunidades. Entretanto, muitas advertências sábias devem ser consideradas:

1. Para que alguém chegue ao nível de um sábio e tente mudar a maneira como a sua própria geração pensa, é necessário primeiro que a pessoa seja um cristão e mude a maneira pela qual pensa pessoalmente sobre Cristo.

2. A educação secular, com uma gama de disciplinas, é uma prioridade importante, mas secundária, comparada à educação cristã — ou seja, obedecer à Grande Comissão (Mt 28.18-20) e levar o evangelho até os confins da terra, a toda criatura.

3. A revelação em geral aponta, quando muito, para um poder superior, enquanto a revelação especial apresenta esse poder superior pessoalmente como o Deus trino, o Cabeça das Escrituras, que criou o mundo e tudo o que nele há (cf. Is 40—48 em que Javé lembra Israel dessa verdade crucial) e que concedeu o único redentor, o Senhor Jesus Cristo.

4. Conhecer a verdade não é tão importante quanto ter comunhão pessoal e redentora com a Verdade, Jesus Cristo (Jo 14.6), que é a única fonte de vida eterna.

5. O principal objetivo na vida do ser humano não é quanto ele sabe de fato, mas sim quão bem ele obedece aos mandamentos de Deus (Ec 12.13,14).

6. A Igreja do Novo Testamento não tinha autorização para intelectualizar o mundo de sua época; em vez disso, ela o evangelizou, proclamando a graça de Jesus Cristo a muitos membros da sociedade, desde líderes

---

[25]HOLMES, Arthur F. *All Truth Is God's Truth* (Grand Rapids, MI: William B. Eerdmans, 1977), 130-131.

políticos-chave, como o rei Agripa (cf. At 25.23—26.32) até escravos, como Onésimo (Fm 10).

7. Moralizar, politizar ou intelectualizar a sociedade, sem primeiro ter em vista a conversão espiritual, é garantir apenas uma mudança passageira e geralmente inconsistente, que termina sendo superficial, temporária e condenável, em vez de salvadora.

Qual é, então, a chave para adotar a visão cristã de mundo e cultivar uma mentalidade bíblica? Holmes nos fornece este sábio e moderno conselho:

> Reconhecido o fato de que Cristo, a Verdade, é o princípio unificador da visão bíblica de mundo, pensar "de forma cristã" é pensar "em visão de mundo". Isso significa colocar todo questionamento dentro de uma compreensão cristã da vida como um todo, e que interpretemos o que conhecemos dentro desse amplo contexto. Os ingredientes principais de tal visão de mundo incluem os conceitos bíblicos da natureza, do homem e da história, em relação com o Deus que conhecemos por meio de Cristo. Pensar "de forma cristã" é utilizar esses conceitos ao analisar tudo o mais.[26]

Voltamos a enfatizar que essa é uma abordagem relacional ("ambos"; "e") de cultivo da mentalidade cristã, e não uma resposta condicional ("este ou aquele"; "ou"). De outro lado, o estudo da revelação especial é a prioridade principal, seguida pelo aprendizado da revelação natural. Salomão, o homem mais sábio que já existiu (1Rs 3.12; 4.29-34), escreveu o mesmo conselho há quase três mil anos. Eis a instrução com mais autoridade no que se refere à mente e ao conhecimento, desde que existe a Escritura:

> *O temor do SENHOR é o princípio do conhecimento...* (Pv 1.7).

> *O temor do SENHOR é o princípio da sabedoria; e o conhecimento do Santo é o entendimento* (Pv 9.10; cf. 1Co 1.20,21).

O Alfa e o Ômega da visão cristã de mundo é o *conhecimento de Deus* (2Co 2.14; 4.6; Ef 1.17; Cl 1.10; 2Pe 1.2,3,8; 3.18) e o *conhecimento da*

---

[26]Ibidem, 125.

verdade (1Tm 2.4; 2Tm 2.25; Tt 1.1). Além disso, no centro principal da visão cristã de mundo está o Senhor Jesus Cristo, *no qual estão escondidos todos os tesouros da sabedoria e da ciência* (Cl 2.3). Nada pode ser totalmente compreendido se, em primeiro lugar, Deus não for conhecido.

A MENTE CRISTÃ — DESPERDÍCIO OU INVESTIMENTO?

As belas palavras escritas por Kate B. Wilkinson (1859-1928) devem ser refletidas na oração diária de cada cristão relacionada ao uso de sua mente:

> Que a mente de Cristo, meu Salvador,
> Viva em mim, dia a dia,
> Controlando com seu poder e amor
> Tudo o que faço e digo.[27]

Orando e vivendo dessa maneira, a mente cristã nunca será desperdiçada, mas sim, investida na glorificação de Deus por meio do alinhamento da visão de mundo secular com a visão de mundo das Escrituras de Deus. Eis por que todos os cristãos são convocados a "pensar biblicamente" e, assim, recuperar a visão cristã de mundo.

« Leituras Adicionais »

BLAMIRES, Harry. *The Christian Mind.* Londres: SPCK, 1963. Reimpressão, Ann Arbor, MI: Servant Books, 1978.

_____. *Recovering the Christian Mind.* Ann Arbor, MI: Servant Books, 1988.

_____. *The Post-Christian Mind.* Ann Arbor, MI: Servant Books, 1999.

HOLMES, Arthur F. *All Truth Is God's Truth.* Downers Grove, IL: IVP, 1977.

LaHAYE, Tim e NOEBEL, David. *Mind Siege.* Nashville: Word, 2000.

NASH, Ronald H. *The Word of God and the Mind of Man.* Grand Rapids, MI: Zondervan, 1982.

WELLS, David F. *No Place for Truth.* Grand Rapids, MI: William B. Eerdmans, 1993.

---

[27]WILKINSON, Kate B. *May the Mind of Christ, My Savior*, estrofe 1.

CAPÍTULO 3

Compreendendo a CRIAÇÃO[1]

JOHN MACARTHUR

Graças à teoria da evolução, o naturalismo é agora a religião dominante da sociedade moderna. Menos de um século e meio atrás, Charles Darwin popularizou o credo dessa religião secular com o livro *A origem das espécies*. Ainda que a maioria das teorias de Darwin sobre os mecanismos da evolução tenha sido descartada há tempos, a doutrina da evolução por si só tem conseguido alcançar o *status* de objeto fundamental de fé na mente popular moderna. O naturalismo tem substituído agora o cristianismo como principal religião do mundo ocidental, e a evolução se tornou o principal dogma do naturalismo.

O *naturalismo* é a visão de que toda lei e toda força operando no universo são naturais, mais que morais, espirituais ou sobrenaturais. O naturalismo é inerentemente antiteísta, rejeitando o próprio conceito de um Deus pessoal. Muitos supõem que, evidentemente por isso, o naturalismo não tem nada a ver com religião. Na verdade, é um erro comum de concepção que o naturalismo incorpore a essência básica da objetividade científica. Os próprios naturalistas gostam de apresentar seus sistemas como filosofia que se mantém na oposição a toda visão de mundo baseada na fé, fingindo ser científica e intelectualmente superior precisamente por causa de seu suposto caráter não religioso.

---

[1]Este ensaio aparece em *The Battle for the Beginning: The Bible on Creation and the Fall of Adam* (Nashville: W. Publishing Group, 2001), 11-45, e é usado com permissão do editor.

Mas realmente não é bem assim. *Religião* é exatamente a palavra certa para descrever o naturalismo. A filosofia toda é construída em uma premissa baseada em fé. seu pressuposto básico — *a priori* uma rejeição a tudo o que seja sobrenatural — requer um gigantesco passo de fé. E quase todas as suas teorias básicas devem ser aceitas pela fé também.[2]

Considere o dogma da evolução, por exemplo. A noção de que o processo de evolução natural possa ser considerado como origem de todas as espécies vivas nunca foi e nunca será estabelecida como *fato*. Isso também não é "científico" em qualquer sentido verdadeiro de mundo. A ciência lida com o que pode ser observado e reproduzido pela experimentação. A origem da vida também não pode ser observada ou reproduzida em qualquer laboratório. Por definição, então, a verdadeira ciência pode nos dar o conhecimento sobre tudo quanto se refira à indagação de onde viemos ou como chegamos aqui. Crer na teoria da evolução é uma questão de fé absoluta. E uma crença *dogmática* em qualquer teoria naturalista não é mais "científica" que qualquer outro tipo de fé religiosa.

O naturalismo moderno é muitas vezes apresentado em estilo semelhante a um zeloso missionário entregando a sua mensagem num poderoso tom religioso. A internet se transformou no mais ocupado campo de missão do naturalismo, onde evangelistas da causa agressivamente tentam libertar almas ignorantes que ainda se apegam a suas pressuposições teístas. A julgar pelas tendências de alguns dos materiais que tenho lido, que procuram ganhar convertidos ao naturalismo, os naturalistas são com frequência dedicados à sua fé com devoção apaixonada que se iguala ao fanatismo de qualquer dedicado religioso radical ou excede a ele. O naturalismo, claramente, é tanto uma religião quanto qualquer outra visão de mundo teísta.

A seguir, passamos a provar a nossa tese, por meio do exame das crenças daqueles naturalistas que declaram ser os mais livres de todo tipo de crença

---

[2]Michael Ruse é um evolucionista que testemunhou nos anos 1980 sobre o infame teste do criacionismo de Arkansas (*McLean versus Arkansas*). Nessa época, durante o teste, ele declarou que o criacionismo devia ser considerado religião porque é fundamentado em hipóteses filosóficas não provadas. Mas que o darwinismo era uma ciência, ele disse, porque não requer nenhuma pressuposição filosófica ou religiosa. Ruse admitiu depois que estava errado e ele agora reconhece que a evolução "é metafisicamente baseada" — fundamentada em crenças não provadas que não são mais "científicas" que o conjunto de crenças no qual o criacionismo é baseado. Veja Tom Woodward, *Ruse Gives Away the Store: Admits Evolution Is a Philosophy*. Encontrado em <http://www.origins.org/real/ri9404/ruse/html>.

religiosa. Veja, por exemplo, o caso de Carl Sagan, talvez a celebridade científica mais conhecida no passado. Sendo um renomado astrônomo e personalidade da mídia, Sagan era evidentemente contra o teísmo bíblico. Mas se transformou no televangelista-chefe da religião do naturalismo. Ele pregou uma visão de mundo baseada inteiramente em hipóteses naturalistas. Como base fundamental de tudo o que ele pensava, estava a firme convicção de que tudo no universo tinha uma causa natural e uma explicação natural. Essa crença — uma questão de fé, e não de verdadeira observação científica — comandou e moldou cada uma de suas teorias sobre o universo.

Sagan examinou a vastidão e a complexidade do universo e concluiu — como era obrigado a fazer, sendo o seu ponto de partida de todo o seu raciocínio — que não há nada maior que o universo em si. Então ele tomou emprestado da teologia judaico-cristã os atributos divinos como infinidade, eternidade e onipotência e os transformou em propriedades do universo.

"O cosmo é tudo o que é, ou sempre foi, ou sempre será", era a frase-chave de Sagan, repetida em cada episódio de sua série de televisão, *Cosmo*. A declaração em si é claramente um dogma de fé, e não uma conclusão científica. (Jamais o próprio Sagan ou todos os cientistas no mundo juntos poderiam examinar "tudo o que é, ou sempre foi, ou sempre será" por meio de algum método científico.) O lema de Sagan é perfeitamente ilustrativo sobre como o naturalismo moderno confunde dogma religioso com ciência verdadeira.

A religião de Sagan foi, na verdade, um tipo de panteísmo naturalista, e seu lema resume isso completamente. Ele endeusou o universo e tudo o que nele há — declarando que o cosmo por si só é o que era, o que é e o que há de vir (cf. Ap 4.8).

Tendo examinado o suficiente do cosmo para ver evidências do infinito poder e da majestade do criador, ele imputou tal onipotência e glória à criação em si — precisamente o erro que o apóstolo Paulo descreve em Romanos:

> *Pois os seus atributos invisíveis, o seu eterno poder e divindade, são claramente vistos desde a criação do mundo, sendo percebidos mediante as coisas criadas, de modo que eles são inescusáveis; porquanto, tendo conhecido a Deus, contudo não o glorificaram como Deus, nem lhe deram graças, antes nas suas especulações se desvaneceram, e o seu coração insensato se obscureceu. Dizendo-se sábios, tornaram-se estultos, e mudaram a glória do Deus incorruptível em semelhança da imagem de homem.*

COMPREENDENDO A CRIAÇÃO

« 65 »

Exatamente como os idólatras que Paulo descrevia, Sagan colocou a criação no exato lugar do criador.

Carl Sagan olhou para o universo, observou sua grandeza e concluiu que nada poderia ser maior. suas suposições religiosas o levaram a negar que o universo fosse o resultado de um projeto inteligente. De fato, como naturalista dedicado, ele *tinha* de negar até que isso houvesse sido criado, de modo que, ele viu o universo como eterno e infinito — tomando naturalmente o lugar de Deus em seu pensamento.

O caráter religioso da filosofia que moldou a visão de mundo de Sagan é evidente em muitas das coisas que ele escreveu e disse. sua novela *Contact* (valorizada por um filme longa-metragem realizado em 1997) é cheia de metáforas religiosas e imaginárias. A obra trata da descoberta de vida extraterrestre, que acontece em dezembro de 1999, ao despertar de um novo milênio, quando o mundo está repleto de expectativas messiânicas e medos apocalípticos. Na imaginação de Sagan, a descoberta de vida inteligente fora do universo se transforma na "revelação" que fundamenta a base para a fusão da ciência e religião dentro de uma visão de mundo que reflete o próprio sistema de crença de Sagan — considerando o cosmo como Deus, e os cientistas, como os novos pregadores.

A religião de Sagan incluía a crença de que a raça humana não é nada especial. Dada a incompreensível vastidão do universo e a impessoalidade de tudo, como a humanidade poderia ser importante? Sagan concluiu que nossa raça não é considerada importante no universo. Em dezembro de 1996, menos de três semanas antes que Sagan morresse, ele foi entrevistado por Ted Koppel no programa de TV *Nightline*. Sagan sabia que estava morrendo, e Koppel lhe perguntou: "dr. Sagan, o senhor tem alguma pérola de sabedoria que gostaria de dar à raça humana?".

Sagan respondeu:

> Vivemos num pedaço de pedra e metal que gira em torno de uma enfadonha estrela que é uma entre 400 bilhões de outras estrelas que formam a galáxia Via Láctea, a qual é uma entre bilhões de outras galáxias, que formam o universo, que talvez seja apenas parte de um número muito grande — talvez um número infinito — de outros universos. Esta é a perspectiva da vida humana e a nossa cultura que é tão valiosamente considerada.[3]

---

[3]SAGAN, Carl. *ABC News Nightline*, 4 de dezembro de 1996.

Em um livro publicado posteriormente, Sagan escreveu: "Nosso planeta é uma mancha solitária no grande invólucro da escuridão cósmica. Em nossa obscuridade, em toda essa vastidão, não há dicas que ajudem e que venham de algum lugar para salvar-nos de nós mesmos".[4]

Embora Sagan resolutamente tentasse manter um semblante de otimismo diante de um amargo fim, sua religião o levou onde todo o naturalismo inevitavelmente leva: a um sentido de total insignificância e desespero. De acordo com sua visão de mundo, a humanidade ocupa um minúsculo posto — uma pálida mancha azul — no vasto mar das galáxias. Como sabemos, passamos despercebidos diante do resto do universo, responsáveis por ninguém, e triviais e irrelevantes em um cosmo imensurável. É estupidez falar de uma ajuda de fora ou redenção para a raça humana. Nenhuma ajuda está chegando. Seria ótimo se de alguma forma conseguíssemos resolver nossos problemas, mas, se o fizermos ou não, seremos um esquecido ponto em algum canto cósmico. Isso, disse Sagan, é a boa perspectiva tão valiosamente considerada.

Tudo isso enfatiza a barreira espiritual do naturalismo. A religião naturalista apaga toda responsabilidade moral e ética, tanto que, finalmente, termina por declarar o fim de qualquer esperança para a humanidade. Se o cosmo impessoal é tudo o que há, tudo o que sempre foi, e tudo o que sempre será, então a moralidade é, por conseguinte, apenas um debate estéril. Se não há um criador pessoal, que criou uma humanidade responsável, e se a sobrevivência do sistema universal está sob o governo das leis do universo, todos os princípios morais que normalmente regulam a consciência humana terminam ficando, assim, sem base sólida — e até mesmo apagadas para que possam sustentar a sobrevivência de nossa espécie.

De fato, o surgimento do naturalismo tem significado uma completa catástrofe moral para a sociedade moderna. As ideologias mais daninhas dos séculos 19 e 20 foram todas originadas no darwinismo. Um dos mais precoces campeões de Darwin, Thomas Huxley, ministrou uma conferência em 1893, na qual ele argumentou que a evolução e a ética são incompatíveis. Ele escreveu que "a prática do que é eticamente melhor — o que chamamos de divindade ou virtude — inclui uma linha de conduta que,

---

[4]SAGAN, Carl. *Pale Blue Dot* (Nova York: Random House, 1994), 9.

COMPREENDENDO A CRIAÇÃO

« 67 »

com todo o respeito, é oposta àquilo que leva ao sucesso no esforço cósmico pela existência".[5]

Filósofos que incorporaram as ideias de Darwin foram rápidos em entender o ponto de vista de Huxley, concebendo novas filosofias que desaguaram no estágio de amoralidade e genocídio que tanto caracterizou o século 20.

Karl Marx, por exemplo, foi um consciente seguidor de Darwin no legado de sua teoria de economia e sociedade. Ele dedicou uma cópia de seu livro *O capital* a Darwin, "de um devotado admirador". Ele se referiu ao livro de Darwin, *A origem das espécies*, como "o livro que contém as bases da história natural para nossa visão".[6]

A filosofia de Herbert Spencer que encontramos em sua obra *Social Darwinism* aplicava as doutrinas da evolução e sobrevivência do equilíbrio às sociedades humanas. Spencer argumentou que, se a natureza em si havia determinado que o forte sobreviva e o fraco pereça, essa regra deveria governar a sociedade também. Distinções raciais e de classe simplesmente refletem a maneira de ser da natureza. Não há, portanto, razão moral transcendente que justifique a simpatia em defender o esforço das classes menos favorecidas. É, afinal, parte do processo natural da evolução — e a sociedade seria, na verdade, aperfeiçoada pelo reconhecimento da superioridade das classes dominantes e pelo encorajamento de sua ascendência. O racismo de escritores como Ernst Haeckel (que acreditava que as raças africanas são incapazes de ter cultura ou desenvolvimento mental superior) era também originário do darwinismo.

Toda a filosofia de Friedrich Nietzsche baseava-se na doutrina da evolução. Nietzsche era amargamente hostil à religião, e particularmente ao cristianismo. A moralidade cristã incorporava a essência de tudo o que

---

[5]Thomas Huxley, "Evolution and Ethics", *The Romanes Lecture*, 1893. Apesar de tudo, Huxley tentou justificar a ética como consequência possível das mais altas funções racionais humanas, e convocou sua audiência não para imitar "o processo cósmico" nem para fugir dele, mas sim para combatê-lo — mantendo deliberadamente uma aparência de moralidade e ética. Mas o que não poderia fazer — ou que ele e outros filósofos de sua época nem sequer se importavam em querer fazer — era oferecer qualquer justificativa em assumir a validade da moralidade e ética intrinsecamente baseada em princípios puramente naturalistas. Huxley e seus companheiros naturalistas não poderiam oferecer nenhuma outra opção, a não ser suas próprias preferências pessoais; e, como era de esperar, suas filosofias abriram as portas para a completa subjetividade moral e consequente amoralidade.
[6]GOULD, Stephen Jay. *Ever Since Darwin* (Nova York: Norton, 1977), 26.

Nietzsche odiava; ele acreditava que os ensinamentos de Cristo glorificavam a fraqueza humana e vinham em detrimento do desenvolvimento da raça humana. Ele zombava dos valores morais cristãos como humildade, misericórdia, modéstia, mansidão, compaixão do fraco e o serviço feito aos outros. Ele acreditava que esses ideais originaram a fraqueza na sociedade. Nietzsche via dois tipos de pessoas — os senhores, uma iluminada maioria dominante, e o "rebanho", ovelhas seguidoras que eram facilmente arrebanhadas e conduzidas. E ele concluiu que a única esperança para a humanidade seria quando os senhores evoluíssem em uma raça de *Ubermenschen* (super-homens), inabaláveis pela influência religiosa ou social, que concentraria o poder e traria a humanidade ao estágio seguinte de sua evolução.

Não é surpresa que a filosofia de Nietzsche criou o fundamento do movimento nazista na Alemanha. O que *é* surpreendente é que, no despertar do século 21, a reputação de Nietzsche tenha sido reabilitada por esses "doutores" em filosofia e seus escritos estejam novamente na moda no mundo acadêmico. De fato, sua filosofia — ou algo muito próximo a isso — é aquela à qual o naturalismo deve inevitavelmente retornar.

Essas filosofias foram baseadas em noções que são diametralmente opostas à visão bíblica da natureza do homem, porque todas começaram pela adoção da visão darwiniana sobre a origem da humanidade. Elas estão enraizadas em teorias anticristãs sobre a origem humana e a origem do cosmo e, portanto, não é estranho que permaneçam em oposição aos princípios bíblicos em todos os níveis.

O simples fato da questão é que *todos* os frutos filosóficos do darwinismo têm sido negativos, desprezíveis e destruidores para a estrutura da sociedade. Nenhuma das grandes revoluções do século 20 conduzidas por filosofias pós-darwinianas aperfeiçoou ou enobreceu sociedade alguma. Em vez disso, a liderança social e o legado político do pensamento darwiniano são o espectro completo da tirania malévola que fez surgir o comunismo inspirado por Marx em um extremo e o fascismo inspirado em Nietzsche no outro. E a catástrofe moral que tem desfigurado a sociedade moderna ocidental está também diretamente ligada ao darwinismo e à rejeição aos primeiros capítulos de Gênesis.

Neste momento da nossa história, embora uma grande parte da sociedade moderna esteja completamente comprometida com uma visão de mundo evolucionista e naturalista, nossa sociedade ainda se beneficia da memória coletiva da visão bíblica de mundo. As pessoas, em geral, ainda acreditam que a vida humana é especial. A humanidade ainda mantém remanescentes de moralidade bíblica, assim como a noção de que o amor é a maior virtude (1Co 13.13), o serviço aos outros é melhor que lutar por domínio pessoal (Mt 20.25-27) e a humildade e a submissão são superiores à arrogância e à rebeldia (1Pe 5.5). Mas, seja qual for o grau em que a sociedade secular ainda mantém essas virtudes em boa estima, isso acontece sem nenhum fundamento filosófico. Havendo já rejeitado o Deus revelado nas Escrituras e tendo, em contrapartida, adotado o puro materialismo naturalista, a mente moderna não tem mais nenhum tipo de solo onde possa fincar e manter *algum* estandarte ético, nenhuma possível razão para estimar a "virtude" mais que o "defeito", e nenhuma justificação existente que leve a ver a vida humana como mais valiosa que qualquer outra forma de vida. A sociedade moderna já abandonou seu fundamento moral.

Enquanto a humanidade entra no século 21, uma perspectiva ainda mais assustadora aparece. Agora até mesmo as igrejas parecem estar perdendo a vontade de defender o que as Escrituras ensinam sobre a origem humana. Há muitos na Igreja que estão deveras intimidados ou muito envergonhados para afirmar a verdade literal da Bíblia quanto à criação. Eles se deixam confundir por um coral de vozes autoritárias que insistem em declarar que *é* possível — e até mesmo pragmaticamente necessário — reconciliar as Escrituras com as últimas teorias do naturalismo.

É claro que os teólogos liberais têm defendido amplamente a evolução teísta. Eles nunca foram relutantes em negar a verdade literal das Escrituras em qualquer questão. Mas a nova tendência é diferente, incluindo evangélicos que afirmam que é possível harmonizar Gênesis 1—3 com as teorias do naturalismo moderno *sem* violentar nenhuma doutrina essencial do cristianismo. Eles declaram as instruções evangélicas de fé e lecionam em instituições evangélicas. Insistem em declarar que creem que a Bíblia é inequívoca e confiável. Mas aceitam reinterpretar Gênesis favorecendo a teoria evolucionista. Expressam suas ideias de forma tal que ninguém questionaria sua lealdade às Escrituras e o conhecimento delas. E, às vezes, usam o mesmo tipo de zombaria e intimidação que os liberais religiosos e ateus têm sempre manifestado contra os crentes: "Você não pensa *mesmo* que o universo tem menos que um bilhão de anos, pensa?".

O resultado é que, passadas algumas décadas, um grande número de evangélicos tem mostrado surpreendente aceitação da teoria da evolução ao propor uma abordagem completamente não evangélica à interpretação dos primeiros capítulos de Gênesis. Mais e mais evangélicos têm adotado a visão conhecida como "criacionismo da terra antiga", a qual combina alguns princípios do criacionismo bíblico com teorias naturalistas e evolucionárias, buscando reconciliar duas visões de mundo opostas. E, tendo em vista completar isso, os "criacionistas da terra antiga" concluem seu enfoque explicando, mais que ensinando honestamente, a posição bíblica sobre a criação.

Muitos cientistas que professam o cristianismo estão entre os que têm liderado os passos no caminho desse revisionismo — a maior parte deles sem habilidade alguma em interpretação bíblica. Mas eles vêm ganhando terreno na reinterpretação de Gênesis 1—3, assumindo a missão específica de acomodar a tendência comum da teoria naturalista. De acordo com esse ponto de vista, os seis dias da criação em Gênesis 1 foram longas eras, a ordem cronológica da criação é flexível e detalhes posteriores sobre a criação que aparecem nas Escrituras foram escritos à parte, como figuras poéticas ou simbólicas de discurso.

Muitos deveriam saber que pastores e líderes cristãos que defendem a fé o tempo todo contra ensinamentos falsos — têm sido tentados a desistir da batalha pelos capítulos de abertura do livro de Gênesis. Um pastor recentemente se aproximou de mim depois de minha pregação. Ele estava confuso e intimidado por vários livros que tinha lido — todos da autoria de escritores evangélicos de renome, e todos arguindo que a terra data de bilhões de anos. Esses autores tratam a maioria das teorias evolucionistas como fatos científicos inquestionáveis. E em alguns casos empunham credenciais científicas ou acadêmicas que intimidam os leitores, levando-os a pensar que suas visões são o resultado de fatos cientificamente comprovados mais que pressuposições naturalistas que eles têm trazido aos textos bíblicos. Esse pastor perguntou se eu acreditava ser possível que os primeiros três capítulos de Gênesis possam realmente ser apenas uma série de artifícios literários — uma saga poética dando o significado "espiritual" do que realmente sucedeu durante bilhões de anos de evolução.

Respondi sem rodeios: "Não, não acredito". Estou convencido de que Gênesis 1—3 deve ser tomado como algo valioso — como a história divinamente revelada da criação. Nada sobre o texto de Gênesis por si mesmo sugere que a posição bíblica da criação seja simbólica, poética, alegórica ou mística. O principal impulso da passagem simplesmente não pode ser reconciliado com a noção de que a "criação" sucedeu via processo de evolução natural acrescido de longos períodos de tempo. E eu não creio que uma porção de confiáveis textos bíblicos, por nenhum princípio aceitável

COMPREENDENDO A CRIAÇÃO

de hermenêutica, possa de alguma forma reconciliar esses capítulos com a teoria da evolução ou qualquer outra suposta teoria científica sobre a origem do universo.

Além disso, muito do caos filosófico e moral que resulta do naturalismo e todo tipo de dano teológico sobrevêm quando rejeitamos ou comprometemos a verdade literal da posição bíblica da criação e da queda de Adão e Eva.

Percebi, evidentemente, que alguns "criacionistas da terra antiga" *de fato* mantêm a criação literal de Adão e afirmam que ele foi uma figura histórica. Mas a decisão de aceitar a criação de Adão como literal envolve uma transferência hermenêutica arbitrária em Gênesis 1.26,27 e novamente em Gênesis 2.7. Se tudo o que está envolvido nesses versículos for tratado de forma alegórica ou simbólica, é injustificável tomar esses versículos em sentido literal e histórico; portanto, o método de interpretação do texto de Gênesis dos "criacionistas da terra antiga", na verdade, anula a historicidade de Adão. Havendo já decidido tratar a posição da criação por si mesma como mito ou alegoria, eles não têm fundamento para insistir (repentina e arbitrariamente, parece) em que a criação de Adão é história literal. sua crença em um Adão histórico é simplesmente inconsistente com sua própria exegese do restante do texto.

Mas é uma inconsistência *necessária* se uma posição doutrinária afirma uma terra antiga e ainda *permanece* na ortodoxia evangélica, pois, se Adão não foi o ancestral literal de toda a raça humana, então a explicação da Bíblia de como o pecado entrou no mundo é algo impossível de fazer sentido. Além disso, se não caímos em Adão, não podemos ser redimidos em Cristo, porque a posição de Cristo como o cabeça da raça redimida é o paralelo exato da posição de Adão como cabeça da raça caída: *Pois como em Adão todos morrem, do mesmo modo em Cristo todos serão vivificados* (1Co 15.22). *Portanto, assim como por uma só ofensa veio o juízo sobre todos os homens para condenação, assim também por um só ato de justiça veio a graça sobre todos os homens para justificação e vida. Porque, assim como pela desobediência de um só homem muitos foram constituídos pecadores, assim também pela obediência de um, muitos serão constituídos justos* (Rm 5.18,19). *Assim também está escrito: O primeiro homem, Adão, tornou-se alma vivente; o último Adão, espírito vivificante* (1Co 15.45; cf. 1Tm 2.13,14; Jd 14).

Então, em um sentido absoluto, tudo o que as Escrituras dizem sobre nossa salvação por meio de Jesus Cristo depende da verdade literal do que

Gênesis 1—3 ensina sobre a criação e a queda de Adão. Não há passagem mais essencial nas Escrituras.

O que os "criacionistas da terra antiga" (inclusive, em grande escala, até mesmo os evangélicos) estão fazendo com Gênesis 1—3 é precisamente o que os liberais religiosos têm feito sempre com *toda* a Bíblia — espiritualizando e reinterpretando o texto alegoricamente para fazer com que signifique o que eles querem que signifique. Essa é uma forma perigosa de manejar a Bíblia. E isso envolve uma capitulação arriscada e desnecessária às suposições religiosas do naturalismo — sem mencionar uma séria desonra a Deus.

Evangélicos que aceitam uma interpretação como essa de Gênesis têm admitido uma hermenêutica hostil a uma visão elevada das Escrituras. Eles estão trazendo aos capítulos das Escrituras um método de interpretação bíblica elaborado com base em pressuposições antievangélicas. Os que adotam essa aproximação já embarcaram em um processo que invariavelmente derruba a fé. Igrejas e instituições que aceitam essa visão não permanecerão evangélicas por muito tempo.

Uma visão popular sustentada por muitos que defendem as ideias de "terra antiga" é conhecida como a "hipótese de estrutura"; essa é a crença de que os "dias" da criação não demarcam eras, mas sobrepõem estágios de um longo processo evolucionista. De acordo com essa visão, os seis dias descritos em Gênesis 1 não expõem uma cronologia de nenhum tipo, mas acima de tudo são uma "estrutura" pela qual o processo criativo é descrito para nossa finita mente humana.

Essa visão foi aparentemente a primeira a ser exposta pelos teólogos liberais alemães no século 19, mas tem sido adotada e difundida em anos recentes por alguns líderes evangélicos mais notáveis, como o dr. Meredith G. Kline, do *Westminster Theological Seminary*.[7]

A hipótese de estrutura começa com a visão de que os "dias" da criação em Gênesis 1 são expressões simbólicas que não têm nada a ver com o tempo cronológico como é conhecido atualmente. Defensores da estrutura registram o óbvio paralelismo entre os dias 1 e 4 (a criação de luz e a colocação de luzes no firmamento), dias 2 e 5 (a separação do ar e água e a criação de peixes e pássaros para habitar o ar e a água), e dias 3 e 6 (o surgimento de terra seca e a criação de animais terrestres) — e sugerem que

---

[7]KLINE, Meredith G. "Because It Had Not Rained", *Westminster Theological Journal* 20:2 (maio de 1958): 146-157. Também "Space and Time in the Genesis Cosmogony", *Perspectives on Science and Christian Faith* 48.1 (março de 1996): 2-15.

COMPREENDENDO A CRIAÇÃO

tal paralelismo é um indício de que a estrutura do capítulo é simplesmente poética. Dessa forma, de acordo com essa teoria, a *sequência* da criação talvez seja essencialmente indiferente, como se alguma forma literária na passagem tivesse anulado seu sentido literal.

Naturalmente, defensores dessa visão aceitam a teoria científica moderna de que a formação da Terra requereu bilhões de anos. Eles declaram que a posição bíblica não passa de uma estrutura metafórica que não deve fundamentar nosso entendimento científico da criação. A linguagem e os detalhes de Gênesis 1 não são importantes, eles dizem; a única verdade dessa passagem tem em vista ensinar-nos que a mão da divina Providência guiou o processo evolucionista. A posição da criação de Gênesis é, assim, reduzida a um artifício literário — uma metáfora estendida que não deve ser aceita como tendo valor nominal, literal.

Mas, se o Senhor quisesse nos ensinar que a criação ocupou seis dias literais, como ele poderia ter declarado isso mais claramente do que em Gênesis? A duração dos dias é definida por períodos de dia e noite que são governados depois do quarto dia pelo sol e pela lua. A própria semana define o modelo para o trabalho e descanso humano. Os dias são marcados pela passagem de manhã e noite. Como isso poderia *não* anunciar a progressão cronológica do trabalho criativo de Deus?

O problema com a hipótese de estrutura é que ela usa um método destrutivo de interpretação. Se o simples significado de Gênesis 1 pode ter sido escrito à parte e a linguagem for considerada como nada mais que um artifício literário, por que não fazer o mesmo com Gênesis 3? De fato, a maioria dos teólogos liberais *realmente* insiste que a serpente que fala no capítulo 2 nada mais é que uma fábula ou uma metáfora, e, portanto, rejeitam a passagem como um relato literal e histórico de como a humanidade caiu no pecado. Afinal de contas, onde a metáfora termina e a história começa? Depois do Dilúvio? Depois da Torre de Babel? E por que nesse ponto? Por que não considerar todos os milagres bíblicos como artifícios literários? Por que a própria ressurreição não poderia ter sido confundida com simples alegoria? Nas palavras de E. J. Young: "Se a hipótese de 'estrutura' fosse aplicada às narrativas do nascimento virginal ou à ressurreição ou a Romanos 5.12 em diante, isso poderia efetivamente minimizar a importância do conteúdo dessas passagens, da mesma forma como o faz agora com o conteúdo do primeiro capítulo de Gênesis".[8]

---

[8]YOUNG, Edward J. *Studies in Genesis One* (Phillipsburg, NJ: Presbyterian & Reformed, n.d.), 99.

Young aponta a fraude da hipótese de "estrutura":

> A questão deve ser levantada: "Se uma visão não cronológica dos dias for admitida, qual o propósito de mencionar seis dias?". Uma vez que rejeitamos a sequência cronológica que nos apresenta o livro de Gênesis, chegamos a um ponto onde podemos realmente dizer muito pouco sobre o conteúdo de Gênesis 1. É impossível sustentar a interpretação de que há dois trios de dias, cada um paralelo ao outro. No quarto dia [...] as palavras de Deus colocando os luzeiros no firmamento. O firmamento, de acordo com a narrativa, foi feito no segundo dia. Se o quarto e o primeiro dias são dois aspectos da mesma coisa, então o segundo dia também (a respeito do firmamento) deve preceder o primeiro e o quarto dias. Se esse procedimento for permitido, com sua total indiferença à gramática, por que não sermos consistentes e equacionar todos os quatro desses dias com o primeiro versículo de Gênesis? Não há justificação contra tal procedimento, uma vez que abandonamos a linguagem clara do texto. Tratando o texto com a devida seriedade, não podemos nos esquivar de fazer a pergunta: podemos crer que o primeiro capítulo de Gênesis tem a intenção de ensinar que o segundo dia precedeu o primeiro e o quarto? Levantar esta questão é praticamente responder a ela.[9]

O simples e principal fato óbvio é que ninguém poderia jamais pensar que o quadro temporal da criação não foi outro senão uma semana normal de sete dias, com base na narrativa que a Bíblia apresenta, permitindo que ela se interprete a si mesma. O quarto mandamento não faz sentido algum separado do entendimento de que os dias do trabalho criativo de Deus são paralelos de uma semana normal de trabalho humano.

A hipótese de estrutura é o resultado direto de querer fazer da moderna teoria científica um guia hermenêutico pelo qual interpretar a Bíblia. A suposição básica por trás da hipótese de estrutura é a noção de que essa ciência fala com mais autoridade sobre origens e a era da terra do que as Escrituras. Os que admitem tal visão têm, de fato, feito da ciência uma autoridade *acima* das Escrituras. Eles estão permitindo que hipóteses científicas — simples opiniões humanas que não têm autoridade divina alguma — sejam a regra hermenêutica pela qual as Escrituras devem ser interpretadas.

---

[9]Ibidem.

Não há justificativas para isso. A moderna opinião científica não é uma hermenêutica válida para interpretar Gênesis (ou qualquer outra parte da Bíblia, aliás). As Escrituras são inspiradas por Deus (2Tm 3.16) — verdade inspirada por Deus. *Porque a profecia nunca foi produzida por vontade dos homens, mas os homens da parte de Deus falaram movidos pelo Espírito Santo* (2Pe 1.21). Jesus resumiu perfeitamente esse ponto de vista quando disse, ... *a tua palavra é a verdade* (Jo 17.17). A Bíblia é a verdade *suprema* e, portanto, é o estandarte pelo qual as teorias científicas devem ser avaliadas, e não vice-versa.

E a Escritura *sempre* fala com absoluta autoridade. É tão absoluta quando nos instrui quanto o é quando nos ordena. É tão verdadeira quando conta o futuro quanto o é quando recorda o passado. Ainda que não seja um compêndio científico, todo o seu conteúdo, se conferido com dados científicos, tem a mesma autoridade como quando nos dá preceitos morais. Ainda que muitos tenham tentado colocar a ciência contra as Escrituras, a ciência nunca desmentiu nenhum comentário ou texto da Bíblia — e jamais irá fazê-lo.

É, portanto, um sério erro imaginar que cientistas modernos podem falar com mais autoridade do que as Escrituras no assunto das origens. As Escrituras são o testemunho ocular do próprio Deus do que aconteceu no começo. Quando ela lida com a origem do universo, tudo o que a ciência pode oferecer são conjeturas. A ciência não tem comprovado nada que negue o relato de Gênesis. Na verdade, o relato de Gênesis responde aos mistérios da ciência.

Um modelo muito claro para a interpretação de Gênesis é apresentado no Novo Testamento. Se a linguagem do começo do livro de Gênesis foi apresentada para ser interpretada figuradamente, poderíamos esperar ver Gênesis interpretado no Novo Testamento de modo figurado, evidentemente. Afinal, o próprio Novo Testamento é texto bíblico inspirado, e o próprio comentário do criador com relação ao relato de Gênesis.

Mas o que encontramos no Novo Testamento? Em todas as referências do Novo Testamento ao livro de Gênesis, os eventos relatados por Moisés são tratados como eventos históricos. Em particular, os primeiros três capítulos de Gênesis são tratados consistentemente como relato literal de eventos históricos. O Novo Testamento afirma, por exemplo, que a criação do ser humano foi feita à imagem de Deus (Tg 3.9).

Paulo escreveu a Timóteo: *Porque primeiro foi formado Adão, depois Eva. E Adão não foi enganado, mas a mulher, sendo enganada, caiu em transgressão* (1Tm 2.13,14). Em 1Coríntios, ele escreveu: *Porque o homem não proveio da mulher, mas a mulher do homem; nem foi o homem criado por causa da mulher, mas sim a mulher por causa do homem* (11.8,9).

A apresentação de Paulo da doutrina do pecado original em Romanos 5.12-21 depende de um Adão histórico e de uma interpretação literal da posição em Gênesis sobre como ele caiu. Além disso, tudo o que Paulo disse sobre a doutrina da justificação pela fé depende *disso. Pois como em Adão todos morrem, do mesmo modo em Cristo todos serão vivificados* (1Co 15.22). Paulo claramente considerava tanto a criação quanto a queda de Adão como história, e não alegoria. O próprio Jesus se referiu à criação de Adão e Eva como um evento histórico (Mc 10.6). Questionar a historicidade desses eventos é minimizar a própria essência do cristianismo.

Além disso, se as próprias Escrituras tratam a criação e a queda de Adão como eventos históricos, não há justificativa para tratar o restante da criação como alegoria ou artifício literário. Em nenhum lugar em toda a Bíblia, qualquer um desses eventos foi tratado como simples simbolismo.

De fato, quando o Novo Testamento se refere à criação (Mc 13.19; Jo 1.3; At 4.24; 14.15; 2Co 4.6; Cl 1.16; Hb 1.2,10; Ap 4.11; 10.6; 14.7), sempre se refere ao passado, evento completo — um trabalho imediato de Deus, e não um processo de evolução ainda em andamento. A nova criação prometida, um tema comum tanto no Antigo quanto no Novo Testamentos, é retratada como uma ordem imediata de criação também — não como um longo processo (Is 65.17). De fato, o modelo para a nova criação é a criação original (cf. Rm 8.21; Ap 21.1,5).

Hebreus 11.3 mantém a crença na criação que veio à luz pela ordem divina, a verdadeira essência da própria fé: *Pela fé entendemos que os mundos foram criados pela palavra de Deus; de modo que o visível não foi feito daquilo que se vê.* A criação *ex nihilo* é o claro e consistente ensinamento da Bíblia.

A evolução foi introduzida como alternativa antiteísta para a visão bíblica da criação. De acordo com a evolução, foi o homem que criou Deus, e não vice-versa. E, como temos visto, o objetivo final dos evolucionistas é eliminar totalmente a fé em Deus e, consequentemente, fazer o mesmo com a responsabilidade moral.

A intuição sugere uma série de questionamentos à mente humana quando contemplamos nossa origem: Quem está no controle do universo? Existe Alguém que seja soberano — um legislador? Existe um Juiz universal? Existe um estandarte moral transcendente pelo qual viver? Existe

COMPREENDENDO A CRIAÇÃO

Alguém que é responsável por nós? Haverá uma avaliação final de como vivemos nossa vida? Haverá algum juízo final?

Essas são sérias questões, entre muitas outras, que a evolução tenta evitar, ao inventar suas propostas de fundo científico.

A evolução foi inventada para explicar o Deus da Bíblia — não porque os evolucionistas realmente cressem que um criador fosse necessário para explicar como as coisas começaram, mas porque eles não queriam o Deus das Escrituras como seu Juiz. Marvin L. Lubenow escreve:

> A questão real no debate da criação/evolução não é a *existência* de Deus. A questão real é a *natureza* de Deus. Pensar na evolução como basicamente ateísta é entender mal a exclusiva ideia da evolução. A evolução não foi projetada como um ataque geral contra o teísmo. Ela foi projetada como um ataque específico contra o Deus da Bíblia, e o Deus da Bíblia é claramente revelado por meio da doutrina da criação. Obviamente, se uma pessoa é ateísta, seria normal para ela também ser evolucionista. Mas a evolução é tão compatível com o teísmo quanto o é com o ateísmo. Um evolucionista é perfeitamente livre para escolher qualquer deus que ele desejar, desde que não seja o Deus da Bíblia. Os deuses permitidos pela evolução são superficiais, subjetivos e artificiais. Eles não incomodam ninguém e não fazem exigência ética absoluta alguma. De outro lado, o Deus da Bíblia é o criador, sustentador, Senhor e juiz. Tudo é responsabilidade dele. Ele tem uma agenda que entra em conflito com seres humanos pecadores. Para o homem, ser criado à imagem de Deus é tremendamente assustador. Para Deus, ser criado à imagem do homem, é muito confortável.[10]

Resumindo, a evolução foi inventada com o objetivo de eliminar o Deus de Gênesis e, dessa forma, expulsar o Legislador e apagar a inviolabilidade da sua lei. A evolução é simplesmente o mais recente meio que a nossa raça caída tem encontrado com o objetivo de suprimir nosso conhecimento inato e o testemunho bíblico de que Deus existe e que somos sua responsabilidade (cf. Rm 1.28). Admitindo a evolução, a sociedade moderna tem como objetivo eliminar a moralidade, a responsabilidade e a culpa. A sociedade adotou a evolução com grande entusiasmo, porque as pessoas

---

[10]LUBENOW, Marvin L. *Bones of Contention: A Creationist Assessment of Human Fossils* (Grand Rapids, MI: Baker, 1992), 188-189.

imaginam que ela elimina o juiz e as libera para fazer o que quiserem, sem culpa, sem remorsos e sem consequências.

A mentira evolucionista é tão sutilmente antiética para a verdade cristã que pareceria impensável para cristãos evangélicos concordar com essa ciência evolucionária de alguma maneira. Mas, passado mais de um século e meio de propaganda evolucionista, os evolucionistas têm tido considerável sucesso em conquistar evangélicos meio perdidos pelo caminho. Consideravelmente, muitos evangélicos modernos — talvez seria até justo dizer *muitas* pessoas que se autodenominam evangélicas nos dias atuais — já têm sido convencidos de que a posição de Gênesis sobre a criação não é um relato histórico verdadeiro. Dessa forma, eles não têm apenas capitulado perante a doutrina evolucionista em seu âmago, mas também têm adotado uma visão que minimiza a autoridade das Escrituras em *seu* ponto de partida.

Os chamados evolucionistas teístas que querem harmonizar as teorias humanísticas da ciência moderna com o teísmo bíblico talvez declarem que estejam fazendo isso porque amam a Deus, mas a verdade é que eles amam apenas um pouco a Deus e muito a sua reputação acadêmica.

Ao minimizar a historicidade de Gênesis, eles minimizam a própria fé. Dê à doutrina evolucionista o trono e faça da Bíblia seu servo, e terá estabelecido as bases do desastre espiritual.

As Escrituras, e não a ciência, são o teste final de toda a verdade. E o consequente evangelicalismo vem dessa convicção: quanto menos evangélica for, mais humanística será a hermenêutica.

As Escrituras nos advertem contra o falso *conhecimento* (1Tm 6.20) — particularmente o chamado conhecimento "científico" que se opõe à verdade das Escrituras. Quando o que é passado como "ciência" acaba se tornando nada mais que uma visão de mundo baseada na fé que é hostil à verdade das Escrituras, nosso dever de estar atentos é maior. E, quando pressuposições naturalistas e ateístas são agressivamente divulgadas como se fossem fatos científicos estabelecidos, os cristãos devem expor essas mentiras pelo que elas são e opor-se a elas mais vigorosamente ainda. O abandono da visão bíblica da criação já tem gerado abundantes frutos malignos em nossa sociedade moderna. Enfraquecer nosso compromisso com a visão bíblica da criação provocaria uma corrente de desastre moral, espiritual e ramificações teológicas na igreja que exacerbariam de forma gigantesca o terrível caos moral que já tem começado a brotar na sociedade secular.

COMPREENDENDO A CRIAÇÃO

Com isso em mente, iniciei um sério estudo do livro de Gênesis há alguns anos. Ainda que a maior parte do meu ministério tenha sido dedicado à exposição versículo por versículo de todo o Novo Testamento, recentemente me voltei ao Antigo Testamento e comecei a pregar uma série de mensagens baseadas no livro de Gênesis em nossa igreja. Esse material é o fruto de minha busca e ensinamento em Gênesis 1—3. Encontramos lá a base de toda a doutrina que é essencial para a fé cristã. E quanto mais cuidadosamente estudei esses capítulos iniciais das Escrituras, mais percebi que eles são o alicerce vital para tudo que cremos como cristãos.

Lamentavelmente, é um alicerce que tem sido sistematicamente minimizado pelas próprias instituições que deveriam mais vigorosamente defendê-lo. Mais e mais instituições educacionais cristãs, apologistas e teológicas estão abandonando a fé na verdade literal de Gênesis 1—3. Lembro-me de ter lido uma pesquisa há alguns anos que revelava que em uma das principais associações evangélicas americanas, cujos membros representam um grande número de colégios e universidades bíblicas evangélicas, apenas cinco ou seis organizações escolares mantinham claramente uma oposição sólida à visão da criação da chamada "Terra antiga". O restante estava aberto a uma reinterpretação do livro de Gênesis 1—3 que favorece as teorias evolucionistas. Uma grande quantidade de bem conhecidos professores e apologistas da Bíblia vê a questão toda como um assunto aberto a debate, e alguns até agressivamente argumentam que uma abordagem literal de Gênesis vem em detrimento da credibilidade do cristianismo. Eles têm desistido da batalha — ou pior, têm se unido aos que atacam sistematicamente o criacionismo bíblico.

Sou grato aos que corajosamente ainda resistem à tendência — organizações como *Answers in Genesis*, a *Creation Research Society* e o *Institute for Creation Research*. Essas organizações e outras como elas são lideradas por muitos peritos cientistas que desafiam as pressuposições dos evolucionistas em fundamentos técnicos e científicos. Eles demonstram claramente que a proficiência científica não é incompatível com a fé na verdade literal das Escrituras. Essa batalha pelo começo é agora a batalha entre duas "fés" mutuamente excludentes: a fé nas Escrituras *versus* a fé em hipóteses antiteístas. Não é realmente uma batalha entre *ciência* e Bíblia.

Meu objetivo é examinar o que as Escrituras ensinam sobre a criação. Ainda que esteja convencido de que a verdade das Escrituras tem integridade científica, pretendo deixar a defesa científica do criacionismo para os que têm mais experiência em ciência. Minha proposta é principalmente examinar o que as Escrituras ensinam sobre a origem do universo e a queda da humanidade no pecado, e mostrar por que é incompatível com as crenças naturalistas e as teorias evolucionistas.

Como cristãos, cremos que a Bíblia é a verdade revelada a nós por Deus, o qual é o verdadeiro criador do universo. Essa crença é o alicerce básico de toda a cristandade genuína. É absolutamente incompatível com as pressuposições especulativas do naturalismo.

Nas Escrituras, o próprio criador revelou-nos tudo o que é essencial para a vida e a espiritualidade. E isso começa com uma avaliação sobre a criação. Se a avaliação bíblica sobre a criação é em algum grau não confiável, tudo o mais nas Escrituras passa a ser alicerçado em bases periclitantes.

Mas o alicerce *não* é instável. Quanto mais entendo o que Deus revelou-nos sobre nossa origem, mais claramente vejo que o alicerce permanece firme. Concordo com os que dizem que é tempo de que as pessoas de Deus deem uma boa olhada nas narrativas bíblicas da criação. Mas discordo com os que pensam que é necessário em qualquer grau de capitulação às teorias transitórias do naturalismo. Apenas uma olhada conveniente nas Escrituras, com boas bases de hermenêutica, produzirá o entendimento certo da criação e da queda de nossa raça.

A Bíblia fornece uma explicação clara e convincente do começo do cosmo e da humanidade. Não há absolutamente razão alguma para uma mente inteligente negar-se a aceitar que o que temos é uma narrativa literal da origem do nosso universo. Ainda que a apresentação bíblica do tema confronte em muitos pontos as *hipóteses* naturalistas e evolucionistas, não está em conflito com nenhum *fato* científico. Na verdade, todos os dados geológicos, astronômicos e científicos podem ser facilmente reconciliados com a declaração bíblica. O conflito não está entre ciência e Escritura, mas entre a fé que confia na Bíblia e o ceticismo naturalista deliberado.

Para muitos, o fato de terem sido doutrinados em escolas onde a linha entre hipótese e realidade tem sido sistemática e deliberadamente sem transparência, isso tudo talvez se apresente ingênuo ou pouco sofisticado, mas é, apesar de tudo, um fato concreto. Repito: a ciência nunca desmentiu uma palavra das Escrituras e jamais irá fazê-lo. De outro lado, a teoria evolucionista sempre esteve em conflito com as Escrituras e sempre estará. Mas a noção de que o universo foi envolvido numa série de processos naturais remete a uma hipótese não comprovada e não testada e, portanto, não é "ciência". Não existe prova alguma de que o universo se desenvolveu naturalmente. Evolução é simples teoria — e uma teoria questionável e

COMPREENDENDO A CRIAÇÃO

« 81 »

constantemente em mutação. Essa teoria, se totalmente aceita, deve ser considerada como matéria de fé absoluta.

Quão melhor é basear nossa fé no alicerce firme da palavra de Deus! Não há base de conhecimento igual ou superior às Escrituras. Diferente da teoria científica, a declaração bíblica é eternamente imutável. Diferente das opiniões do homem, sua verdade é revelada pelo próprio criador! Não é, como muitos supõem, baseada em probabilidades, como a ciência. A ciência verdadeira sempre sustentou o ensinamento das Escrituras. A arqueologia, por exemplo, tem demonstrado a honestidade do relato bíblico de tempos em tempos. Onde quer que o relato das Escrituras seja examinado e pesquisado para ser ou comprovado ou desmentido pela evidência arqueológica ou evidências confiáveis de documentários independentes, o relato bíblico sempre tem sido comprovado. Não há razão válida alguma para duvidar do relato bíblico da criação ou desacreditá-lo, e certamente não há necessidade de ajustar a narrativa bíblica para tentar fazê-la encaixar-se nas últimas modas da teoria evolucionista.

Então, minha abordagem do tema, neste ensaio, é simplesmente para examinar o que os textos bíblicos ensinam sobre a criação. Meu objetivo não é escrever uma polêmica contra a corrente do pensamento evolucionista. Não tenho a intenção de entrar profundamente nos argumentos científicos com relação à origem do universo, senão onde os fatos científicos se cruzem com o relato bíblico. Nesses casos, o destaque será feito. Mas meu principal objetivo é examinar o que a Bíblia ensina sobre a origem do universo e analisar as ramificações morais, espirituais e eternas do criacionismo bíblico, para perceber o que elas têm a ver com as pessoas no mundo atual.

Sou grato a muitos autores que trataram desse assunto antes e cujas obras foram muito úteis para formular meus próprios argumentos nesse tema. Os principais dentre eles são Douglas F. Kelly,[11] John Ankerberg e John Weldon,[12] Phillip E. Johnson,[13] Henry Morris[14] e Ken Ham.[15]

---

[11]KELLY, Douglas F. *Creation and Change* (Fearn, Ross-shire, U.K.: Christian Focus, 1997).

[12] ANKERBERG, John e WELDON, John. *Darwin's Leap of Faith* (Eugene, OR: Harvest House, 1998).

[13]JOHNSON, Phillip. *Reason in the Balance: The Case against Naturalism in Science, Law and Education* (Downers Grove, IL: IVP, 1995).

[14]MORRIS, Henry. *The Genesis Record* (Grand Rapids, MI: Baker, 1976).

[15]HAM, Ken. *Creation Evangelism for the New Millennium* (Green Forest, AR: Master Books, 1999).

Novamente, uma compreensão bíblica da criação e a posterior queda da humanidade estabelecem o necessário alicerce para a visão cristã de mundo. Tudo o que as Escrituras ensinam sobre o pecado e a redenção passa a ter o caráter de verdade absoluta quando os três primeiros capítulos de Gênesis são considerados de forma literal. Se hesitarmos em qualquer grau na verdade desses capítulos, estaremos minando a própria base de nossa fé.

Se os capítulos 1—3 de Gênesis não nos contam a verdade, por que deveríamos crer em qualquer outra coisa na Bíblia? Sem um correto entendimento de nossa origem, não temos como entender *nada* sobre nossa existência espiritual. Não podemos conhecer nosso propósito neste mundo nem podemos ter certeza sobre nosso destino. Afinal, se Deus não é o criador, então ele tampouco é o redentor. Se não podemos crer nos primeiros capítulos das Escrituras, como poderemos ter certeza de *qualquer outra coisa* que a Bíblia revela?

Muita coisa depende, portanto, de um correto entendimento desses primeiros capítulos de Gênesis. Esses capítulos são muitas vezes mal interpretados pelas pessoas cujo real objetivo não é entender o que o texto realmente ensina, mas ajustá-lo dentro de um contexto da teoria científica aceita por eles. A abordagem hermenêutica é totalmente errada. Uma vez que a criação não pode ser observada ou contestada em um laboratório, a ciência não é um método digno de confiança para buscar respostas sobre a origem e a queda da humanidade. Por isso, concluímos que a única fonte confiável da verdade sobre nossa origem é o que tem sido revelado pelo próprio criador. Isso quer dizer que o texto bíblico deveria ser nosso ponto de partida.

Estou convencido de que a correta interpretação de Gênesis 1—3 é a única que vem naturalmente de uma leitura correta do texto. Ele nos ensina que o universo é relativamente jovem, embora com aparência antiga e madura — e que toda a criação foi completada no espaço de seis dias literais.

Para os que irão inevitavelmente reclamar que tal visão é ingênua e não sofisticada, minha resposta é que ela é certamente superior à noção irracional de que um universo organizado e incompreensivelmente complexo apareceu por acidente do nada e emergiu por acaso, chegando a ser a maravilha que é.

As Escrituras oferecem as únicas explicações precisas sobre como nossa raça começou, onde nosso senso moral se originou, por que não podemos fazer o que nossa própria consciência nos diz que é certo, e como podemos

CRIAÇÃO: ACREDITE OU NÃO

É difícil imaginar qualquer coisa mais absurda que a fórmula naturalista para a origem do universo: *Ninguém vezes nada é igual a tudo.* Não existe criador; não houve projeto ou proposta. Tudo o que vemos emergiu e se desenvolveu simplesmente por acaso, do nada.

Pergunte a um típico naturalista em que ele acredita sobre o começo de todas as coisas e você provavelmente ouvirá sobre a teoria do bigue-bangue — a noção de que o universo é produto de uma imensa explosão. Como se um começo absolutamente violento e caótico pudesse resultar em toda a sinergia e ordem que observamos em todo o cosmo ao nosso redor. Mas o que foi o catalisador que deu início a esse bigue-bangue? (E o que, em contrapartida, foi o catalisador daquele?) Alguma coisa incrivelmente grande teve de abastecer a explosão original. Onde aquela "alguma coisa" se originou? Um bigue-bangue saído do nada tão simplesmente *não* poderia ter sido o começo de todas as coisas.

O universo material em si é eterno, como afirmam alguns? E se ele é eterno, por que feriria a si mesmo, provocando esse bigue-bangue? O que deu início a essa matéria? Qual é a fonte de energia que o mantém em movimento? Por que a entropia fez com que se desenvolvesse um estado de inércia e caos, mais do que os evolucionistas podem imaginar, aparentemente vindo a se constituir em um sistema mais organizado e incrivelmente sofisticado como a expansão do bigue-bangue?

A verdadeira exposição de problemas insuperáveis para os naturalistas começa em um nível mais básico. O que foi a Primeira Causa que provocou todo o restante? De onde veio a matéria? De onde veio a energia? O que mantém tudo em ordem e o que mantém tudo em movimento? Como poderia a vida, com consciência e racionalidade, desenvolver algo de uma matéria inanimada e inorgânica? Quem *projetou* o mais complexo e interdependente organismo e os mais sofisticados ecossistemas que estudamos? Onde a *inteligência* se originou? Pensamos no universo como um instrumento massivo de movimento perpétuo com algum tipo de "inteligência" impessoal própria? Ou existe, afinal, um pessoal e inteligente *Designer* que criou tudo e colocou tudo em movimento?

Essas são questões vitais e metafísicas que *devem* ser respondidas, se estamos entendendo o significado e o valor da vida em si. O naturalismo filosófico, por causa de suas pressuposições materialistas e antissobrenaturais, é absolutamente incapaz de oferecer *quaisquer* respostas para essas questões. De fato, o dogma mais básico do naturalismo é que tudo acontece por um processo natural; nada é sobrenatural, portanto não pode haver um criador pessoal. Isso significa que não pode existir projeto ou propósito para nada, de modo que o naturalismo não pode prover base filosófica alguma para crer que a vida humana é particularmente valiosa ou significativa em qualquer aspecto.

Ao contrário, se o naturalista for fiel a seus princípios, deve finalmente concluir que a humanidade é um acidente esquisito sem qualquer propósito ou importância real. O naturalismo é, portanto, uma fórmula para a futilidade e perda de significância, apagando a imagem de Deus de nossa coletiva imagem de raça, depreciando o valor da vida humana, minando a dignidade humana e subvertendo a moralidade.

A EVOLUÇÃO É DEGRADANTE PARA A HUMANIDADE

O rumo que a sociedade moderna tomou prova esse ponto. Estamos testemunhando o abandono dos baluartes morais e a perda do sentido de destino da humanidade.

Incalculável e crescente número de crimes, abuso no uso de drogas, perversão sexual, aumento na taxa de suicídios e a epidemia de aborto são todos sintomas de que a vida humana está sendo sistematicamente desvalorizada e um absoluto sentido de fracasso está tomando conta da sociedade. Essas tendências são diretamente ligadas à ascensão da teoria evolucionista.

E por que não? Se a evolução é verdade, os seres humanos são uma de muitas espécies que se desenvolveram de ancestrais comuns. Não somos melhores que animais e não devemos pensar que somos. Se nos desenvolvemos de matéria pura, por que deveríamos estimar o que é espiritual? Na verdade, se tudo se desenvolveu da matéria, nada que seja classificado como "espiritual" é real. Nós mesmos não somos, finalmente, melhores ou diferentes de nenhuma outra espécie vivente. Não passamos de matéria-prima esperando para se transformar em adubo.

Aliás, esse é precisamente o raciocínio por trás do movimento moderno dos direitos dos animais, um movimento no qual a *raison d'être* é a absoluta degradação da raça humana. Naturalmente, todos os defensores radicais dos direitos dos animais são evolucionistas. seu sistema de crença é um inevitável derivado da teoria evolucionista.

A instituição Pessoas pelo Tratamento Ético dos Animais (*People for the Ethical Treatment of Animals* — PETA) é conhecida por sua posição de que os direitos dos animais são iguais (ou mais importantes) que os direitos humanos. Ele afirma que matar qualquer animal para comer é moralmente equivalente a assassinato; comer carne é praticamente canibalismo, e o homem é uma espécie tirana, prejudicial ao seu ambiente.

A PETA se opõe à domesticação de animais e "animais de companhia" — inclusive cães de guia para cegos. Em 1988, um estatuto distribuído pela organização incluiu isto: "Assim como John Bryant escreveu em seu livro *Fettered Kingdoms*, [animais de companhia] são como escravos, ainda que sejam escravos bem tratados".

Ingrid Newkirk, controversa fundadora da PETA, disse: "Não há bases racionais para dizer que um ser humano tem direitos especiais [...] Um rato é um porco que é um cachorro que é um garoto".[16] Newkirk disse ao repórter do *Washington Post* que as atrocidades do nazismo alemão empalidecem se comparadas a matar animais para comer: "Seis milhões de judeus morreram nos campos de concentração, mas seis *bilhões* de frangos morrerão este ano em matadouros".[17]

Obviamente, a senhora Newkirk está *mais* ultrajada pela matança de frangos para comer do que pela chacina de seres humanos. Dá a impressão de que ela não consideraria necessariamente que a extinção da humanidade seja algo indesejável. De fato, ela e outros defensores dos direitos dos animais com frequência parecem ser claramente misantrópicos. Ela disse a um repórter: "Eu não tenho nenhuma reverência pela vida, apenas pelas realidades em si. Eu veria basicamente um espaço em branco onde eu estou. Isto soará como loucura novamente, mas pelo menos não danificaria nada".[18] A edição de verão da revista *Wild Earth*, um periódico que promove o ambientalismo radical, incluiu um manifesto pela extinção da raça humana, escrito por alguém que se escondeu sob o pseudônimo "Les U. Knight". O artigo dizia: "Se você não considerou o

---

[16]Ingrid Newkirk, citada em MacCabe, Katie. "Who Will Live and Who Will Die?", *The Washingtonian* (agosto de 1986), 114.
[17]Ingrid Newkirk, citada em Brown, Chip. "She's a Portrait of Zealotry in Plastic Shoes", *Washington Post*, 13 de novembro de 1983, B-10.
[18]Ibidem.

pensamento de uma voluntária extinção humana antes, a ideia de um mundo sem pessoas talvez pareça estranha. Mas, se der uma chance a esse pensamento, imagino que poderá concordar que a extinção do *Homo sapiens* significaria a sobrevivência de milhões, se não bilhões, de espécies habitantes na terra [...] Extinguir a raça humana irá resolver todos os problemas na terra, sociais e ambientais".[19]

Isso é pior que simplesmente estúpido, irracional, imoral ou humilhante; isso é *fatal*.

Mas existe ainda uma organização chamada *The Church of Euthanasia* [A Igreja da Eutanásia]. Sua *web page* defende o suicídio, o aborto, o canibalismo e a sodomia como meios de diminuir a população humana. Além disso, a *web page* contém elementos de paródia projetados deliberadamente para chocar valores tradicionais da sociedade;[20] as pessoas por trás disso são radicalmente sérias em sustentar sua oposição à continuidade da raça humana. Elas incluíram instruções detalhadas para cometer suicídio. O único mandamento que essa igreja requer que seus membros obedeçam é: "Não procriarás". E, contribuindo para que sua visão parecesse deliberadamente mais ultrajante ainda, recebeu ampla cobertura em *talk shows* de várias emissoras de TV e programas de notícias em formato tabloide. Aproveita essa publicidade para recrutar membros para sua causa. A despeito de sua mensagem chocante, tem evidentemente sido capaz de persuadir um grande número de pessoas, levando-as a crer que a única espécie na terra que *deve* ser extinta é a humana. seu *web site* afirma que milhares de pessoas pagaram a taxa de 10 dólares para se transformar em "membros da igreja".

O tipo de loucura é fundamentado na crença de que a humanidade é simplesmente o produto da evolução — um simples animal sem propósito, sem destino e sem semelhança com o criador. Afinal, se chegamos onde estamos por um processo evolucionista natural, não pode haver nenhum valor na noção de que nossa raça reflete a imagem de Deus. Finalmente, não temos mais dignidade que uma ameba. E *certamente* não temos autorização do Todo-poderoso para subjugar o restante da criação.

---

[19]KNIGHT, Les U. (pseudonym), "Voluntary Human Extinction", *Wild Earth* 1:2 (verão de 1991), 72.

[20]Eles "defendem" o canibalismo, por exemplo, com o *slogan* "Comam pessoas, não animais", para defender o ponto de vista de que, de acordo com sua maneira de pensar, o ato de comer qualquer animal é o equivalente moral do canibalismo.

Contudo, se um ser humano não passa de um animal em processo de desenvolvimento, quem pode argumentar contra o movimento dos direitos dos animais? Mesmo a posição mais radical dos direitos dos animais é justificada em uma visão de mundo naturalista e evolucionista. Se realmente nos desenvolvemos de animais, somos de fato apenas animais. E, se a evolução está certa, é um completo acidente que o homem tenha desenvolvido um intelecto superior. Se mutações aleatórias ocorreram de modo diferente, macacos deveriam estar percorrendo o planeta e humanoides deveriam estar no zoológico. Que direito temos de exercer domínio sobre outras espécies que ainda não tiveram a oportunidade de se desenvolver para chegar a uma condição mais avançada?

De fato, se o homem é simplesmente um produto do processo evolucionista natural, então, afinal, não passa de um subproduto acidental de milhões de mutações genéticas aleatórias. Ele é, apenas, mais um animal que se desenvolveu de amebas e esta provavelmente não é sequer a forma de vida mais alta que irá eventualmente desenvolver-se. Então, o que há de especial no homem? Onde está seu significado? Onde está sua dignidade? Onde está seu valor? Onde está seu propósito? Obviamente ele não possui nenhum desses atributos.[21]

Diante de uma sociedade impregnada de crenças naturalistas completamente envolvidas em tais pensamentos e no extermínio da moderação moral e espiritual, é apenas uma questão de tempo para se chegar à sua completa ruína. De fato, esse processo já começou. Se você dúvida disso, considere algumas das indulgências comportamentais televisionadas pela geração MTV/Jerry Springer.

A EVOLUÇÃO É HOSTIL À RAZÃO

A evolução é tão irracional quanto imoral. No lugar de Deus como criador, o evolucionista tem instituído o acaso — pura sorte, acidente, casualidade, descobertas ao acaso, coincidência, eventos casuais, sorte cega. O acaso é, então, o verdadeiro criador.

O naturalismo ensina essencialmente que sobre o tempo e fora de um completo caos a matéria se desenvolveu sob todos os aspectos, chegando

---

[21]O fato de que podemos estabelecer esse diálogo racional e que os animais não podem fazê-lo é, por si só, motivo para que creiamos que o homem está acima dos animais, pois possui sensibilidade e personalidade, características que estão totalmente ausentes no reino animal.

a ser o que vemos atualmente, por puro acaso. E tudo isso aconteceu sem qualquer projeto particular. Dando tempo necessário e suficientes eventos casuais, os evolucionistas dizem, *tudo* é possível. E a evolução de nosso mundo com todos os seus complexos ecossistemas e organismos é, então, simplesmente o inadvertido resultado de um grande número de indiscriminados, mas extremamente fortuitos, acidentes da natureza. Tudo é assim tão simples quanto um desenho que surge, ao léu, em um papel. E tal acaso tem sido elevado ao posto de criador.

John Ankerberg e John Weldon mostraram que a matéria, o tempo e o acaso constituem a santa trindade evolucionista. De fato, essas três coisas são tudo o que é eterno e onipotente no esquema evolucionista: matéria, tempo e acaso. Juntos eles formaram o cosmo como nós o conhecemos. E eles usurparam Deus da mente evolucionista. Ankerberg e Weldon citam Jacques Monod, vencedor do Prêmio Nobel de 1965 por seu trabalho em bioquímica. Em seu livro *Chance and Necessity*, Monod escreveu: "[O homem] está sozinho na imensidão do universo, fora do qual ele se desenvolveu por acaso [...] *apenas* o acaso está na fonte de toda inovação, de toda a criação da biosfera. O puro acaso, absolutamente livre, mas cego, [está] na própria raiz do estupendo edifício da evolução".[22]

Obviamente, essa é uma declaração totalmente distante da que afirma que fomos criados à imagem de Deus. É também absolutamente irracional. A ideia evolucionista não apenas despe o homem de sua dignidade e valor, mas também elimina o fundamento de sua racionalidade, pois, se tudo acontece por acaso, então, em sentido elementar, nada pode realmente ter qualquer propósito ou significado. E é difícil pensar em qualquer ponto de partida filosófico que seja mais irracional que isso.

Mas uma reflexão momentânea revelará que o acaso simplesmente *não pode* ser a causa de qualquer coisa (menos ainda a causa de *tudo*). O acaso não é uma força. O único sentido legítimo de mundo surgindo *ao acaso* tem a ver com probabilidade matemática. Se jogarmos uma moeda várias vezes, os quocientes de probabilidade matemática sugerem que ela irá cair com a face "cara" voltada para cima cerca de 50 vezes entre 100 jogadas. Então dizemos que quando jogamos uma moeda, há 50% de "chance" de cair do lado "cara".

Mas o acaso não é uma força que pode realmente jogar uma moeda. O acaso não é um intelecto que projeta o modelo de probabilidades

---

[22]MONOD, Jacques. *Chance and Necessity* (Nova York: A. A. Knopf, 1971), 112-113, citado em Ankerberg and Weldon, *Darwin's Leap of Faith*, 21.

matemáticas. O acaso não *determina* nada. A probabilidade matemática é simplesmente uma maneira de mensurar o que *de fato* acontece.

Considerando ainda o ponto de vista naturalista e evolucionista, o acaso se transforma em algo que determina o que acontece na ausência de qualquer outra causa ou projeto. Considere novamente a observação de Jacques Monod: "O acaso [...] está na fonte de toda inovação, de toda criação". Com efeito, os naturalistas têm imputado ao *acaso* a habilidade de causar e determinar o que ocorre. Como podemos observar, esse é um conceito irracional.

Não existem eventos não causados. Todo efeito é determinado por alguma causa. Mesmo jogar uma moeda não pode ocorrer sem uma causa definitiva. E o bom senso nos diz que se a moeda cai do lado "cara" ou do lado "coroa" é também determinado por *algo*. Um número de fatores (inclusive a quantidade de força com a qual a moeda foi jogada e a distância que ela deve cair antes de tocar o chão) determina o número de giros e saltos que ela fará antes de cair de um lado ou de outro. Além disso, a força que determina com exatidão de que lado a moeda cairá, quando a jogamos, talvez seja impossível de ser controlada por nós de forma absolutamente precisa, por isso concluímos que ela é daquelas forças onde não há "chance" de determinar se cairá do lado cara ou coroa. O que talvez pareça totalmente aleatório e indeterminado para nós é, apesar de tudo, definitivamente determinado por *algo*.[23] Não é causado por simples acaso, porque o acaso simplesmente não existe como força ou causa. O acaso é nada.

A sorte era uma deusa no panteão grego. O acaso é sagrado para os evolucionistas. Eles adotam o mito do acaso e fazem dele o responsável por tudo o que acontece. O acaso tem sido transformado em uma força de poder causal, de tal maneira que aquele *nada* é a causa para *tudo*. O que poderia ser *mais* irracional que isso? Tudo isso transforma a realidade em um completo caos. O evolucionismo transforma tudo em algo irracional e incoerente.

Todo o conceito é tão carregado de problemas de um ponto de vista racional e filosófico que dificilmente saberíamos por onde começar. Mas vamos começar do início. A pergunta básica é: de onde veio a matéria? O naturalista teria de dizer que toda a matéria é finita, ou que tudo apareceu por acaso do nada. Essa opinião é claramente irracional.

---

[23]As Escrituras ensinam que tais eventos "casuais" são, na verdade, governados pela soberana providência de Deus (Pv 16.33). O próprio Deus controla, em última instância, todos os fatores que determinam o jogar da moeda. Nada, seja o que for, acontece por "acaso".

Mas suponha que o naturalista opte por crer que a matéria é eterna. Uma questão óbvia aparece: O que causou o primeiro evento que originalmente colocou o processo de evolução em movimento? A única resposta disponível para o naturalista é que o acaso fez com que acontecesse. Literalmente veio do nada. Ninguém ou nada fez com que acontecesse. Isso, também, é claramente irracional.

Em outras palavras, o niilismo é a única filosofia que funciona com o naturalismo. O *niilismo* é uma filosofia que diz que tudo é totalmente sem significado, sem lógica, sem razão. O próprio universo é incoerente e irracional. A razão tem sido destituída pelo simples acaso.

E tal visão do acaso é o polo oposto da razão. O bom senso sugere que todo relógio tem um relojoeiro. Toda construção tem seu construtor. Toda estrutura tem seu arquiteto. Todo arranjo tem um plano. Todo plano tem um planejador. E todo projeto tem um propósito. Vemos o universo, infinitamente mais complexo que qualquer relógio e infinitamente maior que qualquer estrutura feita pelo homem, e é natural concluir que Alguém infinitamente poderoso e infinitamente inteligente fez isso. *Pois os seus atributos invisíveis, o seu eterno poder e divindade, são claramente vistos desde a criação do mundo, sendo percebidos mediante as coisas criadas, de modo que eles são inescusáveis* (Rm 1.20).

Mas os naturalistas olham para o universo e, a despeito de todas as intrincadas maravilhas que ele tem, concluem que ninguém fez isso. O acaso fez tudo isso. Aconteceu por acidente. Isso não é lógico. É absurdo.

Abandone a lógica e você será levado por pura tolice. De muitas formas o endeusamento naturalista do acaso é pior que todos os vários mitos de outras falsas religiões, porque ele apaga todo o significado e sentido de tudo. Mas isso é, mais uma vez, pura religião do tipo mais pagão que pode existir, requerendo um salto fatal de fé espiritual dentro de um abismo de absoluta irracionalidade. É a antiga religião dos tolos (Sl 14.1) — mas em um moderno e "científico" invólucro.

O que poderia fazer alguém adotar tal sistema? Por que alguém optaria por uma visão de mundo que elimina o que é racional? É uma comichão que ferve na mente humana, até chegar ao completo amor ao pecado. As pessoas querem estar confortáveis em seu pecado, e não há como fazer isso sem eliminar Deus. Liberte-se de Deus e você acabará com todo o temor das consequências do pecado. Então, mesmo pensando que a total irracionalidade é afinal a única alternativa viável para o Deus das Escrituras, multidões têm optado pela irracionalidade, porque somente assim podem viver sem culpa e sem nenhuma vergonha de seu próprio pecado. É simples assim.

Ou existe um Deus que criou o universo e soberanamente rege sua criação, ou tudo foi causado pelo acaso aleatório. As duas ideias são mutuamente excludentes. Se o acaso manda, Deus não pode. Se Deus rege, não há espaço para o acaso. Faça do acaso a causa do universo e você terá efetivamente afastado Deus da sua vida.

Aliás, se o acaso é postulado como forma determinante ou uma causa existente, ainda que na forma mais frágil, Deus foi destronado. A soberania de Deus e o "acaso" são inerentemente incompatíveis. Se o acaso causa ou determina *tudo*, Deus não é verdadeiramente Deus. Mas, novamente, devemos repetir que o acaso não é uma força. O acaso não pode fazer nada acontecer. O acaso é nada. Ele simplesmente não existe. Portanto, não tem poder para fazer nada. Ele não pode ser a causa de nenhum efeito. É um faz de conta imaginário. É contrário a toda lei da ciência, a todo princípio de lógica e a todo bom senso. Mesmo o princípio mais básico da termodinâmica, da física e da biologia sugere que o acaso simplesmente não pode ser a força determinante que trouxe a ordem e a interdependência que vemos em nosso universo — muito menos a diversidade da vida que encontramos em nosso próprio planeta. Afinal, o acaso não pode simplesmente ser o responsável pela origem da vida e da inteligência.

Um dos mais antigos princípios da filosofia racional é *ex nihilo, nihilo fit* ("sem o nada, nada acontece"). E o acaso é nada. O naturalismo é um verdadeiro suicídio racional.

Quando os cientistas naturalistas atribuem poder instrumental ao acaso, deixam o domínio da razão, deixam o domínio da ciência. Eles se voltam para o ato de tirar coelhos de cartolas. Eles se voltam para a fantasia. Insira a ideia do acaso e todas as investigações científicas mais recentes se transformarão em caóticas e absurdas. É precisamente por causa disso que a evolução não merece ser considerada como ciência verdadeira; ela não passa de religião irracional — a religião dos que querem pecar sem culpa.

Alguém uma vez estimou que o número de fatores genéticos aleatórios envolvidos na evolução de um parasita advindo de uma ameba seria comparável a colocar um macaco em uma sala com uma máquina de escrever e deixá-lo digitar as teclas ao acaso até acidentalmente produzir uma escrita perfeita e um monólogo, datilografado, perfeitamente pontuado, de Hamlet. E as chances de conseguir todas as mutações necessárias para desenvolver uma estrela-do-mar de uma criatura unicelular é comparável a pedir que 100 cegos façam dez movimentos aleatórios cada um com cinco cubos mágicos e perceber que todos os cinco cubos estejam perfeitamente alinhados no final do processo. As chances do surgimento de *toda* forma de vida humana desenvolver-se de uma simples célula são, em uma palavra, impossíveis.

Apesar de tudo, o absurdo do naturalismo continua amplamente incontestado nos dias atuais em universidades e escolas. Sintonize o canal *Discovery Channel* ou escolha um assunto da *National Geographic* e você estará propenso a ser exposto à afirmação de que o acaso existe como uma força — como se o simples acaso espontaneamente tivesse gerado tudo no universo.

George Wald, um professor de Harvard, laureado com um Prêmio Nobel, reconheceu o completo absurdo disso. Analisando a incalculável disposição de fatores, tanto reais quanto hipotéticos, que teriam criado espontaneamente tudo de uma vez, com o objetivo de fazer a matéria inanimada se desenvolver na mais primitiva forma de vida unicelular, escreveu: "É preciso apenas contemplar a magnitude dessa tarefa para aceitar que a geração espontânea de um organismo vivente é impossível". Então, ele adicionou: "Ainda estamos aqui — como um resultado, eu creio, de geração espontânea".[24] Como Wald acreditava que essa "impossibilidade" poderia ter acontecido? ele respondeu: "O tempo é de fato o herói do empreendimento. O tempo com o qual temos de lidar é o mandato de dois bilhões de anos. O que consideramos impossível na base da experiência humana não tem sentido aqui. Concedendo todo esse tempo ao tempo, o 'impossível' se transformou em possível; o possível, em provável; e o provável, em virtualmente certo. É preciso apenas esperar: o próprio tempo operará os milagres".[25] Determinando o tempo suficiente, o que é impossível se transforma em "virtualmente certo". Isso é completamente ambíguo. E ilustra perfeitamente a fé cega que sustenta a religião naturalista.

Não existe explanação viável do universo sem Deus. Não poderia haver tantas maravilhas imensas e complexas sem alguém que as projetasse. Só há uma explicação possível para tudo isso, e essa explicação reside no poder criativo de um Deus sábio. Ele criou e sustenta o universo, concedendo-lhe seu significado e desígnio. E, sem ele, não há, afinal, significado em nada. Sem ele, somos deixados com a única noção absurda de que

---

[24]WALD, George. "The Origin of Life", *Scientific American* (maio de 1954): 46.
[25]Ibidem, 48.

COMPREENDENDO A CRIAÇÃO

« 93 »

tudo emergiu do nada, sem uma causa e sem qualquer razão. Sem ele, estamos atados à fórmula absurda do evolucionismo: *nada vezes ninguém igual a tudo.*

A EVOLUÇÃO É ANTIÉTICA COM A VERDADE QUE DEUS REVELOU

Por contraste, o relato atual da criação é encontrado em Gênesis: *No princípio criou Deus os céus e a terra* (1.1). É difícil expressar uma resposta para a grande pergunta cósmica de maneira mais simples ou direta que essa.

As palavras de Gênesis 1.1 são precisas e concisas, indo além da simples criação humana. Elas explicam tudo o que a evolução *não pode* explicar. O filósofo evolucionista Herbert Spencer, um dos defensores mais recentes e entusiastas de Darwin, esboçou cinco "ideias científicas fundamentais": tempo, força, ação, espaço e matéria.[26] Essas são categorias que, de acordo com Spencer, abrangem tudo que é suscetível ao exame científico. Spencer acreditava que essa simples taxonomia cerca tudo o que realmente existe no universo. *Tudo* pode ser conhecido ou observado pela combinação científica dentro de uma categoria, e nada pode ser verdadeiramente dito que "exista" fora dela, Spencer declarou.

A visão materialista de mundo de Spencer fica imediatamente evidente no fato de que suas categorias não deixam espaço para nada que seja espiritual. Mas coloca de lado por um momento o fato mais importante de que algo tão óbvio quanto o intelecto e a emoção humanos não se encaixam perfeitamente em nenhuma das categorias definidas por ele mesmo! Um momento de reflexão revelará que os princípios evolutivos *ainda* não podem esclarecer a origem real de nenhuma das categorias de Spencer.[27] O evolucionista deve praticamente assumir a eternidade do tempo, força, ação, espaço e matéria (ou pelo menos um desses fatores[28]) — e então ele procederá daí a conjeturar sobre como as coisas se desenvolveram para além de um estado original caótico.

---

[26]SPENCER, Herbert. *First Principles* (Londres: Williams and Norgate, 1862), capítulo 3.

[27]Spencer defendeu a tese de que a consciência é a manifestação de energia cósmica infinita e eterna; por conseguinte, mesmo a consciência é no final das contas uma realidade material, mais que espiritual. Muitos evolucionistas modernos ainda sustentam esse ponto de vista.

[28]A "solução" de Spencer para esse dilema era considerar a força como eterna.

Mas Gênesis 1.1Considera todas as categorias de Spencer. *No princípio* — isto é *tempo. Deus* — isto é *força.*[29] *Criou* — isto é *ação. Os céus* — isto é *espaço. E a terra* — isto é *matéria.* No primeiro versículo da Bíblia, Deus deixou claro o que nenhum cientista ou filósofo pôde catalogar até o século 19. Além disso, o que a evolução ainda não pode explicar — a origem real de tudo que a ciência consegue observar —, a Bíblia explica em algumas poucas e sucintas palavras no primeiro versículo do livro de Gênesis.

Sobre a exclusividade da aproximação da Bíblia à criação, Henry Morris escreveu:

> Gênesis 1.1 é único em toda a literatura, ciência e filosofia. Todos os outros sistemas de cosmogonia, em antigos mitos religiosos ou modernos modelos científicos, começam com a matéria eterna ou energia em alguma forma, decorrente de outra entidade da qual supostamente se derivou gradualmente por algum processo. Somente o livro de Gênesis esclarece de fato a origem final da matéria, espaço e tempo; e faz isso de forma única, em termos de criação especial.[30]

A partir daí, nesse primeiro versículo das Escrituras, cada leitor irá deparar com a simples escolha: Ou você crê que Deus *realmente criou* os céus e a terra, ou crê que ele *não criou.* Se ele não criou, ele realmente não existe, nada tem propósito e nada faz sentido algum. Se, de outro lado, há uma inteligência criativa — se Deus existe —, então a criação é compreensível. É possível. É plausível. É racional.

Em última instância, essas são as opiniões que todo leitor de Gênesis encontrará. Ou a vasta gama de complexos organismos e informações que observamos refletem a maravilha e o poder de um criador pessoal (especificamente, o Deus que revelou a si mesmo nas Escrituras), ou todas essas maravilhas, de alguma forma, se desenvolveram espontaneamente de matéria inanimada e nada faz realmente sentido.

Mesmo entre os melhores cientistas que deixaram sua marca no mundo científico, os que pensam de modo correto e fazem confissões íntegras sobre as origens admitirão que deve existir uma inteligência criativa. (O

---

[29]De forma muito interessante, Spencer falou da força como "o essencial do fundamental" (ibidem, parágrafo 50).

[30]MORRIS, *The Genesis Record*, 18.

COMPREENDENDO A CRIAÇÃO

próprio Einstein acreditava firmemente que uma "Inteligência Cósmica" *tem de* ter projetado o universo, assim como muitos outros cientistas atualmente aceitam a noção do "projeto inteligente"; ele evitou a conclusão óbvia de que, se há uma "Inteligência Cósmica" suficientemente poderosa para projetar e criar o universo, essa "Inteligência" é por definição o Senhor e Deus de tudo.) Embora as comunidades científicas e acadêmicas com frequência tentem cruelmente silenciar tais opiniões, não há, apesar de tudo, muitos homens com integridade e humildade na comunidade científica que, com imparcialidade, aceitem o Deus das Escrituras e a explicação bíblica da criação.[31]

Deus *de fato* criou os céus e a terra. E existe apenas um documento que declara com credibilidade ser um relato divinamente revelado da criação: o livro de Gênesis. A menos que tenhamos um criador que nos deixou sem nenhuma informação sobre de onde viemos ou qual é nosso propósito, o texto de Gênesis 1—2 sustenta todas as propostas práticas incontestáveis como a única descrição da criação divinamente revelada. Em outras palavras, se há um Deus que criou os céus e a terra, e se ele revelou à humanidade algum relato de sua criação, Gênesis *é* esse relato. Se o Deus das Escrituras *não* criou os céus e a terra, então não temos mesmo respostas para nada que seja realmente importante. Tudo se reduz àquelas duas simples opiniões.

Crermos no relato de Gênesis ou não, não fará diferença alguma no mundo. Douglas Kelly, professor de Teologia Sistemática no *Reformed Theological Seminary*, tem desenvolvido sua matéria com grande discernimento. Ele diz: "Essencialmente, a humanidade tem duas opções. Ou somos o fruto do desenvolvimento do lodo e podemos ser explicados apenas de forma materialista, significando que fomos feitos de nada além do material, ou fomos feitos de acordo com um modelo celestial".[32]

ele está certo. Essas são, afinal, as únicas duas opiniões. Podemos crer no que Gênesis diz ou não. Se Gênesis 1.1 é verdadeiro, então o universo e tudo que nele há foi criado por um Deus pessoal e amoroso, e seus propósitos são claramente revelados a nós nas Escrituras. Além disso, se a explicação de Gênesis é verdadeira, então somos portadores do selo de Deus e amados por ele — e *porque* somos feitos à sua imagem, nós, seres

---

[31]Ankerberg e Weldon incluíram uma longa seção documentando as tentativas evolucionistas de silenciar e marginalizar seus colegas que não defendem a linha naturalista. Veja *Darwin's Leap*, capítulo 6, "Professional Objectivity and the Politics of Prejudice", 93-111.
[32]KELLY, *Creation and Change*, 15-16.

humanos, temos dignidade, valor e obrigação que transcendem as demais criaturas. Além disso, se Gênesis é verdadeiro, então não apenas temos respostas do próprio Deus para as perguntas cruciais da existência, como "qual o objetivo de estarmos aqui" e "como chegamos onde estamos", mas também temos a promessa de salvação de nosso pecado.

Se Gênesis *não* é verdadeiro, de qualquer forma, não temos resposta confiável alguma para nada. Jogue fora o livro de Gênesis, e a autoridade de *toda* a Bíblia estará fatalmente comprometida. Enfim, isso significaria que o Deus da Bíblia simplesmente não existe. E se outro tipo de deus criador existir, ele evidentemente não se importa o suficiente com a sua criação, pois não forneceu qualquer revelação sobre si mesmo, seu plano de criação ou sua vontade para suas criaturas.

Há, é claro, várias explicações extrabíblicas para a criação, que se podem encontrar em escritos pagãos sagrados. Mas todas são explicações místicas, fantasiosas e frívolas, retratando horrivelmente deuses irreais. Os que imaginam que tais divindades existem, teriam de concluir que elas nos deixaram sem nenhuma razão para ter esperança, sem nenhum princípio claro pelo qual viver, sem responsabilidade, sem respostas para nossos questionamentos mais básicos, e (mais preocupante) sem explicação alguma ou solução para o dilema do mal.

Então, se o livro de Gênesis é falso, devemos também supor que nenhum Deus existe. Esta é precisamente a hipótese por trás da moderna teoria evolucionista. Se for verdade, isso significa que a matéria impessoal é a realidade final. A personalidade humana e a inteligência humana são simplesmente acidentes sem significado, produzidos aleatoriamente pelo processo natural da evolução. Não temos responsabilidade moral com qualquer ser superior. Toda a moralidade — na verdade, toda a própria verdade — é, enfim, relativa. De fato, verdade, falsidade, bondade e mal são todos simplesmente noções teóricas sem nenhum sentido real ou significado. Nada realmente importa na imensidão de um universo infinito e impessoal.

Então, se o livro de Gênesis é falso, o niilismo é a melhor opinião. Irracionalidade absoluta se transforma na única escolha "racional".

Obviamente, as ramificações da nossa visão de mundo são imensas, dependendo da inclinação a que se opte quanto à interpretação de Gênesis. Nossa visão de criação é o ponto de partida necessário para nossa completa visão de mundo. De fato, o assunto é tão vital que Francis Schaeffer uma vez observou que, se ele tivesse apenas uma hora para passar com algum não crente, usaria os primeiros 55 minutos falando sobre a criação e o que ela

COMPREENDENDO A CRIAÇÃO

« 97 »

significa para que a humanidade carregue a imagem de Deus — e então ele utilizaria os últimos cinco minutos para explicar o caminho da salvação.[33]

O ponto de partida para o cristianismo não é Mateus 1.1, mas Gênesis 1.1. Ocupe-se com o livro de Gênesis e você encontrará a própria fundação do cristianismo. Não se pode tratar Gênesis 1 como fábula ou simples saga poética sem implicações sérias para o restante das Escrituras. A explicação da criação está onde Deus começa sua explicação da história. É impossível alterar o início sem danificar o restante da história — para não mencionar o fim. Se Gênesis 1 não é relevante, então não há meio de estar certo de que o restante das Escrituras relata a verdade. Se o ponto de partida está errado, a própria Bíblia está estabelecida sobre um falso alicerce.

Em outras palavras, não existe base para crer em toda a Bíblia rejeitando a explicação sobre a criação em Gênesis. Onde você colocará as rédeas em seu ceticismo se duvidar ou se afastar da explicação bíblica dos seis dias da criação? Ou se aceita Gênesis 3, que explica a origem do pecado, ou se acredita em tudo do capítulo 3 em diante, ou talvez não comece a crer até em algum momento depois do capítulo 6, porque o Dilúvio é invariavelmente questionado pelos cientistas também. Ou talvez ache o relato da Torre de Babel muito complicado de conciliar com as teorias linguísticas sobre como as línguas começaram e se desenvolveram. Então, talvez, comece a tomar a Bíblia como história literal iniciando com a vida de Abraão. Mas, ao chegar às pragas de Moisés contra o Egito, você as negará também? O que dizer sobre os milagres do Novo Testamento? Há alguma razão para considerar *qualquer* um dos elementos sobrenaturais da história bíblica como nada além de simbolismo poético?

Afinal, a noção de que o universo tem bilhões de anos é baseada em pressuposições naturalistas que (se consistentemente aceitas e defendidas) rejeitariam *todos* os milagres. Se nos preocupássemos por parecer "não científicos" aos olhos dos naturalistas, teríamos de rejeitar muito mais que Gênesis 1—3.

Uma vez que o racionalismo se instala e se começa a adaptar à palavra de Deus para encaixar-se em teorias científicas baseadas em crenças naturalistas, não há fim no processo. Se hesitar sobre a historicidade da explicação da criação, estará no caminho do completo saduceísmo — ceticismo e completa falta de fé sobre *todos* os elementos sobrenaturais

---

[33]Ibidem, 17.

das Escrituras. Por que deveríamos duvidar do sentido literal de Gênesis 1—3, a menos que também estejamos preparados para negar que Eliseu fez flutuar um machado, ou que Pedro andou sobre as águas, ou que Jesus levantou Lázaro dos mortos? E o que dizer do maior milagre de todos — a ressurreição de Cristo? Se vamos moldar as Escrituras para encaixar-se nas crenças de cientistas naturalistas, por que parar? Por que um milagre é mais difícil de aceitar que outro?

E no que vamos acreditar sobre o *fim* da História como é profetizada nas Escrituras? Toda a história de redenção termina, de acordo com 2Pedro 3.10-12, quando o Senhor põe fim ao universo. Os elementos derreterão com calor fervente, e tudo que existe no reino material será dissolvido em nível atômico, em algum tipo de derretimento inimaginável e sem precedentes. Além disso, de acordo com Apocalipse 21.1-5, Deus irá imediatamente criar um novo céu e uma nova terra (cf. Is 65.17). Realmente cremos que ele pode fazer isso ou vamos tomar outros vários bilhões de anos de processo evolucionista para chegar ao novo céu e à nova terra em construção? Se realmente cremos que ele pode destruir *este* universo em uma fração de segundo e imediatamente criar outro totalmente novo, qual é o problema de crer na explicação de Gênesis dos seis dias da criação? Se ele pode fazer isso no final dos tempos, por que é tão difícil crer na explicação bíblica do que aconteceu no começo?

Então a questão sobre se interpretamos a explicação da criação como fato ou ficção tem implicações imensas para cada aspecto de nossa fé. Francamente, crer em um Deus sobrenatural e criador que fez tudo é a única explicação racional possível para o universo e para a própria vida. É também a única base para crer que temos algum propósito ou destino. É o único começo apropriado para uma visão cristã de mundo.

« Leituras Adicionais »

JOHNSON, Phillip E. *Reason in the Balance*. Downers Grove, IL: IVP, 1995.

KELLY, Douglas F. *Creation and Change*. Fearn, Ross-shire, U.K.: Christian Focus, 1997.

MACARTHUR, John. *The Battle for the Beginning*. Nashville: W Publishing Group, 2001.

MORRIS, Henry. *The Genesis Record*. Grand Rapids, MI: Baker, 1976.

WHITCOMB, John C. *The Early Earth*. Ed. rev. Grand Rapids, MI: Baker, 1986.

CAPÍTULO **4**

Compreendendo o **PECADO**[1]

JOHN MACARTHUR

O capítulo 3 do livro de Gênesis é um dos mais importantes e fundamentais em toda a Bíblia. Ele é o alicerce de tudo o mais que vem depois dele. Sem ele, pouco das Escrituras, ou até mesmo da vida, faria sentido. Gênesis 3 explica a condição do universo e o estado da humanidade. Ele explica por que o mundo tem tantos problemas. Explica o dilema humano. Explica por que precisamos de um Salvador. E ainda explica o que Deus faz através da História.

Em outras palavras, a verdade revelada em Gênesis 3 é a base necessária para uma visão de mundo verdadeira e precisa. Toda visão de mundo que ignora essa base está total e perdidamente errada.

Quando Deus completou sua criação perfeita, não havia desordem, caos, conflito, luta, dor, discórdia, deterioração ou morte. Nossa vida, até hoje, está repleta dessas coisas. Francamente, achamos difícil imaginar que houve um mundo perfeito como aquele. Gênesis 3 mostra como saímos daquele paraíso de perfeição inimaginável e viemos parar onde estamos atualmente.

A teoria da evolução não oferece uma explicação para o dilema humano, muito menos qualquer solução para ele. Por que a existência humana está saturada com tantos problemas morais e espirituais? A teoria da evolução nunca poderá responder a essa pergunta. Na realidade, a evolução natural pura não pode descrever *nada* que seja moral ou espiritual.

---

[1]Esse ensaio aparece em *The Battle for the Beginning: The Bible on Creation and the Fall of Adam* (Nashville: W Publishing Group, 2001), 195-212, e é usado com permissão do editor.

Nós ainda somos claramente criaturas morais e espirituais, e todos sabemos disso. Os conceitos de bem e mal são inatos na psique humana. (Mesmo os evolucionistas ateus têm consciência.) Sabemos, por meio da amarga experiência, que não podemos manter-nos distantes do mal. A influência do pecado nos é irresistível. *Não podemos* fazer tudo aquilo que sabemos que deve ser feito. Pior ainda, não podemos reformar a nós mesmos. A teoria da evolução não explica esse dilema nem dá esperanças de solução.

Em vez disso, a doutrina da evolução (se seguida de forma consistente) termina com a negação da realidade do mal. Se a evolução natural é certa e não há Deus, então também não há princípios morais invioláveis que governem o universo. Igualmente, não há responsabilidades morais de qualquer tipo. Na realidade, se a evolução é verdadeira, as coisas são como são por puro acaso, sem nenhuma razão transcendente. Nada sob tal sistema poderia ter significância moral. Até mesmo as noções do bem e do mal seriam conceitos sem nenhum significado. Não haveria motivos para se condenar um Hitler ou para se aplaudir um bom samaritano.

Quem determinou que distinguíssemos entre o bem e o mal? De onde vem a consciência humana? E por que a natureza humana está universalmente voltada para o mal? Os evolucionistas não fazem ideia.

A Escritura diz que somos feitos à imagem de Deus, porém somos criaturas caídas, nascidas com inclinação para o pecado. Herdamos nossa iniquidade de Adão. Quando ele pecou, mergulhou toda a raça humana em um deplorável estado de escravidão ao mal; verdade que, em poucas palavras, é conhecida como a doutrina do "pecado original".

A descrição bíblica da queda do homem no pecado rejeita a ideia fundamental da evolução. Em vez de ensinar que o homem começou na base da escala moral, e lentamente ascendeu através da evolução social e psicológica, Gênesis 3 faz o contrário. Ele ensina que o homem começou no topo da criação, mas, por causa do pecado de Adão, a história da humanidade é a história de um desastroso declínio moral e espiritual (cf. Rm 1.21-32). A humanidade nos dias atuais é *pior* do que já foi (2Tm 3.13).

Quem pode negar que o mal está impregnado neste mundo? Evidências disso estão por toda parte. E, particularmente, a depravação moral universal dos seres humanos é tremendamente clara. G. K. Chesterton ironicamente se refere à doutrina do pecado original como "a única parte da teologia cristã que pode realmente ser comprovada". Ele provocou teólogos modernistas que "em sua quase meticulosa espiritualidade, admitem

COMPREENDENDO O PECADO

« 101 »

a impecabilidade de Deus, o qual não podem ver, nem mesmo em seus sonhos. Mas negam essencialmente o pecado dos homens, que eles veem a todo instante pelas ruas".[2]

Evidências da iniquidade de nossa raça estão em todo lugar. Estão publicadas nas manchetes dos jornais; são exibidas nos noticiários da televisão; e estão escritas por toda a história humana. Ninguém entre nossos conhecidos está livre de pecados. Além disso, se formos sinceros, as provas mais cabais de nossa depravação nos são mostradas por nossa própria consciência.

Como chegamos a esse estado? Gênesis 3 responde a essa questão com simplicidade e clareza. Nossos primeiros ancestrais, Adão e Eva, desobedeceram deliberadamente a Deus. De alguma forma, seu pecado maculou a raça inteira, e agora cada um de seus descendentes herdou o amor pelo pecado e o desprezo pela verdadeira retidão. E isso se manifesta em nosso comportamento.

De acordo com Romanos 5.12 e 1Coríntios 15.22, quando Adão pecou, ele trouxe morte e juízo não apenas sobre si mesmo, mas sobre toda a raça humana. Cada um de nós herdou o pecado e a culpa de Adão. E isso é o que está errado conosco. Eis por que temos natureza vil, rebelde, corrupta e destrutiva — um coração pecador que corrompe todos os nossos pensamentos, emoções e vontade. *Porquanto a inclinação da carne é inimizade contra Deus, pois não é sujeita à lei de Deus, nem em verdade o pode ser; e os que estão na carne não podem agradar a Deus* (Rm 8.7,8). Essa inabilidade para amar, obedecer ou agradar a Deus é a essência principal da corrupção humana.

A única solução para essa situação destruidora é o trabalho regenerador de Deus (2Co 5.17). Por isso é que Jesus disse a Nicodemos: ... *Necessário vos é nascer de novo* (Jo 3.7). ... *se alguém não nascer de novo, não pode ver o reino de Deus* (v. 3). É disso que se trata a salvação: Deus muda milagrosamente a natureza dos que são redimidos por ele, atraindo-os para a retidão que eles anteriormente odiavam. Esta é a promessa central da nova aliança: *Então aspergirei água pura sobre vós, e ficareis purificados; de todas as vossas imundícias, e de todos os vossos ídolos, vos purificarei. Também vos darei um coração novo, e porei dentro de vós um espírito novo; e tirarei da vossa carne o coração de pedra, e vos darei um coração de carne. Ainda*

---

[2]CHESTERTON, G. K. *Orthodoxy* (Londres: Lane, 1909), 22.

porei dentro de vós o meu Espírito, e farei que andeis nos meus estatutos, e guardeis as minhas ordenanças, e as observeis (Ez 36.25-27).

Em outras palavras, nada que façamos pode nos libertar dos grilhões do pecado. A transgressão de Adão teve efeitos catastróficos não apenas para ele mesmo e seu ambiente, mas também para a sua descendência, inclusive eu e você. E não podemos encontrar sentido em nossa luta moral antes de compreender onde tudo isso começou.

Toda a criação foi corrompida e amaldiçoada por causa do pecado de Adão. Romanos 8.20-22 diz: *Porquanto a criação ficou sujeita à vaidade, não por sua vontade, mas por causa daquele que a sujeitou, na esperança de que também a própria criação há de ser liberta do cativeiro da corrupção, para a liberdade da glória dos filhos de Deus. Porque sabemos que toda a criação, conjuntamente, geme e está com dores de parto até agora.* Em outras palavras, por causa do pecado, nenhuma parte da criação existe hoje do mesmo jeito como Deus a fez originalmente. A criação está *sujeita à vaidade*, o que significa que ela se tornou incapaz de alcançar o propósito para o qual foi no início planejada. Ela foi corrompida — maculada pelo pecado e, dessa forma, submetida à maldição de Deus, em vez de receber sua bênção. Foi escravizada à corrupção e acorrentada aos humilhantes efeitos do pecado — o que inclui decadência, degradação e morte. Toda a criação geme e sofre como com dores de parto — linguagem pitoresca para ilustrar o sofrimento e a dor causada pela contaminação do pecado. Tudo isso, de acordo com as Escrituras, são efeitos da desobediência de Adão.

E isso vai diretamente contra a teoria da evolução. Se Deus usou processos evolucionários ou "seleção natural" para criar o mundo desde o princípio, então a morte, a decadência, a mutação e a corrupção fizeram parte da criação desde sempre. Se a morte e a seleção natural foram parte dos meios que Deus usou para criar o mundo, então nada foi criado de forma perfeita; tudo foi construído com defeito. Mas a Escritura claramente atribui tudo isso ao pecado de Adão. Trata-se das consequências da maldição que vieram após o primeiro ato de desobediência.

A libertação desse estado tampouco acontece por meio de algum processo de evolução naturalista. Na realidade, toda a criação — inclusive a raça humana — está agora sujeita a um tipo de *involução*, a qual nenhum tipo de educação, iluminação, desenvolvimento, psicologia, civilização ou tecnologia jamais será capaz de reverter. É necessária, então, a *redenção* (Rm 8.23).

O restante de Gênesis está repleto de evidências da espiral descendente da humanidade em direção à degradação moral. Gênesis 3 é o momento da virada. Antes disso, Deus havia olhado para a criação e declarado que tudo era *muito bom* (1.31). Mas, depois de Gênesis 3, toda a história humana foi desvirtuada por aquilo que, em contrapartida à criação original, agora é "muito mau". (E as únicas exceções são os exemplos do trabalho redentor de Deus, e *não* exemplos da nobreza humana.)

Gênesis 4 registra o primeiro assassinato, um caso de fratricídio. O versículo 19 contém a primeira menção à poligamia. O versículo 23 relata sobre outro ato de homicídio. E, a partir de então, a raça humana decaiu de forma tão grave que Gênesis 6.6 diz: *Então arrependeu-se o Senhor de haver feito o homem na terra, e isso lhe pesou no coração.* Como lamentável consequência, Deus destruiu toda a raça, com exceção de uma família.

Gênesis também registra os primórdios de males como a homossexualidade (19.1-5), o incesto (19.30-38), a idolatria (31.30-35), o estupro (34.1,2), o assassinato em massa (34.25-29), o adultério (38.14-19) e muitas outras formas de perversidade.

Tudo isso foi causado pelo primeiro ato de desobediência de Adão (Rm 5.19). O pecado de Adão envenenou não apenas a sua descendência, mas também o restante da criação. Mas como esse mal veio ocorrer? Novamente, Gênesis 3 fornece uma resposta clara.

Veja a seguir a descrição bíblica sobre o que aconteceu que destruiu o paraíso do Éden:

> *Ora, a serpente era o mais astuto de todos os animais do campo, que o Senhor Deus tinha feito. E esta disse à mulher: É assim que Deus disse: Não comereis de toda árvore do jardim? Respondeu a mulher à serpente: Do fruto das árvores do jardim podemos comer, mas do fruto da árvore que está no meio do jardim, disse Deus: Não comereis dele, nem nele tocareis, para que não morrais. Disse a serpente à mulher: Certamente não morrereis. Porque Deus sabe que no dia em que comerdes desse fruto, vossos olhos se abrirão, e sereis como Deus, conhecendo o bem e o mal. Então, vendo a mulher que aquela árvore era boa para se comer, e agradável aos olhos, e árvore desejável para dar entendimento, tomou do seu fruto, comeu e deu a seu marido, e ele também comeu. Então foram abertos os olhos de ambos, e conheceram que estavam nus; pelo que coseram folhas de figueira, e fizeram para si aventais"* (Gn 3.1-7).

Esta não é uma fábula ou mito. A narrativa tem todas as características de um fato histórico, e é tratada como tal em toda a Escritura (cf. Rm 5.12-19; 2Co 11.3; 1Tm 2.13,14; Ap 12.9; 20.2).

O PROCURADOR

Muitos poderiam dizer que a serpente falando é uma evidência de que essa descrição é mítica. Mas até mesmo Jesus aludiu a esse relato como real e histórico, quando ele se referiu ao diabo como assassino e mentiroso, e o pai da mentira (Jo 8.44).

De acordo com Gênesis 3.1: *Ora, a serpente era o mais astuto de todos os animais do campo, que o SENHOR Deus tinha feito...* Não pensemos que Deus criou répteis com a habilidade de pensar e falar. A perspicácia que essa serpente em particular demonstrou não é característica das serpentes em geral. O que é descrito nesse trecho é algo mais que um simples animal; ele é um ser que conhecia a Deus, uma entidade que falava com grande inteligência e astúcia. Ele era um ser moral oposto a Deus. Era enganador, hostil e determinado a destruir a inocência moral do primeiro casal.

Aprendemos, comparando a Escritura com a Escritura, que essa serpente era na verdade Satanás, disfarçado como um animal (cf. 2Co 11.3; Ap 12.9). Satanás, mestre dos disfarces, que além de ter o poder de se transformar num anjo de luz (2Co 11.4), aparentemente também tomou a forma física de uma serpente ou, então, se apossou do corpo de uma das criaturas do jardim.

O nome *Satanás* é uma transliteração da palavra hebraica para "adversário". Nas ocorrências dela no Antigo Testamento, essa palavra é muitas vezes usada com um artigo definido, sugerindo que, originalmente, não era um nome próprio, mas uma expressão descritiva ("o adversário"). O significado técnico do termo hebraico contém uma nuança legal que representa um adversário — aquele que faz uma acusação — em um contexto legal. Fica claro que esta é a descrição perfeita do papel de Satanás. Ele é o acusador dos irmãos (Ap 12.10). No Antigo Testamento, vemos o diabo atuando nos bastidores para desacreditar e arruinar Jó. No Novo Testamento, ele procura dominar Pedro, para que, dessa forma, pudesse "peneirá-lo" como trigo na hora da maior vulnerabilidade de Pedro (Lc 22.31). Assim, seu comportamento e suas atividades são consistentes com o que vemos em Gênesis 3.

De onde Satanás veio? Como entender seu caráter e obras, à luz do fato de que Deus declarou que toda a sua criação era boa?

COMPREENDENDO O PECADO

« 105 »

Deus não fez Satanás mau. Como vimos no final do capítulo anterior, tudo o que Deus fez era bom, e o mal não existia em sua criação. Em Gênesis 1.31, Deus declara enfaticamente que tudo o que ele fez era *muito bom*. Satanás então aparece inesperada e repentinamente em Gênesis 3.1. Isso significa que a queda de Satanás deve ter ocorrido em algum período entre o final da criação (marcado pelo glorioso dia de descanso, o sétimo dia) e os eventos descritos em Gênesis 3 — os quais, aparentemente, aconteceram pouco tempo depois da criação de Adão e Eva, antes que eles concebessem qualquer descendente.

Gênesis, mantendo uma perspectiva terrena da história da criação, mantém silêncio sobre a queda de Satanás, que ocorreu no plano celestial. Com base em outras partes da Escritura, no entanto, aprendemos que Satanás era um anjo que caiu quando se encheu de orgulho. Talvez a mais clara descrição sobre a rebelião de Satanás seja a relatada em Ezequiel:

> *Veio mais a mim a palavra do* SENHOR, *dizendo: Filho do homem, levanta uma lamentação sobre o rei de Tiro, e dizei-lhe: Assim diz o* SENHOR *Deus: Tu eras o selo da perfeição, cheio de sabedoria e perfeito em formosura. Estiveste no Éden, jardim de Deus; cobrias-te de toda pedra preciosa: a cornalina, o topázio, o ônix, a crisólita, o berilo, o jaspe, a safira, a granada, a esmeralda e o ouro. Em ti se faziam os teus tambores e os teus pífaros; no dia em que foste criado foram preparados. Eu te coloquei com o querubim da guarda; estiveste sobre o monte santo de Deus; andaste no meio das pedras afogueadas. Perfeito eras nos teus caminhos, desde o dia em que foste criado, até que em ti se achou iniquidade. Pela abundância do teu comércio o teu coração se encheu de violência, e pecaste; pelo que te lancei, profanado, fora do monte de Deus, e o querubim da guarda te expulsou do meio das pedras afogueadas. Elevou-se o teu coração por causa da tua formosura, corrompeste a tua sabedoria por causa do teu resplendor; por terra te lancei; diante dos reis te pus, para que te contemplem. Pela multidão de tuas iniquidades, na injustiça do teu comércio, profanaste os teus santuários; eu, pois, fiz sair do meio de ti um fogo, que te consumiu a ti, e te tornei em cinza sobre a terra, à vista de todos os que te contemplavam. Todos os que te conhecem entre os povos estão espantados de ti; chegaste a um fim horrível, e não mais existirás, por todo o sempre* (Ez 28.11-19).

Apesar de se tratar da palavra profética contra o rei de Tiro, o contexto deixa claro que essa mensagem vai além do rei terrestre, indo até a fonte sobrenatural de sua perversidade, orgulho e autoridade corrupta. Essa era a mensagem profética de Deus contra Satanás.

O texto identifica claramente o objeto dessas palavras de condenação quando diz: *Estiveste no Éden, jardim de Deus...* (v. 13). As palavras não se referiam a um simples homem, mas a um ser angelical: *Eu te coloquei com o querubim da guarda...* (v. 14). Ele era o epítome da criação perfeita, ... *o selo da perfeição, cheio de sabedoria e perfeito em formosura* (v. 12). O Senhor lhe disse: *Perfeito eras nos teus caminhos, desde o dia em que foste criado, até que em ti se achou iniquidade* (v. 15). Essa não pode ser outra senão a criatura caída, disfarçada como uma serpente no Éden. É a criatura angelical decaída conhecida por nós como Satanás.

A passagem em Ezequiel declara que essa criatura havia sido um anjo, um dos querubins, cujo papel era a adoração celestial. Isso explica a referência no versículo 13: *Em ti se faziam os teus tambores e os teus pífaros; no dia em que foste criado foram preparados.* Na realidade, provavelmente ele foi o querubim mais elevado (*querubim da guarda*), uma criatura cuja beleza e majestade eram insuperáveis. Ele deve ter sido o maior de todos os arcanjos.

Como o pecado tomou conta dele, é algo que não é explicado, mas *aonde* o pecado se originou está muito claro: *até que EM TI se achou iniquidade* (v. 15, destaques do autor). Não foi uma falha na maneira como ele foi criado (*Perfeito eras nos teus caminhos, desde o dia em que foste criado*). O mal não veio do criador, tampouco surgiu do exterior da criatura; o mal estava *dentro* dela mesma. Como resultado, o Senhor diz: *pelo que te lancei, profanado, fora do monte de Deus...* (v. 16).

Como essa criatura pôde não ficar satisfeita com sua perfeição? O que poderia tê-la provocado a rebelar-se contra seu criador? O texto não nos fornece uma explicação, a não ser enfatizar a verdade de que a falha cresceu dentro da criatura mesma e, em nenhum sentido, foi o resultado de qualquer imperfeição na maneira como ela foi criada. E sua queda e ruína tampouco foram impostas contra a sua vontade. Foi uma escolha que ela fez por si mesma, chegando voluntariamente a esse estado de degradação eterna.

Outro texto (Is 14) joga mais luz sobre a queda de Satanás. À semelhança da passagem de Ezequiel, aqui vemos uma condenação profética lançada sobre um rei terrestre, o rei da Babilônia (v. 4). Mas, assim como a passagem de Ezequiel, essa contém expressões que parecem enfocar algo além de qualquer governador terrestre, por isso concluímos que ela aponta para Satanás.

COMPREENDENDO O PECADO

« 107 »

Como caíste do céu, ó estrela da manhã, filha da alva! como foste lançado por terra tu que prostravas as nações! E tu dizias no teu coração: Eu subirei ao céu; acima das estrelas de Deus exaltarei o meu trono; e no monte da congregação me assentarei, nas extremidades do norte; subirei acima das alturas das nuvens, e serei semelhante ao altíssimo. Contudo, levado serás ao Seol, ao mais profundo do abismo. (Is 14.12-15)

"Lúcifer" significa "o resplandecente", um nome apropriado para um querubim ungido. E o pecado pelo qual ele está sendo condenado é aquele que surgiu dentro de seu próprio coração. É o pecado do orgulho. Ele quis elevar seu trono sobre todos os outros e ser *semelhante ao altíssimo* (cf. v. 14). Ele literalmente pretendeu usurpar o trono de Deus. Tudo isso apoia a ideia de que a criatura em questão aqui é Satanás. Sabemos, pelo relato de 1Timóteo 3.6, por exemplo, que essa atitude de orgulho foi a razão da queda e condenação de Satanás.

No momento em que ele se encheu de orgulho, então caiu. Jesus disse: *... Eu via Satanás, como raio, cair do céu* (Lc 10.18). Tão rápido quanto Satanás tentou se elevar, ele caiu. Apesar de seu desejo ter sido tornar-se igual a Deus, ele instantaneamente se tornou tão *diferente* de Deus quanto possível.

Mas ele não caiu sozinho. De acordo com Apocalipse 12.4, um terço dos anjos celestes caiu com ele. Eles evidentemente se tornaram demônios, ministros de Satanás, e enganadores como ele (cf. 2Co 11.14,15). De acordo com Mateus 25.41, o fogo eterno está preparado para eles. seu castigo final é tão certo quanto a fidelidade imutável de Deus.

Por que Deus não os lançou às chamas eternas no momento em que caíram? As Escrituras não relatam uma resposta explícita para essa questão, mas é claro que foi dada oportunidade a Satanás e seus demônios para utilizar toda a gama de seus poderes antes que Deus os destrua no final da história humana. Apesar da influência maléfica e da total incorrigibilidade da perversidade desses seres, de alguma forma eles fazem parte do plano de Deus para mostrar sua misericórdia e graça e oferecer salvação aos seres humanos decaídos. O tempo para a destruição já está definido (Mt 8.29). O castigo deles é absolutamente certo, mas, enquanto os propósitos de Deus não forem cumpridos, eles ainda desfrutam certa liberdade para avançar em seus planos — talvez para provar no final que não há mal concebível sobre o qual Deus não possa triunfar.

Lembremo-nos de que a salvação para a raça humana foi planejada e prometida antes da queda de Satanás — antes da fundação do mundo

(Ef 1.4; 2Tm 1.9; Tt 1.1,2; Ap 13.8). Assim, até mesmo a queda de Satanás e seu engano no Éden fazem parte do plano eterno de Deus.

Em outras palavras, Deus *permitiu* que Satanás confrontasse Eva. Esse encontro no jardim não foi um evento inesperado que de repente sabotou o plano de Deus. Deus havia planejado isso desde o princípio.

A ESTRATÉGIA

A estratégia de Satanás para enganar Eva é a mesma que ele sempre usa. Ele é mentiroso, e pai da mentira (cf. Jo 8.44). Mas ele vem disfarçado como quem traz a verdade — ... *em anjo de luz* (2Co 11.14).

Satanás só é consistente na mentira. Tudo que vem dele é enganoso. *... nele não há verdade; quando ele profere mentira, fala do que lhe é próprio; porque é mentiroso, e pai da mentira* (Jo 8.44). Mas aqui, ele começa com algo que parece uma pergunta inocente feita por um observador preocupado com o bem-estar de Eva: ... *É assim que Deus disse: Não comereis de toda árvore do jardim?* (Gn 3.1).

... *É assim que Deus disse...* Esta é a primeira pergunta na Escritura. Antes disso, havia apenas respostas, e não dilemas. Mas a pergunta do inimigo foi perversamente planejada para iniciar Eva no caminho da dúvida e da desconfiança quanto ao que Deus tinha dito. Esse tipo de dúvida é a essência básica de todo pecado. O ponto principal de *toda* tentação é lançar dúvidas sobre a palavra de Deus e sujeitá-la ao julgamento humano. E isso é o que a serpente fazia ali.

Preste atenção neste fato: note como Satanás de forma perspicaz torceu e deturpou a palavra de Deus. Deus havia dito: ... *De toda árvore do jardim podes comer livremente; mas da árvore do conhecimento do bem e do mal, dessa não comerás; porque no dia que dela comeres, certamente morrerás* (Gn 2.16,17). A ênfase de Deus estava na perfeita liberdade deles de comer de *todas* as árvores, exceto uma. A pergunta de Satanás inverteu a ênfase, e destacou o lado negativo, pressupondo que Deus os havia cercado de restrições. Perceba, também, quão duras parecem ser as palavras da serpente em comparação com a verdadeira ordem de Deus. Deus dissera: ... *De toda árvore do jardim PODES COMER...* (destaques do autor). A ênfase estava sobre a liberdade de comer. A versão de Satanás negou totalmente essa ênfase: ... *Não COMEREIS de toda árvore do jardim?* (destaques do autor). Desse modo, ele focalizou a atenção de Eva na proibição e a preparou para o principal ataque à palavra de Deus.

A motivação de Satanás era a total destruição do primeiro casal, mesmo que estivesse fingindo ter as melhores intenções em seu coração. E foi isso que Jesus falou: ... *Ele é homicida desde o princípio...* (Jo 8.44). A serpente confrontou Eva deliberadamente, quando ela estava longe de Adão e mais vulnerável. Ela mirou seu primeiro ataque para quando Eva estivesse só (... *vaso mais frágil...*, [1Pe 3.7]). Seu alvo claramente era enganá-la por intermédio de suas artimanhas (2Co 11.3), enquanto ela estava sem a proteção de Adão.

Se Eva se surpreendeu ao ouvir uma serpente falar, a Escritura não diz. Afinal de contas, o Éden era novo e, indubitavelmente, cheio de maravilhas, e o primeiro casal estava recém-descobrindo todas as maravilhas da criação. Em um paraíso como aquele, Eva não havia conhecido o medo ou encontrado algum tipo de perigo. Assim, ela conversou com a serpente como se não houvesse nada de extraordinário nisso. Ela não tinha motivos para suspeitar. Ela era inocente, e nunca havia se encontrado com ... *as ciladas do Diabo* (Ef 6.11).

A estratégia de Satanás foi retratar Deus como limitado, estrito, não generoso, muito restritivo — como se ele quisesse limitar a liberdade humana e privar Adão e Eva do prazer inteiro. Satanás estava insinuando que o mal e a mentira eram parte do caráter de Deus. O fato de que Deus tinha dado a Adão e Eva *tudo* o mais para comer foi desprezado como insignificante. Desse modo, Satanás lançou suspeitas sobre a bondade de Deus.

Eva não tinha consciência das estratégias de Satanás; então, ela respondeu ingenuamente — defendendo a Deus de alguma maneira: ... *Do fruto das árvores do jardim podemos comer* (v. 2). Evidentemente, ela não sabia que ele era o adversário sobrenatural de Deus. A Escritura diz que ela foi *enganada* (2Co 11.3; 1Tm 2.14). Satanás a seduziu, aproveitando-se de sua inocência.

Mas, mesmo que ela não conhecesse seu inimigo, ela deveria ter frustrado seu ataque. Eva tinha suficiente vantagem para fazer isso. Ela conhecia Deus. Ela conhecia o caráter de Deus como bom — e *apenas* bom. Ela não havia experimentado outra coisa que não bênçãos abundantes e generosidade irrestrita de suas mãos. Ela estava cercada por toda a criação, que mostrava abundantemente a boa vontade de Deus. Ela também tinha um claro e único mandamento de Deus. E mesmo essa ordem de não comer de uma das árvores foi uma piedosa restrição para seu próprio bem.

Ela deveria ter suspeitado do réptil falando. Ela deveria ter descoberto mais sobre seu tentador antes de render-se à sua sedução. Acima de tudo, ela deveria ter rejeitado de forma mais veemente esse ataque de suspeita do caráter bondoso e perfeito de Deus, quando a serpente O acusou de ter deixado de oferecer algo bom para ela e seu marido.

Em vez disso, sua resposta foi apenas uma refutação parcial da alegação do réptil. Ela disse: ... *Do fruto das árvores do jardim podemos comer, mas do fruto da árvore que está no meio do jardim, disse Deus: Não comereis dele, nem nele tocareis, para que não morrais* (v. 2,3).

Analisemos sua resposta. Observe que primeiramente ela omitiu a palavra "toda" quando disse: ... *Do fruto das árvores do jardim podemos comer* — sugerindo que ela estava começando a perder de vista a grande bondade de Deus. Então, ela foi além, relatando a restrição que Deus havia imposto a eles, sem defender sua bondade. E pior que tudo: ela adicionou algo às palavras do mandamento, afirmando que Deus havia dito: ... *nem nele tocareis, para que não morrais*. Começando a sentir que a restrição era cruel, Eva adicionou crueldade a ela.

O coração de Eva já havia escolhido seu curso. Ela não mais defendia Deus e sua bondade. Ela não confirmou sua majestade gloriosa e santa perfeição. Ela ignorou o fato de que o propósito de Deus era apenas para o seu próprio bem. Ela não se ofendeu com o insulto da serpente contra o caráter de Deus. E ela caiu direto em suas mãos. Ela começava a acreditar em Satanás, em vez de crer em Deus.

A queda foi inevitável, no mesmo instante em que ela começou a duvidar. A maldição sobre o ato subsequente foi causada pela hesitação no coração de Eva. O que se seguiu foi simplesmente a evidência de que a maldade já penetrara em seu coração.

Nesse ponto, Satanás sabia que tinha sido bem-sucedido e alcançado vitória total. Imediatamente, ele sugeriu que sabia mais do que Deus. sua afirmação seguinte foi uma declaração que contradisse abertamente a palavra de Deus e contestou os motivos divinos: ... *Certamente não morrereis. Porque Deus sabe que no dia em que comerdes desse fruto, vossos olhos se abrirão, e sereis como Deus, conhecendo o bem e o mal* (v. 4,5). Essa grande negação estabeleceu definitivamente o que Satanás havia simplesmente insinuado anteriormente. Agora, ele caluniava abertamente não apenas a bondade, como também a honestidade de Deus.

A suspeita finalmente plantou raízes na mente de Eva. A majestade de Deus havia sido insultada; sua bondade foi injuriada; sua confiança

COMPREENDENDO O PECADO

foi difamada. E Eva não correspondeu com fé. Assim, Satanás deu o golpe final.

"Deus é um mentiroso", insinuou Satanás, "ele a enganou, tomando a sua liberdade e restringindo a sua felicidade". A mentira de Satanás é a mesma até hoje: "Você pode ser livre. Faça tudo o que quiser. É a *sua* vida. Não há leis divinas, nem autoridade absoluta, e, sobretudo, não há julgamento. Você, com certeza, não vai morrer".

Nesse momento, Eva deparou com uma escolha clara. Ela podia acreditar em Deus ou acreditar no diabo. É a mesma escolha com a qual a humanidade se confronta desde então. Quem está dizendo a verdade? Deus ou Satanás? Será que Deus quer fazer restrições injustas a você? Será que ele quer limitar a sua liberdade e diminuir a sua felicidade? Se Deus é assim, insinua Satanás, então ele não o ama — ele não é confiável.

A mentira é a mesma hoje. A autoridade de Deus é constantemente retratada como restritiva, destruidora da liberdade humana, e prejudicial ao nosso bem-estar. Nas palavras de E. J. Young:

> Por intermédio da psicologia moderna (podemos ouvir o tentador dizendo), foram trazidos à luz os recônditos mais profundos da alma humana. Essa alma é extremamente frágil, e reprimi-la e atá-la por meio da imposição de leis absolutas é feri-la. A alma deveria ser livre para desenvolver-se e se expressar, e isso só é possível com liberdade e amor. Diminuir-se e restringir-se, como imposição autoritária absoluta, não se deve fazer caso, se quiser algum desenvolvimento da personalidade. Você gostaria de continuar sendo restringido em sua personalidade? Se sua resposta for afirmativa, então se submeta a Deus e a seus mandamentos.[3]

Satanás sugeriu a Eva que a única razão pela qual Deus estaria sendo tão restritivo, proibindo-os de comer daquela árvore, era porque havia alguma falha no caráter dele. seu amor deveria ser defeituoso. Ele queria impedi-los de ser tudo o que poderiam ser, para que não rivalizassem com sua grandeza.

Assim, o que Satanás lhes ofereceu foi precisamente aquilo que ele mesmo tentou obter, mas não conseguiu: *... e sereis como Deus...* (v. 5).

---

[3]YOUNG, Edward J. *Genesis 3* (Edinburgh: Banner of Truth, 1966), 34-35.

Satanás sabia por experiência que Deus não tolerava rivais. Deus mais tarde afirmou isso, por intermédio de Isaías: *Eu sou o Senhor; este é o meu nome; a minha glória, pois, a outrem não a darei, nem o meu louvor às imagens esculpidas* (Is 42.8). Deus não abre mão do seu justo lugar para ninguém. Isso é o que o torna Deus. sua glória ofusca a glória de tudo o mais. Não há ninguém igual a Deus, e, desse modo, todos os que pretendem igualar-se a ele ou que buscam ser reconhecidos como seu igual, ele os rejeitará. Isso acontece porque ele é santo, e não porque ele é egoísta.

Mas Satanás insinuou que essa atitude era algum tipo de "ciuminho" da parte de Deus, como se ele quisesse impedir Adão e Eva de se tornarem tudo o que poderiam ser, a fim de que não fossem ameaça ao altíssimo. A sugestão é absurda, mas para Eva essa foi uma ideia venenosa. Talvez ela tenha pensado que era uma nobre aspiração ser como Deus. Ela talvez tenha convencido a si mesma de que esse era um desejo louvável.

A falsa promessa do réptil (*... e sereis como Deus...*) é a semente de toda falsa religião. Numerosos cultos, desde o budismo até o mormonismo, são baseados na mesma mentira. É uma distorção da verdade. Deus *quer* que sejamos como ele, no sentido de que compartilhemos de seus atributos transmissíveis — santidade, amor, misericórdia, honestidade e outras expressões de sua retidão. Mas o que Satanás tentou fazer — e que sutilmente levou Eva a tentar fazer — foi invadir uma esfera que pertence apenas a Deus e usurpar seu poder, sua soberania e seu direito de ser adorado. E essas coisas são proibidas a qualquer criatura.

Observe como Satanás caracterizou a igualdade com Deus: *... e sereis como Deus, conhecendo o bem e o mal* (v. 5). Esta é uma perigosa meia verdade. Se eles comessem a fruta, realmente conheceriam o mal, mas não como Deus o conhece. Eles o saberiam pela experimentação. O que Satanás lhes descreveu como sendo o caminho para a realização pessoal e a verdade era, na realidade, um atalho para a destruição. *Há um caminho que ao homem parece direito, mas o fim dele conduz à morte* (Pv 14.12).

A sedução

Tiago diz: *Ninguém, sendo tentado, diga: Sou tentado por Deus; porque Deus não pode ser tentado pelo mal e ele a ninguém tenta. Cada um, porém, é tentado quando atraído e engodado pela sua própria concupiscência; então a concupiscência, havendo concebido, dá à luz o pecado; e o pecado, sendo consumado, gera a morte* (1.13-15). Esse processo já estava em desenvolvimento dentro de Eva.

O pecado na mente age sobre as emoções. Desse modo, incita a vontade, que produz a ação.

Gênesis 3.7 diz: *Então foram abertos os olhos de ambos, e conheceram que estavam nus; pelo que coseram folhas de figueira, e fizeram para si aventais.* A autorrealização se tornou o objetivo de Eva, e pela primeiríssima vez, seu próprio interesse e autossatisfação foram seu objetivo de vida. *O pecado já havia sido concebido em seu coração.* O pecado tinha começado a agir em Eva para gerar o ato maligno. Mas ela já era culpada, porque havia pecado em seu coração. Disse Jesus: *Eu, porém, vos digo que todo aquele que olhar para uma mulher para a cobiçar, JÁ em seu coração cometeu adultério com ela* (Mt 5.28, destaque do autor).

Eva enxergou três características da fruta proibida que a seduziram. Em primeiro lugar, *... que aquela árvore era boa para se comer...* Não temos ideia de que tipo de fruta era aquela. Geralmente ela é caracterizada como uma maçã, mas o texto não declara qual era a fruta. A variedade específica da fruta não é importante. O que realmente importa é que Eva foi seduzida por seu *apetite físico.*

Não era uma fome legítima. Havia fartura de alimentos no jardim se Eva sentisse fome. Esse era um apetite ilícito. Era um desejo da carne provocado por um descontentamento pessoal e por desconfiança em Deus — como se ele quisesse negar-lhe algo bom.

Em segundo lugar, ela viu que era *... agradável aos olhos...* Essa sedução apelou para seu *apetite emocional.* O fruto aguçou seu sentido de beleza e outras paixões. Não que o jardim não estivesse repleto de outras frutas atrativas. Havia rica variedade de cores, formas e tamanhos, e todas pareciam boas. Mas Eva estava concentrada *naquela* fruta, porque Satanás plantou em sua mente que aquela fruta representava algo bom que Deus escondera dela. Conforme a cobiça crescia em seu coração, a fruta proibida parecia-lhe cada vez melhor.

Em terceiro lugar, ela viu que era *... árvore desejável para dar entendimento...* Este foi um apelo a seu *apetite intelectual.* Um orgulho primário causou nela a atração pela "sabedoria" que poderia vir pelo conhecimento do bem e do mal. Ela desejou esse conhecimento e foi tentada pela falsa promessa de que poderia ser como Deus.

Desse modo, ela foi seduzida pela *... concupiscência da carne, e a concupiscência dos olhos e a soberba da vida...* — tudo o que há de mal neste mundo (cf. 1Jo 2.16,17). A tentação sempre vem na forma de uma ou de todas essas três categorias. Quando Satanás tentou a Cristo, ele o encorajou a transformar as pedras em pão (Mt 4.3). Esse foi um apelo ao desejo da carne. O diabo também lhe mostrou os reinos do mundo e sua glória, prometendo-lhe autoridade sobre eles (v. 8,9). Esse foi um apelo ao desejo dos olhos. E ele o levou ao pináculo do Templo (v. 5), apelando para a vaidade da vida. Eis por que Hebreus 4.15 diz: ... *porém um que, como nós, em tudo foi tentado, mas sem pecado.*

O pecado

No final das contas, como era de esperar, a dúvida e a ambição na mente de Eva deram espaço a um comportamento moralmente reprovável. Quando o pecado entra na mente, nas emoções e nas vontades, ele *sempre* acaba se manifestando na forma de ações pecaminosas.

O versículo 6 diz: ... *tomou do seu fruto, comeu...* Esse foi um ato simples com um impacto profundo. Incentivada pelo seu próprio ato falho — talvez reforçado pelo fato de que ela não caiu morta instantaneamente — ... *e deu a seu marido, e ele também comeu.*

Adão apareceu, não se sabe de onde, e, percebendo que a sua esposa já havia desobedecido à ordem de Deus, decidiu participar com ela. Não há registro de como Adão foi persuadido a fazê-lo. Podemos supor que Eva repetiu-lhe as palavras que a serpente tinha usado para convencê-la. Ela também deve tê-lo seduzido pela descrição de quão agradável era a fruta proibida. (A Escritura reconhece que há prazer no pecado durante algum tempo — Hb 11.25.) De qualquer modo, não parece que Adão tenha necessitado de muita persuasão. É irônico que a única pessoa que Deus deu a Adão para ser sua *auxiliadora* tenha se transformado em instrumento de desastre e morte para ele.

Mas a culpa de Adão foi grande, e não menor do que a de Eva. E por toda a Escritura Adão é o único acusado pela Queda (cf. Rm 5.12-19; 1Co 15.22). Eva foi tremendamente culpada, é claro. Mas ela foi enganada; Adão aparentemente desobedeceu deliberadamente (1Tm 2.14). Ele recebeu a principal responsabilidade pela Queda, e suas ações foram determinantes para toda a sua descendência.

Como a culpa de Adão e a corrupção causada pelo seu pecado passaram para a sua prole? A Escritura não o diz explicitamente. Mas é suficiente que saibamos que esse foi mesmo o resultado da sua desobediência.

Uma vez que Adão comeu a fruta, a lei da decadência e da morte começou a imperar sobre a criação. E toda a raça humana foi submersa no mal. O próprio Deus teve de se tornar homem e morrer para desfazer tudo isso.

Adão e Eva jamais podem ter percebido o terrível impacto de seu pecado. Talvez Satanás tenha compreendido isso e se alegrado. Certamente Deus sabia e ainda assim o permitiu, para que pudesse mostrar sua glória, destruindo o mal.

A vergonha

Visto que Adão e Eva conheceram o mal por meio da experiência pessoal, a mente de ambos abriu-se para um novíssimo modo de pensar. Eles ficaram suscetíveis a pensamentos malignos. Estavam atraídos por desejos maus. Eles não mais desejavam estar em comunhão com Deus como antes. Além de tudo, tinham consciência de sua própria culpa.

A serpente lhes prometera iluminação — *... vossos olhos se abrirão...* (v. 5). Mas o que eles realmente receberam foi uma horrível caricatura distorcida de iluminação. Seus olhos se abriram em um sentido negativo. Seus olhos foram abertos para o significado da culpa, que provocou neles o desejo de fechar seus olhos de vergonha. E, na realidade, isso os levou a um estado de cegueira espiritual da qual eles jamais poderiam se recuperar sem um milagre de regeneração divinamente moldado.

seu conhecimento do mal foi verdadeiro também — mas não como o de Deus. Um oncologista saudável "conhece" profundamente o câncer, pela experiência da ciência e da prática da profissão; esse conhecimento ultrapassa o conhecimento que seus pacientes têm. Mas uma pessoa que está morrendo de câncer também o "conhece" de maneira íntima, mas de um modo que é destrutivo. Adão e Eva agora tinham o conhecimento do mal que era como o conhecimento que um paciente de câncer terminal tem de seu carcinoma. Não era o tipo de iluminação que Satanás levou Eva a acreditar que receberia. Ela e Adão *não* se tornaram como Deus, mas sim o oposto.

O pecado destruiu instantaneamente sua inocência. Eles sentiram isso fortemente. De repente, eles se viram conscientes de sua nudez. Sentiram-se expostos. E isso se manifestou em forma de vergonha pela nudez deles. Mesmo o santo dom do relacionamento físico foi maculado pelo sentimento de vergonha. A pureza se foi. Depois disso, na mente de ambos, estavam presentes pensamentos perversos e impuros que eles jamais tinham tido.

No estado de autoconsciência da vergonha: *... foram abertos os olhos de ambos, e conheceram que estavam nus...* (v. 7). Esse foi um esforço honroso para encobrir seu pecado e mascarar sua vergonha. A partir desse momento, na História, vestir-se tem sido uma expressão universal da modéstia humana. É líquido e certo que o homem caído queria cobrir sua vergonha. Nudistas e antropólogos estão errados quando tentam retratar a nudez pública como um retorno à inocência e à nobreza. O desnudamento não recupera a inocência do homem caído; ele apenas exibe uma negação da vergonha que devemos sentir. É apropriado que aqueles que carregam a culpa pelo pecado devam cobrir-se. E o próprio Deus demonstrou isso quando matou animais para usar suas peles para vestir o casal caído (cf. Gn 3.21).

De fato, essa lição foi bem descrita e objetiva, mostrando que *somente* Deus pode providenciar uma cobertura apropriada para o pecado, e um derramamento de sangue é parte necessária do processo (Hb 9.22).

Assim como Lúcifer, Adão e Eva caíram tão profundamente que então não havia nada de bom neles (cf. Gn 6.5; Jó 15.14-16; Rm 7.18; 8.7,8; Ef 2.1-3). Nada na vida ou no mundo seria mais o mesmo. O próprio Deus amaldiçoou a terra, e assim espinhos agora crescem naturalmente e árvores frutíferas têm de ser cultivadas. Numerosos infortúnios, inclusive a dor aumentada no parto, sofrimento, trabalho, agonia, doença e morte, atormentariam, a partir daquele instante, toda a criação. Uma avalanche de pecado foi provocada, e até agora ela não foi controlada.

« Leituras Adicionais »

FEINBERG, John S. *The Many Faces of Evil*. Grand Rapids, MI: Zondervan, reimpressão em 1994.

LUTERO, Martinho. *On The Bondage of the Will* (1525). Tradução para o inglês de J. I. Packer e O. R. Johnston. Westwood, NJ: Revell, 1957.

OWEN, John. *Sin and Temptation* (1656, 1658, 1667), abr. e ed. James M. Houston. Portland: Multnomah, 1983.

WATSON, Thomas. *The Mischief of Sin* (1671). Pittsburgh: Soli Deo Gloria, reimpressão em 1994.

YOUNG, Edward J. *Genesis 3*. Edinburgh: Banner of Truth, 1966.

CAPÍTULO **5**

Alcançando um eterno e **DIRETO RELACIONAMENTO** com **DEUS**

JOHN MACARTHUR

Obviamente, uma visão de mundo autenticamente cristã depende de um bom conhecimento do evangelho, de modo que, a pessoa cujo entendimento do evangelho for errad, não poderá ter uma visão cristã de mundo correta.

O que é o evangelho? Qual o conteúdo essencial da mensagem cristã? Não chegaríamos ao fim dessas indagações se inquiríssemos todos que *professam* ser cristãos. Como sempre, então, devemos nos voltar às Escrituras para responder à pergunta com clareza e absoluta autoridade.

O centro da mensagem do evangelho é distintivamente apresentado por Paulo em 2Coríntios. Essa passagem mostra o significado central da vida e morte de Cristo em termos muito claros, sem deixar dúvidas:

Mas todas as coisas provêm de Deus, que nos reconciliou consigo mesmo por Cristo, e nos confiou o ministério da reconciliação; pois que Deus estava em Cristo reconciliando o mundo, não imputando aos homens as suas transgressões; e nos encarregou da palavra da reconciliação. De sorte que somos embaixadores por Cristo, como se Deus por nós vos exortasse. Rogamo-vos, pois, por Cristo que vos reconcilies com Deus. Àquele que não conheceu pecado, Deus o fez pecado por nós; para que nele fôssemos feitos justiça de Deus (5.18-21).

Observe cuidadosamente que a principal função de Cristo quando veio à terra foi reconciliar com Deus os seres humanos decaídos. Os cristãos são abençoados e desafiados a engajar-se nesse ministério, porque Deus nos designou o ministério e a mensagem da reconciliação.

Considere algumas verdades fundamentais que são presumidas, implícitas ou explicitamente declaradas nessa passagem: Toda pessoa é decaída e pecadora, e portanto *precisa* se reconciliar com Deus. O próprio Deus realiza essa reconciliação (porque os pecadores jamais poderiam fazer isso por si mesmos), e ele faz isso mediante Cristo, que foi perfeitamente imaculado. (ele "não conhecia o pecado".) ele fez a expiação pelos pecados de outros mediante a troca de sua justiça por seus pecados. Em outras palavras, ele foi "feito pecado" (isto é, ele tomou o pecado de outros sobre si mesmo e sofreu a punição por isso) e transformou em justos os que creram por meio de sua união com ele. Ainda que Deus tenha sido ofendido em sua divindade, ele é o único que busca e inicia a nossa reconciliação. Ele não tem prazer na destruição dos pecadores (cf. Ez 18.32; 33.11). Mas ele faz um apelo ao mundo todo por intermédio da mensagem cristã, rogando aos pecadores que se reconciliem com ele. Tudo isso é a verdadeira essência da mensagem do evangelho.

Ser um cristão, portanto, é reconciliar-se com Deus. Como cristãos, somos também chamados a participar no ministério de reconciliação, convocando outros homens e mulheres que, pelo benefício de Cristo, venham a se reconciliar com Deus. O termo "reconciliação" é, portanto, praticamente o tema do verdadeiro cristianismo. É a reconciliação para todos os pecadores que têm ofendido e menosprezado a justiça divina e que ainda são redimidos sem merecimento próprio. De fato, a verdadeira reconciliação é efetuada *apenas* por meio da obra de Cristo. O ministério da reconciliação que foi designado aos cristãos é, por conseguinte, o maior trabalho do mundo; e a mensagem da reconciliação é a mais essencial de todas as mensagens.

É por isso que o evangelho da reconciliação esteve sempre no coração da pregação de Paulo. Em 1Coríntios 1.17, ele diz: *Porque Cristo não me enviou para batizar, mas para pregar o evangelho; não em sabedoria de palavras, para não se tornar vã a cruz de Cristo.* Sua primeira preocupação sempre foi com a pureza da mensagem. Adulterar ou alterar a verdade simples e sincera sobre a reconciliação na cruz torna o evangelho sem valor e sem poder. É por isso que podemos observar Paulo comprometido com a proclamação da mensagem do evangelho — com eloquência, sem hesitação e sem reservas, sendo zeloso pela sua pureza (Rm 1.15,16; 1Co 2.1,2).

Deus tem chamado igualmente todo cristão para ser um embaixador, sendo o portador dessa mesma mensagem de reconciliação ao mundo. A palavra usada em 2Coríntios 5.20 — "embaixadores" — é um nobre e multifacetado termo grego (*presbeuo*), a qual é próxima da palavra geralmente traduzida por "ancião" ou "presbítero" (*presbuteros*). Dessa forma, o termo "embaixador" contém a ideia de alguém que é maduro e digno de respeito. (Em tempos antigos, velhos e experientes homens eram geralmente os únicos escolhidos para ser embaixadores de imperadores e reis, por causa da dignidade e sabedoria que eles conferiam à sua tarefa, por suas nobres características.) Mas isso não significa que apenas pastores ou cristãos maduros possam ser embaixadores de Cristo. Ao contrário, Paulo está escrevendo para os membros "soldados rasos" da igreja de Corinto (alguns dos quais notavelmente imaturos espiritualmente). Ele está ensinando que todos os cristãos são embaixadores, investidos com toda a honra e dignidade que normalmente se deve dar a um estimado ancião. Afinal, um embaixador é alguém que representa um governante e entrega a mensagem em defesa do governante. O embaixador, portanto, recebe honra não por causa de seus próprios méritos, mas por causa daquele a quem representa. Por conseguinte, é a importância da missão, o peso da mensagem, a eminência e excelência daquele a quem representamos que dão a todo cristão a posição de um embaixador.

Um bom embaixador não maquia a mensagem por sua própria conta e risco. Ele é comissionado para ser o portador da mensagem de outro e de entregá-la fielmente. Ele não é autorizado a alterar a mensagem em qualquer aspecto. Ele não pode ajustá-la para que se encaixe a suas preferências pessoais. Ele não pode enfeitá-la com suas próprias opiniões. Ele fala investido de autoridade superior e é responsável por entregar a mensagem de forma inalterada.

Do mesmo modo, desdenhar ou maltratar um embaixador é insultar o governante em nome do qual ele fala. Mandá-lo embora é cortar relações com o governante que ele representa. Um embaixador é, essencialmente, a voz do governante. Ele nunca oferece suas próprias promessas nem reclama seus próprios privilégios; mas fala em benefício de seu governante. sua própria autoridade é derivada de seu chefe de Estado; por isso, rejeitar o embaixador é rejeitar aquele que o enviou.

Por definição, um embaixador serve em terra estrangeira. Ele dedica sua vida como um estrangeiro e um estranho. Ele tem de falar uma língua diferente. Ele tem de interagir com uma cultura e tradição diferentes e se adaptar a um estilo de vida diferente. Essas são analogias relevantes que nos ajudam a entender o chamado e a tarefa dos cristãos como embaixadores.

Como embaixadores do reino de Deus, os cristãos vivem e servem em um mundo estranho. Paulo diz que o crente vem com a autoridade de seu Rei, representando seu Reino. Ele vem com a palavra da reconciliação que vem da corte celeste para convidar as pessoas a reconciliar-se com Deus.

Essa perspectiva deve formar nossa visão de mundo como cristãos: fomos reconciliados com Cristo e retirados do mundo da humanidade pecadora, e, apesar disso, ele quer que nós permaneçamos neste mundo como *peregrinos e forasteiros* (1Pe 2.11; cf. Hb 11.13). Servimos como embaixadores de Deus, comissionados por ele para proclamar a mensagem da reconciliação a outras criaturas decaídas. Este é o nosso principal dever, e isso deve moldar toda a nossa perspectiva de mundo.

Se examinarmos o texto de 2Coríntios 5.18-21 mais acuradamente, algumas magníficas verdades emergirão, permitindo dessa maneira que compreendamos melhor o ministério da reconciliação. Aqui está o evangelho de uma forma esboçada. Se quisermos um breve resumo sobre o conteúdo central do cristianismo, dificilmente encontraremos um texto melhor que esses poucos versículos de 2Coríntios. Podemos extrair dali quatro monumentais verdades sobre a reconciliação prometida no evangelho.

Pecadores são reconciliados pela vontade de Deus

Em primeiro lugar, a reconciliação foi concebida e iniciada por Deus. *Mas todas as coisas provêm de Deus, que nos reconciliou consigo mesmo por Cristo...* (2Co 5.18). *Todas as coisas* se referem às verdades que Paulo acabara de expor nos versículos 14-17. A transformação descrita ali — conversão, salvação, tudo ligado à nova natureza e nova vida em Cristo — vem totalmente de Deus. Os próprios pecadores não podem simplesmente decidir se desejam se reconciliar com Deus e então fazer com que isso aconteça. Eles não têm poder para satisfazer a ira de Deus, sua santa justiça ou seu perfeito pendão de retidão, pois, estão completamente voltados para o pecado. Eles não podem sequer mudar *a si mesmos* por conta própria (cf. Jr 13.23), muito menos mudar a atitude de Deus com relação a eles. Os pecadores são simplesmente ofensores que quebraram a lei de Deus e, portanto, estão naturalmente em inimizade espiritual com ele. Qualquer mudança ou reconciliação que venha a acontecer nesse relacionamento deve vir de Deus. Esta é a razão principal por que o evangelho contém notícias tão boas: Deus amou tanto os pecadores que ele criou uma forma de reconciliar-se com eles, fazendo deles seus filhos — e ainda conseguir realizar tudo isso sem violar a sua justiça.

Paulo declara essencialmente que a própria vontade soberana de Deus é o objetivo básico da reconciliação, como ele disse aos crentes de Roma: *Porque se nós, quando éramos inimigos, fomos reconciliados com Deus pela morte de seu Filho, muito mais estando já reconciliados, seremos salvos pela sua vida. E não somente isso, mas também nos gloriamos em Deus por nosso Senhor Jesus Cristo, pelo qual agora temos recebido a reconciliação* (Rm 5.10,11; cf. Cl 1.19-22).

A palavra "reconciliar" (em grego, *katallasso*) significa "mudar" ou "trocar". A troca não inclui nada que o pecador possa realizar, mas apenas o que ele aceita. Expressando isso de outra forma, a reconciliação com Deus não é algo que os pecadores possam realizar quando decidem parar de rejeitar a Deus. Ao contrário, é algo que Deus efetua quando ele decide aceitar os pecadores que se arrependeram e creram. *Ele* tinha de concordar em remover a culpa do pecado, o que causou tão profunda alienação e separação entre a humanidade e ele mesmo. Onde quer que encontremos a expressão de reconciliação no Novo Testamento, Deus sempre será aquele que toma a iniciativa no processo de reconciliar. *Ele* é o único que remove a culpa. Ele é por natureza um Senhor compassivo (1Tm 2.3,4; 2Pe 3.9; cf. 1Tm 4.10; Tt 1.3).

Deus fez com que a reconciliação fosse possível por intermédio de seu Filho — "quem por meio de Cristo nos reconciliou com ele mesmo". Por quê? Porque Jesus Cristo é o único mediador que poderia intermediar a relação entre Deus e o homem (Jo 14.6; At 4.12; 1Tm 2.5,6). Somente ele poderia oferecer o único sacrifício perfeito para satisfazer a justiça de Deus. [Deus] [...] *de maneira alguma terá por inocente o culpado* (Êx 34.7). A ira divina contra o pecado — o salário do pecado (Rm 6.23) — deve ser satisfeita. A menos que a santa vontade seja satisfeita, nenhum pecador poderia ser reconciliado. Portanto, Cristo morreu como um sacrifício pelos pecados de todos os que creem. *Ele pagou o preço de seu pecado.* sua morte foi a expressão mais magnânima de amor abnegado que o universo jamais poderia conhecer. Um Deus infinitamente santo estendeu seu amor para os pecadores de tal forma que ele entregou seu próprio Filho por meio de uma morte ignominiosa para sofrer a punição que os pecadores mereciam. Isso aconteceu de modo que eles pudessem ser feitos seus filhos e considerados perfeitamente justos, em vez de culpados. Só então a reconciliação e a transformação descritas em 2Coríntios 5.14-17 poderiam acontecer.

Todo o Novo Testamento esclarece que foi Deus que chamou, foi Deus que enviou seu Filho e foi Deus que salvou o homem. Toda a glória deve ser dada a ele como a fonte da reconciliação (cf. At 2.22,23; 1Co 8.6; 11.12b; Tg 1.17).

OS PECADORES SÃO RECONCILIADOS POR UM DECRETO DE JUSTIFICAÇÃO

A reconciliação envolve um decreto legal de perdão para os pecados. Deus não admite pecadores no círculo de sua bênção enquanto ainda estão com a nódoa da culpa e do pecado. Ele os absolve de suas culpas e lhes imputa a perfeita justiça; cumprido esse processo, eles podem permanecer diante de Deus sem culpa, cobertos por uma justiça que não é satisfeita por eles mesmos (Fp 3.9). O apóstolo Paulo em 2Coríntios faz referência a essa verdade — a doutrina bíblica da justificação — quando diz: *pois Deus estava em Cristo reconciliando consigo o mundo, NÃO IMPUTANDO AOS HOMENS AS SUAS TRANSGRESSÕES...* (5.19, destaques do autor).

O único meio para os pecadores serem reconciliados com Deus era se o pecado que os separava de Deus não fosse mais um fato; portanto, o pecado tinha de ser liquidado e não considerado contra eles. Deus graciosamente e com misericórdia fez isso por meio da justificação, a qual é um decreto divino segundo o qual os crentes pecadores são declarados justificados pela virtude de terem sido cobertos com a justiça de Cristo e por terem tido seus pecados expiados. É por isso que Deus não considera suas transgressões contra eles. Mas ele lhes imputa a perfeita justiça de Jesus (Rm 3.21-26; 4.5-8; Cl 2.13,14; cf. Mt 18.23-27; Ef 2.1-9).

É importante entender a justificação como um decreto legal, e não como um processo. Isso acontece instantaneamente, no mesmo instante em que o pecador verdadeiramente confia na morte expiatória de Jesus Cristo. Essa pessoa é instantaneamente perdoada de todo pecado e considerada justa diante de Deus. Evidentemente, não alcançaremos a justiça e a total perfeição até vermos Cristo e finalmente sermos glorificados (Rm 8.23; 1Co 13.12; 2Co 3.18; 1Jo 3.2). Mas todos os que cremos em Cristo somos totalmente justificados e agora mesmo, não por nossas falíveis e débeis obras de "justiça", mas por causa da perfeição de Cristo, verdadeira justiça, a qual é imputada ou creditada a nosso favor, livrando-nos do julgamento eterno.

A frase em 2Coríntios 5.19 *reconciliando consigo o mundo* propõe um complicado, difícil e, às vezes, debatido assunto dentro da doutrina da reconciliação divina. Se Paulo tivesse dito "reconciliando consigo os *crentes*" ou "reconciliando consigo os *pecadores*", o assunto teria sido, sem dúvida, muito mais fácil de ser entendido. Mas, porque o apóstolo escreveu, *em Cristo Deus reconciliou consigo o MUNDO* (destaque do autor), o versículo é um pouco mais difícil de interpretar com precisão.

Os universalistas (pessoas que equivocadamente creem que todos serão eventualmente salvos) usam o versículo 19 para argumentar sua declaração. Se Deus, por meio de Cristo, reconciliou o mundo com ele, eles afirmam, então deve significar que Deus removeu a barreira do pecado entre ele mesmo e *todas* as pessoas no mundo. Então todos, sem exceção, serão automaticamente salvos. Mas nós sabemos que isso não é verdade. O objetivo da própria passagem é implorar para que os que não estão ainda reconciliados se reconciliem. Em outro lugar, as Escrituras afirmam claramente que *muitas* pessoas serão condenadas eternamente ao inferno para serem punidas por seus próprios pecados (cf. Mt 7.13,22,23; Ap 21.8).

Então, o que Paulo quis dizer quando mencionou que Deus estava em Cristo *reconciliando consigo o mundo?* Para responder a essa séria pergunta, devemos entender que, quando a Bíblia fala da morte de Cristo pelo mundo inteiro, ela fala da raça humana em geral, sem distinção de classe social ou etnia, e não de todos os indivíduos específicos sem exceção. "Mundo" indica a esfera ou classe de seres pelos quais Deus providenciou a reconciliação. Isso significa uma ampla parcela da humanidade — pessoas de toda tribo, língua e nação. Gentios ou judeus. Gregos ou hebreus. *O mundo.*

É nesse sentido que Cristo morreu para reconciliar *o mundo* com Deus, não considerando suas transgressões. Ele não garante nem estende a salvação para *todas* as pessoas sem exceção, mas está chamando dentre a humanidade um remanescente retirado de cada nação, cada cultura e cada grupo étnico (cf. At 15.14). Isso é o que o apóstolo Paulo quis dizer quando mencionou *o mundo.* Ele escolheu essa palavra deliberadamente, não para significar que a salvação é universal, mas para enfatizar que não é limitada para um povo ou nação.

Evidentemente, o sacrifício de Cristo é de infinita importância e valor, abundantemente suficiente para expiar os pecados do mundo inteiro, se esse tivesse sido o projeto de Deus. Mas sabemos que muitos *não* serão salvos, portanto essa interpretação vai contra o significado que alguns têm dado ao versículo 19 ao sugerir que nenhum pecador em nenhum lugar precisa temer a retribuição divina ao pecado. Obviamente, o texto não se refere ao mundo em geral, cujas transgressões não seriam consideradas, porque a transgressão de muitos *será levada em* conta contra os pecadores não reconciliados no juízo final. Então *o mundo* que é reconciliado é o mundo dos que são justificados.

PECADORES SÃO RECONCILIADOS
POR MEIO DA OBEDIÊNCIA DE FÉ

Quem são os justificados? São os que creem. A fé é o instrumento da justificação. A fé não *merece* a justificação. Não é o *alicerce* de nossa justificação ou a *razão* de nossa justificação. A fé por si mesma não constitui a justiça pela qual somos justificados (como alguns têm equivocadamente pensado). Mas a fé é o *instrumento* pelo qual os pecadores vislumbram a justificação. A justiça é imputada a eles pela fé (Rm 4.5,6,22-24). A fé é, portanto, o que o evangelho exige de seus ouvintes.

O texto de 2Coríntios 5.20 relata o chamado do evangelho à fé. O apóstolo declara: *De sorte que somos embaixadores por Cristo, como se Deus por nós vos exortasse. Rogamo-vos, pois, por Cristo que vos reconcilies com Deus.* O que as pessoas devem fazer para se reconciliar com Deus? As Escrituras respondem a essa pergunta repetidamente, sempre com a mesma resposta: ... *Crê no Senhor Jesus e serás salvo, tu e a tua casa* (At 16.31; cf. Jo 3.16; 5.24; Rm 5.1; 10.9,10). Por isso, quando apelamos que as pessoas se reconciliem com Deus, nós as estamos chamando para a fé em Cristo.

O apelo para "estar reconciliado com Deus" não é, de forma alguma, contraditório com a verdade que já temos conhecido — essa reconciliação vem completamente de Deus e por meio de um soberano e declarado ato de justificação. Mas, ao mesmo tempo, a reconciliação não acontece sem que os pecadores creiam de todo o coração na obra expiatória de Cristo.

A fé por si mesma não é obra de pecadores; é um presente de Deus (Ef 2.8,9; Jo 6.44,65; Fp 1.29). Ele soberanamente atrai aqueles aos quais escolhe (os eleitos) para a fé em Cristo (Jo 6.37; Rm 8.29,30; 2Ts 2.13,14). E, ainda, *todos* são chamados a arrepender-se e crer (At 17.30). Pecadores que rejeitaram o evangelho estão assumindo a responsabilidade por sua incredulidade — porque a incredulidade é desobediência deliberada (Hb 2.3; 12.25; 1Jo 5.10).

Charles Spurgeon declarou isto sobre as verdades gêmeas da soberania divina e da responsabilidade humana:

Se [...] eu encontro ensino em uma parte da Bíblia de que tudo é pré-decretado, isso é verdade; se eu encontro, em outra parte, que o homem é responsável por todas as suas ações, isso também é verdade; e é apenas minha estupidez que me leva a imaginar que essas duas verdades nunca podem se reconciliar entre si. Eu não creio que elas possam ser harmonizadas sob nenhum raciocínio terreno, mas elas certamente devem ser uma coisa só na eternidade. Elas são duas linhas que estão tão proximamente paralelas, que a mente humana que as persegue incansavelmente jamais descobrirá que elas convergem, mas elas realmente convergem, indo encontrar-se em algum lugar na eternidade, próximo ao trono de Deus, de onde toda a verdade jorra.[1]

Isto é muito claro: ninguém é excluído do apelo de se reconciliar. Jesus disse: ... *o que vem a mim de maneira nenhuma o lançarei fora* (Jo 6.37). O apóstolo João escreveu: *Mas, a todos quantos o receberam* [Jesus], *aos que creem no seu nome, deu-lhes o poder de se tornarem filhos de Deus; os quais não nasceram do sangue, nem da vontade da carne, nem da vontade do varão, mas de Deus* (Jo 1.12,13; cf. Rm 3.26; 10.9,10). As Escrituras terminam com o convite: *E o Espírito e a noiva dizem: Vem. E quem ouve, diga: Vem. E quem tem sede, venha; e quem quiser, receba de graça a água da vida* (Ap 22.17).

Concluímos que todo crente tem o privilégio e o dever de proclamar o evangelho aos pecadores, estimulando-os, exortando-os e apelando que venham a Cristo, para reconciliar-se com Deus por meio da fé.

A fé tem um conteúdo objetivo. Devemos crer que Deus levantou Jesus dos mortos e por isso ele agora é Senhor. Mas o objetivo final da fé verdadeira não é simplesmente uma declaração doutrinária — é uma *pessoa* — Cristo. O chamado à fé é um convite para aceitá-lo como ele é apresentado no evangelho. A fé, portanto, também tem um lado subjetivo — sua atitude — que muitas vezes passa despercebido. Tiago 4.8-10 descreve essa atitude: *Chegai-vos para Deus, e ele se chegará para vós. Limpai as mãos, pecadores; e, vós de espírito vacilante, purificai os corações. Senti as vossas misérias, lamentai e chorai; torne-se o vosso riso em pranto, e a vossa alegria em tristeza. Humilhai-vos perante o Senhor, e ele vos exaltará.* O pecador deve vir

---

[1]SPURGEON, Charles. "A Defense of Calvinism", em *The Autobiography of Charles H. Spurgeon*, vol. 1, ed. Susannah Spurgeon e Joseph Harrald (a série completa consta de quatro volumes) (Philadelphia: American Baptist Publication Society, 1895), 177.

diante de Deus, conhecer e reconhecer sua condição decadente (que seu ser interior é espiritualmente sujo, falso, miserável, desprezível e cego), clamar pela misericórdia de Deus e apegar-se a Cristo pela fé como o único Salvador que pode redimir as pessoas de seus pecados.

Deus está fazendo seu apelo por intermédio de nós, seus embaixadores, e implorando aos pecadores (literalmente "suplicando a eles") — encorajando-os a buscar a reconciliação com Deus por meio da fé em Cristo.

PECADORES SÃO RECONCILIADOS POR CAUSA DA OBRA DA SUBSTITUIÇÃO

A ideia central do texto de 2Coríntios 5.18-21 é a gloriosa verdade de *como* nossa reconciliação foi comprada e paga. Essa passagem mostra tão claramente, assim como várias outras passagens das Escrituras, que *Cristo expiou os pecados por ter-se transformado em um substituto para os pecadores.* O versículo 21 apresenta esta poderosa verdade bíblica em termos claros: *Àquele que não conheceu pecado, Deus o fez pecado por nós; para que nele fôssemos feitos justiça de Deus.* Esta única frase resolve por nós a principal dificuldade do plano divino para redimir os pecadores. Como podem pecadores depravados reconciliar-se com um Deus santo? Aqui aprendemos que toda a base da reconciliação dos pecadores com Deus é a morte substitutiva de Jesus Cristo.

O apóstolo Pedro em outra parte escreve: *... levando ele mesmo os nossos pecados em seu corpo sobre o madeiro, para que, mortos para os pecados, pudéssemos viver para a justiça; e pelas suas feridas fostes sarados* (1Pe 2.24). Pedro está citando Isaías 53, outra passagem chave sobre a expiação substitutiva. Isaías relata: *Verdadeiramente ele tomou sobre si as nossas enfermidades, e carregou com as nossas dores [...] Ele foi ferido por causa das nossas transgressões, e esmagado por causa das nossas iniquidades; o castigo que nos traz a paz estava sobre ele, e pelas suas pisaduras fomos sarados [...] mas o Senhor fez cair sobre ele a iniquidade de todos nós* (v. 4-6).

O trecho de 2Coríntios 5.21 contém quatro características que identificam e resumem o significado da obra de substituição: os beneficiários, o benfeitor, o substituto e o benefício.

Os beneficiários

Primeiramente, os *beneficiários da substituição* são os crentes. O texto diz: *... por nós* — o "nós" se refere aos ouvintes crentes de Paulo (com "nós" no versículo 20 e "nos" nos versículos 18,19). Ele estava falando dos que são transformados e que estão em Cristo (v. 17), os que têm sido reconciliados (v. 18). Foi particularmente por eles que Cristo morreu como um substituto.

O benfeitor

A última palavra do versículo 20 identifica o *benfeitor da substituição*. Não é outro senão Deus. Lembre-se, Deus é aquele que projetou e trouxe a usufruto nossa reconciliação. Ele era aquele que exigia um substituto; ele era aquele que escolheu nosso substituto; ele foi aquele que ordenou e executou o plano todo. A raça humana não tinha nada a ver com o início do conceito da substituição.

Ela aconteceu por causa dos crentes, de qualquer forma, já que Deus planejou tudo (cf. Rm 3.10-20). Apenas Deus, o Pai, poderia pedir a seu Filho para encarnar-se, entrar no mundo, humilhar-se a si mesmo, tomar a forma de um homem e ser obediente até a morte, ainda que morte de cruz (cf. Fp 2.5-8). Somente Deus poderia decidir como sua própria infinita santidade, seu intenso ódio ao pecado e sua inflexível justiça poderiam ser perfeitamente satisfeitos sem destruir o pecador nessa justificação. Em outras palavras, Deus determinou o que aplacaria a sua ira. E, ainda que o preço fosse incrivelmente cruel, ele estava ansioso por fazer o sacrifício.

Deus agiu como o benfeitor quando providenciou substituição para pecadores simplesmente por causa de seu grande amor (Jo 3.16). *Mas Deus dá prova do seu amor para conosco, em que, quando éramos ainda pecadores, Cristo morreu por nós* (Rm 5.8). Enquanto os pecadores ainda eram seus inimigos, Deus os reconciliou com ele por intermédio da morte de seu Filho (Rm 5.10). Efésios 2.4,5 diz: *Mas Deus, sendo rico em misericórdia, pelo seu muito amor com que nos amou, estando nós ainda mortos em nossos delitos, nos vivificou juntamente com Cristo...* (cf. 1.3-7; Cl 1.12-14).

Esta verdade é o que faz o cristianismo bíblico diferente de todas as religiões do mundo. A maior parte delas opera sob a premissa de que Deus é um irritado, odioso ou indiferente deus que não poderia se importar com a prosperidade de pequenos seres que cavam por baixo dele neste mundo. Todas as religiões humanas ensinam que, se a justiça de Deus fosse para ser satisfeita, seria o próprio pecador que deveria providenciar a satisfação. Por conseguinte, o objetivo de quase todas as religiões é aplacar a ira de seu deus de alguma forma. Ou eles devem aplacar um deus, de um lado hostil e irritado, por meio de autoexpiação, ou então seus adeptos imaginam que podem agradar a um deus benevolente simplesmente por serem eles mesmos benevolentes. Se as pessoas nesses sistemas precisam ser reconciliadas com seu deus ou deuses, devem *fazer* algo — geralmente dirigindo cerimônias religiosas, observando rituais, impondo obrigações ou oferecendo orações pelas quais aplacam essa deidade e ainda conquistam seu favor.

Mas a boa notícia do cristianismo bíblico é que o próprio Deus já supriu a nosso favor tudo o que é necessário para satisfazê-lo. Não somos deixados tentando criar um plano de reconciliação por nós mesmos ou para obter nossa própria justiça. Podemos descansar confiantemente nas boas notícias de que Deus é o benfeitor. Ele efetuou a expiação substitutiva para pagar todo o preço do pecado e ele agora oferece perdão e reconciliação para todos os que creem e confiam somente em Cristo. Isto é o evangelho.

Foi necessária a morte para pagar o preço do pecado porque, como diz Ezequiel 18.4, ... *a alma que pecar, essa morrerá* (cf. Rm 6.23). Deus fez isso de modo claro e explícitoa por todo o ambiente do Antigo Testamento. Os judeus passaram a maior parte de sua vida indo ou vindo de seus sacrifícios. Eles continuamente matavam e ofereciam seus animais como sacrifícios — dez milhões deles séculos afora — para exterminar o pecado, para mostrar às pessoas quão más elas eram e para ilustrar o fato de que o pecado requer morte cruenta. O sangue desses animais jamais poderia levar o pecado embora (Hb 10.11). Mas a constante oferta dos animais, apesar disso, demonstrava que o salário do pecado é a morte. Crentes judeus ansiavam pelo último Cordeiro de Deus que de uma vez por todas levaria embora o pecado do mundo. Essencialmente, o próprio Filho de Deus, Jesus Cristo, em obediência ao plano do Pai, satisfez esse sonhado anseio (cf. Hb 7.26,27; 9.11,12). E Cristo fez isso sob nenhuma coação, mas voluntariamente: *Por isso o Pai me ama, porque dou a minha vida para a retomar. Ninguém ma tira de mim, mas eu de mim mesmo a dou; tenho autoridade para a dar, e tenho autoridade para retomá-la. Este mandamento recebi de meu Pai* (Jo 10.17,18).

O substituto

A terceira característica da obra de substituição contida no trecho de 2Coríntios 5.21 é a *identificação do substituto*: *Àquele que não conheceu pecado, Deus o fez pecado por nós...* Isso não descreve nenhum ser humano comum, porque simplesmente nenhum homem se encaixa na qualificação de ser livre de pecados (cf. Rm 3.23). Ainda assim, o substituto tinha de ser um ser humano, porque Deus requeria que um humano deveria morrer pelos humanos. O substituto não poderia ser um ser humano pecador (ou ele teria de morrer por seus próprios pecados e então estar apto para prover a expiação pelos pecados dos outros). Por isso, o substituto tinha de ser um homem sem pecado.

A única maneira pela qual Deus poderia prover um homem sem pecado como um substituto pelos pecados do ser humano era providenciando um Homem que fosse Deus, porque somente Deus não comete pecado. Ele fez essa provisão enviando ao mundo, na forma de um homem, seu próprio Filho, o Cristo perfeito e sem pecado — tão santo quanto (e da mesma substância que) o Pai e o Espírito Santo. Paulo disse aos gálatas: ... *mas vindo a plenitude dos tempos, Deus enviou seu Filho, nascido de mulher, nascido debaixo de lei, para resgatar os que estavam debaixo de lei...* (Gl 4.4). Jesus Cristo, então, é "Aquele que não conheceu pecado". O testemunho do Novo Testamento afirma isso: *Porque não temos um sumo-sacerdote que não possa compadecer-se das nossas fraquezas; porém um que, como nós, em tudo foi tentado, mas sem pecado* (Hb 4.15; cf. 7.26; Lc 23.4; Jo 8.46; 1Pe 1.18,19; 2.22; 3.18; 1Jo 3.5).

O que a frase *ele se fez pecado* significa? Pela absoluta certeza de que a Bíblia ensina a impecabilidade de Cristo, isso claramente não pode significar que Cristo se transformou em um pecador e cometeu pecados ou quebrou a lei de Deus. Nosso Senhor não tinha disposição inata para pecar. Ele permaneceu sem pecado, Deus eterno enquanto se transformava num homem. E, sem dúvida, é completamente impensável que Deus se tornaria um pecador.

Retornemos a Isaías 53 para entender como Cristo foi "feito pecado":

> *Verdadeiramente ele tomou sobre si as nossas enfermidades, e carregou com as nossas dores; e nós o reputávamos por aflito, ferido de Deus e oprimido. Mas ele foi ferido por causa das nossas transgressões, e esmagado por causa das nossas iniquidades; o castigo que nos traz a paz estava sobre ele, e pelas suas pisaduras fomos sarados. Todos nós andávamos desgarrados como ovelhas, cada um se desviava pelo seu caminho; mas o Senhor fez cair sobre ele a iniquidade de todos nós* (v. 4-6).

Cristo foi "feito pecado" por ter sido feito um substituto para os pecadores. Ele carregou a culpa dos pecadores. Ele foi punido por ela. Simplificando, Deus tratou a Cristo como se ele fosse o pecador, fazendo-o pagar a penalidade pelo pecado, mesmo ele sendo inocente. Mais que isso, Deus o tratou como se ele fosse culpado por todos os pecados de todos os que cressem. O pecado, não dele, mas o nosso, foi creditado ou imputado a ele como se ele os tivesse cometido, e ele então pagou o preço na cruz.

Essa imputação é o *único* meio pelo qual Cristo foi "feito... pecado". O Pai então derramou toda a sua ira contra todo o pecado; porque o pecado foi deixado sobre ele, Jesus experimentou toda a forma da ira divina contra o pecado. Ele sofreu toda a ira de Deus, como alguém a experimentaria em um tormento eterno no inferno. Em outras palavras, ele pagou um preço infinito. É alguma surpresa que ele tenha exclamado: *Deus meu, Deus meu, por que me desamparaste?* (Mt 27.46). Ele foi tratado como um pecador e, assim, por um instante na cruz, ele sentiu o peso do completo abandono do Pai. Ainda que Cristo fosse na realidade perfeitamente santo, Deus o considerava judicialmente culpado.

Qualquer um que queira alcançar a reconciliação com Deus por seu próprio esforço, sem confiar no substituto, é maldito. Gálatas 3.10 relata: *Pois todos quantos são das obras da lei estão debaixo da maldição...* Qualquer um que deseje ganhar seu caminho para o céu fazendo boas obras, realizando obrigações religiosas ou aderindo a alguma lei moral ou cerimonial está fadado ao fracasso. *Maldito aquele que não confirmar as palavras desta lei, para as cumprir* (Dt 27.26). Ele é amaldiçoado, porque, uma vez que viola uma parte da lei, é considerado culpado de toda ela (cf. Tg 2.10). É por isso que a lei pode destruir os pecadores, mas não pode salvá-los (cf. Gl 2.21).

Existe uma pena associada à maldição da lei, e alguém tinha de pagá-la em benefício daqueles aos quais Deus redimiria. Por isso Paulo declarou: *Cristo nos resgatou da maldição da lei, fazendo-se maldição por nós...* (Gl 3.13). Isso ilustra perfeitamente o princípio da imputação. Cristo se tornou pecado pela imputação, assim como todos os que aceitam sua obra expiatória se tornam justos por imputação. Nosso pecado foi imputado a ele, e dessa maneira, então, ele poderia pagar por ele, assim como sua justiça foi imputada a nós e então podemos ser justificados e reconciliados com o Pai.

Em outras palavras, nessa cruz, Deus tratou a Cristo como se ele tivesse cometido todos os pecados de todos que creriam, podendo tratá-los, a partir desse momento, como se eles tivessem vivido a vida perfeita de Cristo. Isso é precisamente o que Paulo quis dizer em 2Coríntios 5.21: *Àquele que não conheceu pecado, Deus o fez pecado por nós; para que nele fôssemos feitos justiça de Deus.*

O benefício

Aqui está o *benefício* ou *a proposta da substituição*: ... *para que nele fôssemos feitos justiça de Deus*. Basicamente, esse é o maravilhoso resultado que os pecadores podem vislumbrar pela justificação. Eles recebem uma justiça que não vem por obedecer à lei, mas sim pela fé em Cristo. É uma justiça verdadeira que vem de Deus. Como Paulo testificou aos filipenses: ... *não tendo como minha justiça a que vem da lei, mas a que vem pela fé em Cristo, a saber, a justiça que vem de Deus pela fé* (Fp 3.9).

Então, a justiça que Deus requer dos pecadores é a própria justiça que ele providencia para aqueles que creem. Quando Deus olha para os crentes, ele vê indivíduos cobertos pela justiça de Jesus Cristo. E, por conseguinte, todos os seus pecados são eternamente perdoados, porque Jesus já pagou a pena por eles.

O que dizer dos pecados que os crentes cometem depois de sua conversão? Cristo morreu por esses pecados também, porque, da perspectiva divina, a expiação foi concebida e projetada enquanto todos os pecados ainda estavam no futuro. Cristo é o cordeiro *que foi morto desde a fundação do mundo* (Ap 13.8). O eterno plano de Deus era que Cristo morresse pelos pecados dos crentes, mesmo quando esses pecados ainda estivessem no futuro (At 2.23; 4.27,28).

O benefício eficaz do projeto divino da redenção é a justiça que Paulo se refere na carta aos romanos: ... *a justiça de Deus pela fé em Jesus Cristo para todos os que creem...* (3.22). A fé é a chave para experimentar esse benefício, e essa fé implica reconhecer certas coisas. Devemos confessar que somos pecadores desesperadamente separados de Deus. Devemos crer que em nós mesmos não temos esperança alguma de reconciliação com Deus, e, a menos que nos arrependamos, estaremos para sempre separados de Deus e sofrendo o justo tormento eterno. Devemos crer que Deus enviou seu Filho ao mundo em forma humana para morrer como substituto pelos pecadores e para receber toda a ira de Deus em lugar deles. Devemos crer que essa justiça de Deus foi satisfeita pelo sacrifício de Jesus, como demonstrado pelo fato de que Deus levantou Jesus dos mortos. E, finalmente, devemos crer que Deus exaltou Jesus à sua mão direita, colocando-o em um trono e dando-lhe o nome ... *que é sobre todo nome; para que ao nome de Jesus se dobre todo joelho dos que estão nos céus, e na terra, e debaixo da terra, e toda língua confesse que Jesus Cristo é Senhor, para glória de Deus Pai* (Fp 2.9-11).

Este é o evangelho. É a ideia central do cristianismo bíblico e histórico. É também o coração e a alma de uma visão de mundo autenticamente cristã.

« Leituras Adicionais »

MacArthur, John. *Saved Without a Doubt*. Wheaton, IL: Victor, 1992.

_____. *The Gospel According to the Apostles*. Nashville: Word, 2000.

_____. *The Gospel According to Jesus*. Grand Rapids, MI: Zondervan, 1988.

Morris, Leon. *The Apostolic Preaching of the Cross*. Grand Rapids, MI: William B. Eerdmans, 1955.

Packer, J. I. *Evangelism and the Sovereignty of God*. Downers Grove, IL: IVP, 1961.

CAPÍTULO **6**

Vendo as **NAÇÕES** da **PERSPECTIVA** de **DEUS**

MARK A. TATLOCK

Globalização, internacionalismo, multiculturalismo, diversidade, tolerância e reconciliação racial são temas comuns mencionados nas manchetes atualmente. O que qualquer uma dessas palavras tem a ver com a visão cristã de mundo? Esses assuntos têm alguma relação com uma posição bíblica sobre a soberania de Deus, sua criação, redenção ou com a Igreja? As demografias étnicas, as mudanças geopolíticas ou a internacionalização das indústrias têm qualquer influência no entendimento dos crentes sobre o reino? A pobreza moral, o aumento de órfãos por causa da epidemia de aids, a perseguição religiosa, a escravidão nos dias atuais ou a injustiça requerem uma reação do corpo de Cristo?

> ... o corpo de Cristo, desde o início, também tinha o objetivo de tornar-se uma comunidade global [...] muito antes que o processo de globalização tecnológica e econômica começasse, a mensagem global de Deus de boas-novas iniciou e avançou no cumprimento de sua missão. A ideia de globalização, portanto, não é estranha à Bíblia.[1]

É importante que os cristãos tenham uma visão de mundo teologicamente formada, estruturada biblicamente. A educação da Igreja de nossos

---

[1] GOUNDWARD, Bob. *Globalization and the Kingdom of God* (Grand Rapids, MI: Baker, 2001), 19-20.

dias deve poder oferecer uma resposta bíblica às pessoas do mundo. Isso requer que uma teologia transcultural de missão seja definida e articulada pela Igreja. Fazendo assim, a Igreja poderá encontrar plenamente sua voz e expressar-se com segurança em meio a essas opiniões seculares ouvidas nas salas de aula, salas de reuniões e demais fóruns da mídia.

Deus planejou que a mensagem de esperança, perdão e reconciliação para todas as pessoas de toda tribo, povo, raça, língua e nação fosse proclamada desde a criação até a consumação dos tempos. As Escrituras apresentam um sólido caso de unidade, paz, justiça e amor entre pessoas de todas as nações. O plano divino para a formação da Igreja é especificamente traçado como transcultural em escopo e intento. As implicações dessa mensagem têm influência em todos os esforços contemporâneos para lidar com os efeitos da Queda, particularmente o ódio, o medo, o engano, o preconceito e a injustiça. Quando se examina o ensinamento bíblico claro sobre a criação, emerge naturalmente uma teologia bíblica do ministério transcultural. As ideias de criação, pacto, culturas, Cristo, comissão, Igreja e consumação proveem um claro e conciso caminho para discutir a realidade dinâmica da visão de Deus com relação às nações.

CRIAÇÃO

É importante que toda visão de mundo teologicamente fundamentada comece com a explicação da criação. Gênesis 1.1 declara explicitamente que existe apenas um criador. Roger Hedlund explica: "A criação feita por Deus significa que ela existe independente de uma raça humana [...] e esse Javé não é uma deidade tribal, mas o Deus e Pai de todos".[2] Todo homem, mulher e criança devem a sua existência a esse verdadeiro Deus. A paternidade de Deus em um sentido físico é inclusiva por definição e baseada em declarações bíblicas (Ml 2.10). "As diversidades étnicas e culturais são parte do projeto criativo de Deus [...] O racismo é uma perversão da criação."[3]

Não existia um panteão de deuses envolvido na criação. O universo não foi criado por um comitê. No óbvio vazio de múltiplos criadores, qualquer outra falsa reivindicação divina aos direitos da criação é inválida.

---

[2]HEDLUND, Roger E. *The Mission of the Church in the World: A Biblical Theology* (Grand Rapids, MI: Baker, 1991), 22.
[3]Ibidem, 29.

Qualquer tentativa de uma falsa religião em relacionar autoridade ou adoração a outro deus que não Javé é uma tentativa de roubar de Deus a glória que somente ele merece.

> *Porquanto, tendo conhecido a Deus, contudo não o glorificaram como Deus, nem lhe deram graças, antes nas suas especulações se desvaneceram, e o seu coração insensato se obscureceu. Dizendo-se sábios, tornaram-se estultos, e mudaram a glória do Deus incorruptível em semelhança da imagem de homem corruptível, e de aves, e de quadrúpedes, e de répteis [...] pois trocaram a verdade de Deus pela mentira, e adoraram e serviram à criatura antes que ao criador, que é bendito eternamente. Amém.* (Rm 1.21-23,25)

Rejeitar o criador resulta em exaltar a criação. Seja a idolatria do paganismo, seja a autodeificação do humanismo, o resultado é o mesmo. Homens não regenerados sempre irão tentar tirar a glória do criador e atribuí-la a algo que cai no conceito de criação. Mas apenas o único, verdadeiro, Deus criador merece toda a adoração.

A rebelião de Satanás

Esse princípio é demonstrado no relato da rebelião de Satanás. Isaías 14.14 descreve como Satanás declarou sua independência e criou sua missão de ser *como o altíssimo*. Aqui podemos ver a própria essência do pecado — a criação, em substituição ao criador, como objeto de adoração. Apocalipse 12.4 relata que muitos outros anjos seguiram Satanás, atribuindo suprema importância e honra — merecida apenas por Deus — a Satanás. É importante observar que, no mesmo momento que eles fizeram essa escolha, um segundo reino foi estabelecido, o reino deste mundo. Essa realidade de dois reinos propiciou ao homem um estágio alternativo, no qual jogar fora sua vida e deixar à sua escolha seguir a Deus ou aceitar a idolatria.

As Escrituras testificam que o próprio Deus se recusa a permitir que sua autoridade seja assumida por qualquer ser criado (Is 42.8). A história irá mostrar o drama de Satanás e o homem competindo pela glória de Deus. O grande julgamento do trono branco será o evento final onde todos os que exaltaram um objeto da criação, inclusive o homem, elevando-o a uma posição de divindade, serão considerados responsáveis por sua escolha (Ap 20.11-15).

As Escrituras contam a bela história de um Deus que amou tanto sua criação que planejou e executou um plano de redenção, chamando os seres humanos a um relacionamento de reconciliação com o criador. O homem foi criado para formar uma sociedade perfeita com Deus (Gn 2.4-25). Foi projeto de Deus ver sua criação experimentando uma íntima relação com ele, centrada na disposição do ser humano de honrar o criador apenas pelo que ele é. A redenção é o caminho para acertar o que estava desastrosamente errado na queda. A tragédia da escolha de Adão e Eva consistiu na permuta de sua relação íntima com o maravilhoso criador pela mentira de que eles também poderiam possuir parte da glória do criador. Quando eles declararam a sua independência (Gn 3.1-7), passaram a adotar a mesma missão de Satanás: elevar-se à posição de total autoridade e autonomia. Isso fica evidente quando se examina o que sucedeu no diálogo entre Satanás e Eva.

A queda do homem

Gênesis 3.13 declara que Eva foi enganada pelo tentador (cf. também os textos de 2Co 11.3; 1Tm 2.14). É de fundamental importância examinar a natureza da mentira que Eva ouviu. Se a Queda se fundamentou na aceitação de uma mentira, então pode se chegar a uma melhor compreensão da natureza da desobediência original de Eva. Colocada em forma de diálogo, a permuta entre o diabo e Eva revela que Eva não era tão vítima quanto normalmente tem sido apresentado.

> [Serpente]: *É assim que Deus disse: Não comereis de toda árvore do jardim?*
>
> [Eva]: *Do fruto das árvores do jardim podemos comer, mas do fruto da árvore que está no meio do jardim, disse Deus: Não comereis dele, nem nele tocareis, para que não morrais.*
>
> [Serpente]: *Certamente não morrereis. Porque Deus sabe que no dia em que comerdes desse fruto, vossos olhos se abrirão, e sereis como Deus, conhecendo o bem e o mal.*
>
> *Então, vendo a mulher que aquela árvore era boa para se comer, e agradável aos olhos, e árvore desejável para dar entendimento, tomou do seu fruto, comeu, e deu a seu marido, e ele também comeu* (Gn 3.1-6).

Os dois enunciados feitos por Satanás nos dão um entendimento mais claro do que aconteceu na Queda. O primeiro enunciado, *certamente não morrereis*, é a mentira na qual Eva escolheu acreditar. É uma declaração enganosa porque contradiz completamente o aviso que Deus deu a Adão em Gênesis 2.17: *... mas da árvore do conhecimento do bem e do mal, dessa* *não comerás, porque no dia em que dela comeres, certamente morrerás.* A coisa mais importante a reconhecer é que Satanás disse a verdade a respeito da natureza da árvore. Ela realmente representava o conhecimento que somente Deus possuía, até que Eva comeu. A tentação real para Eva foi a ideia de que ela poderia ser como Deus.

Esse desejo de roubar de Deus a glória que apenas ele merece e redirecioná-la para si mesmo são a essência da rebelião como foi descrita em Romanos 1. Essa escolha, motivada pelo mesmo desejo idólatra como a de Satanás e os anjos caídos, fez necessária uma provisão iniciada por Deus de capacitar o homem a arrepender-se de seu pecado. A missão de Deus, de restaurar para si mesmo o justo lugar da adoração por sua criação, requereu uma obra de reconciliação que não poderia ser realizada pelo homem (2Co 5.18-21). Deus agiu rapidamente ao introduzir esse plano. Em Gênesis 3.14,15, a maldição é pronunciada sobre Satanás e o ser humano, e incluiu a promessa da vitória do reino de Deus. Os teólogos se referem a essa passagem como o "protoevangelho", literalmente "o primeiro evangelho". No pronunciamento do julgamento de Deus, ele declara que o descendente da mulher aplicaria um golpe final, derrotando o falso reino estabelecido pela rebelião de Satanás. As Escrituras então dão início, por intermédio de 66 livros, ao processo de explicar como Deus tem estado trabalhando através da história do homem, reconciliando homem e mulher de todo povo, convidando-os a que voltem a ter uma relação pré-Queda com ele mesmo, o criador. A promessa de um redentor vindouro "foi dada para toda a raça humana [...] Seu escopo racial não deve ser negligenciado, pois apenas Cristo se tornou o Salvador de toda a raça humana, e dessa forma, Gênesis 3.15 é cumprido".[4]

Pacto

O Antigo Testamento está cheio de passagens nas quais vemos que as pessoas irão correr ao monte Sião e buscar o Deus de Israel por causa de seus feitos maravilhosos em benefício de seu povo especial.[5]

---

[4]PETERS, George W. *A Biblical Theology of Missions* (Chicago: Moody Press, 1972), 85.
[5]HICKS, Bryant W. "Old Testament Foundations for Missions", em *Missiology: An Introduction to the Foundations, History and Strategies of World Missions*, ed. John Mark Terry, Ebbie C. Smith e Justice Anderson (Nashville: Broadman and Holman, 1998), 61.

« 138 »   O RESGATE DO PENSAMENTO BÍBLICO

Quando Deus chamou Abraão para ser o pai da nação judia, ele declarou a extensão da influência que os judeus teriam e qual seria a influência específica que exerceriam no mundo inteiro. Em Gênesis 12.1-3, Deus declara a Abraão: *Eu farei de ti uma grande nação; abençoar-te-ei* [...] *abençoarei os que te abençoarem* [...] *e em ti serão benditas todas as famílias da terra*". Imaginando que Deus estava prometendo estabelecer uma grande nação, fica claro que deveria ser um caminho para um trabalho grande, de vasto alcance, uma vez que a expressão *todas as famílias da terra* se refere à intenção de Deus como criador de ser o pai da raça humana. *Todas as famílias da terra* deve entender-se como incluindo todas as pessoas, de todo contexto cultural. Essa promessa de bênção é uma referência direta à obra reconciliadora de Deus para a salvação, a qual é esclarecida em Gálatas 3.8,9.

> ... *a Escritura, prevendo que Deus havia de justificar pela fé os gentios, anunciou previamente a boa-nova a Abraão, dizendo: Em ti serão benditas todas as nações. De modo que os que são da fé são abençoados com o crente Abraão.*

Esse pacto deixa claro que todos os judeus e gentios que colocam sua fé no único e verdadeiro Deus são filhos de Abraão. Portanto, a palavra "benditas" aqui significa "salvação".

> O que devemos concluir da expressão de Gênesis 12.3 e seu uso no Novo Testamento é que a proposta de Deus para o mundo é que a bênção de Abraão alcançaria todos os grupos étnicos do mundo. Isso aconteceria quando as pessoas em cada grupo colocassem sua fé em Cristo e então se tornassem "filhos de Abraão" e "herdeiros da promessa". Esse evento de salvação individual como pessoas que confiam em Cristo irá acontecer entre "todas as nações".[6]

Deus mudou o nome de Abrão para marcar a intenção de sua estratégia redentora, para o novo nome, Abraão ("pai de uma multidão"), tendo em vista a redenção dos hebreus. Baseado na palavra hebraica usada no texto,

---

[6]PIPER, John. *Let the Nations be Glad: The Supremacy of God in Missions* (Grand Rapids, MI: Baker, 1993), 183.

Michael Grisanti afirma: "O programa de Deus tem implicações de visão de mundo e não é limitado a Israel [...] É intenção de Deus usar Abraão para abençoar todas as nações [...] Essa passagem demarca a escolha de um instrumento por intermédio do qual ele abençoará o mundo".[7] Essa declaração de pacto é repetida durante múltiplas gerações de descendentes de Abraão (Gn 18.18; 22.18; 26.4; 28.14). Nós a vemos também repetida aos filhos de Israel depois que tomaram posse da Terra Prometida sob a liderança de Josué (Js 23—24).

CULTURAS

> *Anunciai entre as nações a sua glória, entre todos os povos as suas maravilhas. Porque grande é o SENHOR, e digno de ser louvado; ele é mais temível do que todos os deuses. Porque todos os deuses dos povos são ídolos; mas o SENHOR fez os céus [...] Tributai ao SENHOR, ó famílias dos povos, tributai ao SENHOR glória e força [...] Dizei entre as nações: o SENHOR reina...* (Sl 96.3-5,7,10).

Israel vivia em um contexto multicultural. Desde as jornadas de Abraão, Jacó, José e Moisés no Egito ao constante atrito com os filisteus, os amorreus e os moabitas, passando pelo cativeiro babilônio e assírio, os israelitas tiveram oportunidade de declarar a glória do único e verdadeiro Deus. Cada livro da Bíblia se refere à responsabilidade de Israel com as nações (Sl 67; 98.2,3; Is 49.6; Jr 33.7-9; Jo 4.1-11). Em Êxodo 19.5,6, Deus pediu que Moisés orientasse os israelitas para que servissem em uma posição sacerdotal, atuando como mediadores entre homens pecadores e um santo Deus. Duas explicações do Antigo Testamento ilustram as oportunidades que foram dadas a Israel de servir como sacerdotes: o reinado de Salomão e o cativeiro de Daniel.

O reinado de Salomão

Salomão, presenteado por Deus com uma sabedoria sem precedentes, foi comissionado a construir o templo. Salomão entendeu, pela história de seu próprio povo, que o templo tinha de ser um lugar de adoração a Javé.

---

[7]Michael A. Grisanti, "The Missing Mandate: Missions in the Old Testament", ed. GLENNY, W. Edward e SMALLMAN, William H. em *Missions in a New Millennium*, (Grand Rapids, MI: Kregel, 2000), 49.

Ele anunciaria o assentamento final do povo israelita na terra que Deus havia prometido no pacto abraâmico. A vida de Salomão nos fornece uma pista de como os judeus deviam cumprir o seu papel de sacerdotes entre as nações. Captamos dois vislumbres desse princípio sacerdotal — o primeiro, positivo e o segundo, um devastador compromisso como consequência dessa responsabilidade.

Em 1Reis 8.22-61, Salomão está em pé diante do templo novo e completo. ele faz uma longa oração de consagração e inclui uma referência ao papel sacerdotal de Israel com relação às nações gentias. Veja os versículos 41-43:

> *Também quando o estrangeiro, que não é do teu povo Israel, vier de terras remotas por amor do teu nome (porque ouvirão do teu grande nome, e da tua forte mão, e do teu braço estendido), quando vier orar voltado para esta casa, ouve do céu, lugar da tua habitação, e faze conforme tudo o que o estrangeiro a ti clamar, a fim de que todos os povos da terra conheçam o teu nome, e te temam como o teu povo Israel, e saibam que pelo teu nome é chamada esta casa que edifiquei.*

É evidente que Salomão entendia que a bênção era estendida de Israel a todas as pessoas. Ele sabia que Deus havia permitido que a família moabita da esposa de Moisés fosse anexada a Israel pela fé. Ele sabia que Deus permitira que Rute fizesse com que o Deus de sua sogra, Noemi, fosse *seu* Deus. Obviamente, Deus tinha um grande amor e compaixão pelos gentios. E os que pela fé adotassem Javé, seriam filhos do pacto também.

Quão trágico é então ver esse grande e maravilhoso rei violar as instruções de Deus. O texto de 1Reis 11.1-13 expõe a condição de Salomão "amando muitas mulheres estrangeiras".

> *Pois sucedeu que, no tempo da velhice de Salomão, suas mulheres lhe perverteram o coração para seguir outros deuses; e o seu coração já não era perfeito para com o SENHOR seu Deus, como fora o de Davi, seu pai. Salomão seguiu a Astarote, deusa dos sidônios, e a Milcom, abominação dos amonitas. Assim fez Salomão o que era mau aos olhos do SENHOR, e não perseverou em o seguir, como fizera Davi, seu pai. Nesse tempo edificou Salomão um altar a Quemós, abominação dos moabitas, sobre o monte que está diante de Jerusalém, e a Moloque, abominação dos amonitas. E assim*

fez para todas as suas mulheres estrangeiras, as quais queimavam incenso e ofereciam sacrifícios a seus deuses. (1Rs 11.4-8)

É um contraste dramático ver Salomão comprometer a responsabilidade sacerdotal da nação e introduzir na nação os mesmos deuses que Josué e os filhos de Israel tinham banido da terra. Ele, que havia erguido o mais magnífico templo para que o mundo viesse e adorasse a Javé, mais tarde levantou templos para ídolos estrangeiros.

O cativeiro de Daniel

Ainda quando as consequências da idolatria da nação terminassem em exílio e cativeiro, Deus usou os israelitas como instrumentos de sua força declaratória além-fronteiras. Daniel e seus amigos Sadraque, Mesaque e Abednego cumpriram fielmente seu papel sacerdotal. Como jovens colocados na corte de Nabucodonosor, eles buscaram demonstrar que Javé era o poderoso criador. seu desafio de viver não com as finas comidas do rei, mas de vegetais e água, provou que eles entendiam a necessidade de dar testemunho diante de estrangeiros idólatras. Mais tarde, quando Nabucodonosor expôs sua ambição de ser adorado como somente Deus merece (Dn 3.4,5), os três amigos se recusaram a curvar-se para adorar a estátua que ele tinha colocado no campo de Dura. Deus os protegeu e se mostrou como Todo-poderoso.

A elevação de Daniel a uma posição de grande influência na corte provou ser a mais poderosa ilustração desse princípio. Nabucodonosor, evidenciando seu desejo de ser adorado como o altíssimo, foi atormentado por um sonho. Daniel, solicitado a interpretar o sonho, avisou Nabucodonosor da necessidade de se arrepender e honrar Javé. Daniel 4.28-37 descreve a ocasião em que Deus mudou o coração desse rei: *Ao cabo de doze meses, quando passeava sobre o palácio real de Babilônia, falou o rei, e disse: Não é esta a grande Babilônia que eu edifiquei para a morada real, pela força do meu poder, e para a glória da minha majestade?* (v. 29,30). Deus imediatamente humilhou Nabucodonosor até o ponto em que ele rastejou como um animal durante sete anos, até que ele reconhecesse que o altíssimo é o governador de toda a raça humana. Esse é um retrato incrível da graça de Deus, estendida mesmo a esse rei estrangeiro e autoendeusado.

Mas ao fim daqueles dias eu, Nabucodonosor, levantei ao céu os meus olhos, e voltou a mim o meu entendimento, e eu bendisse o altíssimo, e louvei, e glorifiquei ao que vive para sempre [...] *Agora, pois, eu, Nabucodo-nosor, louvo, e exalto, e glorifico ao Rei do céu; porque todas as suas obras são retas, e os seus caminhos justos, e ele pode humilhar aos que andam na soberba.* (Dn 4.34,37)

Durante o período do Êxodo, dos juízes ou dos profetas, o repetido tema é o do criador chamando de volta seu povo escolhido à lealdade e obediência à sua responsabilidade acordada no pacto original. Deus demonstrou consistentemente que a intenção da bênção era global, e não limitada à nação de Israel.

A nação [Israel] foi marcada durante o tempo de Abraão, "para que fosse um povo abençoado para todas as pessoas" da terra. Uma vez que a palavra "povo" é mostrada englobando as nações gentias da terra, então deve significar que todos os gentios e povos do mundo devem ser incluídos no mesmo pacto que Javé fez com Abraão, Isaque, Jacó e Davi; e que posteriormente Jeremias mencionou, ao se referir ao novo pacto [...] [Os pactos] foram inicialmente dados a Israel e então Israel pôde compartilhá-los com os povos da terra.[8]

Isso realmente deixa claro todo o entendimento que os crentes devem ter sobre o plano final de Deus para a história: a reconciliação amorosa do homem e mulher de toda tribo e nação de volta a uma caminhada pelo jardim pré-Queda com ele. Essa é a esperança da eternidade. Isso prova que essa é a missão de Cristo, isso prova que essa é a missão da igreja e isso prova também a validade da promessa de um futuro eterno.

CRISTO

No novo pacto, Cristo é a última realização da promessa do pacto de Deus para estender a bênção da salvação a todas as nações. Nele, a insistência do plano de Deus em oferecer salvação para os judeus primeiro, mas também aos gentios (Rm 1.16,17), é reconhecida. A narrativa do Natal inclui duas fortes alusões ao amplo objetivo do plano de Deus. Lucas 2 conta sobre

---

[8] KAISER, Walter C. Jr., *Mission in the Old Testament: Israel as a Light to the Nations* (Grand Rapids, MI: Baker, 2000), 63.

Vendo as nações da perspectiva de Deus

« 143 »

as aparições angelicais aos pastores judeus nos campos perto de Belém. Mas também foi incluída na narrativa em Mateus 2 o relato dos magos ou homens sábios viajando do oriente para encontrar o Messias prometido. Esses homens, muito provavelmente da área da Babilônia, estavam procurando no céu o sinal prometido de alguém que viria e governaria. sua eventual chegada à casa da criança, trazendo presentes valiosos, resultou em sua ativa adoração a Cristo. O fato de que os dois povos, judeus e gentios, foram incluídos nessa narrativa indica que, desde o começo da vida terrena de Cristo, o compromisso de Deus com a reconciliação de todo homem com ele mesmo sempre esteve evidente.

A segunda alusão ao programa multicultural de Deus vem oito dias depois do nascimento de Cristo. José e Maria, obedecendo à ordem de consagrar seu filho no templo, foram abordados por um homem chamado Simeão. Lucas 2.25,26 revela que Deus prometeu a Simeão que ele não morreria até que tivesse visto o prometido salvador. Simeão, vendo Maria e José entrando no pátio do templo, imediatamente reconheceu a criança como o cumprimento da promessa de Deus. Ele fez uma declaração importante enquanto olhava para a criança em seus braços e disse: *Agora, Senhor, despedes em paz o teu servo, segundo a tua palavra; pois os meus olhos já viram a tua salvação* (v. 29-32). Aqui está uma óbvia ênfase ao objetivo multiétnico da redenção.

O fato de que Cristo nasceu como judeu é compatível com o plano do pacto de Deus de realizar sua obra por intermédio da nação judia para oferecer a salvação ao mundo inteiro. Infelizmente, a maioria dos judeus não entendeu o objetivo do plano do reino de Deus. Particularmente durante a vida de Cristo, eles teimaram em crer que a bênção do pacto seria limitada, tendo como objetivo beneficiar apenas o povo judeu. Essa perspectiva cega resultou na confrontação repetida de Cristo com os judeus no começo de seu ministério e provou ser fonte de seu ódio por ele. Lucas 4.24-27 relata o primeiro sermão de Cristo na cidade de Nazaré.

> *E prosseguiu: Em verdade vos digo que nenhum profeta é aceito na sua terra. Em verdade vos digo que muitas viúvas havia em Israel nos dias de Elias, quando o céu se fechou por três anos e seis meses, de sorte que houve grande fome por toda a terra; e a nenhuma delas foi enviado Elias, senão a uma viúva em Sarepta de Sidom. Também muitos leprosos havia em Israel no tempo do profeta Eliseu, mas nenhum deles foi purificado senão Naamã, o sírio.*

Cristo escolheu especificamente duas referências do Antigo Testamento quanto à fé de indivíduos não judeus. As histórias da viúva de Sarepta e de Naamã são ilustrações do objetivo pretendido pelo perfeito pacto de Deus. Para os judeus, procurando um Messias terreno com intenções nacionalistas, essas referências a indivíduos gentios foram vistas como incompatíveis com suas expectativas do Messias. Essa falha da parte dos judeus em entender o plano redentor de Deus e seu papel em tudo isso levou a um conflito contínuo com Cristo durante seu ministério terreno.

Quando Cristo procurou explicar o conceito de amar ao irmão, usando o exemplo do bom samaritano (Lc 10.25-37), foram os judeus da história os que se negaram a amar um dos seus que havia sofrido a injustiça do roubo e dos abusos. O herói na história de Cristo é o odiado samaritano. Os judeus, que desprezavam os samaritanos por causa de sua herança étnica misturada, ouviram Cristo elevando o samaritano acima dos judeus como um exemplo de fé. De forma mais ousada, Cristo enfatizou a falha dos judeus em adotar o plano de Deus quando ele se aproximou de um centurião romano (Mt 8.5-13). O pedido do centurião, que, pela fé, disse que o seu servo seria curado por Cristo deu a nosso Salvador oportunidade de mostrar como se parece a fé salvadora comparada ao orgulho nacional e religioso dos judeus.

> *Jesus, ouvindo isso, admirou-se e disse aos que o seguiam: Em verdade vos digo que a ninguém encontrei em Israel com tamanha fé. Também vos digo que muitos virão do oriente e do ocidente, e reclinar-se-ão à mesa com Abraão, Isaque e Jacó, no reino dos céus; mas os filhos do reino serão lançados nas trevas exteriores; ali haverá choro e ranger de dentes.* (Mt 8.10-12)

Aqui, outro gentio é exaltado como aquele que irá participar do reino prometido, e Cristo termina revelando que muitos judeus serão excluídos.

Em muitas outras ocasiões, Cristo confrontou o orgulho e etnocentrismo dos judeus (Mt 12.38-42; 15.21-28; Jo 4.9). Um dos mais interessantes exemplos é a expulsão dos cambistas e vendedores do pátio do templo. Marcos 11.15-17 retrata a raiva de Cristo dirigida àqueles que tinham corrompido a função do templo, impedindo com isso que fosse realmente um lugar de reconciliação e adoração. É muito significativo que isso tenha acontecido na área do templo referida como "o pátio dos gentios". No projeto do templo, Deus teve a intenção de que esse espaço fosse um lugar reconhecido de adoração para o estrangeiro. Isso é compatível com a oração de Salomão para a consagração do Templo, que se encontra em 1Reis 8. Cristo não apenas estava purificando o Templo dos que violavam seu propósito consagrado, mas também ilustrava que os judeus tinham começado a ficar indiferentes ao lugar certo de um estrangeiro adorar seu Deus. Pela sua expressão de ira, ele afirmou o significado desse espaço particular consagrado como o lugar de adoração para as nações.

COMISSÃO

Quando Cristo se preparou para subir ao céu, revelou a seus seguidores o que seria seu modelo ideal de ministério. A seguinte declaração engloba a essência da missão de Cristo: *Portanto ide, fazei discípulos de todas as nações...* (Mt 28.18-20); *Ide por todo o mundo, e pregai o evangelho a toda criatura...* (Mc 16.15,16); *... e que em seu nome se pregasse o arrependimento para remissão dos pecados, a todas as nações, começando por Jerusalém* (Lc 24.47); *... e ser-me-eis testemunhas, tanto em Jerusalém, como em toda a Judeia e Samaria, e até os confins da terra* (At 1.8). Declarando isso, seus seguidores estavam recebendo a ordem de fazer discípulos de todos os povos; ele usa a expressão explícita "de todas as nações". Esta expressão traduzida por "todas as nações" ou "todos os povos" (*panta ta ethne*) em Mateus 28.19 se refere diretamente a "todas as famílias da terra", expressão que vemos no pacto abraâmico (cf. Gn 12.3).

> A análise acurada de toda a evidência linguística do texto deixa abundantemente claro que o presente de Deus de uma bênção por meio da instrumentalidade de Abraão era para ser experimentado por nações, clãs, tribos, grupos de pessoas e indivíduos. Deveria ser para todo grupo, desde o menor povo até a maior nação.[9]

A interação com nações seculares significa a ação recíproca com divindades feitas por homens. O objetivo das missões é rejeitar a idolatria, inclusive do próprio homem, e a reconciliação de verdadeiros adoradores com Deus. "A missão lançada pela adoração transcende, e a adoração é o resultado dessa transcendência com novos crentes unindo-se para honrar

---

[9]Ibidem, 19.

nosso Senhor. Testemunhas ativas são o elo de ligação entre a linha de partida e o objetivo final."[10]

Igreja

Atos 1.8 explica como o plano redentor de Deus para todas as pessoas seria geograficamente implementado. Começando em Jerusalém, estendendo-se por todos os lugares da Judeia, até Samaria, ele sairia por todas as nações — isto é, até "os confins da terra". Essa ordem honra a promessa de Deus de oferecer a salvação primeiro aos judeus e depois aos gentios.

> A missão ocupa o seu lugar em um mundo de culturas. O livro de Atos mostra a progressão do evangelho desde os "israelitas" judeus de Jerusalém até os judeus da Judeia, depois aos samaritanos e aos judeus helenizados, e em seguida aos gentios de Antioquia, e finalmente às múltiplas culturas do Império Romano e o mundo.[11]

Atos fornece uma narrativa histórica do emergente crescimento da Igreja primitiva, demonstrando como primeiro Pedro e Tiago, depois Filipe e finalmente Paulo e seus companheiros seguiram a ordem explícita de Cristo de estender geograficamente sua missão salvadora. O livro de Atos introduz a Igreja como o primeiro veículo de Deus para a extensão de seu plano redentor.

Testemunhas em Jerusalém

Pedro, o apóstolo ao qual Cristo pessoalmente expressou sua visão para a igreja (Mt 16.18), pregou com muita confiança o primeiro sermão do evangelho inaugurando a igreja (At 2.14-40). Isso aconteceu durante o tempo do Pentecostes, exatamente dez dias depois da ascensão de Cristo. O Pentecostes, também conhecido como a festa das semanas ou colheita, requereu que cada homem judeu comparecesse ao santuário para essa festa. Por causa da dispersão dos judeus em razão da perseguição durante

---

[10]Blue, Ron. *Evangelism and Missions: Strategies for Outreach in the 21st Century* (Nashville: Word, 2001), 5.
[11]Hedlund, *The Mission of the Church in the World*, 205.

o período intertestamentário, os judeus moraram em muitos países espalhados pelo Império Romano. Esses homens judeus (não o nativo que fala bem e fluente o aramaico ou hebraico, mas o que fala em seu idioma de origem) testemunharam a vinda do Espírito Santo e a proclamação do evangelho (At 2.1-41). "Pessoas de todos os continentes e países conhecidos desses dias estavam lá. Ásia, África e Europa estavam representados [...] Desde o seu início, a Igreja tinha um foco tão grande quanto o mundo."[12] Em sua grande sabedoria e poder, Deus demonstrou seu plano de amplo alcance para a redenção. Homens que retornariam para seus países depois da festa de Pentecostes ouviram o evangelho em seu próprio idioma. O fato de que esses homens eram judeus confirma novamente o pacto planejado por Deus de estender a salvação; começando com o povo judeu, por intermédio deles gentios de outras nações seriam confrontados em sua idolatria.

Em seu sermão, Pedro explanou a promessa de Deus à nação de Israel, de que por intermédio deles o prometido Messias viria (At 2.29-36). Pedro serviria mais tarde como o líder conselheiro para a igreja de Jerusalém quando seriam tentados a excluir os gentios da verdadeira comunhão como iguais no reino. Deus prepara Pedro em Atos 10.1—11.18, dando-lhe a visão e enviando-o à casa do centurião romano Cornélio. Por meio da obra do Espírito Santo, Pedro reconheceu o significado da visão que, todas as pessoas, judeus e gentios, devem ser considerados com o mesmo direito de serem ouvintes do pacto da salvação prometida. Esse incidente é importante porque Pedro, o "apóstolo dos judeus", agora entendia que a igreja deveria incluir pessoas de todas as raças e etnias. Ele, por conseguinte, levou a igreja judia a aceitar os crentes gentios como iguais no Concílio de Jerusalém descrito em Atos 15.

Testemunhas na Judeia e Samaria

Judeia e Samaria representam a segunda fase da expansão da igreja. Filipe representou um papel importante nessa expansão, pregando o reino aos samaritanos (At 8.5-25). Ele se uniu a Pedro e João (v. 14), que oraram para que os samaritanos recebessem o Espírito Santo. A partir daí, a igreja se estendeu por intermédio do testemunho deles para esse povo anteriormente desprezado. Filipe foi então chamado por um anjo do Senhor

---

[12]BLUE, *Evangelism and Missions*, 70.

para deixar Samaria e seguir para a parte meridional da Judeia. Nessa jornada, ele encontrou não um judeu, mas um africano. Esse homem, chamado com mais frequência de eunuco etíope, era um alto oficial da corte de Candace, rainha da Etiópia. Não é um erro que a história de um africano sendo levado a Cristo por meio dos escritos de Isaías transcritos no Novo Testamento tenha sido incluído no livro de Atos. Ela ilustra perfeitamente a inclusão que Deus faz das pessoas de todas as nações em seu plano de redenção. Assim também, é profético em antecipar a próxima fase da expansão da igreja — em direção a territórios cada vez mais longínquos de seu centro, Jerusalém.

Testemunhas aos confins da terra

As viagens de Paulo manifestam sua perfeita compreensão do método missionário prescrito por Deus. Por haver entrado em uma cidade e tendo prosseguido diretamente à sinagoga, Paulo mostrou o desejo de Deus de que o judeu fosse o primeiro ao qual se desse a oportunidade de receber a mensagem do evangelho. Tendo encontrado direta hostilidade e perseguição, Paulo se dirigiria então para lugares gentios como a escola de Tirano em Éfeso, os mercados como em Corinto ou o centro de debate filosófico como aquele em Atenas. A redação de tantas epístolas às igrejas durante essas viagens nos ajuda a entender esses livros da Bíblia não apenas como epístolas gerais ou pastorais, mas como cartas orientadoras à implantação de igrejas missionárias, sendo cada uma delas um retrato da obra redentora de Deus entre os povos primitivos não judeus.

A declaração de Paulo em 2Coríntios 5.20 é útil para determinar um objetivo em sua vida: *De sorte que somos embaixadores por Cristo, como se Deus por nós vos exortasse. Rogamo-vos, pois, por Cristo que vos reconcilies com Deus.* A alusão a um embaixador como uma figura do ministério fundador de igrejas de Paulo fornece uma conotação eficaz da sua plena compreensão da missão transcultural. É função do embaixador propor primeiramente os termos da paz entre reinos em guerra. O homem, representando o reino caído deste mundo, e Deus, representando seu perfeito, justo e celeste reino, encontram seus agentes da paz naqueles que desempenham sua função de embaixadores espirituais. O próprio Cristo serve como o embaixador final, e a igreja como seu representante comissionado, pois é somente em sua autoridade que os seguidores de Cristo proclamam a mensagem de esperança, de reconciliação e paz (Mt

12.18). "Paulo fala muito sobre missões e evangelismo. Sendo um grande expositor e proclamador do evangelho, ele esperava que as igrejas primitivas tivessem esse mesmo sentimento (Rm 10.12-18; 1Co 9.16-18; Ef 3.1-12; Fp 2.15,16; 1Tm 2.1-7)."[13]

> Deus projetou a salvação com infinita sabedoria; em infinita graça e infinito preço, Deus proporcionou a salvação em Jesus Cristo, seu único Filho; em infinito poder, Deus enviou, a seguir, o Espírito Santo para realizar a salvação no indivíduo e na História; em infinita compaixão, Deus instituiu missão e missões — primeiro por intermédio de Israel e agora por intermédio da sua igreja — tendo em vista que a humanidade sem esperança possa ouvir, conhecer e crer nas boas-novas da infinita salvação de Deus para a raça humana.[14]

A Igreja de nossos dias é fundamental para esta época no cumprimento de seu mandato missionário, a qual continua a olhar em direção à propagação do evangelho ao redor do mundo, chegando a todos os povos do planeta terra.

> O livro de Atos demonstra a progressão da mensagem de Cristo aos "confins da terra", os quais para Lucas é Roma, o centro do Império Romano. A expressão *todas as nações* de Lucas 24.47, entretanto, não inclui apenas a pregação do evangelho no livro de Atos; podemos afirmar, então, que essa dimensão da promessa do Novo Testamento ainda não está completamente realizada, mesmo em nossos dias. O cumprimento dessa ordem como é profetizado no Antigo Testamento deveria dar à igreja confiança e urgência para ir adiante e realizar a tarefa.[15]

O leitor das Escrituras deveria reconhecer a figura da eternidade desenhada na consumação de todas as eras humanas como o restabelecimento do reino único de Deus. Em seu reino, homens e mulheres de todos os povos manifestarão a realização do pacto de Deus planejado e da Grande Comissão.

---

[13]PETERS, *A Biblical Theology of Missions*, 133.
[14]Ibidem, 18.
[15]GLENNY, W. Edward. "The Great Commission: A Multidimensional Perspective", em *Missions in a New Millennium*, 107.

Consumação

Há um fim para o cronograma redentor de Deus. Haverá um dia em que a oportunidade de responder ao convite de Deus à reconciliação não será mais válida e ele irá julgar toda confissão do ser humano. Esse dia vindouro é o que inspira os cristãos a ter esperança e fé por toda a vida. Esse mesmo futuro deveria ser considerado com temor por aqueles que rejeitam sua oferta de amor. Sem levar em consideração a aceitação ou rejeição do homem, todo ser humano irá afirmar a verdade de quem Cristo é. Isaías 45.23 declara: *... Diante de mim se dobrará todo joelho, e jurará toda língua.* Essa predição, feita também em Romanos 14.11 e Filipenses 2.9-11, esclarece que todo joelho se dobrará e toda língua confessará que Jesus é o Senhor.

Na linda figura do estado eterno narrado por João, se verá o cumprimento de todos os planos redentores de Deus.

> *Nela não vi santuário, porque o seu santuário é o Senhor Deus Todo-poderoso e o Cordeiro. A cidade não necessita nem do sol, nem da lua, para que nela resplandeçam, porque a glória de Deus a tem alumiado e o Cordeiro é a sua lâmpada. As nações andarão à sua luz; e os reis da terra trarão para ela a sua glória. As suas portas não se fecharão de dia, e noite ali não haverá; e a ela trarão a glória e a honra das nações.* (Ap 21.22-26)

De Gênesis 1.1 a Apocalipse 22.21, esse tema do plano eterno de Deus para que sua criação adore somente a ele demanda sua provisão perfeita e graciosa para o perdão de pecados. "Dessa forma, esse tema da missão para o mundo inteiro forma um conglomerado gigante abrangendo toda a Bíblia, de Gênesis a Apocalipse."[16]

Ministério intercultural de hoje

A consistência preponderante e o ousado tema nas Escrituras é que todo homem e mulher, descendentes de judeus ou não judeus, são valiosos aos olhos de Deus. seu amor não é limitado a um povo; ele é exaustivamente demonstrado a todos os povos. Essa ênfase multiétnica leva o cristão a fazer as seguintes observações:

---

[16]KAISER Jr., *Mission in the Old Testament*, 7.

- Deus criou homens e mulheres de cada grupo cultural.
- O amor de Deus é extensivo a pessoas de todo grupo cultural.
- Por causa do expansivo amor de Deus, cada membro da igreja deve demonstrar compromisso em amar pessoas de todo grupo cultural.
- Todos os crentes devem rejeitar a idolatria representada dentro de cada grupo cultural.
- Todas as igrejas devem refletir uma visão de alcançar as nações como parte de sua missão.
- Todos os crentes devem reconhecer sua identidade primária como cidadãos celestes, acima até mesmo de sua própria cidadania nacional.

O movimento de missões dos dias atuais não pode mais ser focado exclusivamente em termos de missões estrangeiras apenas. Um estudante de demografia global, nacional e local irá reconhecer rapidamente que o ministério transcultural pode acontecer em qualquer lugar nos dias de hoje, em razão da moderna comunicação e das facilidades de transporte. Essa mudança do pensamento missionário comissiona a muitos para cumprir seu papel no plano redentor de Deus.

Programas locais que têm como seu foco a obra transcultural devem considerar as pessoas que têm outra perspectiva étnica como seu objeto primário do evangelismo e discipulado. Grupos como novos imigrantes, estudantes universitários estrangeiros, pessoas que não falam nossa língua por terem uma nacionalidade diferente, homens de negócios que circulam em âmbito internacional e refugiados merecem uma atenção imediata da Igreja. E pode-se constatar com facilidade que muitos desses grupos étnicos representam os mais empobrecidos e necessitados. Uma estratégia eficaz de alcançar essas pessoas deve incluir expressões práticas do amor de Cristo. Pelo encontro das necessidades físicas e espirituais, a Igreja manifesta o claro retrato do método missionário de Cristo.

Confrontar questões sobre o preconceito racial e econômico é parte da obra missionária, o trabalho básico da Igreja. Deixados sem uma resposta cristã, defensores dos pobres ou minorias se voltam para meios políticos para oferecer e encontrar ajuda. Infelizmente, eles têm obtido ajuda social e humanitária baseada mais em direitos políticos e sociais do que um acesso bíblico baseado no amor. A omissão da igreja em mostrar o caminho, tem permitido que as agências seculares de multiculturalismo, diversidade, tolerância e reconciliação racial forneçam apenas uma solução humanista, centrada no homem. Cada uma dessas soluções cai distante do amor eterno e da unidade prometida por Deus para aqueles que pertencem a cada nação para que venham a crer em Cristo. Desse modo, a igreja atual deve avaliar suas prioridades.

Se Deus tem tal afeto por sua criação, então a Igreja contemporânea e todos os membros das igrejas devem entender seu papel nesse perfeito plano de Deus. Todos os cristãos autênticos devem se sentir constrangidos a olhar para o ministério transcultural como algo fundamental e histórico para o cumprimento futuro da obra de Deus. Nosso Deus tem seu coração comprometido a favor das nações. Ele as vê como iguais entre si e importantes para seu reino. Toda igreja ou membro de igreja que negligencia a prioridade de testemunhar o evangelho a homens e mulheres de todos os grupos étnicos demonstra não entender completamente o verdadeiro coração de Deus e perde sua perspectiva das nações, sendo negligente em atingir esse objetivo divino.

« Leituras Adicionais »

BOLT, Peter e THOMPSON, Mark. *The Gospel to the Nations: Perspectives on Paul's Mission*. Downers Grove, IL: IVP, 2000.

HEDLUND, Roger. *The Mission of the Church in the World*. Grand Rapids, MI: Baker, 1985.

KAISER JR., Walter C. *Mission in the Old Testament: Israel as a Light to the Nations*. Grand Rapids, MI: Baker, 2000.

KÖSTENBERGER, Andreas J. e O'BRIAN, P. T. *Salvation to the Ends of the Earth: A Biblical Theology of Mission*. Downers Grove, IL: IVP, 2001.

O'BRIEN, P. T. *Gospel and Mission in the Writings of Paul: An Exegetical and Theological Analysis*. Grand Rapids, MI: Baker, 1995.

PETERS, George W. *A Biblical Theology of Missions*. Chicago: Moody Press, 1972.

PIPER, John. *Let the Nations Be Glad: The Supremacy of God in Missions*. Grand Rapids, MI: Baker, 1993.

ZUCK, Roy B., ed. *Vital Missions Issues: Examining Challenges and Changes in World Evangelism*. Grand Rapids, MI: Kregel, 1998.

« Segunda parte »

A FÓRMULA BÍBLICA

CAPÍTULO **7**

Entendendo nosso
MUNDO PÓS-MODERNO

Brian K. Morley

Certa vez, um apologista cristão ocidental visitou uma região tribal na África e ministrou um seminário elaborado para cristãos sobre como provar a existência de Deus. Logo depois que terminou a palestra, uma pessoa se aproximou e o parabenizou pela bela explanação, mas acrescentou polidamente que ninguém naquela parte da África duvidava da existência de Deus. O que eles queriam saber era a qual Deus servir. O visitante teve boa intenção, mas falhou em compreender as questões espirituais específicas das quais aquela cultura em particular era carente.

Quanto mais compreendermos as ideias das pessoas, melhor poderemos comunicar a verdade das Escrituras e do evangelho para elas. Por isso é que estudamos sobre cultos e religiões, daí a grande importância de que os missionários estejam muito bem preparados para entender as culturas nas quais vivem. Mas poucos cristãos do Ocidente se esforçam o suficiente para compreender a cultura onde eles mesmos vivem!

Os novos crentes que vêm à igreja trazem consigo sua própria forma de pensar, influenciados pela cultura na qual cresceram; têm sua particular cosmovisão. Além disso, os cristãos que já estavam anteriormente na igreja, e que não compreendem as diferentes formas de pensamento do mundo (cosmovisões), não percebem quando estão adotando conceitos não cristãos. O apóstolo Paulo advertiu os colossenses de que não fossem presos *por meio de filosofias e vãs sutilezas* (Cl 2.8). Muitos cristãos concluem que a melhor maneira de se prevenir contra os erros de fora é evitar aprender qualquer coisa contrária àquilo em que creem. Mas gostem ou não, cosmovisões diferentes da cosmovisão cristã estão por toda parte, presentes na cultura ao nosso redor. Em vez de tentar manter-se completamente isolado da cultura, o apóstolo Paulo aconselhou a fazer outro tipo de abordagem: entender quanto for possível as ideias que surgem e aprender a discernir entre o que é verdadeiro e o que é errôneo.

Biblicamente falando, o cristão é quem deveria "capturar" as forças inimigas e não o contrário. O apóstolo Paulo disse que ele derrubava *raciocínios e todo baluarte que se ergue contra o conhecimento de Deus*, e levava *cativo todo pensamento à obediência a Cristo* (2Co 10.5). Os cristãos devem destruir barreiras intelectuais para libertar aqueles que estão espiritualmente enganados e cativos pelas forças das trevas (2Tm 2.26).

O apóstolo Paulo conhecia a cultura daquela época. Ele podia citar filósofos de memória (cf. At 17.28; Tt 1.12), usar sua terminologia e examinar sua cosmovisão de uma perspectiva cristã (cf. At 17.22-31). Lamentavelmente, nem todos os cristãos atualmente podem fazer o mesmo — inclusive pastores, conselheiros e até mesmo estudiosos cristãos.

A cultura ocidental tem sofrido mudanças profundas e abrangentes que estão transformando a cosmovisão cultural prevalecente, especialmente no que diz respeito à natureza da verdade. À semelhança de outros períodos de grande mudança na história humana, a era presente é uma mistura do novo com o velho. Para que os cristãos evitem se tornarem cativos da cosmovisão mundana e, em vez disso, ser capazes de destruir barreiras e "capturar" o território inimigo, é necessário voltar e examinar algumas batalhas intelectuais.

O cristianismo cresceu, dominando a cultura da Idade Média, unindo a fé (conhecida pela revelação) e a razão para formar uma cosmovisão que permeou todo o conhecimento desses dias antigos. Caminhando na História, o modernismo veio e rejeitou o conceito medieval de que o conhecimento deve ser baseado na autoridade. Os modernistas baseavam o conhecimento no processo de racionalização objetiva por meio da observação, que se tornou seu conceito de ciência. No século 18, alguns pensadores chegaram a contestar a supremacia da razão, a possibilidade da objetividade, e a habilidade de conhecer o mundo como ele é. O século 20 viu o aumento das dúvidas a respeito da objetividade e dos benefícios da ciência, como se ela fosse o fundamento do conhecimento, a conexão entre a linguagem e o mundo, e a principal forma de cosmovisão.

Atualmente, nas culturas ocidentalizadas, há uma coexistência preocupante do modernismo com o que é chamado de pós-modernismo,[1] nome dado ao movimento intelectual e cultural que se contrapõe ao modernismo. O pós-modernismo é especialmente desafiador para os cristãos, que afirmam ter a interpretação mais correta do texto inspirado e uma mensagem mais objetiva da verdade, que se aplica a todos os povos e culturas.

O CAMINHO PARA O MODERNISMO

De modo diferente do judaísmo, que Deus estabeleceu como uma cultura separada, a igreja nasceu em uma cultura preexistente. Ela compartilhou com essa cultura e com outras existentes na época da visão de que os propósitos sobrenaturais moldam os eventos da natureza e da história. Contrariando as forças invisíveis, o mundo físico é real e pode ser conhecido e descrito adequadamente pela linguagem. Os primeiros cristãos, aparentemente, não tinham dúvidas de que as palavras se referiam a coisas e que as proposições são verdadeiras quando correspondem à realidade (chamado de *teoria da correspondência da verdade*).

As diferenças entre o cristianismo e a sociedade greco-romana provocaram uma terrível perseguição até o século 4, quando o imperador Constantino, decretou o fim do cristianismo como religião perseguida e proibida, dessa forma "conquistando" o império em nome de Cristo. Desse tempo em diante, a Igreja viveu numa aliança preocupante com o poder político, por meio da qual acabou por dominar todos os aspectos da cultura.

O objetivo de muitos estudiosos medievais era formar uma grande síntese de todo o conhecimento — espiritual, filosófico e científico. A crença generalizada era que todas as partes de uma cosmovisão poderiam ser conectadas. Por exemplo, eles acreditavam que a lógica e a matemática podiam ser adaptadas à natureza de Deus; crenças sobre as artes poderiam ser unidas ao que conhecemos a respeito da natureza espiritual da humanidade; o papel do governo podia ser concatenado com um Deus soberano e a humanidade decaída. Por manter essa mentalidade, Tomás de Aquino (1225-1274) acreditava que era possível uma perfeita harmonia

---

[1] Em um sentido mais específico e técnico, Lyotard e Baudrillard estão entre os vários pós-modernistas. Lacan, Lévi-Strauss, Althusser e Chomsky são considerados estruturalistas. Deleuze, Derrida e Foucault são pós-estruturalistas. Saussure, Barthes e Eco são semióticos. Adorno e Habermas são pós-marxistas. Rorty é um neopragmático.

entre a Bíblia, a razão e a ciência, porque Deus é tanto o autor da Bíblia quanto o criador.

Os fundamentos que tornaram possível essa grande síntese foram logo contestados. John Scotus (1274-1308) disse que a vontade, e não o intelecto, é primordial, e que isso é verdadeiro tanto para Deus quanto para a humanidade. Isso significa que Deus faz o que ele quer, e não necessariamente o que é racional. Se Deus fizesse apenas o que é racional, poderíamos compreender a verdade com nossa própria mente, calculando o que é racional. Mas, sem a racionalidade como guia, simplesmente temos de observar o que Deus escolhe fazer. A suposição de que a vontade de Deus vem em primeiro lugar ajuda a deslocar o equilíbrio intelectual da razão para a observação, e daí para a ciência.

Os que seguem o filósofo islâmico Averróis (1126-1198) sustentam a teoria da verdade dupla pela qual a razão pode levar a uma conclusão, enquanto a fé pode levar a outra. Guilherme de Occam (1285-1347) continuou a expandir a dicotomia entre as áreas do conhecimento, defendendo a tese de que a teologia deve ser separada de outros campos. Ele queria proteger a teologia de ataques, mas, paradoxalmente, seu trabalho teve o efeito oposto.

Por vários motivos, uma ala do pensamento cristão (pietista) defendeu a ideia de que a igreja é espiritual, por isso a autoridade e o poder político devem ser desprezados. Mais tarde, no século 16, a Igreja Reformada se separou do que agora chamamos de Igreja Católica. Na guerra que se seguiu, milhares foram mortos em nome da doutrina. O filósofo francês René Descartes (1596-1650) buscava uma certeza em meio a toda essa turbulência. Ele sistematicamente duvidava de tudo, até que encontrou algo do qual ele não podia duvidar: e que ele duvidava. Isso o levou à formulação da famosa frase: "Penso; logo, existo", e com base nessa premissa ele passou a construir uma nova cosmovisão. Ele trocou a autoridade da igreja e da tradição pelo terreno do autoconhecimento. Descartes pensava que cada um poderia conhecer a realidade como ela era e confiava que era possível que cada um conhecesse seu estado íntimo.

É significativo que ele tenha pensado que poderia ter certeza sobre algumas crenças sem ter de apelar para outras; essa forma de estruturar o pensamento como uma nova visão ficou conhecida como *fundamentalismo*. O fundamentalismo aceita que algumas coisas podem ser conhecidas sem que seja necessário comprová-las por meio de outras crenças. As crenças devem ser declaradas fundamentalizadas porque são evidentes a nossos sentidos (por exemplo, "há uma luz na sala"), ou porque duvidar delas viria a ser sem sentido ou autocontraditório (por exemplo, "o inteiro é maior que suas partes"). Esses tipos de crenças não necessitam ser provados, assim como ninguém precisaria provar a você que o dedão do pé dói depois que alguém pisa no seu pé — você já sabe que dói. Os fundamentalistas tentam basicamente fundamentar nossas crenças não-fundamentalistas (ou seja, crenças que não precisam ser provadas utilizando outras crenças) em nossas inquestionáveis crenças fundamentalistas. Muitos sustentam, também, que essas crenças fundamentalistas nos ajudam a conectar-nos à realidade e libertar-nos de uma interminável cadeia no processo de provar que acreditamos em A porque cremos em B, e acreditamos em B por causa de C e assim por diante. A teoria fundamentalista afirma que o processo de prova tem pontos de parada, porque em algum lugar todas as coisas que conhecemos terminam em uma crença fundamentalista, que não necessita ser provada.

Pelo fato de Descartes ter construído essa cosmovisão, por meio da qual podemos aprender à parte de dogmas eclesiásticos pressupostos e do aprendizado clássico, ele é considerado como o pai da filosofia moderna.[2] O Renascimento no qual ele viveu foi um tempo de busca de novos fundamentos do conhecimento. As pessoas se voltaram primeiramente para a civilização clássica e, então, para o estudo da natureza, utilizando a observação, em vez da tradição. Por toda parte, as pessoas viraram as costas para a autoridade da igreja e da tradição, preferindo buscar respostas de forma independente. Além disso, as explicações para tudo eram feitas em termos da natureza, em vez de causalidade sobrenatural. A teologia, que um dia regeu o conhecimento e a vida, se tornou um campo separado, desconectado de tudo mais. Apesar de seu crescente isolamento parecer colocá-la fora do alcance de ataques, logo ela estaria implorando por relevância.

A mentalidade moderna, além disso, foi moldada no Iluminismo do século 18, algumas vezes chamado de *era da razão*. Pensou-se que a humanidade poderia resolver seus problemas se as pessoas se livrassem da superstição e de crenças sem fundamento e, em vez disso, adotasse a objetividade e a razão. Defendia-se a ideia de que a humanidade não é irremediavelmente pecadora e absolutamente dependente de Deus, mas

---

[2]Na filosofia de Descartes, é Deus quem garante que nossas claras e distintas ideias estejam ligadas à verdade.

« 160 »	O RESGATE DO PENSAMENTO BÍBLICO

simplesmente ignorante. Para esses pensadores, a razão não era apenas a dedução abstrata de uma verdade por meio de outra, usada pelos medievais Descartes e Spinoza (1632-1677). Esse era especialmente o esboço objetivo das conclusões por intermédio da observação, método de Francis Bacon (1561-1626) e John Locke (1632-1704). A razão parecia ser a resposta para tudo. Mesmo a própria natureza parecia ser lógica ao exibir um padrão estável e obedecer a leis naturais. Alguns concluíram, então, que era muito melhor retornar à natureza e se libertar das influências artificiais da sociedade e da Igreja. A doutrina, que tinha sido tão importante na Idade Média, foi rejeitada como então perigosa, porque as pessoas travaram guerras desastrosas em nome dela. A tolerância — e não a convicção — era a virtude mais importante; e a ciência, em vez da religião, é que poderia mostrar a saída, pensavam eles.

Então, a cosmovisão moderna substituiu a síntese medieval de fé e razão. Onde os medievais baseavam o conhecimento sobre deduções de uma tradição sobrenatural, o modernismo tratou de fundamentá-lo em um terreno tão neutro quanto possível. Eles acreditavam ser possível investigar um tema de um ponto de vista livre de todas as perspectivas, requerendo apenas suposições mínimas, aquelas com que qualquer pessoa concorda, mesmo havendo diferentes opiniões sobre o mesmo assunto. As investigações então deveriam começar num terreno intelectualmente neutro, comum a todas as perspectivas e abordagens de um assunto. Os modernistas pensavam que a maneira ideal de se chegar a uma conclusão era raciocinar objetivamente sobre a observação; em outras palavras, cientificamente. Fazendo assim, um indivíduo poderia descobrir a verdade objetiva universal, eterna e independente de todas as perspectivas anteriores, que eram limitadas. Além disso, eles confiavam cegamente que tudo estava ligado entre si. Tudo o que é verdadeiro é também o que é bom (tem valor), correto (eticamente) e belo e é eminentemente prático para todas as pessoas e sociedades. Eles confiavam plenamente que a ciência poderia conduzir a uma vida melhor para cada indivíduo e para a sociedade como um todo.

O modernismo seguiu Descartes no que se referia às pessoas como autônomas e capazes de relacionar-se com a verdade de forma individual. Como indivíduos, podemos conhecer nosso próprio "eu" de forma clara e coerente. Podemos também descrever a verdade em uma linguagem que é conectada à realidade de maneira objetiva, e não ambígua. Utilizando essa linguagem, podemos formular teorias que são universalmente verdadeiras e independentes de todas as perspectivas e situações sociais tais que

ENTENDENDO NOSSO MUNDO PÓS-MODERNO

refletem a própria realidade. Em toda parte verificava-se um otimismo de que a humanidade estava constantemente descobrindo a verdade, resolvendo seus problemas e progredindo para um futuro brilhante.

Nos tempos do século 18, no entanto, importantes brechas eram visíveis nas bases do modernismo. No século 20, o pós-modernismo rejeitou muito daquilo no qual o modernismo se baseava.

DESILUSÃO COM O MODERNISMO

Após destronar a autoridade como meio de conhecimento, a razão deparou-se com seu próprio legado. David Hume (1711-1776) mostrou que não podemos inferir nada, nem mesmo algo básico, quanto mais dizer que uma coisa é a *causadora* de outra, apenas pela dedução da observação objetiva. Tudo o que realmente sabemos é que uma coisa é *consequência* de outra. A ideia da causalidade é adicionada à mente por meio da experiência.

Immanuel Kant (1724-1804) leu Hume e percebeu que algo estava muito errado em relação à ideia de que devemos trabalhar apenas com a observação (que provém apenas de nossos sentidos). Se falar de causalidade é menos que perfeitamente legítimo, então não podemos conhecer muita coisa sobre o mundo e certamente não temos base suficiente para a ciência. Ele concluiu que o conhecimento não vem apenas de nossas mente (como muitos pensadores medievais e Descartes pensavam), nem de nossos sentidos (como Locke e Hume imaginavam). O conhecimento vem dos dois fatores. Nossos sentidos nos dão informações, e nossa mente organiza essas informações.

O ponto principal é que, depois de Kant, sustentou-se amplamente que o conhecimento é irredutivelmente uma questão de interpretação, e não uma questão de fazer com que nossa mente espelhe a realidade. Além disso, não existe um "método" que seja capaz de expor a mente para ver qual é a "verdadeira" realidade. Então, conhecemos apenas nossas experiências, e não a maneira como as coisas são realmente. E isso significa que não podemos saber se Deus existe, embora seja muito útil em termos práticos supor que ele existe. Kant tornou intelectualmente moderno tanto o duvidar que podemos conhecer a realidade quanto ela é, focalizar questões práticas, quanto a ética. Mais tarde, isso se refletiu também no pragmatismo de John Dewey (1859-1952) e no neopragmatismo de Richard Rorty (1931-2007), onde ambos sugeriram que não podemos conhecer a realidade de forma completa e definitiva; devemos decidir-nos por aquilo que funciona.

Enquanto no século 18 a razão parecia ser a resposta para tudo, no início do século 19 ela parecia ser adequada apenas para uma quantidade limitada de assuntos. Ela falhava, pensavam as pessoas, quando se tratava das profundezas do espírito humano e quanto à análise das experiências que nos tornam humanos. A subjetividade se tornou então o frenesi do que foi chamado a *era romântica*, que durou até o final do século 19.

G. F. W. Hegel (1770-1831) desafiou os conceitos antiquados de que a realidade é inalterável. O pensamento ocidental, inclusive o cristianismo e a maioria dos gregos, havia sustentado durante um longo tempo que por trás de toda mudança há uma permanência, e o cerne dessa permanência é um Deus imutável, porém Hegel disse que a realidade — incluindo o próprio Deus — está evoluindo para níveis superiores. Uma cosmovisão similar foi mais tarde defendida pelo filósofo matemático A. N. Whitehead (1861-1947), que inspirou a *teologia do processo* em época mais recente. Os pensadores processuais creem que Deus muda e que o mal existe porque Deus não pode fazer nada além de tentar convencer as pessoas a fazer o que é certo.

Sören Kierkegaard (1813-1855), um cristão dinamarquês, prenunciou a crítica pós-moderna à sociedade moderna como destrutiva da indivi-dualidade. Ele pensava que a ênfase modernista em coisas como análise, razão e conceitos universais debilitavam os aspectos vitais da vida humana individual, como compromisso e "paixão" — coisas presentes no cerne de uma vida com profundidade e espiritualidade. A verdade e as coisas que realmente importam na vida não são objetivas — elas são subjetivas, afir-mou Kierkegaard. Também típico do pós-modernismo, ele identificou a mídia como uma influência negativa na cultura.

Karl Marx (1818-1883) aceitou a ideia de Hegel de que a realidade era mutante em seu nível fundamental, mas rejeitou Deus e colocou a humani-dade como o foco da evolução. Os seres humanos não são produto de sua natureza pecaminosa, dizia ele, mas de seu ambiente econômico. Então, quando os trabalhadores se libertam do jugo dos que controlam os meios de produção de bens, isso conduz a uma era ideal de posse em comum — ou seja, o comunismo.

Na sua grande maioria, os seguidores de Marx não usaram a razão para mostrar que a visão oposta estava errada. Eles simplesmente reinterpreta-ram a visão oposta de acordo com seus próprios pontos de vista marxistas. Por exemplo, os que não concordavam que o mundo deveria ser dividido por uma classe trabalhadora oprimida e outra classe proprietária opressora simplesmente eram considerados como pertencentes à classe opressora. Essa abordagem contrasta com a era moderna, a qual procurou fazer progressos intelectuais por intermédio do discurso público utilizando a razão e, tanto quanto possível, premissas comuns a ambos os lados. O ceticismo na era moderna foi fundamentado acerca de fatos ou sobre a falta deles. Mas a abordagem utilizada pelos marxistas cresceu durante a era pós-moderna e ganhou o nome de *hermenêutica da desconfiança*.

Mais do que lidar com a verdade ou falsidade de uma ideia, essa abordagem lança suspeita sobre os motivos que levam uma pessoa a sustentá-la e supõe que temos tendência a nos autoenganar. Isso caracteriza mais uma análise sociopsicológica sobre *o motivo* das pessoas defenderem as opiniões que têm do que uma análise epistemológica sobre o que é verdadeiro ou falso. Por conseguinte, o ceticismo na era pós-moderna tem mais a ver com as crenças sobre a natureza das pessoas e com a consciência, do que com fatos objetivos. Sigmund Freud (1856-1939) encontrou a causa das suspeitas e crises de consciência no terreno da psicologia, propondo que as crenças são produto de coisas como o anseio pelo preenchimento e desejos reprimidos. Friedrich Nietzsche (1844-1900), que foi, mais do que qualquer outra pessoa, um profeta da era pós-moderna, supunha que a força motriz oculta por trás de todas as criaturas é o desejo pelo poder.

A nova abordagem sociopsicológica subverte a ideia modernista de que um indivíduo tem acesso direto à realidade ao conhecer a sua própria mente. Marx afirmava que o pensamento de um indivíduo é moldado pelas estruturas econômicas. Nietzsche, por seu turno, afirmava que era a vontade de obter o poder, e Freud defendeu que o inconsciente (sexualmente orientado) é que manda. O ser autônomo idealizado por Descartes, o qual supostamente poderia construir o conhecimento sobre ideias claras e distintas, seria severamente atacado durante o século 20. O modernismo fez do "eu" a pedra fundamental do conhecimento; o pós-modernismo o considerava como a pedra de tropeço.

Nietzsche considerava a moral e a verdade relativas. Não há nada que seja correto para todos os indivíduos, dizia ele. Além disso, ele acreditava que a moral tinha sido erroneamente fundamentada sobre o amor e a compaixão. A evolução darwiniana buscaria mostrar que a lei da natureza é que o forte domine e explore o fraco; essa lei muitas vezes foi equivocadamente considerada como crueldade. O forte deve ser liberto da moralidade da compaixão, que foi inventada pelo fraco para sua autoproteção. E mais ainda, o forte deve ser liberto de acreditar em Deus. Nietzsche fez segredo sobre o que ele considerava o principal réu da sociedade. Disse ele: "Eu considero o cristianismo como a *única* grande maldição, a *única* grande depravação intrínseca [...] a *única* mácula da humanidade..."[3] ele rejeitou a busca da maioria dos filósofos e teólogos anteriores por uma cosmovisão que fornecesse uma explicação unificada das coisas. Nietzsche pensava que construir essa cosmovisão dependia de se ter verdades autoevidentes, as quais ninguém poderia obter. E dizia ainda que as pessoas estavam enfocando erroneamente abstrações, em vez de questões mais práticas. seu ceticismo sobre a possibilidade de se formar uma cosmovisão totalmente abrangente é típica do pós-modernismo. Algo muito típico também do pós-modernismo é que nunca se tenta fazer uma análise sistemática abrangente ou dar uma explicação para as coisas.

Assim como os filósofos desafiaram o modernismo de várias maneiras, novas descobertas da ciência desafiavam ideias, muito tempo antes, sustentadas sobre a verdadeira estrutura do mundo. Até agora, o modernismo tem funcionado baseado no universo de Newton, com rígidas causas e leis naturais. Desde que o ser humano descobriu essas leis por meio da racionalização sobre observações, houve um grande otimismo de que poderíamos conhecer o mundo e controlá-lo. Ainda se pensou que chegaríamos até a descobrir que as leis naturais governam coisas como o comportamento humano e a sociedade, e assim tais leis poderiam também ser manipuladas com o objetivo de obter o melhor. Marx pensou que tinha descoberto essas leis, e os comunistas então acreditaram que poderiam controlar completamente os indivíduos e a sociedade.

O modernismo nunca duvidou de que mais controle sobre os humanos era melhor. Isso porque eles deixaram de fora os propósitos divinos ao explicar as coisas (já que esses propósitos não podem ser observados); assim, não havia propósito mais elevado que os nossos próprios. Os modernistas não tinham motivos para duvidar de que os propósitos humanos são bons; defendiam eles essa posição porque rejeitavam a ideia da natureza pecaminosa (a Queda também não podia ser provada pela observação). A História parecia ter confirmado o completo

---

[3] *The Anti-Christ*, seção 7; em Friedrich Nietzsche, *Twilight of the Idols and the Anti-Christ*, trad. de R. J. Hollingdale (reimpressão; London: Penguin, 1990), 196-197. Grifos originais. Ele chamou a sua obra de "Curse on Christianity".

ENTENDENDO NOSSO MUNDO PÓS-MODERNO «165»

otimismo deles sobre a natureza humana, porque, como prova de seu argumento, houve uma longa e produtiva paz na Europa após as guerras napoleônicas.

Mas no começo do século 20 a ciência parecia mostrar que o mundo não era tão previsível e progressista, afinal de contas. De acordo com o "princípio da incerteza" do físico Werner Heisenberg (1901-1976), não podemos saber nem a localização precisa quanto à velocidade de uma partícula subatômica. Isso aparentemente mostrou que as partículas subatômicas são imprevisíveis e — contrariamente a Newton — os eventos não podem ser previstos. Entre os que resistiram a essa conclusão estavam Einstein (1879-1955), o qual disse que isso não demonstrava nada além da nossa atual ignorância das causas. O universo não é imprevisível, dizia ele, porque Deus não "jogaria dados" com ele. Mas as próprias teorias de Einstein quebravam o conceito tradicional dos absolutos, ao mostrar que a luz é afetada pela gravidade, e que a massa e mesmo o tempo podem modificar-se com a velocidade. Assim como o princípio da incerteza de Heisenberg, as pessoas fazem implicações que vão além da física. Confunde-se a teoria da relatividade de Einstein, quando as pessoas pensam que suas teorias mostram que tudo, inclusive a moral, é relativo.

A própria ciência foi reinterpretada. Sempre se defendeu a ideia de que os cientistas provariam algo e que o próximo cientista poderia construir sobre essa base. Desse modo, o conhecimento científico faria sólido progresso em direção a uma verdade objetiva. Mas Karl Popper (1902-1994) argumentou que uma teoria não é provada em qualquer sentido final, porque uma nova descoberta pode mostrar que essa teoria está equivocada. Assim, a ciência não é uma questão de provar constante e repetidamente teorias, mas sim de sustentá-las até que se prove o contrário. A refutação é a chave, e as teorias que não podem ser rigorosamente sustentadas pelo tempo suficiente para serem decisivamente refutadas não são científicas (um problema para as teorias de Marx e Freud, pensava Popper).

Foi quando o filósofo da ciência Thomas Kuhn[4] (1922-1996) argumentou que a ciência não faz nenhum progresso real. Ela apenas muda de uma

---

[4]KUHN, Thomas. *The Structure of Scientific Revolutions* (Chicago: University of Chicago Press, 1962). Seus últimos pensamentos estão em *The Road Since Structure* (Chicago: University of Chicaco Press, 2000). Para análise profunda do assunto, veja Paul Hoyningen-Huene, *Reconstructing Scientific Revolutions: Thomas S. Kuhn's Philosophy of Science* (Chicago: University of Chicago Press, 1993).

« 166 »   O RESGATE DO PENSAMENTO BÍBLICO

teoria mais importante ("paradigma"[5]) para outra. A ciência funciona sob uma teoria até que surjam várias questões que não podem ser respondidas, e, então, uma nova teoria é proposta. Alguns cientistas a aceitam, enquanto outros continuam leais à velha visão — cientistas mais idosos, que acreditaram durante um longo tempo nela, por exemplo. Na visão de Kuhn, a ciência não é um campo puro onde pessoas puristas encontram uma verdade absoluta. O filósofo Michael Polanyi (1891-1976) mostrou ainda que a ciência não é apenas objetiva, mas aborda também outros campos nos quais pode-se refletir; a ciência usa imaginação criativa, por exemplo.[6]

A visão de que um indivíduo tem acesso direto à realidade tanto pelas ideias claras e distintas (Descartes) quanto pelas percepções sensoriais (John Locke) é agora considerada simplista. Os "fatos" não estão à disposição no nosso exterior para serem entendidos pelo fato de que utilizamos para qualquer situação coisas como concepções e pressuposições, as quais influenciam o que vemos e como interpretamos as coisas. Os fatos, por isso, acabam sendo "teorias oneradas", dizem. Sendo assim, não há meios de ser objetivo.

Uma revolução similar aconteceu referente à linguagem. Ludwig Wittgenstein (1889-1951) partiu da visão mais modernista de que as proposições ilustram a realidade e estão conectadas a ela. Como essas proposições podem ser formuladas de forma precisa e são, também, verdadeiras ou falsas. Wittgenstein fez uma mudança considerável à visão mais radical de que o significado de uma proposição é sua utilização. Sendo assim, as proposições não são falsas ou verdadeiras, mas úteis ou inúteis. O significado das proposições, como, por exemplo, "Deus existe", depende de coisas como a forma em que as pessoas as utilizam ou como as experimentam. Além disso, desde que o significado é algo social, o indivíduo não tem acesso especial à verdade, nem mesmo quando ela tem a ver com seu próprio estado interior. Assim, não se pode ter mais certeza de que "meus pés doem" quanto se pode ter quanto a que "há dez cadeiras nesta sala". Esse foi mais um ataque à ideia de Descartes de que o indivíduo e sua mente são o berço do conhecimento.

---

[5]Kuhn estava interessado na unidade mais ampla que aquela descrita em simples teorias. Hoyningen-Huene disse que Kuhn mais tarde se referiu a paradigmas no sentido mais amplo como "tudo o que é subjetivo para o consenso profissional em dada comunidade científica" (*Reconstructing Scientific Revolutions*, 142, e capítulo 4 "The Paradigm Concept"). Em benefício da clareza, estou usando "teoria" e "paradigma" como sinônimos.
[6]Michael Polanyi, *Personal Knowledge* (Chicago: University of Chicago Press, 1958).

O estruturalismo continuou seu ataque. O movimento continuou por intermédio do primeiro trabalho do linguista Ferdinand de Saussure (pronuncia-se "Sossiur"; 1857-1913), o qual apontou que o significado não é uma questão de relacionamento mental entre uma palavra e aquilo a que ela se refere, e, desse modo, uma palavra não une um conceito a algo existente no mundo. Ela simplesmente une um conceito a um *som*. Além disso, essa conexão é arbitrária e pode ter sido produzida por um som diferente. E mais: as palavras têm significado apenas quando relacionadas a outras palavras. Dessa forma, Saussure desafiou a visão tradicional de que a linguagem está conectada ao mundo. Os estruturalistas buscavam pelo significado não em coisas, mas em relacionamentos entre as coisas, assim como uma nota de 1 dólar só tem significado em relação a cédulas de outro sistema monetário. E da mesma forma que o valor do dólar sofre constante mudança, os sistemas são dinâmicos, em vez de estáticos. Os estruturalistas negam a visão modernista de que um significado é criado por indivíduos autônomos por meio de suas próprias ideias claras. Em vez disso, eles consideravam o indivíduo como um produto da sociedade e da linguagem.[7]

PÓS-MODERNISMO

Desde que os fundamentos foram repensados, os eventos históricos e culturais começaram a colidir com muitas concepções cultivadas na era moderna. As crenças na perfeição e na bondade da humanidade foram esmagadas por duas guerras mundiais, uma guerra fria, e ainda cruéis Estados totalitários. Talvez ainda pior, após séculos de suposto progresso, houve o holocausto na Europa — o principal centro do modernismo. E, longe de serem salvadoras, a ciência e a tecnologia minaram a qualidade de vida com a poluição, impuseram um controle governamental sem precedentes sobre os indivíduos e ameaçaram toda a existência humana com armas nucleares.

Tensões surgiram na França em 1968, quando greves e revoltas dos trabalhadores e estudantes paralisaram o país. O presidente francês Charles de Gaulle (1890-1970) prometeu novas eleições e suplicou por ordem. Em vez de apoiar uma mudança radical, o Partido Comunista denunciou os manifestantes e apoiou o governo. Desiludidos, a esquerda política então

---

[7] BEST, Steven e KELLNER. Douglas *Postmodern Theory: Critical Interrogations* (Nova York: Guilford, 1991), 19.

enxergou o comunismo como parte do problema e começou a investigar com grande interesse os pensadores franceses radicais.

O marxismo já sofria transformações. Até mesmo os marxistas estavam começando a perceber que a economia e a luta de classes não podiam ser contabilizadas para a avaliação da história e da experiência humanas. Como os regimes comunistas demonstravam cada vez mais a falência de seu sistema, esgotados e cada vez mais repressivos, enquanto o capitalismo florescia, os marxistas modificaram várias crenças centrais e terminaram adotando a democracia. Louis Althusser (1918-1990), motivado por seu interesse nas ideias de Kant sobre a natureza da realidade, tentou usar os *insights* estruturalistas para transformar o marxismo em uma teoria do conhecimento. No sentido contrário, a chamada escola de Frankfurt palmilhou um caminho mais humanístico, criticando a cultura moderna como dominadora e desumanizante. Misturando Marx e Freud, Herbert Marcuse (1898-1979) disse que o capitalismo reprime os instintos humanos. Entretanto, eles podem ser libertos e então ser moldados por intermédio do trabalho na busca de uma vida de beleza, paz e sensualidade. Sendo o pai da nova esquerda, ele declarou que a revolução tinha de vir dos estudantes, das minorias e dos intelectuais porque os trabalhadores estão muito estupidificados pelo produto de seu trabalho. Jürgen Habermas (1929-) rejeitou o pós-modernismo, pois estaria conduzindo ao relativismo e à irracionalidade. Ele buscou refinar as questões iluministas sobre a racionalidade, a ciência que liberta, a livre comunicação e uma visão unificada das coisas.

Enquanto esses marxistas[8] retinham em alguma medida o comprometimento modernista com uma cosmovisão unificada, outros aceitavam a crença pós-moderna na impossibilidade de tal cosmovisão. Eles se diluíram então nas várias tendências de esquerda, díspares e até mesmo conflitantes entre si, terminando por incluir os direitos dos homossexuais, o lesbianismo, o feminismo, o multiculturalismo, o ambientalismo, o anticolonialismo e o ativismo antinuclear.

Michel Foucault (1926-1984) rompeu com o Partido Comunista em 1951 e desenvolveu a visão de que a opressão é multifacetada e que a tudo permeia, não sendo apenas uma questão da classe dominante oprimindo

---

[8]Como membro da segunda geração da escola de Frankfurt, Habermas modificou magnificamente as visões de Marx e é com frequência considerado como o único marxista genuíno, enraizado nas origens.

os trabalhadores. Da forma como ele enxergava, o indivíduo é dominado pela sociedade de diferentes maneiras, especialmente por aquilo que se convencionou chamar de conhecimento. Foucault rejeitava a visão modernista de que o conhecimento é neutro e é um caminho para a libertação. Em uma visão exatamente oposta à afirmação de Francis Bacon de que o conhecimento dá poder a seu possuidor, Foucault considerava o conhecimento tanto um produto quanto uma ferramenta da opressão. Os capacitados de poder é que decidem o que será aceito como "conhecimento", e eles usam isso para oprimir as pessoas. Assim, a ciência está longe de ser neutra, nem mesmo está claro que ela — ou a raça humana nesse caso — faz algum progresso realmente.

Rejeitando a busca modernista, tanto pela explicação simples para os problemas humanos quanto por uma cosmovisão totalmente abrangente, Foucault, sendo um pós-estruturalista entre tantos pós-modernistas, seguiu a abordagem mais fragmentada de Nietzsche sobre a realidade. De acordo com essa perspectiva, não há uma visão única e correta sobre o mundo, mas inúmeras visões que são corretas de maneiras peculiares. Influenciadas por esse tipo de pensamento, algumas pessoas na cultura popular têm concluído que, desde que realmente não há uma única perspectiva verdadeira, deveríamos tentar enriquecer-nos com várias visões diferentes (e comportamentos) tanto quanto possível; tudo deve ser incluído.[9]

Nos anos 1970, Foucault tomou parte no desenvolvimento do pós-estruturalismo, destacando problemas dentro do estruturalismo, uma visão popular desde os anos 1950. O pós-estruturalismo tomou por empréstimo do estruturalismo a ideia de que a linguagem estrutura a comunicação e o pensamento por si mesmo, e que a linguagem é uma questão de relacionamentos e diferenças. Eles adotaram o relativismo radical de Nietzsche e a convicção de Foucault de que o poder dá suporte ao conhecimento.[10] Isso acabou por desafiar a visão do estruturalismo de que os significados dentro da linguagem e da cultura são estáveis e, desse modo, podem ser analisados de forma definitiva.

Uma figura popular pós-estruturalista, Jacques Derrida (1930-2004), disse que os significados estão sempre mudando, ou "em jogo". Os dicionários

---

[9]Em meio a filósofos teóricos, Lyotard aceita uma subjetividade mais radical, enquanto Habermas e Rorty defendem uma subjetividade ainda mais limitada.

[10]"Pós-estruturalismo", Christopher Norris, *The Oxford Companion to Philosophy*, ed. Ted Honderich (Oxford: Oxford University Press, 1995), 708.

dão uma falsa impressão de que as palavras têm significados inalteráveis, afirma ele. Entretanto, esses significados dependem de coisas como nossas experiências, as quais mudam constantemente. Por isso, ele se opôs ao trabalho do estruturalista Claude Lévi-Strauss (1908-2009), que catalogou centenas de mitos em razão da sua ideia de que seus significados eram estáveis e poderiam ser cientificamente analisados. O fluxo de significados não apenas faz esse tipo de projeto impossível, pensava Derrida, como também deveríamos dar as boas-vindas a futuros significados criativos e não nos fixar em significados idealizados do passado. Em um nível metafísico, Derrida era contrário à fenomenologia de Edmund Husserl (1859-1938), o qual imaginava que podíamos compreender a realidade intuitivamente e com alguma certeza, incluindo entidades não físicas. Mas, assim como outros hoje em dia, Derrida afirma que não temos acesso à realidade sem a linguagem.

O que faz essa cosmovisão radical é a combinação da crença na penetração da linguagem — todo pensamento e acesso à realidade se dá por meio dela — com uma visão pessimista das complexidades e incertezas da linguagem. Se não podemos dominar a linguagem, não dominamos a realidade e também não podemos sequer nos comunicar em qualquer sentido objetivo. Isso também significa que não há verdade no sentido tradicional de que a verdade é uma questão de proposições corretas sobre a realidade. A correspondente teoria da verdade (de acordo com a qual as proposições que correspondem à realidade são verdadeiras) que dá suporte ao modernismo conflita principalmente com o pós-modernismo, pois defende a tese de que nunca poderemos adquirir uma perspectiva neutra externa à linguagem, por meio da qual se pode avaliar quando uma proposição corresponde à realidade. Mesmo se fosse possível, para Derrida pelo menos, a linguagem não fica estável por tempo suficiente para permitir-nos elaborar conceitos que sejam verdadeiros para sempre.

Derrida continuou a "desconstruir" conceitos fundamentais das visões tradicionais de que a linguagem nos conecta à realidade. Ele destaca que grande parte de nossos pensamentos é moldada por pares de termos opostos ("binários"). Com frequência, o primeiro termo é dominante e preferido em relação ao segundo, como no caso masculino/feminino e texto/discurso. Ele tentou mostrar que isso é altamente simplista. Na realidade, o principal significado do primeiro termo pode ser dependente do segundo. Tais termos não organizam a realidade ou mesmo correspondem a ela. Apesar do discurso ser considerado primordial em relação à escrita, há distinções que podem ser feitas ao se escrever, que não podem ser expressas na fala.

A maior parte da linguagem é baseada na distinção dos significados das palavras, como os binários. De acordo com Derrida, presumimos que é possível compreender as diferenças — e, por meio disso, os significados —, mas isso não é tão simples assim. Por exemplo, as palavras com frequência se inter-relacionam de tal maneira que as diferenças podem não ser final e definitivamente reconhecidas com absoluta perfeição. Como no francês as palavras *diferença* e *deferir* são provenientes do mesmo verbo (*différer*), ele jocosamente dizia que a diferença é (indefinidamente) deferida.

O uso de jogos com as palavras por Derrida e a utilização por ele e por outros de termos que não são cuidadosamente definidos ou usados de forma consistente foram criticados e julgados com suspeita pelos filósofos que trabalham na mais rigorosa tradição desenvolvida na Inglaterra e na América. Em contraste com o estilo amedrontador da tradição continental, a tradição analítica anglo-americana aspira à clareza, consistência e coerência lógica. Quando a Universidade de Cambridge concedeu a Derrida um doutorado honorário, 19 professores tomaram a decisão sem precedentes de menosprezar seu trabalho no *London Times* como uma encenação patética e incompreensível.[11]

Estilos e crenças sobre a linguagem não são as únicas coisas que suscitaram a ira de pensadores como Derrida. suas perspectivas lançaram sérias dúvidas sobre a árvore genealógica dos princípios fundamentais do pensamento ocidental desde Aristóteles (384-322 a.C.): a *lei da identidade* (segundo a qual uma coisa "é o que é"), a *lei da não contradição* (uma proposição e sua negação não podem ser ambas verdadeiras) e a *lei do meio excluído* (uma proposição deve ser verdadeira ou falsa).

Uma distinção em filosofia que está se tornando cada vez mais significativa que o analítico *versus* o continental é o realismo *versus* o antirrealismo. O realismo é a visão de que algumas coisas existem independentes de nossa mente, conceitos e linguagem. O modernismo presume que há uma única realidade, que é independente de nós, e que a conheceremos com uma precisão cada vez mais ampla, por intermédio dos métodos científicos. Assim como os antirrealistas, alguns pós-modernistas afirmam que há muitas realidades construídas por muitas linguagens e culturas; cada qual é igualmente válida. Para os realistas, há uma única resposta para uma

---

[11] MOORE, Brooke Noel e BRUDER, Kenneth. *Philosophy: The Power of Ideas*, 5. ed. (Boston: McGraw Hill, 2002), 445.

« 172 »

questão simples como: "O gato está no capacho?" Para os antirrealistas, a resposta depende de coisas como a perspectiva em que o caso é analisado.

Isso provoca uma consequência não desejada para os pós-modernistas, que é o relativismo. Um escravo pode ser considerado como oprimido se o feitor não acha que o é e, ao contrário, crê que sua perspectiva é tão válida quanto a do escravo? Considerações sobre coisas como o abuso, preconceito e genocídio parecem depender de que existe uma perspectiva corretamente relacionada com o que alguém pensa — o que nos faz voltar ao realismo. Realistas como John Searle (1932-) diriam que as diferentes linguagens e culturas apenas *descrevem* a realidade de forma distinta, mas que a realidade é a mesma. Ele afirmava que a maior parte da nossa comunicação pressupõe que a realidade existe independente de nossas palavras e pensamentos.

Outro desafio ao realismo veio dos neopragmáticos como Richard Rorty (1931- 2007), que afirmam que a ideia da verdade é um mito. Afirmações são julgadas pelo critério de que diferem de uma cultura para outra. Desde que não há um meio de sair de nós mesmos para obter um ponto de vista objetivo, não há como ver se esses critérios são corretos. É claro que podemos avaliar os critérios de outra cultura, mas estaremos apenas avaliando-os com nosso próprio ponto de vista e, assim, não temos o direito de dizer que eles estão errados. Então, não podemos dizer que algo é objetivamente falso ou verdadeiro, mas apenas que isso satisfaz alguns critérios. No final das contas, "verdade" é tudo aquilo que "sobrevive a todas as objeções dentro de uma cultura". Semelhantemente, Stanley Fish (1938-) pensa que devemos desistir de qualquer discussão sobre a verdade por causa da quantidade de "eu conheço X" e "eu creio em X" referente à mesma coisa. Fish sustentava que o significado de um texto depende amplamente da comunidade que o interpreta. Quando se muda a comunidade, muda-se definitivamente o significado.

A visão clássica desse assunto trata o significado como uma questão de conhecer o que o autor pretendia comunicar. E isso poderia ser entendido examinando-se sua linguagem, *background*, os temas com os quais ele lidava e assim por diante. Na maior parte do pensamento pós-modernista, o significado depende integralmente daquele que está recebendo a comunicação, o que torna isso uma questão altamente subjetiva.

O sociólogo Jean Baudrillard (1929-2007) lida com o tema da comunidade interpretativa de um ângulo diferente. Ele culpa a cultura da mídia por remover a dimensão bidirecional, própria da comunicação. Em nossa cultura saturada pela mídia e dominada pela informação, as pessoas se tornam simples receptores passivos. Ainda pior, a distinção entre a realidade e a ficção é embotada, difusa, de tal maneira que podemos dizer que vivemos em uma "hiper-realidade". Isso é um desafio para a concepção modernista de que podemos interpretar os símbolos de forma precisa e racional. De acordo com Baudrillard, os símbolos são ligados a outros símbolos, e não à realidade; assim, não temos nada além de um significado e um entendimento parciais. Ele supõe, niilisticamente, que estamos no final da história, condenados à continuação infinita de nossa condição pós-moderna.

Jean-François Lyotard (1924-1998) examina de forma cética o que ele chama de "metanarrativas", que são explicações ou comprometimentos mentais que as pessoas utilizam para dar legitimidade a outras crenças ou atividades (como, o objetivo adequado de uma sociedade é o bem de seus membros). Enquanto o modernismo busca a verdadeira metanarrativa única, Lyotard rejeita isso como uma possibilidade, confessando uma "incredulidade pelas metanarrativas". Narrativas totalitárias (isto é, cosmovisões, *grosso modo*) oprimem as minorias, afirma ele. Elas deveriam ser rejeitadas em favor da diversidade, das considerações pragmáticas e micropolíticas. Ele imagina que os grupos podem chegar a ser tão distintos em suas ideias e uso de termos que acabam não compartilhando nenhum conjunto de regras para o qual apelar com o objetivo de sanar conflitos. Nesses casos, o melhor a ser feito é não deslegitimar nenhum dos lados. A visão de Lyotard questiona a concepção tradicional de que há princípios mais elevados para os quais todos os pontos de vista — mesmo os mais diferentes — possam apelar. O segredo de que a *razão* é o tipo universal de princípio foi a base para o otimismo modernista de que a verdade e a harmonia social são alcançáveis.

Os acadêmicos discutem tudo o que os maiores pensadores disseram, e isso não é diferente para os pós-modernistas. Alguns dos que estudam essa questão mais de perto são críticos quanto ao tratamento popular que tenta fazer com que ela pareça mais radical do que realmente é. Qualquer que seja o caso, o pós-modernismo está impondo sua própria vida a outra cosmovisão na cultura popular, lembrança da maneira como a relatividade desenvolveu dimensões culturais muito além de Einstein. A comunidade cristã necessita lidar com o fenômeno inteiro, o qual pode ser resumido como oposto ao realismo, ao fundamentalismo, à correspondente teoria da verdade, e a todos os conceitos, distinções ou descrições universalmente concatenados. Desconfia-se também das grandes narrativas e

CRISTANDADE E O MUNDO PÓS-MODERNO ATUAL

Se reconhecermos que o pós-modernismo é um desafio, então, elaborar uma resposta cristã é muito mais desafiador. Isso merece um tratamento mais profundo do que este capítulo, mas ainda há espaço para algumas sugestões que apresentamos a seguir. Seria muito mais simples rejeitar tudo o que tenha a ver com o que geralmente chamamos de pós-modernismo. Mas, assim como o pós-modernismo, ocasionalmente, surgem *insights* válidos no conhecimento humano e, sendo assim, são úteis na avaliação das atuais visões de mundo. O modernismo aceitava a ideia de que a verdade é objetiva e universal — o que se encaixa na cosmovisão cristã —, mas isso também deu *status* privilegiado ao naturalismo. Sob o modernismo, qualquer tipo de sobrenaturalidade tinha de ser comprovado. Mas, desde que as conclusões obtidas por meio da observação (isto é, ciência) se tornaram o método preferido para obter o conhecimento, reunir evidências suficientes para a fé cristã se tornou difícil. Acrescentado a isso, surgiram também no transcurso do processo algumas hipóteses adicionais — de que deveríamos acreditar em algo apenas na proporção de nossa evidência para aquilo. O resultado disso é que a fé religiosa foi considerada, essencialmente, subjetiva ou até mesmo irracional (conclusões de Kierkegaard amplamente aceitas).

O pós-modernismo ressalta os limites da perspectiva humana e das dificuldades com a linguagem; ele também questiona as intenções humanas. Da perspectiva cristã, o pós-modernismo corrige algo do otimismo excessivo dos modernistas a respeito da habilidade humana em encontrar a verdade à parte da revelação divina, e tem uma visão mais realista da natureza humana decaída. De outro lado, o pós-modernismo não considera a possibilidade e as implicações da revelação linguística de um ser onisciente, especialmente aquele que formou a mente humana e que também pode iluminá-la.

O problema mais grave que podemos levantar aqui é que o pós-modernismo avançou demasiadamente na direção errada. A cosmovisão medieval centrou-se em *Deus*, a modernista centrou-se na *realidade* externa ao indivíduo, mas a pós-modernista centra-se na *perspectiva* humana eternamente mutante. Na cultura pós-moderna, mesmo a linha entre o mundo como ele é e o mundo como o criamos está desaparecendo dentro de uma realidade virtual. Sendo assim, há apenas poucos séculos a humanidade vem se desfazendo gradativamente da centralidade de Deus na vida e no pensamento. Essa forma de pensamento tem provocado um correspondente esvaziamento das possibilidades de encontrar uma verdade objetiva e construir uma cosmovisão compreensiva e coerente.

O modernismo deu ao mundo a ciência e a tecnologia, mas cobrou um alto preço, provocando o crescimento na secularidade. Construiu-se assim uma sociedade civil sobre a ideia de Locke de que, se todos os pontos de vista são permitidos dentro de um diálogo público, a verdade emergirá. Contrariamente a isso, a tendência dos líderes da cultura pós--moderna — os quais, às vezes, vão além dos teóricos já mencionados — é basear a tolerância ideológica sobre a concepção metafísica de que não há uma única visão que seja universalmente verdadeira, mas sim muitas visões que são corretas de alguma maneira. Mas, assim como outras formas de pluralismo, um pós-modernista que é pluralista assume riscos cruciais de contradição. Por exemplo, de que maneira estão certas as pessoas que pensam que a sua própria visão é a única correta? Se a resposta é que elas podem estar certas sobre algumas de suas crenças, mas equivocadas por pensar que apenas estão certas, então o próprio pluralista tem o mesmo problema — ele acredita que o pluralismo é a única visão correta! Além disso, para o pluralista afirmar que não há outra visão correta, sua visão deve ser ampla, abrangente e isenta da realidade para dizer que realmente não pode haver outra. Na prática, esse tipo de pós-modernista presume que tem o tipo principal de perspectiva neutra que tanto critica nos outros que dizem tê-la!

Podemos levantar ainda outro paradoxo na forma como algum pós--modernismo é praticado na cultura (não pelos teóricos que já vimos). Assim como surgiram muitas formas deturpadas de relativismo, defende--se a tolerância em teoria; mas, na prática, muitos dos que se declaram defensores dessa posição são tolerantes apenas com aqueles que concordam com eles, como algumas vítimas da onda do "politicamente correto" podem atestar. Isso pode acontecer porque essa forma de pós-modernismo aceita pouco ou nada quando lados diferentes apelam para criar uma situação lógica: nenhum processo racional, perspectivas ou verdades universais são compartilhados. Assim, tudo o que é necessário para "subir na vida" é conseguir chegar a controlar o poder de vários tipos, especialmente o poder legal, político e social.

Formas mais extremas de pós-modernismo revelam um problema mais profundo pelo fato de que elas lançam dúvida sobre a validade das metanarrativas. O problema aqui é que o próprio pós-modernismo é uma metanarrativa, como fica evidente pelo fato de que ele tem uma teoria de significado, verdade, justiça, ação política e assim por diante. Isso é ligado ao paradoxo que envolve a afirmativa "Esta sentença é falsa". Se essa é uma afirmativa verdadeira, então ela é falsa; se ela é uma afirmativa falsa, ela também é mentirosa. O que podemos concluir então sobre uma metanarrativa que desafia a validade das metanarrativas?

Se voltarmos atrás com aquele paradoxo, surge ainda outro referente a algumas formas de pós-modernismo, que afirmam que o conhecimento não pode ser considerado como verdade universal, mas simplesmente como um produto e ferramenta de poder. Poderíamos perguntar: "Que desejo de poder produziu o pós-modernismo? E por que deveríamos crer que há uma verdade universal para a maneira como as coisas são?". Paradoxalmente, deveríamos suspeitar que o pós-modernismo não trata de como as coisas são, mas que ele próprio é uma manifestação do desejo de controlar o poder.

Paradoxos mais profundos confrontam pós-modernistas que desejam desafiar os princípios mais fundamentais da lógica. Uma escritora pós-modernista explicou quanto a lógica desconstrutivista é melhor que o raciocínio binário tradicional e escreveu: "A distinção mais clara entre a lógica tradicionalista e a desconstrutivista reside em...".[12] Mas dessa forma, ao criar seu ponto de vista, ela estava claramente distinguindo entre duas categorias de pensamento, uma das quais é considerada superior. Isso, evidentemente, é um raciocínio binário. Algumas feministas pós-modernas como Judith Butler e Helene Cixous vão além e argumentam que o conceito fundamental do raciocínio é patriarcal e homofóbico.[13]

Céticos modernistas disseram que o cristianismo não é verdadeiro, como ficaria evidenciado por sua (suposta) falta de apoio da razão e dos fatos. Em contraste com isso, os pós-modernistas podem dizer que é arrogância afirmar que o ponto de vista deles é exclusivamente o único correto.

---

[12]FLIEGER, Jerry Aline. "The Art of Being Taken by Surprise", *SCE Reports 8*, outono de 1980; mencionado em ERICKSON, Millard J. *Truth or Consequences: The Promises and Perils of Postmodernism* (Downers Grove, IL: IVP, 2001), 250.

[13]"Postmodern", MAGNUS, Bernd *Cambridge Dictionary of Philosophy*, 2. ed. (Cambridge, Inglaterra: Cambridge University Press, 1999), 726.

A comunidade cristã desenvolveu sofisticadas defesas para confrontar os desafios modernistas. Apologistas tradicionais aceitaram a ideia de que poderiam começar a atacar o problema de uma perspectiva neutra e raciocinar sobre fatos para concluir que a doutrina cristã é verdadeira. Outros cristãos rejeitaram essa abordagem geral.

Podemos alcançar uma perspectiva examinando os fatos, como os modernistas sugerem, ou não há possibilidade de uma visão neutra dos fatos, como os pós-modernistas sugerem? Se não podemos raciocinar a respeito dos fatos com uma perspectiva, então parece que estamos diante de duas possibilidades. A primeira é que devemos sustentar uma perspectiva sem o apoio de qualquer razão para que creiamos nela, aceitando-a baseados em nossa débil decisão de crer ou ainda em outras bases não racionais, como a intuição de que é verdadeira. A segunda opção básica é que podemos aceitar nossa perspectiva porque ela explica ou interpreta melhor os fatos. Isso é o oposto do raciocínio a partir *dos* fatos para chegar a uma perspectiva (como uma abordagem modernista tenta fazer). Essa segunda abordagem raciocina a partir da perspectiva para chegar *aos* fatos.

Mas qual delas escolher: a que vai dos fatos à perspectiva, ou a que vai da perspectiva aos fatos? Parece que ambas são uma interação de fatos com a perspectiva.

Não há dúvida de que nossa perspectiva influencia a maneira como vemos o mundo, inclusive os fatos. Mas, da mesma forma, podemos encontrar um fato que desafia nossa perspectiva. Quando isso ocorre, temos de escolher entre manter nossa perspectiva pela reinterpretação do fato ou, então, retificar nossa perspectiva à luz dos novos fatos.

Uma pessoa pode, evidentemente, ser extremamente obstinada ao sustentar uma perspectiva, como no caso do preconceito. Exemplificando, uma pessoa pode acreditar que todo aquele que é X é preguiçoso (onde X é qualquer grupo — étnico, religioso etc.). Quando essa pessoa se encontra com outra que é X, mas que não é preguiçosa, então ela irá ajustar sua perspectiva original para uma nova, onde nem todo X é preguiçoso. Ou, então, essa pessoa manterá sua perspectiva (preconceituosa) de que todo X é preguiçoso e reinterpretará o fato pensando, por exemplo, que a segunda pessoa não é verdadeiramente X, ou apenas aparenta ser trabalhadora, mas não o é. A paranoia é outro exemplo de comprometimento irracional com uma perspectiva.

Quando Cristo e seus milagres se defrontaram com a descrença, houve essas duas reações. Alguns mudaram sua perspectiva de uma crença

« 178 »   O RESGATE DO PENSAMENTO BÍBLICO

qualquer a respeito dele e passaram a crer que ele provinha de Deus (por exemplo, Jo 4.39; 11.45; 12.11; cf. At 9.42). Outros, teimosamente, mantiveram sua (des)crença original, não permitindo que o fato do milagre a modificasse. Levando em conta essa abordagem, alguns fariseus reinterpretaram o fato dos milagres de Cristo e concluíram que ele os realizava pelo poder de Satanás (Mt 12.24)!

Há momentos em que se torna necessário manter nossa perspectiva original e usá-la para reinterpretar os fatos que estão diante de nós. Quando Jó foi confrontado com o que aparentava ser a evidência da injustiça de Deus, a reação correta dele foi manter sua fé de que Deus é justo e concluir que tinha de haver outra explicação para os fatos terríveis que estavam acontecendo com ele.

Parece legítimo, então, raciocinar tanto dos fatos à perspectiva quanto da perspectiva aos fatos. Ponderar sobre a ressurreição de Cristo por meio do ponto de vista cristão poderia ser uma forma de raciocinar dos fatos à perspectiva (por exemplo, At 3.15; Rm 1.4). Mas não há razão para que não possamos explicar toda a vasta gama dos fatos, inclusive coisas como: por que o universo físico é como é, organizado e apto a suportar a vida; por que os humanos se sentem culpados e buscam um significado na vida; por que algumas coisas na história aconteceram (como perguntar por que, entre todos os povos antigos, os judeus sobreviveram — apesar da perseguição)?[14]

Os cristãos podem adentrar confiantemente no terreno do pensamento filosófico com uma cosmovisão cristã, sabendo que eles têm o autor da verdade e o repositório divino da verdade especial revelada — a Bíblia — do lado deles.[15] Na cosmovisão cristã, a verdade é absoluta, objetiva, proposicional e eterna — e não simplesmente relativa, subjetiva, experimental e efêmera. E ela pode confrontar-se com qualquer sabedoria mundana, e sair vitoriosa, porque por meio dessa cosmovisão humana o mundo não conhece nem nunca virá a conhecer ou compreender a Deus (1Co 1.20,21).

---

[14]Mesmo considerando que cada caso tenha envolvimento com outros, não estou sugerindo que todos tenham a mesma relevância.

[15]Para uma abordagem ainda mais abrangente do pós-modernismo e de uma resposta cristã a ele, veja MORLEY, Brian, *Pathways to God: Comparing Apologetic Methods* (Downers Grove, IL: IVP). O autor também agradece aos colegas Joe Suzuki e Grant Horner por seu discernimento.

« Leituras Adicionais »

BEST, Steven e KELLNER, Douglas. *Postmodern Theory: Critical Interrogations.* Nova York: Guilford, 1991.

_____. *The Postmodern Turn.* Nova York: Guilford, 1997.

ERICKSON, Millard. *Postmodernizing the Faith: Evangelical Responses to the Challenge of Postmodernism.* Grand Rapids, MI: Baker, 1998.

_____. *Truth or Consequences: The Promise and Perils of Postmodernism.* Downers Grove, IL: IVP, 2001.

LYOTARD, Jean-François. *The Postmodern Condition: Report on Knowledge.* Minneapolis: University of Minnesota Press, 1984.

CAPÍTULO **8**

Traçando um **PERFIL MASCULINO CRISTÃO**

STUART W. SCOTT

Uma visão cristã de mundo deve incluir obrigatoriamente uma visão bíblica sobre o homem e a mulher. Crenças básicas sobre o que cada sexo é e como cada um deles deveria ser têm grande importância não apenas na própria avaliação de gênero, como também na formação de garotos e garotas, na educação de jovens homens e mulheres, no sucesso de casamentos, na efetividade da missão da Igreja no mundo e ainda na estabilidade da sociedade. Uma compreensão sobre o homem ou sobre a mulher afeta o comportamento, o caráter e a interação um com o outro.

Se comparados do ponto de vista de alguns aspectos fundamentais, homens e mulheres *são* iguais, mas eles não foram criados para serem exatamente iguais: *... homem e mulher os criou* (Gn 1.27). Sem dúvida, há opiniões opostas sobre se existe alguma diferença significativa entre os sexos, mas também sobre o que essas diferenças realmente são. Certamente, os cristãos precisam de um entendimento claro do que distingue um homem de uma mulher *de acordo com seu criador*. Uma vez que o assunto da verdadeira feminilidade será tratado no capítulo seguinte, dedicaremos este capítulo à compreensão do que é e do que não é uma *verdadeira masculinidade*. A questão de como o homem sabe se ele é *realmente um homem* ou não necessariamente deve ser respondida com base nas Escrituras.

Imagine esse tópico sendo discutido no *campus* de uma das universidades mais prestigiadas dos Estados Unidos. As ideias expressadas seriam tão variadas quanto as opiniões com mais frequência encontradas lá. Alguém

Traçando um perfil masculino cristão «181»

com certeza ouviria: "Um homem deveria ser macho e autoconfiante"; enquanto outro talvez diria: "Um homem deveria ser interdependente e sensível". Outros talvez insistiriam: "Um verdadeiro homem deve ser romântico"; enquanto ainda outros diriam: "Todos os meninos deveriam ser criados para ser bons nos esportes com o fim de expressar sua masculinidade e se relacionar com outros homens". Talvez outro diria: "Um verdadeiro homem vê a si mesmo como um igual — alguém que não exerce liderança, um parceiro meio a meio". Outro estudante poderia declarar: "Um homem, não é um homem a menos que possa governar sua família sem ser questionado por ela". Como podem existir tantas opiniões em um ambiente de indivíduos supostamente instruídos? Há pelo menos duas chaves principais para entender esse quadro: a iniquidade do homem e a perda de valores absolutos.

A iniquidade afeta o conceito de masculinidade

A história do conceito de masculinidade no mundo é um triste resultado de quão longe o homem se distanciou da intenção original de Deus. É uma história confusa e decepcionante. No princípio, evidentemente, Deus criou o homem em sua melhor forma — Adão. Ele, sendo criado pelo criador perfeito, era o epítome da verdadeira masculinidade. No entanto, pouco tempo depois da criação de Adão, sua alma e seu corpo foram gravemente afetados por sua escolha de pecar (a Queda: Gn 3.1-8). A partir desse momento, deixado por sua conta, a depravação do homem (como uma tendência natural para a iniquidade) o levou a perder-se em todos os aspectos da vida (Jr 17.9). A masculinidade é apenas uma das áreas que foram corrompidas. Não é necessário olhar muito longe além da Queda para ver os efeitos da depravação no conceito de masculinidade.

Ideias depravadas sobre o que é *másculo* têm afetado homens e mulheres negativamente através das eras. No mundo antigo, encontramos de tudo no comportamento masculino, desde maus-tratos à mulher até o barbarismo em alta escala. Na primitiva cultura grega, o "verdadeiro homem" olhava de cima para suas mulheres como simples parideiras e donas de casa. Eles também não permitiam a presença delas à mesa de jantar ou em qualquer grupo.[1] Na cultura romana, as mulheres não passavam de meios para ter filhos legalmente e também fantasias temporárias que seriam descartadas

---

[1] Demosthenes, *Speeches 51-61*, <http://www.perseus.tufts.edu/cgi-bin/ptext?doc=Perseus:-text:1000.01.0080&query=section53>.

por um capricho do homem.[2] Em contraste, os homens que viviam em uma sociedade matriarcal eram absorvidos pela família da esposa, seguindo a liderança da mãe ou da avó e desaparecendo no contexto.

Através da História, vemos algumas culturas que divisaram caminhos mais extremos para o homem jovem provar sua masculinidade ou virilidade. Não podemos concluir como necessariamente errado que haja uma cerimônia de rito de passagem para os homens jovens, mas tem sido historicamente uma ideia *realmente* ruim para o homem ter algo que provar. Nos Estados Unidos, o movimento feminista surgiu pelo menos parcialmente em reação à atual injustiça de homens contra mulheres. Com o passar do tempo, esse movimento cresceu e chegou a um catalisador de alto alcance e igual imoralidade, que tem provocado confusão e até mesmo redefinido os tipos de gênero masculino e feminino.

UMA PERDA DE ABSOLUTOS AFETA O CONCEITO DE MASCULINIDADE

Na história ocidental mais recente, o crescente relativismo (a crença de que não há uma verdade final) e o resultante individualismo ("só eu sei o que é certo para mim") tem tido um grande impacto no conceito de gênero masculino e feminino. Essa mentalidade de "não absolutos" significa que cada homem é deixado por conta de sua própria "sabedoria" no assunto da masculinidade. Essa sabedoria, claro, é totalmente subjetiva e certamente é baseada no próprio desejo, cultura e/ou treinamento educacional em campos acadêmicos de psicologia, sociologia ou antropologia. O resultado final dessa educação secular e influência cultural e filosófica tem levado, lamentavelmente, a pessoa a se afastar cada vez mais do projeto ideal de Deus para o ser humano. Em primeiro lugar, as próprias ideias e desejos do homem são com frequência egoístas e a serviço deles mesmos. Em segundo lugar, a cultura tem historicamente seguido e alimentado a depravação do homem. Terceiro, o modelo americano contemporâneo de masculinidade consiste basicamente em personalidades patéticas, figuras esportivas imorais, estrelas de cinema e músicos do *rock*. Finalmente, os sistemas educacionais de maior respeitabilidade em nossos dias são, na grande maioria, baseados no estudo de pessoas não salvas por pessoas não salvas. Como consequência,

---

[2]SHELTON, Jo-Ann. *As the Romans Did* (Nova York: Oxford University Press, 1998), 37-55.

há uma grande relutância por parte do americano típico em fazer qualquer declaração sobre o que é *realmente masculino*. De fato, a discussão que se levanta nas altas rodas do ambiente acadêmico hodierno é a hipótese que pode ser considerada como a grande declaração pós-moderna, de que cada homem deve determinar para si mesmo o que é a masculinidade e viver de acordo com a resposta que ele dá a si mesmo, sem impor sua crença a outro. Esse princípio poderia muito bem ser sustentado pela ideia de que a sociedade realmente *não* deveria pensar em termos de masculinidade geral, mas de individualismo de gênero.

Sabemos, tanto pelas Escrituras quanto pela história, que a expressão "sem-vergonha" como atitude de indiferença diante da depravação está crescendo continuamente, e o reconhecimento da verdade de Deus está em declínio (2Tm 3.1-5). J. I. Packer vê o declínio da sociedade da seguinte forma: "A verdade é que, porque perdemos o contato com Deus e sua palavra, temos perdido também o segredo tanto de comunidade (porque o pecado elimina o amor ao próximo) quanto de nossa própria identidade (por causa do profundo e deplorável estado de nossa ignorância de quem somos ou por que existimos)".[3]

O primeiro passo para a recuperação de uma verdadeira compreensão de masculinidade é reconhecer que a sabedoria do homem é enganosa. Aqui está o que a Bíblia diz sobre a opinião pessoal: *Há um caminho que ao homem parece direito, mas o fim dele conduz à morte* (Pv 14.12).

Os homens não devem seguir o caminho que pareça certo a eles ou à sociedade. Na realidade, seguir o que parece certo sobre a masculinidade é fazer grande dano à vida dos homens. Os homens jovens estão debatendo e se agarrando a formas equivocadas de expressar sua virilidade. Casamentos também estão pagando o preço. Até mesmo muitas mulheres cristãs estão lamentando que seu marido ou é tímido ou violentos. Muitos homens parecem estar passando por depressão e estão abandonando suas responsabilidades sociais durante sua suposta crise de meia-idade. Na igreja, parece haver uma crescente carência de exemplos de liderança masculina. Além disso, complicando o problema no âmbito do povo de Deus, está o surgimento do feminismo cristão, o que claramente se afasta das Escrituras e da vontade de Deus. Em ampla escala, a sociedade como um todo tem experimentado uma grande e infeliz perda do significado do

---

[3]PACKER, J. I. *Knowing Man* (Wheaton, IL: Crossway Books, 1979), 43.

« 184 »   O RESGATE DO PENSAMENTO BÍBLICO

gênero masculino em distinção ao feminino. Tanto que é muito aceitável na nossa cultura, atualmente, até mesmo negar o próprio gênero e tentar trocá-lo por outro.

A VERDADE DE DEUS GUIAR NO CAMINHO

Sem uma bandeira que defenda o absoluto, a confusão sobre a masculinidade tende naturalmente a piorar. Não há como alimentar a esperança de melhorar a tendência depravada das pessoas ou mesmo que elas encontrem uma saída dentro dessa confusão. A definição do *Webste's New Collegiate Dictionary* é certamente um retrato exato da ambiguidade que cerca esse assunto em nossa cultura:

> Masculino: 1 a: macho b: ter qualidades apropriadas a/ou geralmente associadas a homem.[4]

Não há um claro entendimento de masculinidade na sociedade porque ela tem geralmente esquecido o único absoluto confiável que existe, isto é, a palavra de Deus. Os seres humanos precisam saber o que Deus tem a dizer sobre o homem e sua masculinidade. A verdade de Deus é infinita e transcultural. Além disso, é completamente suficiente para ser o guia de transformação no tipo de homem que Deus tinha em mente (Sl 119.105; Jo 17.17; 2Pe 1.3). O homem deve, em submissão e obediência, alinhar seu pensamento e ações com as Escrituras, se deseja realmente entender e viver a masculinidade pela orientação certa (a glória de Deus).

CARACTERÍSTICAS BÍBLICAS DA MASCULINIDADE

Entender a masculinidade deve começar com o reconhecimento de algumas verdades muito bíblicas sobre os seres humanos que são encontradas na Bíblia. Essas características são verdadeiras tanto para homens quanto para mulheres. Um homem não pode começar a ser o homem que Deus tinha em mente que ele fosse, a menos que ele reconheça completamente quem é a raça humana. Quando criou o ser humano, havia um projeto na mente de Deus, e ele o criou exatamente como planejara. Os que negam a criação, não reconhecendo Deus como seu legítimo criador, não têm um

---

[4]*Webster's New Collegiate Dictionary* (1980), s.v. "masculine".

parâmetro estável e definitivo para o qual olhar como referencial. Como resultado, nunca estarão completamente aptos para entender quem eles são ou o que deveriam ser. Mas os que creem em um Deus perfeito, bom e pessoal, e que têm recebido um novo coração pelo perdão de seus pecados por meio de Jesus Cristo, podem aprender grandemente de algumas coisas básicas que Deus tem a dizer sobre as pessoas. Há pelo menos seis características básicas dos seres humanos, como Deus os descreve, que têm implicações específicas em relação ao assunto da masculinidade.

1. *O homem foi criado à imagem de Deus* (Gn 1.27). Isso significa que ele encontra sua identidade na pessoa de Deus, mais do que em animais. Ele é racional, criativo e relacional. Diferente dos animais, ele tem uma alma eterna que precisa encontrar seu sentido e descansar somente em Deus. Ser criativo e relacional é parte do privilégio de ter sido feito à imagem de Deus. Infelizmente, muitos homens tentam escapar desses aspectos de sua virilidade, declarando ter qualidades femininas. Além disso, se um homem vê a si mesmo como um simples animal, ele pode aceitar todo tipo de comportamento e paixões descontroladas.

2. *O homem foi criado como adorador* (Jo 4.23; Rm 1.21-25). Pelo fato de o homem ter recebido uma alma, ele é por natureza um ser *religioso*. Ele *irá* adorar algo. Tendo em vista que lhe foi dado uma alma com o propósito de adorar somente a Deus, a depravação que foi discutida anteriormente o empurra em outras direções. Até que ele dobre os joelhos perante Jesus Cristo, ele irá adorar a si mesmo, a outra pessoa, ao dinheiro, ao sucesso e tudo o que vem com eles, falsos deuses (ídolos), ou uma miríade de outras coisas. Adorar algo ou alguém além de Deus não é o objetivo para o qual o homem foi criado. Esse tipo de adoração não é nem sequer máscula ou verdadeira. Contrariamente, *é* másculo buscar e amar apaixonadamente o Deus da Bíblia.

3. *Desde a Queda, o homem tem sido um pecador por natureza* (Rm 3.12). O homem não foi criado assim inicialmente, mas ele *foi* criado com a habilidade de racionalmente escolher. Logo, ele adotou essa característica básica com sua escolha de pecar indo contra a única proibição que Deus lhe deu; portanto, um homem deve estar consciente, contrariamente ao que o seu orgulho ou sua sociedade possam lhe dizer, que ele pode estar muito errado. No centro de seu próprio ser há uma inata iniquidade e imperfeição que estarão com ele por toda a sua vida. Pelo fato de isso ser verdade, é certamente *másculo* admitir quando ele está

pecando em seu pensamento ou ações, mais do que tentar esconder ou negar isso. Também deveria ser mencionado aqui que, como resultado da Queda, a luta contra a pecaminosidade latente do ser humano tem continuado através das eras preocupando homens e mulheres, pois se choca com a missão dada por Deus a cada um dos sexos. As Escrituras indicam que a mulher "desejaria" governar sobre o homem. Coloque isso com a pecaminosa inclinação do homem de dominar ou de esquivar-se de responsabilidades e o resultado é uma grande dificuldade, conflito e distorção do maravilhoso plano de Deus (Gn 3.16). É apenas por intermédio da redenção e de uma apropriação diária da glória de Deus que alguém pode superar esses efeitos do pecado.

4. *O homem necessita da graça salvadora de Deus* (Jo 3.16; Tt 3.4-7). Isso apoia a noção de que quando Deus deu Eva a Adão, deixando claro que ele deveria amá-la e liderá-la, Deus também lhe daria uma inclinação protetora ou salvadora. Através da História, os homens têm protegido e vindo em resgate das mulheres, crianças, sociedades e até mesmo de ideologias. No entanto, o homem deve perceber que ele também precisa de um Salvador e protetor. Admitir seu completo desamparo e necessidade de salvação é uma experiência duplamente humilhante para um homem corajoso. E, ainda, qualquer homem que espera algum dia ser um *verdadeiro* homem deve reconhecer sua necessidade de ser salvo por Deus. Ele deve ser resgatado de si mesmo, do maligno (Satanás) e do consequente julgamento por seu pecado dobrando os joelhos diante de Jesus Cristo como o único Senhor e salvador de sua vida.

5. *O homem não foi criado autossuficiente, mas necessitado de Deus e dos outros* (Jo 15.5; Gl 5.14; Hb 4.16). Pelo fato de ser um ser criado e um indivíduo decaído, é óbvio que o homem necessita de Deus ainda mais do que necessita de salvação. Ele precisa da duradoura força, direção e sabedoria de Deus. Também é óbvio que Deus o fez precisar de outros, como se pode verificar em declarações como: *Não é bom que o homem esteja só...* e *... far-lhe-ei uma ajudadora que lhe seja idônea* (Gn 2.18). John MacArthur escreve: "No casamento, os homens não podem ser fiéis a Deus, a menos que sejam sinceramente e de todo o coração dependentes da esposa que Deus lhes deu"[5]. Os mais de trinta mandamentos na Bíblia pertinentes ao "outro" reforçam esse truísmo.

---

[5]MacArthur, John. *Different by Design* (Wheaton, IL: Victor, 1994), 44.

6. *O homem foi criado para ser diferente da mulher* (Gn 1.27). O fato de que Deus criou o homem diferente da mulher em aparência é uma clara indicação de que os dois são distintos em outros aspectos também. Em sua sabedoria, Deus os fez únicos de dentro para fora, correspondendo perfeitamente a como eles devem *ser* diferentes e desempenhar suas *funções* de forma diferenciada. Não foi um desejo equivocado de Deus criar essa diferença externa. A existência pré-Queda de Adão e Eva no jardim (antes que descobrissem que estavam nus e buscassem cobrir sua nudez) revela que Deus obviamente tinha em mente que homens e mulheres fossem diferentes para si mesmos e para outros na aparência externa. Há escritos subsequentes nas Escrituras que apoiam claramente esse fato (Dt 22.5; 1Co 11.14,15). Um princípio básico que pode ser observado de tudo isso é que Deus quer indivíduos que expressem claramente seu próprio gênero que lhes foi dado. Atualmente há menos diferença em como homem e mulher aparentam ou até mesmo agem do que já houve na história dos Estados Unidos. Uma vez que a cultura está pressionando para que tudo seja *unissex*, homens e mulheres precisam cuidar para que sejam evidentemente diferentes do sexo oposto em aparência, gestos e conceitos culturais apropriados para o comportamento de cada gênero. É possível que alguns homens necessitem de ajuda para reconhecer seu desvio comportamental e mudem hábitos efeminados que desenvolveram inadvertidamente.

O fato de que homens e mulheres foram criados com diferenças não significa que eles são diferentes em todos os aspectos. Ambos os gêneros são pessoal e espiritualmente iguais. É inadmissível que alguém argumente que as mulheres não deveriam ser tratadas com igual apreço e dignidade. sua força e opiniões não deveriam ser menosprezadas em níveis social ou familiar. Além disso, os sexos são parecidos no sentido de que ambos são hábeis em se comunicar e ainda foram criados para ser feitos um em casamento. Mas muitos querem negar a existência da evidente diferença entre ser homem e ser mulher. Nos anos 1960 e 1970, o movimento feminista assumiu uma nova e radical postura que provocou reviravolta no conceito clássico do papel do homem e da mulher,[6] até mesmo no conceito filosófico de masculinidade e feminilidade. Muitos se propõem a ir

---

[6]NEUER, Werner. *Man and Woman* (Wheaton, IL: Crossway Books, 1991), 15-16.

« 188 »　　　　　　　　　　O RESGATE DO PENSAMENTO BÍBLICO

tão longe quanto Shulamith Firestone, que insistiu na total negação das diferenças de gênero.[7] Inclusive, ela não está sozinha em sua preferência por uma procriação artificial e o completo desmantelamento da família, substituindo um grupo que crie o ambiente para a educação de crianças.[8] Werner Neuer acertadamente escreve em seu livro *Man and Woman*: "O movimento feminista tende a confundir a real igualdade dos homens e das mulheres com seu ser idêntico".[9]

Muitos não estão cientes (ou talvez queiram negligenciar) que as diferenças no projeto de Deus para os sexos vão muito além da aparência exterior. Essas diferenças são maravilhosa e belamente consistentes com os papéis que Deus nos apresenta nas Escrituras. Neuer reuniu habilmente essas ideias pela compilação de evidência científica e pesquisa, revelando as grandes diferenças psicológicas e pessoais entre homens e mulheres. Tais diferenças incluem estrutura e constituição óssea, músculos, pele, órgãos sexuais e funções, constituição do sangue, líquidos corporais, hormônios, estrutura de cromossomos da célula, função cognitiva, habilidades, visões de mundo e relacionamentos. Homens e mulheres são seres distintivamente diferentes.[10] Com esse grande plano de Deus em mente, John Benton escreve: "Especificamente, a diferença de gênero não é fortuita. Não é um produto do acaso. Não é algo irracional ou ilegível. Não é algo para ser lamentado ou contra o qual lutar. É para ser grandemente aceito como o grande presente de um Deus amoroso".[11]

Um homem não pode nunca ser um homem no verdadeiro sentido da palavra, a menos que ele, em sua mente, ateste essas realidades básicas e guie sua própria vida por essas realidades e por aquele que o criou. A masculinidade então é uma questão de mentalidade. Um homem pode ir a uma academia para se exercitar e se tornar um campeão de fisiculturismo, mas isso não fará dele alguém mais masculino. É importante ter em mente a declaração de A. B. Bruce: "A última palavra não vem do que está no exterior do homem, mas do que está dentro dele".[12]

---

[7]FIRESTONE, Shulamith. *The Dialetic of Sex: The Case for Feminist Revolution* (Nova York: Bantam, 1971), 1-13.

[8]Ibidem, 223, 261-262.

[9]NEUER, *Man & Woman*, 25, referindo-se a Werner P. Lersch, *Vom Wesen der Geschlecter* (Munchen-Basel: n.p., 1968), 126.

[10]Ibidem, 26-51.

[11]BENTON, John. *Gender Questions* (Londres: Evangelical Press, 2000), 18.

[12]BRUCE, A. B. *The Training of the Twelve* (Grand Rapids, MI: Kregel, 1971), 38.

Características do homem perfeito — Jesus

Jesus, o Deus-homem, é retratado nas Escrituras como o único homem perfeito (1Pe 2.21,22). Sendo assim, ele é a perfeita imagem na qual deveria se espelhar todo aquele que aspira a ser um homem de verdade. Cristo é o exemplo puro de masculinidade em todos os aspectos (1Jo 2.6). Certamente, ninguém diria que quaisquer das qualidades que ele possuiu não são másculas. A seguir, apresentamos um gráfico das qualidades do caráter de Cristo (atitudes e ações) que irão ajudar a explicar a autêntica virilidade mais especificamente.

Qualidades do homem perfeito como vistas em Cristo

ATITUDES	AÇÕES	REFERÊNCIAS
MENTALIDADE ETERNA	Fez a vontade e a obra do Pai *Não trabalhou para seu sucesso/desejos*	João 4.34; 5.30;8.28,29
	Era cheio do Espírito (Palavra) *Não a sabedoria/forma do mundo*	Lucas 4.1,14
	Levou o evangelho a outros *Não prazer ou alívio temporário*	Marcos 1.14,15; João 3—4
	Viveu uma vida santa e obediente *Não pecadora*	Filipenses 2.8; 1Pedro 2.22
AMOR/ ENTENDIMENTO	Procurou ir ao encontro das necessidades de outros *Não indiferente/focado em si mesmo*	Mateus 4.23; Lucas 4.18-21
	Sacrificou seus próprios desejos *Não autopreservativo/egoísta*	Lucas 22.42; Filipenses 2.6-8
	Era gentil sempre que possível *Não duro/exigente*	Mateus 11.29; João 21.15-19
ZELO/CORAGEM/ CONFIANÇA (por causa de Deus e suas promessas)	Guiou os discípulos e outros *Não um seguidor quando não deveria ser*	João 6.2
	Mostrou iniciativa quando deveria *Não esperando por outro*	Marcos 6.34-44; Lucas 6.12-16
	Confrontado quando necessário *Não um árbitro/tendencioso*	Mateus 23.1-36; Marcos 11.15-18
	Estava decidido quanto à vontade revelada de Deus *Não fraco ou medroso*	Mateus 4.1-11; Marcos 8.31-38

CONSCIÊNCIA	Cumpriu responsabilidades *Não irresponsável*	João 17.4; 19.30
	Foi diligente *Não preguiçoso ou desistente*	João 5.17; Hebreus 12.2,3
HUMILDADE	Serviu e ouviu outros em sua liderança *Não governando orgulhosamente sobre outros*	João 6.5-10; 13.2-17
	Glorificava a outro (o Pai) *Não ávido por atenção ou reconhecimento*	João 8.50,54; 17.1,4

A vontade de Deus para os homens é colocá-los no molde de Cristo (Rm 13.14). Não se pode ser um *verdadeiro homem,* a menos que ele cresça nas qualidades de Cristo. Os homens deveriam orar sobre isso regularmente e buscar imitar essas qualidades na vida diária (2Pe 3.18).

Características das qualificações da liderança masculina na igreja

Podemos ter uma melhor percepção sobre o assunto quando analisamos a expectativa de Deus sobre a masculinidade por meio do exame do que Deus disse a respeito da liderança masculina na igreja. Nas Escrituras, encontramos duas listas muito precisas das qualidades positivas e negativas pelas quais os líderes devem ser medidos: 1Timóteo 3.2-7 e Tito 1.6-9. Ainda que o apóstolo Paulo, nessas passagens, correlacione esse grupo de características com a liderança da igreja, essas qualidades (exceto a de ser *apto para ensinar* e *não um neófito*) são destacadas em outras partes da palavra de Deus também para os cristãos que não são líderes. Essas instruções foram dadas para assegurar que os líderes masculinos, naturalmente, fossem o tipo de homem que Deus queria que *todo* homem fosse. Pelo fato de um líder ser sempre algum tipo de exemplo (bom ou ruim), é muito importante para Deus que todo homem líder imite a Cristo (1Co 11.1); portanto, uma vez que essas duas passagens foram especificamente concedidas por Deus aos homens, as instruções básicas encontradas nelas são eficazes para entender o que é verdadeiramente masculino e o que não é. Poderia ainda ser dito, da perspectiva de Deus, que esses mandamentos e proibições são pré-requisitos para uma genuína *virilidade.* Um homem de Deus deve ser:

- *Irrepreensível*: inculpável, sem motivo para ser acusado, tendo boa reputação.
- *Marido de uma só mulher*: um modelo de singular afeição e fidelidade à sua esposa.
- *Sóbrio*: moderado, alerta, mente limpa, vigilante.
- *Temperante*: tendo controle de seus pensamentos, emoções e paixões; prudente, que tem consideração, decente.
- *Ordeiro*: organizado com o tempo, responsabilidades e comportamento; não caótico.
- *Hospitaleiro*: recebe bem a outros, ama os estranhos, serve a outros.
- *Moderado*: leva em conta os seus semelhantes, amável, paciente, afável no trato com os outros.
- *ele deve governar bem a sua própria casa*: governa, preside, tem autoridade; é fiel para liderar espiritualmente, se preocupa, protege; tem filhos que não são rebeldes ou insubordinados; supervisiona e/ou realiza tarefas do lar.
- *Um amigo do bem*: ama a virtude e é um homem bom.
- *Justo*: correto; sustenta a justiça.
- *Piedoso*: puro, santo, dedicado.
- *Temperante*: perseverante, constante, refreado.
- *Retendo firme a palavra fiel que é conforme a doutrina*: aprende e sustém a doutrina; apega-se a ela firmemente; hábil para exortar e convicto no que crê.

Em contraste, um homem de Deus não deve ser:

- *Dado ao vinho*: não viciado em bebidas fortes.
- *Irascível*: rápido em irar-se, explosivamente furioso.
- *Espancador*: contencioso, violento.
- *Cobiçoso de torpe ganância*: ávido por ganhar dinheiro, ambicioso, materialista.
- *Soberbo* (voluntarioso): arrogante, mais que um bom administrador: impondo suas próprias ideias, desejos, objetivos ou vantagens.
- *Amigo de contendas*: inclinado à raiva habitual; facilmente irritável.

O fato de examinarmos as qualidades de um líder espiritual de Deus nos ajuda a definir facilmente o que significa ser um homem verdadeiro. Quando se define masculinidade, é inútil nos preocuparmos com qualidades que deveriam ser distintivamente diferentes da contraparte feminina, a menos que tenhamos pensado primeiro sobre os traços mais fundamentais da masculinidade. Resumindo, até aqui, temos esclarecido que não se pode ser verdadeiramente masculino centrando-se em algumas características apenas. A partir desse ponto, temos mostrado as características básicas do homem, baseadas no caráter fundamental do homem perfeito (Cristo), e algumas qualidades primárias que são especificamente dirigidas aos homens. Deixando tudo isso bem claro, a atenção é agora dirigida àquelas qualidades diretamente relacionadas a homens específicos, a quem Deus designou funções importantes.

Características da função nas quais um homem deve sobressair

Conhecendo a intenção de Deus na criação, com relação às funções dos gêneros, fica evidente como um homem deve diferir de uma mulher. Nisso reside a chave para distinguir as qualidades masculinas. Após entender, com base nas Escrituras, o que Deus tinha em mente quanto à *missão precípua* do homem, é muito mais fácil determinar quais características deve-se enfatizar. Nesse processo torna-se óbvio que a mulher também precisa ter essas qualidades em algum nível ou em algumas situações. Mas um homem deve se sobressair nelas a fim de cumprir sua função por excelência. Esse conceito é muito similar aos dons espirituais; por exemplo, todos os cristãos receberam a ordem de evangelizar e ser hospitaleiros. No entanto, a alguns foi dado o dom de evangelismo e hospitalidade e, portanto, deverão naturalmente se *sobressair* nessa habilidade; eis por que eles devem cumprir seu papel no corpo de Cristo. Um homem poderoso em Deus é caracterizado pelas qualidades que são necessárias para cumprir as funções que Deus lhe deu.

Líder

Quando Deus colocou o homem no jardim, ele lhe deu instruções específicas. Adão deveria cuidar do jardim — isto é, supervisioná-lo (Gn 2.15). A ele foi dada responsabilidade sobre o jardim, ainda que Deus pudesse ter feito um trabalho muito melhor. Adão também tinha domínio sobre os animais, recebendo a incumbência de dar nome a cada um (Gn 1.28-30; 2.19,20). Essas tarefas lhe foram dadas antes que Eva aparecesse em cena. Quando

Deus colocou Eva no jardim, deixou claro que ela deveria dar assistência a Adão no trabalho que a ele fora dado para fazer; deveria ser uma ajudadora idônea. Ela deveria ser sua ajudante (Gn 2.18). Deus não disse: "Eva, você cuida desta metade e, Adão, você cuida desta outra". Adão deveria liderar; Eva deveria ajudar e obedecer.

Mais tarde nas Escrituras, maridos são claramente instruídos a ser o cabeça na relação do casamento, e as mulheres são ordenadas a submeter-se à liderança do marido e respeitar essa posição dada por Deus (Ef 5.22-33). Foi aos homens que Deus deu posições de liderança na nação de Israel.[13] Além disso, foi aos homens que Deus deu posições de liderança na Igreja (1Tm 2.11,12). É óbvio que Deus deu ao homem o papel fundamental de liderança.

Isso não quer dizer absolutamente nada (positivo ou negativo) sobre a capacidade ou a igualdade pessoal da mulher. Deus simplesmente escolheu dar esse papel ao homem. Em qualquer projeto a ser executado, deve haver um líder fundamental. Deus escolheu e capacitou Adão para esse papel. Se a liderança é uma função dada por Deus ao homem, então cada homem precisa encontrar o meio de liderar. Para alguns homens, que não desenvolveram habilidades de liderança enquanto amadureciam, ou que têm se sentido habitualmente assustados quanto à liderança, será necessário desenvolver as habilidades de liderança com o tempo, mais do que tentar de forma incompetente liderar assumindo responsabilidade total e completa, quando não têm a capacidade para tal. Também é certo que Deus concedeu a alguns homens habilidade excepcional de liderança para serem líderes de líderes. Se todos os homens cristãos fossem ensinados de que é *másculo* tomar a iniciativa e liderar, não haveria nenhuma falta de liderança masculina nos lares e na igreja. Com relação a ensinar jovens meninos sobre liderança, Douglas Wilson escreve:

> Nossos meninos precisam aprender a humildade, mas também devem aprender a ousadia e a coragem. O único meio de alcançar esse equilíbrio é por meio de uma compreensão de quem é Deus. Temos deixado de ensinar que Deus é nosso Pai, com os atributos de um Pai divino, por isso, temos perdido a verdadeira compreensão da masculinidade imitativa. Por causa disso, nossos meninos se afastam para uma de duas trincheiras. Ou eles

---

[13]FRAME, John M. *The Doctrine of God* (Phillipsburg, NJ: Presbyterian and Reformed, 2002), 384-385.

adotam a humildade sem ousadia, o que nos meninos é efeminado, ou eles adotam a ousadia sem a humildade, atitude que acaba sendo destrutiva.[14]

As qualidades que podem ser incentivadas sem riscos de exageros, na personalidade masculina, para que o homem possa cumprir o papel de liderança são *sabedoria* (pelo profundo conhecimento da palavra de Deus, fatos e pessoas e então aplicação consciente dos princípios bíblicos), *iniciativa, decisão, humildade, coragem* e *envolvimento pessoal.*[15]

Amante (o tipo de 1Co 13)

Na criação, Adão e Eva foram feitos um para o outro como companhia conjugal. Essa intenção para o casamento é esclarecida mais adiante nas Escrituras (Ml 2.14). Certamente o amor está envolvido nesse tipo de companheirismo. No Novo Testamento, maridos são mencionados quando é necessário exemplificar o tipo de amor sacrifical que Cristo tem pela Igreja (Ef 5.25). Eles também são especificamente ordenados a viver com sua esposa *com discernimento* (1Pe 3.7). Claramente os maridos devem se sobressair nesse amor. Cristo também ordenou aos homens que ele esperava que amassem e servissem uns aos outros (Jo 13.15). John Benton escreve:

> É necessário arrependimento. Talvez homens solteiros tenham usado a força que têm para servir a si mesmos, mais que a outras pessoas. Talvez os maridos tenham usado de sua força para dominar sua esposa e filhos. Precisamos aprender a voltar para Deus, voltar à sua palavra nas Escrituras e aprender novamente a caminhar com ele. Ser um amoroso servo sacrifical dos outros, como Jesus Cristo era, não é ser um fraco. É ser um verdadeiro homem.[16]

Um verdadeiro homem, então, irá *exceder* em qualidades que mostram amor, como *doação, gentileza, consideração, bondade, serviço* e *autossacrifício.*

---

[14]WILSON, Douglas. *Future Men* (Moscow, ID: Canon Press, 2001), 49.
[15]SCOTT, Stuart W. *The Exemplary Husband* (Bemidji, MN: Focus Publishing, 2000), 117-142.
[16]BENTON, *Gender Questions*, 43.

Protetor

Um natural e esforçado trabalho nos papéis de líder e homem amoroso produz o papel de protetor. Depois da Queda, isso certamente se transformou em parte da descrição do trabalho de Adão: proteger sua esposa. Como supremo líder e Pai amoroso, Deus assumiu um compromisso de proteger os crentes (2Ts 3.3). Um homem deve cumprir o mesmo compromisso de proteger sua esposa, seus filhos e sua igreja. Da mesma forma que Deus, em seu amor, nem sempre protege as pessoas das consequências de seus pecados, ou de todo o mal que há no mundo. Sua proteção definitivamente envolve tanto o aspecto *físico* quanto o *espiritual*, assim como o amor de um marido. No entanto, deve ser lembrado que apenas o onisciente e onipotente Deus tem o direito e o conhecimento para intencionalmente permitir que o mal sobrevenha aos seres humanos.

No Antigo Testamento, os homens constituíam o exército de Israel para proteger cidades, mulheres e crianças (Nm 1.2,3). Em 1Coríntios 16.13, Deus ordenou aos irmãos da igreja de Corinto que protegessem a fé (a palavra de Deus) com estas palavras: *portai-vos varonilmente*; isto é, sejam corajosos! Cristo certamente protegeu os discípulos que ele amou e liderou (Jo 17.12). Ele também esperava que todos os líderes das igrejas protegessem o corpo de Cristo (At 20.28). Ser másculo envolve proteger. As qualidades que um homem deve claramente possuir antes de ser um bom protetor são *coragem, ousadia, força* (física e espiritual) e *cautela*.

Provedor

Os papéis de líder e homem amoroso automaticamente transmitem a ideia de *provisão*. Deus, como aquele que lidera e ama, também provê para sua casa e para os seus tudo o que é mais necessário (Sl 34.10). Maridos e pais são especificamente encarregados de cumprir o papel de provedor no Novo Testamento (Ef 5.28,29; 1Tm 5.8). Líderes do povo de Deus foram encarregados dessa função também (Ez 34.1-4; Jo 21.15-17). Os homens devem buscar e satisfazer as verdadeiras necessidades daqueles que Deus colocou para que eles cuidem, seja física, seja espiritualmente. Para poder cumprir a contento essa tarefa, um homem verdadeiramente masculino irá transbordar nas características de *diligência* (trabalho árduo), *envolvimento pessoal* e *serviço*. Ele também fará tudo que estiver ao seu alcance para conseguir um *bom trabalho* que plhe permita cuidar bem daqueles aos quais deve amar e liderar.

Um homem estará mais bem capacitado para cumprir o propósito divino para sua vida quando abandonar o pecado e crescer na sua semelhança com Cristo. Lamentavelmente, muitos pecados têm mantido o homem longe de possuir essas qualidades e de cumprir as funções que Deus lhe deu. Esses pecados incluem temor do homem, autopiedade, amor ao prazer, orgulho, preguiça, egoísmo, idolatria (isto é, trabalho, dinheiro, posses, sucesso, esposa) e falta de confiança em Deus e em sua verdade. Um verdadeiro homem irá, pela graça de Deus, desejar expulsar esses e quaisquer outros pecados que se colocam no meio do caminho de sua masculinidade. Ele buscará a ajuda de Deus para aperfeiçoar todas essas boas qualidades (semelhantes às de Cristo) dentro de seus afazeres diários. John Piper escreve: "No coração da masculinidade madura está um senso de responsabilidade benevolente para liderar, prover e proteger a mulher de forma apropriada, para os diferentes relacionamentos do homem".[17]

A extensão e profundidade como essas qualidades estão presentes na vida de um homem determinam de que maneira positiva ele mostra esses aspectos diferenciados de sua masculinidade. Ele deve ultrapassar os aspectos negativos do pecado em si mesmo. Além disso, ele tem a liberdade de exercitá-las com ambos os gêneros. A mulher, de outro lado, talvez *às vezes* precise assumir esses papéis com crianças, outras mulheres e homens fora da esfera da igreja; mas ela irá encontrar sua verdadeira identidade e satisfação se desempenhar *mais* especificamente o papel de assistente ou ajudante, mais do que na preocupação de liderança no casamento ou de ter de ministrar instruções espirituais (Gn 2.18; 1Tm 2.12).

Além disso, uma mulher na liderança do local de trabalho deve ser apta para lidar com um empregado do sexo masculino subordinado a ela, de forma que preserve a sua masculinidade e a feminilidade dela. É fato que muitas mulheres têm encontrado uma satisfação orgulhosa em liderar, mas elas estão certamente perdendo um sentimento de prazer muito mais puro e santo, que é encontrado apenas no cumprimento das funções que Deus lhes concedeu.

De modo semelhante, se os homens fossem mais consistentes em viver essas qualidades, não seriam tentados a voltar-se para falsas expressões de masculinidade, como machismo ou autoritarismo. Os homens com esse tipo de comportamento são claramente condenados pela orientação bíblica.

---

[17] PIPER, John. *What's the Difference?* (Wheaton, IL: Crossway Books, 1990), 22.

Mas existe também o outro extremo: são os homens passivos ou efeminados. Se um homem se concentra demasiadamente em qualquer uma das características descritas neste capítulo, negligenciando outras, cometerá o erro de voltar-se para um extremo ou para outro — não ser másculo e pecar em seus deveres e relacionamentos. Em vez disso, um homem deve seguir totalmente o projeto superior de Deus para os sexos. Sobre isso John MacArthur observa: "Eles são complementos perfeitos — um é o cabeça, líder e provedor; o outro é o ajudante, suporte e companhia".[18]

O PONTO PRINCIPAL

Então, o que significa ser um *verdadeiro homem*? Significa não confiar em seu próprio julgamento sobre a masculinidade, mas, em vez disso, apegar-se ao fato de que *existem* absolutos descritos na palavra de Deus. Significa entender as características básicas da virilidade e reconhecer que deve haver diferença entre os gêneros. Significa possuir a fé salvadora e semelhança com a pessoa de Cristo. Significa aspirar a seguir os passos das qualidades que Deus descreve para homens de bem na igreja. Finalmente, significa investir nas qualidades específicas que são necessárias para cumprir as tarefas que Deus nos concedeu. Em suma, significa viver uma visão bíblica de mundo com relação à masculinidade.

É necessário que os pais e outros mestres capacitados espiritualmente ensinem os meninos as características bíblicas da idade adulta. Além disso, essas são qualidades que devem ser apresentadas à população masculina em todas as igrejas e instituições que creem na Bíblia. Homens cristãos precisam assumir a responsabilidade pessoal de estudar o ensino bíblico nessa área, comunicando-se com outros homens de bem sobre isso, lendo literatura idônea sobre o tema e dependendo da graça de Deus para mudar seu comportamento, aproximando-se quanto possível do modelo bíblico.

Assim como muitas das qualidades masculinas discutidas neste capítulo foram aplicadas aos maridos, as Escrituras também as apresentam como pertinentes a homens solteiros que são servos de Deus; portanto, essas verdades são para todos os homens, solteiros ou casados, jovens ou velhos. Todos os homens deveriam fervorosamente buscar entendimento verdadeiro e transformador das características básicas do homem como

---

[18]MACARTHUR, *Different by Design*, 44.

exemplificadas em Cristo, guardando no coração os absolutos bíblicos específicos sobre o comportamento masculino, e buscar oportunidades para liderar, amar, proteger e prover a todos que Deus colocou sob sua responsabilidade. Então ele será um *verdadeiro homem*.

> Masculinidade: A posse e busca de caráter da perspectiva dos redimidos, aperfeiçoado por qualidades consistentes com a distinção dos papéis dos homens de liderar, amar, proteger e prover — tudo para a glória de Deus.

« Leituras Adicionais »

BENTON, John. *Gender Questions*. Londres: Evangelical Press, 2000.

MacARTHUR, John. *Different by Design*. Wheaton, IL: Victor Books, 1994.

PIPER, John e GRUDEM, Wayne, eds. *Recovering Biblical Manhood and Womanhood*. Wheaton, IL: Crossway Books, 1991.

SCOTT, Stuart W. *The Exemplary Husband*. Bemidji, MN: Focus Publishing, 2000.

STRAUCH, Alexander. *Equal Yet Different*. Littleton, CO: Lewis and Roth, 1999.

WATSON, Thomas. *The Godly Man's Picture*. Edinburgh: Banner of Truth, 1992.

WILSON, Douglas. *Future Men*. Moscou, ID: Canon Press, 2001.

CAPÍTULO **9**

Retratando a
FEMINILIDADE CRISTÃ[1]

PATRICIA A. ENNIS

Defender atualmente a visão bíblica da feminilidade é completamente impopular em nossa sociedade contemporânea; é com frequência visto como algo humilhante, inferior, limitador. Lamentavelmente, essa atitude tem agora afetado o movimento evangélico americano; cremos, por isso, que a questão deve ser analisada em profundidade para recuperarmos a visão bíblica de mundo da feminilidade.

Feminilidade, pela definição do dicionário, significa "ter qualidades ou características tradicionalmente associadas à mulher, como sensibilidade, delicadeza ou beleza".[2] De acordo com Elisabeth Elliot "esta palavra, 'feminilidade', já não a ouvimos mais com muita frequência. Temos ouvido a palavra 'feminista' muito mais vezes nas últimas décadas, mas não temos realmente ouvido muito sobre o profundo mistério que se chama feminilidade. A palavra tem passado por maus bocados, em parte por causa dos estereótipos como opostos aos arquétipos".[3]

Ela então passa a oferecer vários pensamentos que colocam a *feminilidade* dentro de um contexto cristão:

---

[1]Partes deste capítulo foram adaptadas por ENNIS, Patricia e TATLOCK, Lisa. *Becoming a Woman Who Pleases God: A Guide to Developing Your Biblical Potential* (Chicago: Moody Press, 2003), com a permissão do editor.
[2]*Random House Webster's College Dictionary*, s.v. "femininity".
[3]ELLIOT, Elisabeth. *The Gift of Femininity*, <http://www.backtothebible.org/gateway/today/18731> (6 de outubro de 1998).

> Para mim, uma dama não é cheia de babados, extremamente adornada, petulante, frívola e sem cérebro, mas ela é gentil. Ela é graciosa. Ela é bondosa e generosa [...]
>
> Você e eu, mulheres, recebemos a dádiva da feminilidade. Com muita frequência é obscura, assim como a imagem de Deus é obscura em todos nós [...]
>
> Eu me encontrei muitas vezes na desconfortável posição de ter de atacar o óbvio e apoiar exemplos de feminilidade com relação a mulheres que quase se sentiam culpadas por serem femininas ou por serem mulheres. Lembro a você que a *feminilidade* não é maldição. Não é sequer uma banalidade. É um dom, um dom divino, para aceitar-se com as duas mãos e pelo qual agradecer profundamente a Deus, porque, lembre-se, foi ideia de Deus [...]
>
> Os dons de Deus são a masculinidade e a feminilidade dentro da raça humana, e jamais foram criados para ser motivo de qualquer competição entre eles. O filósofo russo Bergiath fez esta declaração: "A ideia da emancipação da mulher é baseada em uma profunda inimizade entre os sexos, em inveja e imitação".
>
> Quanto mais femininas formos, mais masculinos os homens serão e mais Deus será glorificado. Por isso digo a você, mulher: "Seja mulher. Seja apenas mulher. Seja uma verdadeira mulher em obediência a Deus".[4]

A espiral contemporânea de decadência da feminilidade começou no início dos anos 1960, com a publicação do livro de Betty Friedan: *The Feminine Mystique*.[5] Friedan defendia a ideia que mulheres fortes buscam o poder que determina o caminho para a autorrealização e a felicidade. sua filosofia atraiu centenas de mulheres para a "armadilha do poder" que eventualmente resultou em sua aproximação cínica com a vida e a desilusão em sua liberdade recém-encontrada. Gloria Steinem perpetuou os ensinamentos de Friedan nos anos 1970 e levou as ideias feministas às mães, nos subúrbios, da classe média. Eventualmente, o efeito final aconteceu e as ideias feministas se infiltraram no movimento evangélico. Atualmente, muitas mulheres na liderança de igrejas evangélicas têm substituído a visão bíblica pela visão cultural e contemporânea de feminilidade. No entanto, não foi nem Friedan nem Steinem que criaram a filosofia de que o poder provê autorrealização e felicidade; quem criou essa forma de pensamento foi Satanás ao sugerir essa mentira a Eva no jardim do Éden

---

[4]Ibidem.
[5]FRIEDAN, Betty. *The Feminine Mystique* (Nova York: Dell, 1963).

(Gn 3.1-8) e a instigou a desafiar a ordem de Deus de controlar-se para não comer da árvore do conhecimento do bem e do mal (Gn 2.16,17).

O desejo de uma mulher de proceder com feminilidade *cristã* começa com as pressuposições de que Deus: 1) a criou à sua imagem (Gn 1.27) e 2) a projetou para cumprir funções específicas (Gn 2.18). John Piper e Wayne Grudem escrevem:

> A tendência atual é enfatizar a igualdade dos homens e mulheres pela minimização do significado único de nossa masculinidade ou feminilidade. Mas essa depreciação do modelo de macho e fêmea é uma grande perda. Essa forma humanista de pensamento está dominando gerações de jovens homens e mulheres, que não conhecem o que significa ser um homem ou uma mulher. A confusão sobre o significado da personificação sexual nos dias atuais é epidêmica. A consequência dessa confusão não é uma harmonia livre e feliz entre pessoas dos gêneros masculino e feminino, como se pudessem se relacionar sem nenhum tipo de barreiras abstratas. A consequência é, ao contrário, mais divórcio, mais homossexualidade, mais abuso sexual, mais promiscuidade, mais sofrimento emocional e suicídio, que são o resultado da grande perda da identidade concedida por Deus.[6]

As Escrituras estão repletas de orientações claras que instruem a mulher cristã a demonstrar sua feminilidade para que seja uma ajudadora idônea (Gn 2.18), exibindo graça (Pv 11.16), vivendo uma vida pura (1Pe 3.1,2), vestindo-se modestamente (1Tm 2.9; 1Pe 3.3), desenvolvendo *um espírito manso e tranquilo* (1Pe 3.4), submetendo-se a seu marido (Ef 5.22) e ensinando mulheres mais jovens (Tt 2.3-5). De todos os trechos das Escrituras que abordam esse assunto, Provérbios 31.10-31 é o único que apresenta um esboço literário completo da mulher, definindo o que é a feminilidade cristã. Por isso, enfatizaremos esse texto a seguir no desenvolvimento do nosso estudo.

Um esboço bíblico da mulher digna

Virtuosa, confiável, determinada, fisicamente em forma, econômica, altruísta, honrada, amável, preparada, prudente e temente a Deus; estas onze

---

[6]Piper e Grudem, Wayne. *Recovering Biblical Manhood and Womanhood* (Wheaton, IL: Crossway Books, 1991), 33.

características compõem e destacam o caráter da mulher digna em Provérbios 31.10-31.[7] Enquanto muitos acreditam que a mulher descrita nessa passagem é imaginária, mais do que real, cuja vida piedosa as mulheres são desafiadas a imitar em princípio, a aplicação da verdade divinamente pretendida não pode ser colocada em dúvida (2Tm 3.16,17). A imutabilidade (inalterabilidade) das ordens de Deus que constam em Provérbios 31.10-31 é eternamente relevante em seu princípio. Se alguém pensa que Deus mudou de opinião sobre a principal aplicação de uma passagem das Escrituras, como então se pode estar certo de que ele não mudou de opinião sobre outras? J. I. Packer, em *Knowing God*, lista seis atributos de Deus que seriam úteis para lembrar-nos da importância de estudar as onze características apresentadas na passagem de Provérbios 31.[8]

1. A vida de Deus não muda.
2. O caráter de Deus não muda.
3. A verdade de Deus não muda.
4. Os caminhos de Deus não mudam.
5. As propostas de Deus não mudam.
6. O Filho de Deus não muda.

Uma vez que Deus não muda, a companhia dele, a confiança em sua Palavra, vivendo pela fé e adotando seus princípios são os mesmos para os crentes do século 21, assim como o foram para os crentes dos tempos do Antigo e do Novo Testamentos. A descrição da mulher virtuosa em Provérbios 31.10-31 não foi projetada para desenvolver complexo de inferioridade nas mulheres, ao se comparar a esse modelo de perfeição. Mas, sim, provê uma fundamentação bíblica para o desenvolvimento de princípios pelos quais a feminilidade cristã pode ser incentivada. Enquanto o contexto e a prática histórica externa têm mudado desde que o rei Lemuel escreveu essa passagem no livro de Provérbios, os princípios de caráter não mudaram.

APRENDENDO COM A SABEDORIA DE OUTROS

A sabedoria bíblica "é tanto religiosa quanto prática. Derivando do temor do Senhor (Jó 28.28; Sl 111.10; Pv 1.7; 9.10) ela se ramifica até abranger

---

[7]Veja ENNIS e TATLOCK, *Becoming a Woman Who Pleases God* para uma explanação adicional.
[8]PACKER, J. I. *Knowing God* (Downers Grove, IL: IVP, 1973), 68-72.

RETRATANDO A FEMINILIDADE CRISTÃ   « 203 »

toda a vida, assim como o extenso comentário sobre a sabedoria em Provérbios o indica. A sabedoria requer discernimento obtido por meio do conhecimento do caminho de Deus e aplicando-o na caminhada diária".[9]

As Escrituras proveem as bases para uma sábia instrução (2Tm 3.16,17). Paulo, em 1Coríntios 10.6, lembra aos crentes: *Ora, estas coisas nos foram feitas para exemplo, a fim de que não cobicemos as coisas más, como eles cobiçaram.* E, no trecho de Tito 2.4,5, orienta que as mulheres mais velhas *... ensinem as mulheres novas a amarem aos seus maridos e filhos, a serem moderadas, castas, operosas donas de casa, bondosas, submissas a seus maridos, para que a palavra de Deus não seja blasfemada.*

O *The MacArthur Study Bible* introduz o livro de Provérbios com esta declaração:

> Os provérbios são curtos, afirmando essencialmente o que expressa verdade e sabedoria eternas. Eles prendem os pensamentos, levando o leitor a refletir como podemos aplicar os princípios divinos às situações da vida [...] Para a mentalidade hebraica, a sabedoria não era apenas conhecimento, mas a capacidade de viver uma vida boa como Deus pretendia que o homem vivesse.[10]

Essencial para se transformar em uma mulher digna é adaptar-se aos princípios bíblicos que motivam decisões e ações. *Princípios* podem ser descritos como "um preceito aceito ou professado de ação ou conduta".[11] É necessário refletir sobre a questão: "Quais são minhas habilidades específicas, herança e talentos que me fazem único e determinam meus preceitos professados de ação ou conduta?". Ao responder a essa pergunta crucial, poderemos definir a forma pela qual os princípios bíblicos são obedecidos. sua implementação determina finalmente o caráter da mulher e se ela pode ser considerada sábia ou tola; a mulher digna deve possuir um coração aberto a aprender por meio das experiências e da sabedoria de outros, inclusive a mulher de Provérbios 31, que exibe pelo menos onze princípios pelos quais viver uma vida boa.

---

[9]MARSHALL, Howard, I., MILLARD, A. R., PACKER, J. I. e WISEMAN, Donald J., Ed., *The New Bible Dictionary*, (Downers Grove, IL: IVP, 1962), s.v. *wisdom*
[10]MACARTHUR, John. *The MacArthur Study Bible* (Nashville: Word, 1997), 877.
[11]*Random House Webster's College Dictionary* (1995), s.v. "principle".

Sendo virtuosa

> *Mulher virtuosa, quem a pode achar? Pois o seu valor muito excede ao de joias preciosas.* (Pv 31.10)

Excelência moral, atitudes corretas, pensamentos verdadeiros, honestos, justos, puros, amáveis, de boa fama, que possuem virtude e dignos de louvor (Fp 4.8,9) caracterizam o princípio de ser virtuoso. Virtude é um poder eficaz e uma força que deve permear todos os pensamentos, ações e relacionamentos da mulher digna. Quando integrados à sua vida, o princípio gera poder e inspira respeito.

A mulher digna estabelece boas linhas de ação para viver de acordo com as Escrituras e suas propostas, por meio da força do Espírito Santo, permanecendo nelas (Fp 4.13). O livro de Rute, no Antigo Testamento, descreve essa mulher. O texto de Rute 3.11 é a única referência sagrada a uma mulher *virtuosa* (VKJ, NVKJ, NVI; "digna", VES) e explica que Boaz tinha conhecimento de Rute por causa da sua reputação ilibada. Em contraste, a reputação de Raabe como prostituta a seguiu por todo lugar nas Escrituras (Js 2.1; 6.17; Hb 11.31; Tg 2.25). Quando Deus salvou Raabe e pela sua graça permitiu que ela fosse incluída na linhagem messiânica (Mt 1.5), sua reputação como prostituta diminuiu.

A mulher digna é uma coroa para seu marido. Uma mulher carente de virtudes é motivo de vergonha e produz sofrimento, que termina sendo uma condição dolorosa e incurável (Pv 12.4). O caráter virtuoso da mulher é importante para o casamento e irá determinar sua qualidade como esposa, enfatizando assim a importância de toda mulher cristã a praticar a virtude quando ainda é jovem. Viver uma vida caracterizada pela virtude deveria ser a ambição de toda mulher cristã (Mt 5.8).

Sendo confiável

> *O coração de seu marido confia nela, e não lhe haverá falta de lucro. Ela lhe faz bem, e não mal, todos os dias de sua vida [...] Conhece-se o seu marido nas portas, quando se assenta entre os anciãos da terra.* (Pv 31.11,12,23)

O princípio de ser *confiável* é demonstrado por comportamentos que levam à confiança na honestidade, integridade, segurança, justiça e lealdade de um indivíduo. A integridade (isto é, a qualidade ou estado de ser completo [Cl 2.10]) é demonstrada por intermédio da forma como lidamos com a abundância, porque a prosperidade tende a revelar nosso sistema de valores (1Co 10.1-10).

O caráter da mulher digna motiva seu marido a corresponder com confiança (Pv 31.11). Esse estilo de vida confiável inclui a maturidade da segurança, amor, serviço, limites, liberdade, satisfação, fé e coragem. seu marido e aqueles sob sua liderança, são desafiados a alcançar todo o seu potencial (Pv 18.22; 19.14). Ela entende que possui a habilidade de incentivar ou sufocar o seu caráter, por isso administra esse privilégio por meio da força do Espírito Santo (Gl 5.16-26).

A mulher digna pode viver no mundo atual com ou sem um marido. Quando ela: 1) leva a sério essas orientações bíblicas de Salmos 37.3,4, Provérbios 3.5,6 e Jeremias 29.11-13; 2) confia em seu pai celestial; e 3) afirma que ele é sol e escudo, que ele lhe dá graça e glória. E também que Deus *... não negará bem algum aos que andam na retidão* (Sl 84.11). Se casada, seu marido corresponde ao seu caráter com confiança. Se não é casada, a confiança é a avaliação dos que estão próximos a ela.

O fruto da confiança é entendimento, coragem, simpatia e espírito dócil. Uma mulher confiável tem a habilidade de inspirar a confiança dos outros, tendo a capacidade de manter em segredo o que lhe é revelado confidencialmente (Pv 10.19), e possui estabilidade em sua vida, baseada em uma relação madura com o Senhor, mais do que em circunstâncias (Tg 1.5,6). Ela também tem a habilidade de resistir às tentações, mostrando verdadeira fidelidade (1Co 10.12,13).

Sendo determinada

> *Ela busca lã e linho, e trabalha de boa vontade com as mãos. É como os navios do negociante; de longe traz o seu pão. E quando ainda está escuro, ela se levanta, e dá mantimento à sua casa, e a tarefa às suas servas. Considera um campo, e compra-o; planta uma vinha com o fruto de suas mãos [...] Prova e vê que é boa a sua mercadoria; e a sua lâmpada não se apaga de noite [...] Faz vestidos de linho, e vende-os, e entrega cintas aos mercadores [...] Olha pelo governo de sua casa, e não come o pão da preguiça.* (Pv 31.13-16,18,24,27)

Ser determinada sugere que a força ou poder é exercido eficientemente. Uma mulher digna conhece seu potencial e suas responsabilidades, por isso desenvolve seu talento, exibe os atributos de estar alerta e prevenida e é trabalhadora, e não alguém que se esquiva do trabalho. Ela trabalha com vontade com suas mãos (a palavra "mãos" é usada sete vezes nos 22 versículos de Provérbios 31.10-31).

Essa mulher digna serve de exemplo para seus filhos por seu envolvimento pessoal e físico na administração de sua casa. No contexto de Provérbios 31, ela treina suas servas e então supervisiona as tarefas que executam. Ela está ativamente envolvida na boa administração dos utensílios da casa (v. 27), trama tecido e faz roupas (v. 13-24), negociando no mercado (v. 24), e ministra a outros (v. 19,20). A aplicação ao século 21 encontra a mulher digna treinando seus filhos e, depois, supervisionando-os para o uso eficiente dos muitos "servos eletrônicos" dos dias atuais. Ao mesmo tempo, ela está envolvida em serviços cristãos que complementam aqueles voltados para seus filhos e não os negligencia para realizar "seu ministério". Seu modelo de função é Cristo (Fp 2.5-11), que se preocupa muito mais por aqueles que estão sob sua responsabilidade do que eles se preocupam com ele.

Muitas mulheres do século 21 podem identificar-se com sua lâmpada, não dormindo à noite (v. 18) por causa do intenso programa de compromissos que têm. No entanto, esse versículo não sugere que a mulher digna deva privar-se de dormir. Assim como o exercício contribui para uma boa forma física, também o sono é necessário para que a mulher tenha energia mental, espiritual e física.

Estando fisicamente em forma

Cinge os seus lombos de força, e fortalece os seus braços. (Pv 31.17)

A aptidão física — isto é, estando em boa condição física e saudável — é entusiasticamente defendida por muitas mulheres do século 21. A aplicação bíblica é definida por três palavras — adequada, apropriada e ajustada. Elas descrevem a atitude da mulher digna voltada para a condição de seu corpo. Uma preocupação com o que é *adequado* guia a mulher digna na seleção de atividades que fortalecem o físico e que a preparam para cumprir as exigências de sua vida. Uma preocupação pelo que é *apropriado* a encoraja a selecionar atividades que são ditadas pelo bom senso. Uma preocupação com o que é *ajustado* expande a definição para desafiá-la a possuir as qualificações necessárias para ir ao encontro das propostas, das circunstâncias e das demandas de sua vida.

O texto de 1Timóteo 4.8 direciona a mulher sábia à verdade: ... *o exercício corporal para pouco aproveita, mas a piedade para tudo é proveitosa, visto que tem a promessa da vida presente e da que há de vir.* A mulher digna preocupa-se mais com as prioridades de seu caráter, sem negligenciar seu preparo físico (1Pe 3.3-6). Os seguintes parâmetros aplicados à sua atitude quanto ao bom uso de seu corpo irão ajudar a equilibrar o lado físico e espiritual da aptidão completa.

Primeiro, essa mulher virtuosa tem atitude realista voltada para a capacitação pessoal. Deus provê parâmetros de saúde para ajudar-nos a ser conscienciosos a respeito das responsabilidades que assumimos. Só porque uma mulher *pode* desenvolver uma habilidade não significa que ela *deveria* desenvolvê-la. Pressionar além dos parâmetros seguros de saúde propositadamente seria como uma mulher pulando da ponte americana Golden Gate e orar enquanto cai para que não se machuque! Isso seria pecaminosamente arrogante.

Segundo, a mulher digna reconhece que seu corpo é o templo do Espírito Santo e que é responsabilidade dela fazê-lo uma residência apropriada para ele (1Co 6.19,20). É um pensamento sóbrio reconhecer que o Espírito Santo não habitará um vaso espiritualmente sujo.

Terceiro, ela percebe que deve ser saudável para realizar seus deveres de forma eficiente. Cultivar essa qualidade requer libertação de todos os hábitos que a prejudicarão física, mental ou espiritualmente (Rm 12.1,2).

Quarto, ela entende a importância da recreação para manter um corpo saudável. Marcos 6.31 e Lucas 9.10 descrevem a sensibilidade de nosso Senhor com as necessidades de seus discípulos de descanso e privacidade à parte de seus encargos. A mulher digna adotará o modelo de nosso Senhor.

Quinto, ela aceita o fato de que às vezes "outros podem, mas eu não posso". É um exercício inútil comparar suas capacidades com as de outros, uma vez que cada mulher é *admirável e maravilhosa* (Sl 139.14).

Finalmente, a mulher digna tem uma clara perspectiva com relação ao ciclo de seu corpo. Ela sabiamente se adapta a seus declínios e fluxos. A condição física da mulher prudente permite que ela se envolva na vida de outros sem prejudicar a si mesma. Ela irá equilibrar o cuidado de seu lar com o cuidado de seu corpo para evitar transformar-se em uma mulher preocupada, esgotada e defensiva que sacrifica a si mesma no altar da domesticidade ou da forma física.

Sendo econômica

Prova e vê que é boa sua mercadoria... (Pv 31.18)

"Orçamento" e "dieta" são duas palavras que remetem a visões de economia e privação nutricional. Cada palavra, entretanto, possui tanto uma conotação positiva quanto negativa. Um orçamento pode ser estabelecido para um rendimento alto ou baixo. Uma dieta pode constituir-se de uma entrada calórica diária ilimitada ou restritiva. O princípio de ser econômica desafia a mulher sábia a refrear-se de perder tempo, dinheiro, combustível ou qualquer outro recurso. A implementação desses princípios assegurará que ela irá administrar seu lar dentro de um orçamento (um plano de gastos) e que esse orçamento seja equilibrado a cada mês (sem sobrar mês no fim do dinheiro).

A mulher digna de Provérbios 31 percebe que o dinheiro envolve economia doméstica. Como uma perfeita costureira e nutricionista, ela reconhece a qualidade das coisas. Com um olho clínico, ela procura ofertas que resultam em vantagem. Ao mesmo tempo, seu conhecimento e habilidade permitem que tenha decisões apropriadas quanto a se fazer a compra, pagar pelo serviço ou executar a tarefa pessoalmente.

Sendo altruísta

> *Estende as mãos ao fuso, e as suas mãos pegam na roca. Abre a mão para o pobre; sim, ao necessitado estende as suas mãos.* (Pv 31.19,20)

O *egoísmo* é uma característica que a mulher digna procura eliminar da lista das qualidades de seu caráter. Por definição, isso significa não ter consideração pelos interesses e vantagens de outros, a ponto de a felicidade e o bem-estar dos outros não serem algo que provoque maior preocupação do que aquela que o altruísmo recomendaria. O egoísmo deriva do orgulho e é o primeiro na lista de pecados mais detestados por Deus (Pv 6.16-19). Levado ao extremo, ele pode ser fatal.

O corpo de uma mulher idosa, mumificado pelas cinzas vulcânicas do monte Vesúvio, foi descoberto quando da escavação da cidade romana de Pompeia. Seus pés apontavam para o portão da cidade, mas seus braços e dedos estavam estendidos para algo que ela tinha deixado para trás. O tesouro para o qual apontava era uma bolsa de pérolas. Sobre ela foi escrito: "Porque a morte era muito pesada para seus saltos e a vida estava lhe acenando além dos portões da cidade; ela não pôde se livrar dos seus encantos [...] mas não foi a erupção do Vesúvio que fez com que ela amasse as pérolas mais que a vida. A erupção apenas a congelou nessa atitude de mesquinharia".[12] A posição dela revela uma trágica história de egoísmo.

---

[12]CHAPPELL, Clovis. *Feminine Faces: Sermons on Women of the Bible* (Grand Rapids, MI: Baker, 1974), 21.

Qualquer coisa pode abastecer as chamas do excessivo desejo e mesquinharia. Se não forem controladas, elas podem destruir a mulher (Pv 1.19). Os abastados donos de terras dos dias de Isaías adquiriam mais e mais casas e campos até possuírem verdadeiros monopólios (Is 5.8). Mas Deus disse que eles seriam desolados e suas terras não produziriam (v. 9,10). Sábia é a mulher que vive pelo princípio de que, se ela não está satisfeita com o que tem, nunca estará satisfeita com o que quer.

Várias características descrevem a atitude da mulher digna voltada para a posse de dinheiro e coisas materiais. Todos os recursos são presentes de Deus para serem utilizados com ponderação (Dt 8.18; At 4.32-37; 1Tm 6.17-19). Deus não ama o pobre e odeia o rico. A Bíblia conta a história de um grande número de bons personagens que eram extremamente ricos — Jó, Abraão, José, Davi, Salomão, Josias, Barnabé, Filemom e Lídia, para não falar de outros. Deus, no entanto, odeia o falso lucro (Pv 1.19), os motivos errados para adquirir riqueza (Pv 13.11) e a ausência de generosidade compassiva no meio da riqueza (Pv 14.20,21; 16.19). A mulher sábia aplica a verdade de Provérbios 19.17: *O que se compadece do pobre empresta ao* SENHOR, *que lhe retribuirá o seu benefício.*

A mulher digna possui atitude de contentamento que corresponde ao ensinamento do Novo Testamento encontrado no texto de 1Timóteo 6.6-8, no qual essencialmente aprendemos que *piedade + contentamento = grande lucro!* Evidências de que a riqueza não é a fonte de seu contentamento são encontradas em sua atitude de humildade moldada segundo o seu Senhor (Fp 2.8; 1Pe 5.5). Ela não confia em sua riqueza para ter segurança (Sl 20.7; Pv 11.28) e é uma mulher amável (Pv 11.16) e generosa (Pv 31.19,20).

No caráter da mulher digna, há ausência de atributos egoístas. Ela não está ocupada demais com seus próprios afazeres para não ter tempo de ajudar a outros. O carretel e o fuso — dois objetos planos e circulares usados para trabalhar com fibras têxteis — eram ferramentas do dia a dia. A mulher digna os usava para prover para sua família, para ela mesma e para os menos favorecidos. O fato de que ela *Abre a mão para o pobre; sim, ao necessitado estende as suas mãos,* indica sua reação quanto aos pedidos de ajuda (Pv 31.20). Suas ações demonstram compreensão e iniciativa; ela dá quando lhe é pedido e é sensível para oferecer assistência quando não lhe é pedido. Adotando uma atitude espiritual voltada à ajuda, a mulher digna é como Dorcas, ... *a qual estava cheia de boas obras e esmolas que fazia* (At 9.36).

O altruísmo é mais graficamente demonstrado na disposição da mulher digna para compartilhar seu tempo com outros. Tempo é nossa mais preciosa mercadoria, e o maior presente que pode ser oferecido a outros é o tempo que compartilhamos com eles. Essa mulher não é alguém que trata as pessoas de acordo com a sua riqueza ou pobreza (Tg 2.1-13), mas, está disposta a colocar diante do Senhor os pedidos de todos que desejam se beneficiar de sua sabedoria.

Estando preparada

> *Não tem medo da neve pela sua família; pois todos os da sua casa estão vestidos de escarlate. Faz para si cobertas; de linho fino e de púrpura é o seu vestido [...] Olha pelo governo de sua casa, e não come o pão da pre-guiça.* (Pv 31.21,22,27)

Colocar eventos, objetos ou pessoas em ordem e *agir adequadamente e ser receptivo* são frases que descrevem o princípio de preparação em ação. A mulher sábia demonstra planejamento e organização para prever suas ações, de tal maneira que a preparam para circunstâncias imprevistas. Ela adquire provisões adequadas para necessidades imprevistas e não vive de crise em crise. Assim como as provisões físicas, essa mulher digna sabe o valor de estar espiritualmente preparada. Da mesma forma que guarda uma porcentagem de cada pagamento, ela constrói uma reserva espiritual para tempos desafiadores. O profeta Jeremias se refere à mulher que confia no Senhor estando preparada, dizendo assim: ... *Porque é como a árvore plantada junto às águas, que estende as suas raízes para o ribeiro, e não receia quando vem o calor, mas a sua folha fica verde; e no ano da sequidão não se afadiga, nem deixa de dar fruto* (Jr 17.8). O calor virá e a aridez é certa; no entanto, não há temor quando se está preparado. seu forte apego às prioridades espirituais permite que ela esteja preparada para o futuro. Charles Hummel encoraja seus leitores a avaliar suas prioridades diaria-mente, dizendo:

> Há algum tempo, Simba matou a tiros um jovem, dr. Paul Carlson. Na pro-vidência de Deus, o trabalho de sua vida foi terminado. Muitos de nós vive-remos mais e morreremos mais serenamente, mas, quando o fim vem, o que nos dará maior alegria do que termos a certeza de que foi possível terminar o trabalho que *Deus* nos deu para fazer? A graça do Senhor Jesus Cristo faz essa realização possível. Ele nos prometeu dar a libertação do pecado e o poder de servir a Deus nas tarefas que ele escolheu. O caminho está limpo. Se continuarmos no mundo de nosso Senhor, somos verdadeiramente seus

discípulos. Ele mesmo nos libertará da tirania do que é urgente, nos libertará para fazermos o que é importante, que é a vontade de Deus.[13]

A mulher digna não permitirá que a urgência tome o lugar do que é mais importante em sua vida.

Sendo honrada

A força e a dignidade são os seus vestidos; e ri-se do tempo vindouro. (Pv 31.25)

Ser *honrada* é sinônimo de *ter integridade,* e isso é evidenciado pelo grande respeito que os outros demonstram pela mulher digna. Ela possui um refinado sentido do certo e do errado, e sua sinceridade moral é visível em tudo. Vários atributos emergirão à medida que a mulher digna incorpora esses princípios à sua vida:

* Seu adorno exterior complementa suas qualidades interiores (1Pe 3.3,4).
* Ela se abstém de toda aparência do mal (1Ts 5.22).
* Ela possui fortes convicções do certo e do errado (Pv 14.12; 16.25; Mt 7.13,14).
* As convicções que ela adota são baseadas em princípios bíblicos (Sl 119.11,105), mais do que em tendências culturais.

Se for casada, a honradez no comportamento da mulher digna passa a ser uma grande e significativa contribuição para a boa reputação de seu marido (Pv 12.4; 18.22; 19.14; 31.23). Ela cumpre a função de uma boa companheira (Gn 2.18), assumindo o compromisso pessoal de nunca ser um embaraço ou um obstáculo para seu marido.

A mulher digna conquista na sociedade uma reputação estável e honesta. Força e honra acompanham a sua perspicácia nos negócios (Pv 31.25). Desejando caminhar dignamente em seu objetivo (Ef 4.1,2), ela vive uma vida que traz glória a Deus (1Co 10.31). Humildade, altruísmo, gentileza, delicadeza, paciência são características de sua boa postura, comportando-se bem com os outros e sendo condescendente com o próximo.

A mulher honorável tem controle de seu corpo — ela o apresenta como um sacrifício vivo ao Senhor (Rm 12.1,2). Ela se recusa a usar o seu corpo

---

[13]HUMMEL, Charles.*Tyranny of the Urgent* (Downers Grove, IL: IVP, 1967), 12-15.

como instrumento do pecado (Rm 6.12,13) e reconhece que seu corpo pertence a Cristo (1Co 6.15). Percebendo que seu corpo é um templo literalmente habitado pelo Espírito Santo (1Co 6.19), ela escolhe glorificar a Deus em seu corpo (1Co 6.20). Ela se torna uma estudante de seu corpo, aprendendo a controlá-lo em honra (1Ts 4.4); ela entende a necessidade de ter responsabilidade, para que o corpo de Cristo mantenha sua pureza (Gl 6.1,2; Tg 5.19,20).

Sendo prudente

> *Abre a sua boca com sabedoria, e o ensino da benevolência está na sua língua.* (Pv 31.26)

As mães com frequência recomendam a seus filhos: "Se você não pode dizer nada bom, não diga nada!" Tiago 3.2,6, nos ensina: ... *todos tropeçamos em muitas coisas. Se alguém não tropeça em palavra, esse é homem perfeito, e capaz de refrear também todo o corpo [...] A língua também é um fogo; sim, a língua, qual mundo de iniquidade, colocada entre os nossos membros, contamina todo o corpo, e inflama o curso da natureza, sendo por sua vez inflamada pelo inferno.* O princípio da prudência — isto é, demonstrar sabedoria e levar em conta cuidadosamente as possíveis consequências — se refere especificamente ao uso de sua língua. Miriã, a irmã de Moisés, serve como ilustração gráfica do impacto de uma língua afiada e murmuradora (Nm 12.1-15). Toda a nação de Israel terminou se atrasando sete dias na sua jornada, porque ela escolheu usar sua língua de maneira imprópria.

O discurso da mulher digna exibe bom juízo e discrição (Cl 4.6). Mais que ser demasiadamente agressiva ou dominadora, gentileza (Pv 15.1) e compaixão caracterizam suas palavras (Pv 25.1). Ela possui a habilidade de ser afável, ainda que sempre firme, assim como a habilidade para guardar confidências (Pv 11.13). A honestidade é evidente em seus relacionamentos com o próximo (Ef 4.15), e ela percebe que aquilo em que ela medita emergirá em seu discurso (Sl 19.14; Lc 6.45). No íntimo de seus relacionamentos familiares, ela se recusa a difamar o caráter de seu marido e fala aos seus filhos com firmeza, temperada com bondade e gentileza. Antes de falar, ela indaga a si mesma sobre questões que irão assegurar que a atitude de Provérbios 31.26 (*Abre a sua boca com sabedoria, e o ensino da benevolência está na sua língua*) caracterize suas conversas. Ela se pergunta:

RETRATANDO A FEMINILIDADE CRISTÃ
« 213 »

- Isso é bondoso?
- Isso é necessário?
- Isso é verdade?
- Isso é fofoca?
- Estou defendendo minha própria opinião, em vez de ouvir a outra pessoa?

Havendo assumido o compromisso de levar a sério esses critérios em tudo o que diz, a mulher digna escolhe fazer do encorajamento uma parte de seu estilo de vida, porque é um mandamento espiritual (Hb 10.25). Uma demonstração de encorajamento inspira a outros com coragem, espírito e esperança renovados. A coragem valoriza as pessoas pelo que elas são, mais do que pelo que elas fazem. Provérbios 25.11 ensina o valor das palavras apropriadas. Uma centena de ações pode prover encorajamento a outros, incluindo:

- A entrega de bilhetes e de pequenos presentes em tempos inesperados.
- Fazer comentários sobre qualidades de caráter desejáveis (pontualidade, boa atitude, tolerância etc.).
- Oferecer propostas específicas orientadas pelo encorajamento.
- Aceitar e elogiar um trabalho bem feito.
- Dar suporte a alguém que está magoado.
- Escolher usar a confrontação de maneira apropriada (Mt 18.15-19), mais do que usar uma forma "cristã" de repreender alguém.

A mulher digna cultiva segurança calma e positiva, sabendo que o encorajamento não tem sucesso em uma atmosfera negativa. Ela percebe que o desenvolvimento dessas qualidades de caráter toma tempo e não antecipa recompensa (Lc 6.30,31; 1Tm 6.17-19).

Sendo amável

> *Levantam-se seus filhos, e lhe chamam bem-aventurada, como também seu marido, que a louva, dizendo: Muitas mulheres têm procedido virtuosamente, mas tu a todas sobrepujas.* (Pv 31.28,29)

O sentimento de benevolência que se deveria possuir com relação a outra pessoa envolve intenso amor por outros, incluindo seu marido, filhos, amigos e demais pessoas de seu relacionamento, somado a um constante compromisso com Deus. A mulher digna demonstra uma forte ligação com os demais e propõe a ativação do princípio de Tito 2.3-5 sobre a jovem mulher, aprendendo com as mais velhas em sua vida. Ela é acessível aos outros e assume o sério compromisso de aplicar em sua vida a recomendação bíblica quanto ao respeito às pessoas (Tg 2.1-13).

O fato de que a mulher digna concentra seus esforços domésticos primeiramente nos que estão ao seu redor, em seu próprio lar, é demonstrado pela consideração deles por ela. seu marido e filhos espontaneamente a incentivam (Pv 31.28,29). Todos os dias, quando abrem os olhos, eles se alegram por ela pertencer à família deles. Ela escolhe viver uma vida consistente como esposa e mãe.

Havendo feito de seu lar sua prioridade, a mulher digna trabalha criativamente com seu marido (Am 3.3; Ef 5.22-24; Cl 3.18; 1Pe 3.1-6). Ela o conhece suficientemente bem para respeitá-lo e honrá-lo (Ef 5.33b), assim como para ser sua companheira e amiga (Gn 2.18). Ensina bem seus filhos pela implementação dos princípios da educação infantil baseados na palavra de Deus (Dt 6.6,7; 11.18-21; Sl 78.1-4; Pv 22.6; Ef 6.4; Cl 3.21; 2Tm 3.14-17). Esse é o foco de sua vida enquanto seus filhos estão em casa. Finalmente, ela serve de exemplo para as qualidades de caráter que deseja incutir na vida de seus filhos, percebendo que eles assimilarão os comportamentos que ela demonstra na prática (1Co 11.1; Ef 5.1,2).

Temendo a Deus

> *Enganosa é a graça, e vã é a formosura; mas a mulher que teme ao* SENHOR, *essa será louvada.* (Pv 31.30)

Temer a Deus denota confiança reverente em Deus, incluindo ódio ao mal. Romanos 12.9 desafia a mulher digna: ... *Aborrecei o mal e apegai-vos ao bem.* Ela assimila uma perspectiva verdadeira de valores baseados na palavra de Deus. A mulher que adota o princípio de temer a Deus permanecerá em temor e honrará, adorará e amará seu Senhor com todo o seu coração (Mt 22.37). A aplicação prática do estilo de vida bondoso incluirá uma individual fome e sede de Deus (Sl 42.1,2a), uma atitude de submissão à vontade e ao desígnio de Deus (Tg 4.7) e uma avaliação consistente de seu estado espiritual (1Co 11.31,32). Ela se propõe a fazer dos princípios espirituais uma prioridade em sua vida (Mt 6.33) e se recusa a cair numa rotina enfadonha com relação ao seu relacionamento com seu Salvador. A alegria do Senhor é a sua força (Ne 8.10b).

Aceitando o trecho de 1Coríntios 10 como um aviso, a mulher digna reconhece as armadilhas em que os antigos hebreus caíram com relação à sua condição espiritual. Eles desejaram coisas más (v. 6), foram idólatras (v. 7), começaram a praticar imoralidade (v. 8), se tornaram culpáveis de presunção (v. 9) e foram cínicos e negativos (v. 10). Apesar de usufruir as melhores bênçãos de Deus, eles se tornaram frios, distantes e indiferentes. Não repentinamente, mas lentamente, a grande demonstração de entusiasmo tornou-se tola. Aplicando a sabedoria de 1Coríntios 10.12,13, ela é cuidadosa em aprender do exemplo dos desobedientes e indolentes judeus do tempo de Moisés.

A RECOMPENSA

> *Dai-lhe do fruto das suas mãos, e louvem-na nas portas as suas obras.*
> (Pv 31.31)

A recompensa de cultivar esses onze princípios é apresentada em Provérbios 31.31, que afirma que a mulher digna recebe o merecido reconhecimento *... nas portas...*, o que se refere à pública assembleia de pessoas. A mulher digna não tem de alardear sobre si mesma, mas é louvada por aqueles que a conhecem melhor. A mulher que escolhe adotar os princípios encontrados em Provérbios 31 é eventualmente recompensada em sua vida neste mundo e sempre na vida vindoura. Uma revisão desses princípios sugere alguns representativos e potenciais benefícios que a mulher digna deve antecipar:

Sendo virtuosa

- Um relacionamento desobstruído com seu pai celestial (Mt 5.8).
- Bênção do Senhor e justiça do Deus da sua salvação (Sl 24.1-5).
- A segurança de que sua influência nunca morrerá (Pv 31.28; 2Tm 1.3-7).

Sendo confiável

- A confiança de seu marido nela (Pv 31.11).
- Uma reputação honorável (Pv 31.25).
- A confiança de que, enquanto ela andar retamente, seu pai celestial proverá graça, glória e tudo o que for bom para ela (Sl 84.11).

Sendo determinada

- A família se beneficia de sua administração no lar (Pv 31.24).
- Usufruirá o estímulo profissional e espiritual (Pv 27.17).
- Rejeitará colher o fruto da preguiça (Pv 19.15).

Estando fisicamente em forma

- Desfrutará tarefas que ela toma para si no seu máximo potencial (Cl 3.23).
- Saberá que seu corpo é residência apropriada para o Espírito Santo (1Co 6.19,20).
- Evitará o tipo de juízo e acusação que Deus teve de executar contra as mulheres de Judá (Is 3.16-26).

Sendo econômica

- Adotará atitude espiritual quanto ao dinheiro e aos bens materiais (1Tm 6.6-10).
- Experimentará a alegria da generosidade (2Co 9.6-8).
- Perceberá que suas compras são escolhas sadias — não causam culpa (Pv 31.18).

Sendo altruísta

- Desfrutará alegria de repartir com outros (2Co 9.7).
- Será agradável ao Senhor (Pv 19.17).
- Desfrutará a recompensa de compartilhar com outros (At 9.36-42).

Sendo preparada

- Receberá o projeto do plano de Deus para sua vida (Jr 17.7,8).
- Será um autêntico modelo para outros (1Co 11.1).
- Não passará pela frustração e o lamento (Mt 25.21,23).

Sendo honrada

- Sua integridade moral permitirá que ela antecipe a vitória na vida vindoura, em vez de viver uma vida desperdiçada cheia de remorso e pecado (2Co 9.6; Gl 6.7-9).
- Irá se comportar de maneira que reflita sua posição como filha da família real de Deus (Gn 1.26,27).

- Desfrutará a confiança de que suas convicções são baseadas em princípios bíblicos, mais que em tendências culturais (Sl 119.11,105).

Sendo prudente

- Saberá que as pessoas confiam e acreditam nela de todo o coração para guardar suas confidências (Pv 15.1,2).
- As pessoas buscarão e seguirão seus conselhos (Cl 4.6).
- Terá o privilégio de encorajar e dar suporte a outros (Hb 10.24,25).

Sendo amável

- Desfrutará saudável, maduro e amoroso relacionamento com o Senhor (Mt 22.37).
- seus amigos mais próximos a amarão, honrarão e louvarão (Pv 31.28,29).
- Viverá de tal forma que será um exemplo para as "jovens mulheres" (Tt 2.3-5).

Temendo a Deus

- Será um modelo positivo por causa de sua fé (a epístola de Tiago em ação).
- Continuará como uma serva fiel (Mt 25.21).
- Desfrutará os benefícios de aprender com as experiências de outros (1Co 10).

Ao assumir firmemente o compromisso de cultivar esses onze princípios com o objetivo de glorificar a Deus (1Co 10.31), ouvir seu pai celestial dizer: *Muito bem, servo bom e fiel...* (Mt 25.21) e derramar suas recompensas aos pés de seu rei (Ap 4.10,11), a mulher digna busca a coroa eterna com vigor!

UM PENSAMENTO FINAL

A nossa convicção ao apresentar este capítulo é que a diferenciação das funções originais no lar podem ser biblicamente traçadas a partir de bastiões da verdade fincados no Éden antes que o pecado interrompesse os relacionamentos conjugais (Gn 2.7-23). As funções originais e específicas para o homem e para a mulher foram corrompidas, e não criadas, pela

Queda. Gênesis 2.18 relata que o ato final da criação de Deus foi fazer a mulher, para ser uma *ajudadora que lhe seja idônea* (literalmente, uma "ajudante como homem"). John MacArthur declara:

> Quando Deus viu que sua criação era muito boa (1.31), ele a viu sendo, naquele ponto, como a perfeita consequência de seu plano criativo. No entanto, observando que o estado do homem não era bom, ele considerou sobre sua situação incompleta antes do final dos seis dias porque a mulher, a contraparte de Adão, ainda não havia sido criada. As palavras desse versículo enfatizam a necessidade do homem de companhia, uma ajudante e uma igual. Ele estava incompleto sem alguém que o completasse na realização da tarefa de preencher, multiplicar e dominar a terra. Isto aponta para a inadequação de Adão, e não para a insuficiência de Eva (cf. 1Co 11.9). A mulher foi feita por Deus para suprir a deficiência do homem (cf. 1Tm 2.14).[14]

A mulher que mostra feminilidade cristã, admitindo a verdade de Gênesis 1—2 e Provérbios 31.10-31, se comporta em harmonia com a vontade de Deus e glorifica a Deus com sua mente e sua vida. Ela claramente possui visão bíblica de mundo sobre sua feminilidade.

« Leituras Adicionais »

ELLIOT, Elisabeth. *Let Me Be a Woman*. Wheaton, IL: Tyndale House, 1999.

ENNIS, Patricia e TATLOCK, Lisa. *Becoming a Woman Who Pleases God: A Guide to Developing Your Biblical Potential*. Chicago: Moody Press, 2003.

MACARTHUR, John. *Different by Design*. Wheaton, IL: Victor, 1994.

PEACE, Martha. *The Excellent Wife*. Bemidji, MN: Focus Publishing, 1997.

PIPER, John e GRUDEM, Wayne, eds. *Recovering Biblical Manhood and Womanhood*. Wheaton, IL: Crossway Books, 1991.

---

[14]MACARTHUR, *The MacArthur Study Bible*, 19.

CAPÍTULO **10**

Desfrutando **MÚSICA** e **ADORAÇÃO** espirituais

P AUL T. P LEW

A data era 2 de junho de 1991; *glasnost* (transparência) e *perestroika* (reestruturação) estavam causando reviravolta na Rússia. Tinha chegado ao país nesses dias, dirigindo-me naquela noite à Primeira Igreja Batista de Moscou, chegando duas horas antes do culto. Havia poucas pessoas no santuário, por isso mesmo o silêncio tomava conta do espaço. Senti temor e reverência na sala. Em pouco mais de uma hora, a sala ficou repleta. No momento em que o culto começava, eu não poderia dizer quem estava em pé e quem estava sentado porque o térreo e a galeria formavam uma massa de rostos — rostos que estavam ali para uma única coisa: comunicar-se com Deus. Sim, eles estavam felizes de ver uns aos outros, mas seu maior desejo era ter comunhão com Deus.

Quando o culto começou, percebi que a oração era séria para eles. Alguns se colocaram em pé, de cabeça curvada; muitos se ajoelharam, falando com Deus. sua atitude era de humildade e reconhecimento da grandeza de Deus, como podemos percebê-la em Gênesis 1.16: *Deus, pois, fez os dois grandes luminares: o luminar maior para governar o dia, e o luminar menor para governar a noite; fez também as estrelas.* Estas quatro últimas palavras, ... *fez também as estrelas*, representam bilhões de estrelas que com seu brilho são um reflexo do poder de Deus. Esses crentes pareciam reconhecer isso.

Quando a música começou, olhei ao redor e vi todos colocando-se em pé e cantando com atitude de sérios adoradores. Estou certo de que muitos não podiam cantar bem, mas isso não era importante. O que era importante era que eles liberassem seu amor por Deus em uma melodia.

Os hinos eram sérios, até pesados e opressivos; eles não refletiam muita alegria. Mas fui informado mais tarde que a maioria da congregação tinha perdido membros próximos da família para a pesada mão do Partido Comunista.

Voltei aos Estados Unidos e prometi a mim mesmo que faria tudo dentro de minhas habilidades e oportunidades concedidas por Deus para procurar ser um verdadeiro adorador e então encorajar outros a se juntarem na adoração em espírito e em verdade.

Um dos problemas com a adoração atualmente é que muitos cristãos não têm tido família ou amigos próximos sendo aprisionados ou executados por causa de sua fé, podendo demonstrar, dessa forma, uma dependência mais próxima do Senhor. Essa forma de envolvimento sério com Deus é mais difícil de compreender e experimentar pelas pessoas que estão longe desse tipo de sofrimento. Além disso, temos sido influenciados por uma cultura *pop* que dita nossa atitude até no culto, onde prevalecem o entretenimento e a autossatisfação individual e onde acaba havendo um mal-entendido sobre qual é o verdadeiro significado da adoração, quem está envolvido, quem é a plateia, quais responsabilidades existem e quem recebe a glória.

O QUE É A VERDADEIRA ADORAÇÃO?

A palavra *worship* ("adoração" em inglês) é uma contração de uma antiga expressão da língua inglesa, *woerth-scipe*, denotando a atitude de reverência a alguém ou a algo de dignidade superlativa.[1] "A adoração é um ato feito pelo ser humano redimido, a criatura, voltado para Deus, o criador, por meio do qual sua vontade, intelecto e emoções correspondem em gratidão à revelação da pessoa de Deus expressada na obra redentora de Jesus Cristo, pela instrumentalidade do Espírito Santo que ilumina as obras de Deus escritas em seu coração."[2] A palavra hebraica para adoração significa "prostrar-se".[3] Êxodo 34.8 declara que, quando Moisés estava no monte Sinai e o Senhor desceu em sua nuvem, *Então Moisés se apressou a*

---

[1] *Oxford English Dictionary Online*, 2. ed., 1989, s.v. *worship*.
[2] OSBECK, Kenneth W. *The Ministry of Music* (Grand Rapids, MI: Zondervan, 1971), 177.
[3] YAMAUCHI, Edwin. "hawa", *Theological Wordbook of the Old Testament* (*TWOT*), vol. 1, ed. HARRIS, R. Laird, ARCHER, Gleason L. Jr., e WALTKE, Bruce K. (Chicago:Moody Press, 1980), 619, 267-269. Veja Edwin Yamauchi, "shaha", *TWOT*, vol. 2, 2360, 914-915.

inclinar-se à terra, e adorou. Gênesis 17.3 nos relata que Abrão ... *prostrou--se com o rosto em terra...* diante de Deus. O Antigo Testamento ensina que a humildade e o serviço (Sl 95.6,7) acompanham a verdadeira adoração.

Uma palavra grega para adoração é *latreuõ*, "servir, prestar homenagem".[4] Filipenses 3.3 diz: *Porque a circuncisão somos nós, que servimos a Deus em espírito, e nos gloriamos em Cristo Jesus, e não confiamos na carne.* A adoração é espiritual, fluindo do Espírito Santo para o interior do crente. Se o adorador não andar no Espírito, não estará apto para adorar de fato e de verdade.

Proskuneõ é outra palavra grega nesse contexto, que significa "fazer mesura, reverência". De acordo com o *Vine's Expository Dictionary of New Testament Words*, essa é a palavra mais frequente do Novo Testamento para se referir a "adorar".[5] Ela denota respeito e submissão. No texto de João 4.24, Jesus diz à mulher em Samaria: *Deus é Espírito, e é necessário que os que o adoram o adorem em espírito e em verdade.* Adorar em espírito quer dizer que a adoração é para os obedientes, aqueles que têm sido lavados no sangue do cordeiro. Nossa adoração deve vir do coração e implantada pelo Espírito de Deus.

Adorar em verdade denota adorar com sinceridade. Não apenas devemos ser filhos do Rei, mas também viver espiritualmente. Em outras palavras, devemos ser autênticos, genuínos em nossa obediência a Cristo. A expressão *... em espírito e em verdade...* se refere ao coração de um indivíduo e à exposição do exterior de sua vida. Quando ambos estão ajustados, a verdadeira adoração é liberada, fluindo naturalmente.

Martinho Lutero disse: "Em adoração, nos reunimos com o objetivo de ouvir e comentar a palavra de Deus e então louvar a Deus, para cantar e orar".[6] O adorador aceita de todo o coração a verdade de Deus que está na Palavra e corresponde em louvor e oração e em um padrão de vida transformado.[7]

John Wesley, fundador do metodismo, demonstrou em sua tradução do hino "Oh, Deus, que oferta te darei?" essa forma pessoal de adoração.[8]

---

[4]VINE, W. E. *Vine's Expository Dictionary of New Testament Words* (Old Tappan, NJ: Fleming H. Revell, 1966), 236.

[5]Ibidem, 235.

[6]Citado em HUSTAD, Donald P. *True Worship: Reclaiming the Wonder and Majesty* (Wheaton, IL: Harold Shaw, 1998), 272.

[7]Ibidem.

[8]"O God, What Offering Shall I Give to Thee?", *Hymns and Psalms* (Londres: Methodist Publishing House, 1983), 801.

Oh, Deus, que oferta te darei,
A ti, Senhor da terra e céus?
Meu espírito, alma e corpo recebe,
Um santo, vivo sacrifício.
Pequeno como é, é tudo o que tenho;
Mais eu te daria, se mais eu tivesse.

JOACHIM LANGE

Alguns escritores atuais que têm definido a adoração incluem o seguinte:

Donald Hustad:

"O serviço da adoração é um ensaio para a vida eterna de adoração. A vida toda deveria ser adoração. Se o ensaio é adoração verdadeira em espírito e em verdade, a própria vida deveria ser adoração com a pessoa completa — coração, alma, mente e força".[9]

John MacArthur:

"A adoração é a essência básica, e o serviço é um maravilhoso e necessário resultado dela. A adoração está centrada na vontade de Deus — o grande *sine qua non* de toda experiência cristã [...] Nossa definição de adoração é enriquecida quando entendemos que a verdadeira adoração toca cada área da vida. Somos feitos para honrar e adorar a Deus em tudo".[10]

Eugene Peterson:

"A adoração é a estratégia pela qual interrompemos nossa preocupação com nós mesmos e nos apresentamos ante a presença de Deus".[11]

John Piper:

"As missões não são a prioridade fundamental da Igreja. A adoração é. As e missões existem porque a adoração não existe. A adoração é fundamental, não as missões, porque Deus é fundamental, e não o homem [...] As missões são uma necessidade temporária, mas a adoração permanece para sempre".[12]

---

[9]HUSTAD, Donald. *Jubilate II* (Carol Stream, IL: Hope, 1993), 124.

[10]MACARTHUR, John. *The Ultimate Priority* (Chicago: Moody Press, 1983), 16, 20.

[11]Mencionado em YANCEY, Philip. *The Bible Jesus Read* (Grand Rapids, MI: Zondervan, 1999), 127.

[12]John Piper, *Let the Nations Be Glad! The Supremacy of God in Missions* (Grand Rapids, MI: Baker, 1993), 11.

William Temple:

"Adorar é despertar a consciência pela santidade de Deus, alimentar a mente com a verdade de Deus, purificar a imaginação pela beleza de Deus, abrir o coração para o amor de Deus, consagrando a vontade aos propósitos perfeitos de Deus".[13]

Robert Webber:

"Adoração é um verbo. Não é algo feito para nós, mas por nós".[14]

A TEOLOGIA DA ADORAÇÃO

A santidade de Deus

Isaías 6.1-8 é um modelo, em princípio, para o crente em adoração. Isaías está próximo do altar diante do templo. As portas estão abertas e o véu que esconde o Santo dos Santos não se vê, pois foi retirado. Nesse momento, há uma visão de Deus rodeado por serafins. O texto de 1Reis 22.19 descreve uma cena similar: *Micaías prosseguiu: Ouve, pois, a palavra do SENHOR! Vi o SENHOR assentado no seu trono, e todo o exército celestial em pé junto a ele, à sua direita e à sua esquerda.* Deus é visto com uma hoste de anjos em todo o deslumbrante brilho, os serafins com ele, assim como em Isaías 6.2: *Ao seu redor havia serafins; cada um tinha seis asas; com duas cobria o rosto...* eles não eram dignos de olhar para o Deus santíssimo. Isto demonstrou profundo respeito e reverência. *... com duas cobria os pés...*: isso significa que eles cobriram toda a parte inferior do corpo, uma postura comum quando se está na presença de um monarca, como um gesto contínuo de respeito e humildade. *... e com duas voava*: duas asas eram mantidas prontas e disponíveis para o voo imediato a serviço do rei.

Das seis asas, quatro eram usadas para adorar e apenas duas eram utilizadas para o serviço propriamente dito. O princípio exemplificado por essas criaturas celestiais é que esperar reverentemente em Deus é mais importante do que o serviço ativo. Deus projetou isso dessa forma para nós também; a verdadeira adoração demanda maior prioridade que o serviço.

---

[13]William Temple, "The Hope of a New World", em WHALEY, Vernon M. *Understanding Music and Worship in the Local Church* (Wheaton, IL: Evangelical Training Association, 1995), 10.

[14]WEBBER, Robert. *Worship Is a Verb* (Waco, TX: Word, 1985), 10.

Os Salmos transbordam dessas declarações: Salmos 145.1: *Eu te exaltarei, ó Deus, rei meu; e bendirei o teu nome pelos séculos dos séculos*; Salmos 146.1,2: *Louvai ao SENHOR. Ó minha alma, louva ao SENHOR. Louvarei ao SENHOR durante a minha vida; cantarei louvores ao meu Deus enquanto viver.*

O texto de Isaías 6.3 continua: *E clamavam uns para os outros, dizendo: Santo, santo, santo é o SENHOR dos exércitos; a terra toda está cheia da sua glória* (o hebraico é ainda mais enfático: "a plenitude de toda a terra é sua glória"; cf. Sl 24.1; 72.19). Essa mesma imagem gloriosa é vista no texto de Apocalipse 4.8, quando João descreve o que os anjos estão fazendo até mesmo agora.

Isaías 6.4 descreve a presença de Deus como tão intensa e poderosa, que até o alicerce do templo se abalou e tremeu pela sua voz, e o templo encheu-se de fumaça; a nuvem da *Shekinah* estava presente, como em 1Reis 8.10 e Ezequiel 10.4.

Você conhece a música cristã em estilo *spiritual*? Ela diz: "Você estava lá quando crucificaram meu Senhor?" A canção termina com: "Às vezes isso me faz tremer, tremer, tremer". Pensar no Senhor e em quem ele é provocou no autor anônimo um temor reverente. Trabalhadores escravos sabiam o que era o temor. A própria presença do dono da plantação fazia com que os trabalhadores temessem e tremessem — não necessariamente por respeito, mas pela real possibilidade de açoites se a quota de trabalho não tivesse sido cumprida. O tremor (ou abalo) em Isaías 6.4 tinha a ver com o incrível respeito pela própria posição do Deus altíssimo. Ele é santo, perfeito e sem pecado. Essa passagem reflete a santidade de Deus.

Além da santidade de Deus, existem na Escritura Sagrada muitos outros atributos de Deus que podemos enfatizar, ao lermos a Palavra divina e enquanto cantamos partes de hinos de nossa adoração. Por exemplo:

- *A esplendorosa luz de Deus*: Poderíamos incluir os textos de Isaías 60.19; 1João 1.5, acompanhados de hinos com textos como: "O mundo todo estava perdido na escuridão do pecado; a luz do mundo é Jesus";[15] e "Oh, luz que não conhecia amanhecer, que brilha até o dia sem fim, todas as coisas na terra e céu são iluminadas por teu raio; nenhum olho pode a teu trono ascender, nenhuma mente teu brilho compreender".[16]

---

[15]BLISS, Philip P. *The Light of the World Is Jesus*, estrofe 1.
[16]NAZIANZEN, Gregory. *O Light That Knew No Dawn*, trad. de John Brownlie, estrofe 1.

DESFRUTANDO MÚSICA E ADORAÇÃO ESPIRITUAIS « 225 »

- *A fidelidade, imutabilidade e compaixão de Deus*: Poderíamos ler Lamentações 3.22,23 e cantar o hino: "Tu és fiel, Senhor, ó pai celestial, teus filhos sabem que não falharás! Nunca mudaste, tu nunca faltaste. tal como eras, tu sempre serás".[17]
- *A grandeza e o poder de Deus*: Passagens bíblicas como Salmos 68.34 poderiam ser lidas. Hinos apropriados incluiriam: "Quão grande és tu"[18] e "Quando atravesso bosques e florestas, ouvindo, à brisa, pássaros cantar, ou vejo, além, montanhas altaneiras, o teu poder e glória proclamar".[19]
- *Outros atributos de Deus:* Vemos um grande número de atributos contidos em 1Timóteo 1.17, que servem de base doutrinária para o hino: "Imortal, invisível, Deus sábio, em luz inacessível escondida de nossos olhos, mais abençoados, mais gloriosos, o Ancião de Dias, Todo-poderoso, vitorioso, teu grande nome nós louvamos".[20]

O povo de Deus precisa meditar profunda e regularmente nos atributos de Deus. Nossos cultos de adoração deveriam incluir hinos que nos lembrem quem é Deus. Uma das formas que poderiam ser colocadas em prática para alcançar esse objetivo seria focar a adoração cada vez em um diferente atributo de Deus para encorajar o adorador a reconhecer as muitas facetas do seu caráter. Ele é muito mais que apenas um amigo. Ele é o Senhor de todas as hostes celestiais. Ele deve ser louvado e adorado *em espírito e em verdade*.

A iniquidade do homem

Quando o profeta Isaías foi confrontado com a glória de Deus, confessou: *Ai de mim! pois estou perdido; porque sou homem de lábios impuros, e habito no meio dum povo de impuros lábios...* (Is 6.5). Esta deve ser a atitude de um crente. Isaías viu a si mesmo, irrevogavelmente, como amaldiçoado, merecendo a condenação por se reconhecer debochado, sujo, imundo. Em si mesmo ele era ... *trapo da imundícia...* (Is 64.6). Por que Isaías foi tão crítico consigo mesmo? Afinal, ele era filho de Amós, um contemporâneo de Jonas, um grande profeta que previu o futuro 150 anos antes que

---

[17]CHISHOLM, Thomas O. *Great Is Thy Faithfulness*, estrofe 1.
[18]HINE, Stuart K. *How Great Thou Art*, estrofe 1.
[19]WATTS, Isaac. I *Sing the Mighty Power of God*, estrofe 1.
[20]SMITH, Walter Chalmers. *Immortal, Invisible*, estrofe 1.

acontecesse. seu vestuário era roupa de saco (Is 20.2), fato que emprestava autenticidade à mensagem de arrependimento que ele ensinava. Por que ele se via como um verme? Isaías 6.5 conclui com: ... *e os meus olhos viram o rei, o Senhor dos exércitos.* Se Isaías tinha olhado para si mesmo rodeado de seus contemporâneos, ele poderia ter dito: "Eu não sou mau. Na verdade, sou melhor que a maioria". Mas ele não disse tal coisa. Seus olhos tinham visto o rei, a nuvem da *Shekinah*, a glória divina! ele avaliou a si mesmo com base no modelo superior e se encontrou imundo e indigno.

No trecho de Zacarias 3.3, Josué se colocou em pé com roupas sujas diante de um anjo. A palavra no Antigo Testamento traduzida por "imundo" é um adjetivo que vem de uma raiz que significa "excremento", e, assim, a expressão carrega não apenas o significado de vil e sujo, mas inclui também um odor desagradável.[21] Em Isaías 64.6, lemos: *Pois todos nós somos como o imundo, e todas as nossas justiças como trapo da imundícia...* Atualmente, não gostamos de nos ver nem nos imaginar como sujos. Alguns hinos tiveram suas letras alteradas para suavizar a ideia do pecado. Por exemplo, no hino original de Isaac Watts "Na cruz", as palavras são:

> Ai de mim! Meu Salvador derramou o seu sangue, meu soberano morreu?
> Consagraria ele aquela santa cabeça por um verme como eu?[22]

Recentemente, a última linha do hino foi alterada, sendo agora cantada "... por pecadores como eu" ou "... por alguém como eu".

A visão de Deus sobre o pecado do homem é e sempre será a mesma. Ele não foi alterado. Ele não mudou. Todos somos pó e vermes, comparados ao Rei da Glória. No entanto, alguns adoradores se acham superiores aos outros. A atitude é "Sou autossuficiente. Estou vivendo e servindo melhor que a maioria". Esse tipo de adoração poderia ser classificado como um simples ritual, desonesto, arrogante e vazio de qualquer autoexame (como o fariseu em Lc 18.11,12).

A solução de Deus

O texto de Isaías 6.6,7 mostra o atributo da misericórdia. *Então voou para mim um dos serafins, trazendo na mão uma brasa viva, que tirara do altar*

---

[21]Unger, Merrill F. *Unger's Bible Handbook* (Chicago: Moody Press, 1966), 438.
[22]Watts, Isaac. *At the Cross*, estrofe 1.

com uma tenaz; e com a brasa tocou-me a boca, e disse: Eis que isto tocou os teus lábios; e a tua iniquidade foi tirada, e perdoado o teu pecado. Não se sabe quanto tempo Isaías esperou entre os dois versículos desse texto. Talvez tenha sido um espaço de tempo muito curto. Mas foi uma experiência que ele lembraria para sempre. Ronald Allen em *The Wonder of Whorship* descreve isso:

> Então, com um aceno de Deus, um lampejo de graça brilhou. Isaías estava consciente, talvez em estado de êxtase, ouvindo o ruído das asas do anjo. Sendo tomado por uma ardente, abrasadora sensação, ouviu então as palavras que libertaram seu coração do medo. As palavras vieram de um anjo, mas tinham a autoridade do trono celeste. Isaías tinha experimentado um *Yom Kippur* pessoal, seu próprio "dia de expiação". Ele foi imediatamente limpo de todo pecado. E não foi porque ele mereceu ou conquistou isso; o toque perdoador do anjo foi por pura benevolência, por causa da graça — a graça de Deus.[23]

ele estava livre — livre para viver por Deus, livre para servir a Deus, livre para honrar a Deus e livre para adorar a Deus.

O modelo de conhecimento de quem nós somos e de quem é Deus deve ser a realidade de todo adorador que realmente quer ver a Deus. Esse episódio não representa um paradigma de fácil utilização. Requer trabalho. Requer compromisso e dedicação. Requer um profundo amor que só é experimentado quando se está dia a dia em comunhão com Deus.

O texto de Isaías 6.8 continua: *Depois disto ouvi a voz do Senhor, que dizia: A quem enviarei, e quem irá por nós?...* O texto dá a entender que Deus está falando com muitas pessoas, mas nem todas estariam dispostas a aceitar abnegadamente o que Deus requeria. Essa mensagem não seria prontamente aceita pelo povo judeu (cf. 1Cr 29.5). No entanto, a resposta do profeta foi imediata: *Eis-me aqui, envia-me a mim,* (v. 8). Imagine o que poderia ter acontecido na congregação de Deus se todos os que desempenhassem o serviço de louvor domingo após domingo tivessem a mesma atitude que Isaías mostrou nessa passagem das Escrituras. Não apenas os adoradores viriam preparados, tendo confessado todos os seus pecados, prontos para servir, mas também viriam com a visão certa de quem é Deus.

---

[23]Allen, Ronald B. *The Wonder of Worship* (Nashville: Word, 2001), 45.

Isaías 6.1-8 revela a mais concisa visão do que deveria ser o louvor:

- Versículos 1-4: Adoração
- Versículo 5: Confissão
- Versículos 6 e 7: Purificação e perdão
- Versículo 8: Decisão

Somos estimulados por essa figura a exclamar com o hino:

Santo, santo, santo! Deus onipotente!
Cantam de manhã nossas vozes com ardor.
Santo, santo, santo! Justo e compassivo!
És Deus triúno, excelso criador!

Santo, santo, santo! Todos os remidos,
Juntos com os anjos, proclamam teu louvor.
Antes de formar-se o firmamento e a terra
Eras e sempre és, e hás de ser Senhor!

REGINALD HEBER

Nesse hino do século 19, a melodia sempre se eleva nas palavras: "Santo, santo, santo". Isso ilustra uma boa harmonia entre o texto e a música. Conforme a melodia ascende a notas mais agudas, o adorador é conscientizado musicalmente da emocionante realidade da santidade de Deus. Esse hino deveria sempre ser cantado com *crescendo* conforme nos defrontamos com a visão de um Deus santo. Jamais deveríamos cantar essas palavras eternas, como John Wesley diria: "meio adormecidos; mas levantando a voz com vigor".[24]

COMO DESFRUTAMOS ADORAÇÃO?

Adoração pessoal

Deus espera e deseja que todo crente passe regularmente um tempo a sós com ele. Durante esse tempo particular, precisamos *adorar* a Deus por quem ele é (Sl 8), *confessar* a Deus nossos pecados e pesares (1Jo 1.9),

---

[24] BIBLE, Ken. *Wesley Hymns* (Kansas City, KS: Lillenas, 1982), prefácio.

agradecer a Deus pelo que ele tem feito (Sl 69.30; 1Ts 5.18) e *suplicar* — pedir a Deus força, ajuda, direção e assistência (Fp 4.6; 1Pe 5.7). Algumas atividades diárias de adoração incluem:

- Leitura e estudo da Palavra.
- Meditação em um versículo ou dois com o objetivo de memorização.
- Cantar a Deus.

Sim, cantar a Deus os excelentes hinos e cânticos de louvor. Cante do mais profundo do seu coração. Associe isso com o que estudou na Palavra e encontre uma melodia que confirme esse tema.

Em uma série de quatro livros de história dos hinos, os autores afirmam que obtemos auxílio valioso em nossa adoração pessoal. Escritos por John MacArthur, Joni Eareckson Tada e Robert e Bobbie Wolgemuth, cada livro inclui um CD de música que encoraja o ouvinte não apenas a participar e cantar com o álbum, mas também a cantar com uma compreensão do conteúdo dos hinos. Cada livro contém a história de doze hinos que apresentam e analisam o contexto devocional, doutrinário e histórico dos hinos. Cada um dos CDs reforça o argumento dos autores, apoiados pelas vozes do coral *The Master's Chorale* do *The Master's College*. Os livros são intitulados *O Worship the King*,[25] *O Come, All Ye Faithful*,[26] *What Wondrous Love Is This*[27] e *When Morning Gilds The Skies*.[28]

Um importante ingrediente da adoração pessoal é a constância — dia após dia. *Cantarei ao Senhor enquanto eu viver; cantarei louvores ao meu Deus enquanto eu existir. Seja-lhe agradável a minha meditação; eu me regozijarei no Senhor* (Sl 104.33,34). *Bendirei ao Senhor em todo o tempo; o seu louvor estará continuamente na minha boca* (Sl 34.1). O texto de Atos 17.11 nos exorta a examinar *diariamente as Escrituras.* Em 1Tessalonicenses 5.16,17, o apóstolo Paulo nos admoesta: *Regozijai-vos sempre. Orai sem cessar.* Hebreus 13.15 diz: *Por ele, pois, ofereçamos*

---

[25]MacArthur, John, Tada, Joni Erickson e Wolgemuth, Bobbie. *O Worship the King* (Wheaton, IL: Crossway Books, 2000).

[26]MacArthur, John, Tada, Joni Erickson e Wolgemuth, Bobbie. *O Come, All Ye Faithful* (Wheaton, IL: Crossway Books, 2001).

[27]MacArthur, John, Tada, Joni Erickson e Wolgemuth, Bobbie. *What Wondrous Love Is This* (Wheaton, IL: Crossway Books, 2002).

[28]MacArthur, John, Tada, Joni Erickson e Wolgemuth, Bobbie. *When Morning Gilds the Skies* (Wheaton, IL: Crossway Books, 2002).

sempre a Deus sacrifício de louvor, isto é, o fruto dos lábios que confessam o seu nome.

Adoração comunitária

A adoração comunitária, no culto público, deveria ser a continuidade do que foi feito particularmente durante toda a semana. Se estivermos continuamente oferecendo louvor a Deus, a adoração comunitária será uma consequência natural. De outro lado, se não louvamos regularmente durante a semana, como poderemos nos levantar para adorar com o povo de Deus no domingo? A adoração congregacional pode ser definida como *o povo de Deus reunido para prestar culto a Deus por causa de quem ele é*. O trecho de Apocalipse 4.11 diz: *Digno és, Senhor nosso e Deus nosso, de receber a glória e a honra e o poder; porque tu criaste todas as coisas, e por tua vontade existiram e foram criadas*. Esdras 3.11 encoraja: *... louvando ao Senhor e dando-lhe graças com estas palavras: Porque ele é bom; porque a sua benignidade dura para sempre sobre Israel...* O evangelho de Lucas 24.52,53 descreve a reação dos discípulos à ascensão de Cristo: *E, depois de o adorarem, voltaram com grande júbilo para Jerusalém; e estavam continuamente no templo, bendizendo a Deus*. O apóstolo João nos dá um retrato dos seres criados por Deus em volta de seu trono em Apocalipse 4.10,11: *... os vinte e quatro anciãos prostravam-se diante do que estava assentado sobre o trono, e adoravam ao que vive pelos séculos dos séculos; e lançavam as suas coroas diante do trono, dizendo: Digno és, Senhor nosso e Deus nosso, de receber a glória e a honra e o poder; porque tu criaste todas as coisas, e por tua vontade existiram e foram criadas*. A. W. Tozer escreve em *Whatever Happened to Worship?*:

> Todos os exemplos que temos na Bíblia ilustram que a alegria, a devoção e a reverente adoração são a atitude normal de seres morais. Cada vislumbre que nos é dado do céu e dos seres criados por Deus é sempre um vislumbre da adoração, do regozijo e do louvor dos adoradores, porque Deus é quem é [...] Posso dizer com certeza, na autoridade de tudo o que é revelado na palavra de Deus, que ninguém, homem ou mulher, nesta terra que está aborrecido e desligado da adoração está pronto para ir para o céu.[29]

---

[29]TOZER, A. W. *Whatever Happened to Worship?* (Camp Hill, PA: Christian Publications, 1985), 13.

Edificando a adoração

Não se pode negar que o foco da nossa adoração é Deus e somente Deus. Ele é o único na plateia. Ele *é* a plateia! Então como poderemos encontrá-lo? Devemos encontrá-lo com o coração preparado. Geralmente pergunto aos alunos antes de apresentarmos uma música oferecida a Deus: "Seu coração está limpo diante de Deus?" (veja os trechos de Sl 103.12; Pv 28.13; Hb 8.12; 1Jo 1.9). Hebreus 10.22 aconselha: *... cheguemo-nos com verdadeiro coração, em inteira certeza de fé; tendo o coração purificado da má consciência, e o corpo lavado com água limpa.* Este versículo detalha como entrar na presença de Deus. Melhor dizendo, especifica como se preparar para participar espiritualmente na adoração comunitária. O termo grego para definir "verdadeiro" significa sincero, genuíno e sem segundas intenções (cf. Jr 24.7; Mt 15.8).[30] Com relação à ideia de um coração puro, o livro *The MacArthur Study Bible* explica:

> As imagens desse versículo são tomadas de cerimônias sacrificiais da antiga aliança, onde o sangue era espalhado como sinal de limpeza, e os sacerdotes estavam continuamente lavando-se [...] lavar-se com água pura não se refere ao batismo cristão, mas à purificação do Espírito Santo na vida por meio da palavra de Deus (Ef 5.25,26; Tt 3.5).[31]

Quando você vai ao culto para adorar, está espiritualmente preparado? Realmente vai para adorar a Deus? Considere o exemplo da adoração no templo de Herodes. O Pátio Externo, o Pátio das Mulheres, era o lugar mais distante que à maioria dos israelitas era permitido chegar no recinto do templo. De fato, de acordo com Edersheim, "Esse, provavelmente, era o lugar comum para a adoração".[32] Ali era o lugar onde amigos se cumprimentavam e a discussão sobre a vida diária acontecia.

Depois estava o Pátio dos Israelitas; este era reservado para purificar os homens israelitas para observar o ritual do templo. Em um nível mais alto ficava o Pátio dos Sacerdotes e o templo onde os sacrifícios eram oferecidos no altar de Deus.

---

[30]MacArthur, John. *The MacArthur Study Bible* (Nashville: Word, 1997), 1997.
[31]Ibidem.
[32]Mencionado por Leen e Ritmeyer, Kathleen. *Worship and Ritual in Herod's Temple*, Ritmeyer Archaeological Design, Slide Set 5 (Harrogate, Inglaterra: Ritmeyer Archaeological Design, 1999), 6.

A seguir vinha o lugar santo, que continha o candeeiro com os sete braços, a mesa dos pães asmos e o altar do incenso. Atrás do véu que separava o lugar santo do Santo dos Santos residia a gloriosa presença de Deus. O sumo sacerdote podia entrar nesse Lugar Santíssimo uma vez por ano, no Dia da Expiação, e apenas depois de uma preparação especial (Lv 16.1-34; Hb 9.7). Esse era o momento e o local para fazer expiação uma vez no ano pelos filhos de Israel por causa de todos os seus pecados.

O Segundo Templo tinha cinco níveis diferentes, a partir do Pátio Externo e até o Santo dos Santos. É triste considerar isso, mas muitos indivíduos e muitas igrejas nunca avançam (figuradamente falando) além do Pátio Externo em sua adoração. Eles veem apenas uns aos outros. Por causa da obra final da cruz, temos direto acesso ao Santo dos Santos (Hb 9.11-15). Temos o privilégio, como congregação de Deus, de entrar na Sala do Trono. No entanto, o Pátio Externo, aparentemente, é mais atrativo.

Na próxima vez que louvar, faça um pequeno teste. Conforme entrar na igreja e fizer as preparações finais para sua própria adoração, considere com quem você fala mais, com o povo de Deus ou com o próprio Deus. Ele quer nossa adoração. Ele nos ordena louvá-lo:

- *Regozijai-vos no Senhor, vós justos... (Sl 33.1).*
- *... ele é teu Senhor; presta-lhe, pois, homenagem (Sl 45.11).*
- *Exaltai o Senhor nosso Deus, e prostrai-vos diante do escabelo de seus pés... (Sl 99.5).*
- *Dai graças ao Senhor; invocai o seu nome... (Sl 105.1).*
- *Dai graças ao Senhor, porque ele é bom... digam-no os remidos do Senhor... (Sl 107.1,2).*

A adoração é muito mais que um exercício acadêmico. É um relacionamento. O capítulo 21 do evangelho de João contém a conhecida passagem onde Jesus confronta Pedro sobre seu amor por seu Senhor. A igreja atual "gosta muito do Senhor", mas não da mesma forma que Cristo ama a igreja (Ef 5.25). Da mesma maneira que Jesus pressionou Pedro: *... amas-me mais do que estes?* (Jo 21.15). Você o ama mais do que à família, posição, ao *status*, à carreira ou diversão? Você o ama o suficiente para ir para a cama cedo na noite de sábado para não ficar cansado na manhã de domingo? O suficiente para sair da cama cedo para tomar o café da manhã e assim não ficar distraído pela fome? O suficiente para chegar à igreja com bastante tempo antes do culto começar? O suficiente para reservar tempo

DESFRUTANDO MÚSICA E ADORAÇÃO ESPIRITUAIS

para pesquisar em sua alma o pecado que estiver atrapalhando um relacionamento eficiente com Deus? A. W. Tozer, pastor da *South Side Alliance Church* em Chicago por 31 anos, escreveu:

> É minha experiência que toda a nossa vida e toda nossa atitude como pessoas devem estar voltadas à adoração de Deus [...] Se você não puder adorar o Senhor em meio a suas responsabilidades de segunda-feira, não é muito provável que adorará no domingo [...] Minha visão de adoração: Nenhuma adoração é completamente agradável enquanto houver algo em mim que desagrade a Deus.[33]

Como você desfruta a adoração? Tire o seu "eu" do caminho e concentre seus olhos nele. Nas palavras de uma missionária no norte da África:

> Volte seus olhos para Jesus,
> Olhe diretamente para seu maravilhoso rosto,
> E as coisas da terra se tornarão estranhamente turvas,
> Na luz de sua glória e graça.
>
> HELEN H. LEMMEL

O QUE É MÚSICA DE ADORAÇÃO?

O primeiro verbo na Bíblia é "criou". É usado cinco vezes em Gênesis 1. "Fez" é usado quatro vezes. Tudo o que Deus fez era bom. O homem era uma dessas boas criações. Em Gênesis 1.26,27, Deus disse:

> *Façamos o homem à nossa imagem, conforme a nossa semelhança; domine ele sobre os peixes do mar, sobre as aves do céu, sobre os animais domésticos, e sobre toda a terra, e sobre todo réptil que se arrasta sobre a terra. Criou, pois, Deus o homem à sua imagem; à imagem de Deus o criou; homem e mulher os criou.*

Pelo fato de toda a humanidade ter sido criada à imagem de Deus, todos os seres humanos têm algum nível de habilidade criativa. No entanto, os redimidos devem ter habilidade e desejo de produzir obras da mais alta

---

[33]TOZER, *Whatever Happened to Worship?*, 23, 122, 125.

« 234 »   O RESGATE DO PENSAMENTO BÍBLICO

qualidade criativa que os não salvos, porque eles conhecem o criador de uma forma pessoal. Eles têm a responsabilidade de representar seu Pai com a mais alta forma de criatividade e excelência.

C. M. Johansson diz sobre música: "Todos os cristãos temos uma necessidade de produzir bem, porque retratamos a imagem de Cristo por meio das notas e da harmonia".[34] O objetivo do compositor de música cristã deve ser moldar sua música seguindo os passos do mestre criador, que é o mestre músico.

O homem também tem a capacidade de sentir emoções (por exemplo, amor e tristeza). A música exterioriza essas emoções. Nós sentimos as emoções, e o compositor as expressa por nós; quanto mais profunda a emoção, maior a arte requerida para expressar essa emoção. A música que tem substância deve ser combinada com a teologia que desafia o intelecto. Deve haver uma complexidade profunda com nossa música de adoração para refletir a profundidade e vastidão de Deus.

A música de adoração da igreja primitiva era em sua maioria composta de salmos e hinos. Por 1.500 anos, a melhor música sempre esteve na igreja. Lutero pregou sua mensagem de que "o justo viverá pela fé e somente pela fé" por intermédio de um hino composto por ele mesmo. Os séculos 17 e 18 enfatizaram convicções doutrinárias na música, por meio de hinos que foram fruto não só do intelecto, mas do coração de pastores como Isaac Watts, John Wesley e Charles Wesley.[35] Enquanto no início do século 19 preocupava-se mais em aperfeiçoar a qualidade literária de hinos, na parte final do século 19 pôs-se de lado a música religiosa, que tinha suas raízes em músicas espirituais das primeiras escolas dominicais. seu ímpeto foi espalhado pelas cruzadas evangelísticas de D. L. Moody e Ira Sankey. A música era geralmente mais leve em seu conteúdo doutrinário, usando estrofes com refrões com mais repetições, e eram mais fáceis de cantar.

No século 20, as igrejas tinham uma visão inferior de adoração e música. O maior foco da igreja continuou sendo o evangelismo, e não a maturidade dos santos. Isso era refletido nos grupos de cruzadas de R. A. Torrey e Charles Alexander, Billy Sunday e Homer Rodeheaver, até mesmo Billy Graham e Cliff Barrows. Na metade do século 20, a música das igrejas foi influenciada pelas rádios, discos e músicos que faziam turnês cristãs.

---

[34]C. [Calvin] M. Johansson, notas de palestras não publicadas em *Church Music and Theology: Some Philosophical Bases for Church Music* (julho de 1994), 5.
[35]OSBECK, *The Ministry of Music*, 24, 26.

Os últimos 25 anos do século 20 experimentaram o surgimento de grupos vocais de louvor e uma forte ênfase no entretenimento e no indivíduo sentado no banco da igreja.

A TEOLOGIA DA MÚSICA DE ADORAÇÃO

A Bíblia declara em 1Crônicas 23.1 que foram designados 38 mil levitas para o serviço do templo. Desse número, quatro mil foram separados para o ministério da música. O capítulo 25 de 1Crônicas relata que esses quatro mil músicos levitas eram de três grandes famílias: Asafe, Hemã e Jedutum. Dessas famílias, vieram 288 habilidosos músicos que constituíam a liderança educacional dos restantes 3.712 músicos levitas.

É importante observar que a liderança musical veio de linhagens sacerdotais. Eles conheciam teologia, mas também conheciam música. Em 1Crônicas 25.7 é relatado sobre esses levitas que eram *instruídos em cantar ao SENHOR, todos eles mestres...* O trecho de 1Crônicas 15.22 indica que *... Quenanias, chefe dos levitas, estava encarregado dos cânticos e os dirigia, porque era entendido"*

Martinho Lutero sabia da importância de combinar teologia e música. De acordo com Osbeck: "O próprio Lutero disse que a música foi um dos melhores e mais nobres presentes de Deus ao mundo e que os jovens homens não deveriam ser ordenados pastores, a menos que tivessem também sido treinados em música".[36] Onde está o treinamento hoje? ele deve começar com nossos filhos em corais de crianças. Eles devem ser ensinados a cantar corretamente quando jovens e serem assim influenciados pela melhor música.[37]

Frank E. Gaebelein, no livro *The Christian, the Arts and Truth*, diz que ele "quase nunca perdeu seu tempo ouvindo música popular; ele queria rodear-se com arte [música] que não fosse efêmera".[38]

Esse treinamento deveria ser aplicado especificamente nos seminários. Se um pastor não tem algum treinamento específico em música, com uma

---

[36]Ibidem, 22.

[37]O piano é com frequência considerado um bom instrumento para uma criança iniciar a técnica musical. Ele representa tanto a clave de sol quanto a de fá, oferece uma boa opção para a coordenação das mãos, dos olhos e ouvidos e é básico para muitos outros instrumentos.

[38]GAEBELEIN, Frank E. *The Christian, the Arts and Truth* (Portland: Multnomah, 1985), 34.

profunda base doutrinária e bíblica de adoração, ele estará menos preparado para elevar-se em adoração ou para dirigir a adoração para a congregação. Se a técnica musical é algo estranho para ele, certamente buscará auxílio de terceiros, outra pessoa que o faça em seu lugar. Isso é certamente aceitável. No entanto, o pastor tem de ter uma boa bagagem teológica e bíblica sobre a doutrina da adoração e da música, para saber como recrutar e supervisionar a pessoa que irá combinar apropriadamente música e adoração. Ele deve ter conhecimento e treinamento para que possa dar a direção e liderança litúrgica adequada.

Muitas igrejas de nossos dias têm uma visão muito pobre sobre música de adoração. O pensamento mais comum atualmente não é o de exaltar o Senhor, mas de fazê-lo igual ao homem, identificando o Deus vivo com nossa cultura popular. Adoração e música estão capitulando ante uma atitude individualista e narcisista. Há um esforço deliberado de rebaixar o intelecto a um plano subalterno, destacando apenas as características que exploram as emoções. Sussurramos nossa adoração, quando deveríamos levantar nossas vozes juntas em som alegre. A maior parte do tempo a razão para essa deficiência é a ausência de treinamento em liderança musical. Leonard Payton tem observado: "Tão extremo é o caso agora que qualquer um que conheça meia dúzia de acordes de um violão e possa produzir rimas para as especificações dos cartões de saudação da Editora Hallmark é considerado qualificado para exercer essa função no ministério da palavra [levar a congregação à adoração] com relação ao treinamento teológico e análise".[39]

O surgimento de grupos vocais e bandas de louvor prova o que será a próxima geração de música *gospel*: versos pequenos, muita repetição e uma só ideia ou pensamento expressado. Os grupos vocais e bandas de louvor são uma adição maravilhosa para a dieta de adoração da igreja, mas eles devem estar fundidos com os ... *salmos, hinos e cânticos espirituais...* mencionados em Colossenses 3.16. Calvin Johansson diz:

> O uso exclusivo de grupos vocais e bandas tende a produzir um povo que tem a mesma profundidade de espiritualidade que a música que eles cantam. O resultado é uma fé com ausência de profundidade, é simplista,

---

[39]PAYTON, Leonard R. "Congregational Singing and the Ministry of the Word", *The Highway* (julho de 1998), mencionado por John MacArthur, "With Hearts and Minds and Voices", *CRI Journal* (inverno de 2000), 12.

voltada para o "autoagrado", sentimentalista, intelectualmente frágil, indisciplinada e inclinada a mudanças de sentimentos. O resultado final dessa nova tendência de usar apenas grupos vocais cantando é a imaturidade.[40]

A ênfase parece ser esta: simplifique para a congregação. Não espere muito dela. Trate-a como uma plateia. Desenvolva uma apresentação para receber seu aplauso. Deixe-os eufóricos apenas para o momento. Essa transferência para uma adoração centrada nas pessoas prejudica a verdadeira adoração de outras formas também.

O povo de Deus tem perdido de vista o contraste entre a igreja e o mundo. O princípio para ser aprendido é que o cristão é diferente e distinto (1Co 8 e 9; 2Co 5.17).

Há uma perda de comunhão. Hoje podemos ver diferentes tipos de cultos religiosos cultivando uma espécie de síndrome de "dê-me o que eu quero". O foco é nos desejos do povo, mais do que no povo focando-se em Deus.

Há uma perda de conteúdo em nossos cânticos, uma perda de boa poesia. Boa poesia contribui para o uso das palavras de tal maneira que a música contenha um significado muito mais profundo do que se quer dizer. Frequentes repetições fazem com que a frase se torne menos significativa.

Há também uma perda de teologia. As músicas estão com frequência mais centradas no homem do que na teologia bíblica. A igreja deve ter em seu repertório litúrgico músicas com conteúdo e fundamentação saudavelmente teológicos.[41]John MacArthur escreve:

> Os compositores modernos de música cristã de adoração necessitam com urgência desempenhar sua tarefa com mais seriedade. As igrejas também devem fazer tudo que estiver ao seu alcance para treinar e incentivar músicos que estejam preparados no bom manejo das Escrituras e que sejam hábeis em discernir a doutrina saudável. Mais importante ainda, pastores e presbíteros precisam começar a observar mais de perto e com mais cuidado os equívocos do ministério de música na igreja, estabelecendo conscientemente um padrão mais alto para o conteúdo doutrinário e bíblico do que cantamos.[42]

---

[40]JOHANSSON, Calvin M. *Discipling Music Ministry* (Peabody, MA: Hendrickson, 1992), 136.
[41]BOOKMAN, Douglas, notas de palestras não publicadas, *The Master's College*, 10 de abril, 2002.
[42]MACARTHUR, *With Hearts and Minds and Voices*, 14-15.

Desfrutando a música de adoração

O adorador centralizado na Bíblia é aquele que é um participante, e não um espectador. Se você participa, deve estar em comunhão com Deus de maneira "incessante". O pecado impede a comunhão e deve ser confessado para então haver restauração (1Jo 1.9). O coração do adorador deve ser humilde e quebrantado para que possa se aproximar de Deus de forma amorosa e abnegada, e não arrogante (Jo 21). O valor da música e da adoração deve ser fruto do que vem do íntimo (do coração), e não do que é externo (o aplauso do homem). Deus deseja ser adorado por uma congregação de filhos dele que sejam ativos, comprometidos, envolvidos e preparados.

O livro de John Wesley, *Instructions for Singing Hymns*, datado de 1761, ainda se aplica a nossos dias:

- Aprenda músicas primeiro.
- Cante-as acertadamente.
- Cante tudo.
- Cante vigorosamente.
- Cante modestamente.
- Cante no ritmo.
- Acima de tudo, cante espiritualmente.[43]

Todos fomos criados para adorar a Deus. Ainda assim, nossa vida na terra é simplesmente o ensaio; nós o adoraremos para sempre na eternidade (Ap 4.1-11; 7.9-12; 19.1-7; 21.3,22).

« Leituras Adicionais »

Best, Harold. *Music Through the Eyes of Faith*. Nova York: Harper San Francisco, 1993.

Eskew, Harry e McElrath, Hugh T. *Sing with Understanding: An Introduction to Christian Hymnology*, 2. edição. Nashville: Broadman & Holman, 1995.

Hustad, Donald P. *True Worship: Reclaming the Wonder and Majesty*. Wheaton, IL: Harold Shaw, 1998.

Lovelace, Austin C. e Rice, William C. *Music and Worship in the Church*. Ed. rev. Nashville: Abingdon, 1987.

---

[43]*The Works of John Wesley* (Grand Rapids, MI: Zondervan, n.d.), 346, mencionado por Osbeck, *The Ministry of Music*, 61.

CAPÍTULO **11**

Por que **ACONSELHAMENTO BÍBLICO,** e não psicológico?

JOHN D. STREET

Cristãos biblicamente fundamentados devem ser prudentes, desconfiados, dentro de um padrão santo. Eles devem desconfiar de toda e qualquer disciplina ou esquema epistemológico que empenhe autoridade exclusivista no que tange ao processo de aconselhamento para problemas pessoais. Um antagonismo natural sempre tem existido entre conselheiros bíblicos e terapeutas profissionais, porque as teorias psicoterapêuticas têm passado dos limites com relação à liberdade com que têm lidado com os cuidados da alma.[1] Os cristãos estão plenamente autorizados a olhar com desconfiança a psicologia e suas teorias, uma vez que na elaboração de suas teorias têm explicitamente negado a veracidade da Bíblia, como também tomado a liberdade de rejeitar a autoridade que as Escrituras têm em matéria da alma humana.

Para o conselheiro cristão, a palavra de Deus deve ser mais que uma rede de opções interpretativas para a aceitação ou negação das declarações psicológicas; a Bíblia é o instrumento prático do qual o conselheiro deriva sua autoridade funcional e final,[2] sendo aceita como a autoridade determinativa

---

[1]Para uma discussão histórica dessa disputa jurisdicional de quem está qualificado para dar conselho, se os psiquiatras ou o pastor, veja Andrew Abbott, *The System of Professions: An Essay on the Division of Expert Labor* (Chicago: University of Chicago Press, 1988) e David A. Powlison, *Competent to Counsel? The History of a Conservative Protestant Anti-psychiatry Movement*, tese de doutorado, University of Pennsylvania, 1996.
[2]Cf. Salmo 1.1,2; 119.50,92; 2Timóteo 3.15-17; 2Pedro 1.3,19-21.

em antropologia. As Escrituras servem como a única fonte confiável para a terminologia do diagnóstico e do remédio usados pelo conselheiro cristão. A palavra de Deus possui o sistema teórico exclusivo por meio do qual os problemas da alma podem ser apropriadamente interpretados e resolvidos.[3] Mais importante ainda, ela declara possuir autoridade exclusiva em defender a significância e o propósito para a vida do ser humano.[4] Quando colocada em justaposição com o conselho do homem, a superioridade e abrangência da palavra de Deus é inequívoca. O propósito de Deus para a vida do homem prevalecerá. O salmista declara:

> O Senhor desfaz o conselho das nações, anula os intentos dos povos. O conselho do Senhor permanece para sempre, e os intentos do seu coração por todas as gerações (Sl 33.10,11).

TEOLOGIA E PSICOLOGIA

A desconfiança histórica e a hostilidade inata entre a psicologia e a teologia ocorrem porque cada uma reclama, em seu assunto, a legitimidade de outras *Weltanschauung.*[5] A intrusão imperialista da abordagem psicoterapêutica dentro do cristianismo tem tentado minimizar e redefinir a supremacia da palavra de Deus no meio dos cristãos. Em nenhum lugar seu efeito tem sido mais intrusivo e dramático do que na ministração da Palavra com relação ao aconselhamento pastoral.

Por mais de um século, escolas especializadas e seminários têm preparado um exército de estudantes em uma variedade de linhas psicológicas sob o rótulo de *conselheiros pastorais.* Essa preparação com frequência assumia os dogmas de algum renomado psicólogo ou psicoterapeuta, ou pior, elas ensinavam um variado menu acadêmico de métodos e teorias psicológicos da qual o pastor poderia lançar mão conforme achasse mais conveniente.[6] Algumas das correntes psicológicas mais influentes e atuais nas

---

[3]Cf. Lucas 2.35; Hebreus 4.12,13.
[4]Cf. Salmo 73.25-28; Romanos 11.36; 1Coríntios 10.31; 1João 1.3,4.
[5]Alemão para uma cosmovisão compreensível.
[6]Um axioma universal ensinado aos seminaristas sem levar em consideração a tradição da psicologia do seminário ilustra a invasão jurisdicional da agenda terapêutica: "O aconselhamento pastoral é apenas para os mais básicos problemas da vida (esforços interpessoais, aconselhamento pré-matrimonial). O pastor nunca deve assumir o aconselhamento nos assuntos mais pesados no que se refere às 'doenças mentais' (depressão maníaca, o suicídio,

POR QUE ACONSELHAMENTO BÍBLICO, E NÃO PSICOLÓGICO?

escolas teológicas de graduação incluíram a psicanálise de Sigmund Freud, a psicologia analítica de Carl Jung, o aconselhamento psicológico inútil de Carl Rogers, a psicologia fisiológica do liberal teólogo que virou psicólogo G. T. Ladd,[7] e a psicologia existencial de Sören Kierkegaard. Pastores preparados sob a influência dessas escolas psicológicas influenciaram toda uma geração de membros da igreja, levando-os a pensar e agir de acordo com a terapia em voga, em vez de se pautarem pela orientação do evangelho. Até a intenção das Escrituras foi substituída por uma hermenêutica psicológica que oprimiu a terminologia bíblica com interpretações psicoterapêuticas. Onde a Bíblia não foi substituída pela psicologia, foi redefinida por ela.

Muitos psicólogos ou psiquiatras de nossos dias declaram seguir exclusivamente essas antigas escolas psicológicas. Isso enfatiza o fato de que a psicologia é um fluxo de teorias em constante mutação, estando longe de ser uma ciência madura. As teorias psicológicas estão com frequência substituindo outras teorias psicológicas. No espírito do inovacionismo alemão, a psicologia acadêmica busca a qualquer preço outras percepções, freando seu ímpeto inovador (eventualmente) apenas ante o relativismo pós-moderno. Sigmund Koch expressa sua frustração com a psicologia quando escreve:

> A ideia de que a psicologia — assim como as ciências naturais nas quais ela é formada — é cumulativa ou progressiva, simplesmente não é sustentada pela Hhistória. De fato, o difícil conhecimento conquistado por uma geração anterior sintomaticamente elimina as ficções teóricas produzidas pela última [...] Por toda a história da psicologia como "ciência" o *difícil* conhecimento que ela tem oferecido à coletividade acadêmica tem sido sistematicamente negativo.[8]

Entretanto, aos cristãos continuam sendo ensinadas as essências da psicologia tanto de forma explícita quanto implicitamente, nos sermões,

---

ataques de pânico, esquizofrenia, sadomasoquismo, personalidade múltipla, atenção deficiente etc.), para as quais apenas um psicoterapeuta treinado está qualificado". Este raciocínio está baseado na pressuposição fundamental de que a palavra de Deus não aborda com eficácia o cerne desses problemas e, por isso, se fazem necessárias orientações dadas por um "profissional" treinado em termos de psique (isto é, psicologia humanística).

[7]Muitos percebem que Ladd estava se referindo aqui ao segundo presidente da Associação Americana de Psicologia, antes do bem conhecido William James.

[8]KOCH, Sigmund. "Psychology Cannot be a Coherent Science", *Psychology Today*, setembro de 1969, 66.

« 242 » O RESGATE DO PENSAMENTO BÍBLICO

nas lições da Escola Dominical, em encontros de casais, em livros de autoajuda, em programas de rádio, em treinamentos missionários e nas universidades cristãs. Os princípios da psicologia são apresentados como se tivessem o mesmo nível de autoridade que as Escrituras, e disputam tenazmente com a autoridade bíblica pela primazia e até mesmo como única autoridade para determinar o bem-estar da alma. Organizações e agências missionárias persistem em usar ferramentas de avaliação psicológica[9] no recrutamento de seus quadros; esses métodos surgem como resultado de pesquisas comportamentais da normalidade no ambiente secular, e de acordo com as atitudes e opiniões dos não-crentes, para determinar a aptidão e o ajustamento potencial de seus possíveis candidatos a missionários. Além disso, como John MacArthur observou: "Nestes últimos anos, temos testemunhado o surgimento de um grande número de clínicas psicológicas evangélicas. Quase todas elas declaram oferecer aconselhamento bíblico, mas muitas oferecem simplesmente psicologia secular disfarçada com terminologia espiritual".[10] Muitos colégios cristãos, universidades e seminários têm incluído em seus currículos pesados conteúdos programáticos de psicologia e especializações denominadas "Programas de Aconselhamento Bíblico", enquanto mantêm um centro essencialmente psicológico para abordar esses assuntos. Por causa disso, os cristãos têm bons motivos para desconfiar de todo tipo de conselho que não seja perfeitamente bíblico.

PSICOLOGIA NA BÍBLIA?

Alguns acreditam, e até mesmo ensinam, que o termo "psicologia" é de origem bíblica por causa de sua transliteração grega original. É uma combinação composta de duas palavras gregas, *psyché* (alma, mente)[11] e *logos* (palavra, lei). Ao unir etimologicamente essas palavras, passaram a significar *o estudo ou ciência da mente ou alma*. Atualmente, essa palavra tem

---

[9]Os mais comuns são o *Minnesota Multiphasic Personality Inventory* (MMPI/MMPI-2) e o Taylor-Johnson Temperament Analysis (T-JTA).

[10]MACARTHUR, John e MACK, Wayne A. *Introduction to Biblical Counseling* (Dallas: Word, 1994), 7.

[11]Esta palavra aparece 101 vezes no Novo Testamento e mais de 900 na Septuaginta, com muita frequência traduzindo o vocábulo hebraico *nephesh* (alma, fôlego), mas, ocasionalmente, *leb* (coração, homem interior, 25 vezes), *hayyâh* (vida, cinco vezes), *rûah* (espírito, duas vezes) e *'is* (homem, uma vez, Lv 17.4).

laços etimológicos mais próximos do grego clássico do que do grego coiné do Novo Testamento.[12]

A palavra "psicologia" não aparece na Bíblia, ainda que haja infindáveis esforços exegéticos para descobrir a presença de seus significados primitivos. Encontrar as ideias da psicologia moderna no termo bíblico *psyché* é como equacionar a ideia contemporânea da dinamite com a palavra grega do Novo Testamento *dunamis*.[13] D. A. Carson se refere a isso como um "anacronismo semântico".

> Nossa palavra "dinamite" é etimologicamente derivada de δύναμις (*poder*, ou, ainda, *milagre*). Eu não sei quantas vezes tenho ouvido pregadores oferecendo uma tradução de Romanos 1.16 como esta: "Não me envergonho do evangelho, porque ele é a dinamite de Deus para salvação de todos os que creem" — com frequência com uma inclinação da cabeça como se algo profundo ou mesmo esotérico tivesse sido expressado. Isso não é apenas a falácia revisada da velha raiz. É pior; é um apelo a um tipo de etimologia invertida, a fraude da origem composta pelo anacronismo. Paulo pensou em dinamite quando escreveu essa palavra? [...] A dinamite explode coisas, destrói coisas, rasga as rochas, abre crateras, aniquila coisas.[14]

No século 1, o apóstolo Paulo não estava pensando no tipo explosivo de dinamite inventado pelo sueco Alfred Nobel (1833-1896) e patenteado em 1867. Ele estava pensando na sobrenatural habilidade de salvação de Deus, o Pai. A tendência de assumir um significado contemporâneo da palavra e impô-lo à palavra bíblica, com a frequente esperança de declarar uma visão dinâmica ou legitimar uma prática questionável, é uma tática comum e equivocada dos intérpretes atuais. De fato, encontrar vários significados contemporâneos dentro do inspirado texto, fora da intenção do autor, é um traiçoeiro fenômeno pós--moderno.

Portanto, o uso das Escrituras para dela extrair o termo *psyché* não valida biblicamente a prática da psicanálise suplementar em aconselhamento

---

[12]O uso do termo *logos* significa "palavra" ou "lei", enquanto o grego clássico enfatizava a disciplina humana ou estudo — *ology*. Veja também uma primeira distinção da *psique* (alma inconsciente) e *thymos* (alma consciente) em Homer, *Iliad*, 11, 334.

[13]Mt 25.15; Mc 5.30; Rm 1.16; 1Co 4.19,20; Fp 3.10.

[14]CARSON, D. A. *Exegetical Fallacies* (Grand Rapids, MI: Baker, 1984), 32-33.

cristão.[15] Nem as variáveis da teoria psicanalítica — como superego, id e ego — podem ser encontradas intrinsecamente nesse termo. Ainda assim, não é incomum para cristãos, psicólogos e outros interessados lerem as noções neofreudianas sobre um subconsciente dentro da palavra bíblica *psyché*.

Além disso, a típica bifurcação entre a alma e o espírito, feita por alguns psicólogos cristãos, não pode ser biblicamente sustentada. Um psiquiatra cristão oferece esta explicação: "A alma é o aspecto psicológico do homem, enquanto o espírito é espiritual [...] a mente repousa no aspecto psicológico do homem, e não no espiritual".[16] Tão artificial distinção se forma encontrando significado psicológico nos termos bíblicos. Ambos *alma* e *espírito* fazem parte do mesmo intangível aspecto do íntimo do homem, a parte do homem que apenas Deus vê. Um estudo da concordância da palavra *psyché* mostra que, quando as Escrituras usam o termo "alma" com relação ao ser humano, se referem àquele aspecto do íntimo do homem *em conexão* com seu corpo. Quando a Bíblia usa o termo "espírito", está se referindo àquele aspecto do íntimo do homem *sem conexão* com seu corpo.[17] Não existe nenhuma distinção nas Escrituras entre um interior humano psicologicamente orientado e outro espiritualmente orientado.

Todo o interior humano está sob o domínio do espiritual. Nessa arena, a Bíblia reina não apenas como fonte suficiente para solucionar os problemas da alma, mas também como a fonte suprema. Como Agur adverte claramente em Provérbios 30.5,6: *Toda palavra de Deus é pura; ele é um escudo para os que nele confiam. Nada acrescentes às suas palavras, para que ele não te repreenda e tu sejas achado mentiroso.*[18] A tentativa de importar uma significância psicológica desse final do século 20 dentro de uma linguagem bíblica em nosso idioma (ou o hebraico original, aramaico ou grego para essa matéria) é negar a intenção divina de sua autoria. De fato, os esforços do anacronismo para legitimar as práticas psicoterapêuticas entre os cristãos pelo apelo à similar terminologia bíblica são linguisticamente fraudulentos, presunçosos e equivocados.

Usar a Bíblia para justificar práticas psicológicas é algo que só pode ser levado a cabo se forem forçados os limites das definições. Um autor

---

[15]Na prática, é a Bíblia que acaba suplementando a teoria psicoterapêutica na psicologia cristã, e não o contrário.

[16]MINIRTH, Frank B. *Christian Psychiatry* (Old Tappan, NJ: Fleming H. Revell, 1977), 64-65.

[17]ADAMS, Jay E. *A Theology of Christian Counseling* (Grand Rapids, MI: Zondervan, 1979), 116.

[18]Provérbios 30.5,6; cf. Deuteronômio 4.2;12.32; Mateus 5.18-20; Apocalipse 22.18,19.

escreve assim, mostrando sua definição com muito estardalhaço, antes de descrever as visões psicológicas que ele observa em Mateus 5: "Mas o estudo do caráter, os aspectos de seu bem-estar e a mudança de caráter para melhor parecem ser a aplicação de um tipo de psicologia e psicoterapia em um sentido amplo dessas palavras".[19] "Sentido amplo" aqui implica "sentido simples" ou algo carente da complexidade de pesquisa psicológica contemporânea. A psicologia cristã vê as Escrituras como a "fonte de ideias cristãs, incluindo as psicológicas".[20] Em outras palavras, a Bíblia seria útil para análises introdutórias e para a germinação de outras ideias, mas não suficientemente compreensiva e abrangente para dar suporte consistente às confusões dos sérios problemas da alma humana. As Escrituras, de acordo com a chamada psicologia cristã, são um simples e primitivo manual do desenvolvimento e mudança do caráter cristão; a psicologia e a psicoterapia, no entanto, proveem exaustivas ideias para refinar o caráter e promover o bem-estar. Então essa "fonte de ideias cristãs" simplesmente umedece o paladar, mas não extingue a profunda sede da alma. Supostamente, os canais da psicologia adicional devem irrigar as gotas da verdade das Escrituras se o que se pretende é suavizar a sede de problemas da alma na vida. De acordo com a psicologia cristã, o Sermão do Monte ensinaria uma forma de patologia, personalidade distintiva e envolvimento terapêutico, mas apenas em uma composição não sofisticada.

Enquanto psicólogos seculares desdenhosamente tratam a Bíblia como arcaica e de psicologia equivocada, seus colegas cristãos trabalham desesperadamente para apoiar seus terapeutas novatos com uma apologética das origens da psicologia. Psicólogos cristãos com frequência se envergonham, como o filho ilegítimo de sua maior e mais sofisticada família psicológica — a *American Psychological Association* (APA) e a *International Psychoanalytical Association* (IPA). Levados por um desejo profundo de impressionar seus pais mais importantes e influentes, esse cristão "envergonhado" aceita que seja ignomínia o perigo de confiar plenamente na Bíblia. *Organizações como a Christian Association of Psychological Studies* (CAPS) e como em uma extensão menor a *American Association of Christian Counselors* (AACC) têm visto a psicologia como fonte suplementar para a Bíblia. Um cristão que trabalha como psicólogo explica:

---

[19]Robert C. Roberts, "A Christian Psychology View", Johnson, Eric L., e Jones, Stanton L., ed., *Psychology & Christianity: Four Views,* (Downers Grove, IL: IVP, 2000), 159.
[20]Ibidem.

« 246 » O RESGATE DO PENSAMENTO BÍBLICO

> A despeito da riqueza de informações sobre os seres humanos que encontramos nela, seu universo e seu Deus, a Bíblia não foi criada para ser um livro de texto de psicologia [...] a Bíblia não nos fala sobre [...] os estágios de desenvolvimento da infância, os pontos de resolução de conflito, ou os meios de tratar a dislexia ou a paranoia. A psicologia, sim, se concentra em questões como essas.[21]

Em outras palavras, o texto bíblico é uma psicologia superficial e imprecisa e deve ser visto apenas como o portão de entrada para uma terapia mais embasada. A APA zomba dos cristãos que estão "iludidos" com esses mitos religiosos, mas encontram os mitos potencialmente úteis se o psicólogo cristão não leva sua Bíblia a sério demais quando lida com ela. O cristão que tentar manter um pé na Bíblia e outro na disciplina intrusiva da psicologia enfrentará, com certeza, o desafio de um equilíbrio precário. Aqueles que não escorregam na fé cristã, com frequência se despedaçam. Reduzindo os ensinos de Jesus e os discípulos a uma psicologia primitiva e não refinada, destroem a completa confiança cristã na Bíblia, e essa subjugação é, na melhor das hipóteses, um reconhecimento tácito de uma suposta insuficiência bíblica.

PSICOLOGIA NO DICIONÁRIO

O que é psicologia? Ainda que seja um termo comum e com frequência usado, sua conotação é equivocada. Definições populares e escolásticas cobrem uma ampla gama semântica a partir do processo de pesquisa científica para a teoria e prática terapêutica, de doenças mentais biológicas a clínicas. Os sistemas incluem biopsicologia, psicologia experimental, psicologia cognitiva, psicologia do desenvolvimento, psicologia clínica, psicologia social, psicologia industrial-organizacional e psicologia transcultural. Em adição, uma sortida oferta de teorias psicoterapêuticas orienta muitos dos sistemas psicológicos — psicodinâmico, humanístico, existencial, sistemas familiares, comportamental-cognitivo, ou psicoterapia pós-moderna. Como afirmamos, a breve história da psicologia está

---

[21]Ibidem, 110. A Bíblia não declara ser um livro de texto especializado em biologia, química, física, astronomia ou, ainda, administração de negócios; mas, quando ela menciona essas áreas, seu conteúdo nessas questões deve ser considerado infalível e de maneira impositiva. No entanto, em geral, a Bíblia declara ser o conselho de Deus para o homem.

deleteriamente marcada com um número incontável de modelos descartáveis. Em outras palavras, a psicologia está longe de ser uma disciplina especial. Seria melhor se referir a "psicologias",[22] uma vez que a pletora de teorias e sistemas, atuais e passados, é abundante.

A definição mais comum e básica da psicologia, usada pela grande maioria de instituições de ensino, mantém uma conexão próxima entre a psicologia e a ciência. De acordo com essas instituições: "A psicologia é o estudo científico de comportamento e processos mentais".[23] Mas isso é verdade? A psicologia é uma disciplina científica? Se ela é científica, como pode alguém se opor às suas declarações? Os capítulos iniciais, na maioria dos livros-texto de psicologia introdutória para novatos, abordam intensamente assuntos relacionados às ciências naturais: biologia, bioquímica, neurologia, o sistema límbico, o sistema endócrino e órgãos sensoriais. No entanto, os capítulos restantes do livro com frequência se movem cada vez mais distantes das difíceis ciências do comportamento humano, dentro da teoria da personalidade, motivação, emoções, desenvolvimento humano, orientação sexual, psicologia anormal, psicologia social e psicoterapias.

Questões sérias aparecem com respeito à verdadeira natureza científica da psicologia, pois uma grande confiança é depositada nas chamadas ciências "comportamentais". Muitas das sustentadas evidências científicas não são melhores que pesquisas de opinião. A relação da psicologia com as ciências naturais pode ser comparada à semelhança entre a margarina e a verdadeira manteiga. A margarina parece e se espalha como a manteiga, mas ninguém que a experimenta diz que são iguais! Karl Popper detecta um problema maior na psicologia quando escreve: "As teorias da psicologia para o comportamento humano, 'colocadas como ciências', têm, de fato, mais conteúdo em comum com mitos primitivos que com ciência [...] Elas contêm muitas sugestões psicológicas interessantes, mas não em forma experimentável".[24] Uma nota similar de alerta apresentada por Scott Lilienfeld a respeito da prática da saúde mental:

---

[22]Este é o termo do dr. David Powlison (instrutor no *Christian Counseling e da Education Foundation* e professor no *Westminster Theological Seminary em Filadélfia*).

[23]FELDMAN, Robert S. *Essentials of Understanding Psychology*, 4. ed. (Boston: McGraw Hill, 2000), 4.

[24]POPPER, Karl. "Science Theory and Falsifiability", BECK, Robert N., ed., *Perspectives in Philosophy*, (Nova York: Holt, Richart, Winston, 1975), 343.

« 248 »   O RESGATE DO PENSAMENTO BÍBLICO

Em várias décadas passadas, nos campos da psicologia clínica, psiquiatria e trabalho social, surgiram testemunhas de uma abertura ampla e profundamente problemática entre a ciência e a prática (veja Lilienfeld, 1998, para uma discussão). Carol Tavris (1998) escreveu com eloquência sobre o crescente abismo entre o laboratório acadêmico e a sua expressão, e a preocupante discrepância entre o que temos aprendido sobre a psicologia da memória; hipnose; capacidade de influência por sugestionamento; julgamento e avaliação clínica; e as causas, diagnoses e tratamento de desordens mentais, por um lado, e a rotina da prática clínica, por outro.[25]

Percebe-se claramente um problema epistemológico no cerne da declaração *a priori* da psicociência: Ela não é tão científica quanto declara ser. Se a psicologia e a psiquiatria realmente trabalhassem usando um código estrito da ciência de causa e efeito, em vez de pesquisa construída em causas que parecem ser relacionadas a efeitos, elas poderiam ser consideradas autoridades críveis por pastores e conselheiros bíblicos. No entanto, quando a psicologia invade o território bíblico, declarando possuir plena autoridade na área de aconselhamento, chegando a ditar normas do que o homem "deve" fazer, ela está usurpando o domínio de Deus. Cremos que os esforços da psicologia são tanto ilegítimos quanto inúteis, porque não podem chegar a conclusões absolutas sobre a vida, uma vez que em seu cerne a psicologia é apenas um homem falível dizendo a outro homem falível o que fazer. A arrogância é abundante em tal ambiente. Apenas a divinamente inspirada palavra de Deus tem autoridade para fazer isso.

Outro problema surge com a ciência da psicologia. Mesmo que a psicologia recuasse em seu subjetivismo pseudocientífico e contasse plenamente com o auxílio das ciências naturais, ela ainda chegaria a conclusões inexatas. Por quê? As pressuposições *a priori*, da esmagadora maioria das ciências naturais, são as evolucionárias. Freud (1856-1939) era um devoto de Darwin. Todos os livros-texto de psicologia desde o tempo de Freud, qualificados ou não, sustentam que o homem é um animal desenvolvido. Estudos de pesquisas psicológicas sobre a biologia do homem interagindo com seu ambiente são com frequência baseados em estudos animais. Por exemplo, inferências concretas foram feitas a respeito da ligação emocional entre uma criança e sua mãe por intermédio do estudo de como

---

[25]LILIENFELD, Scott O., "The Scientific Review of Mental Health Practice: Our Raison d'Être", *The Scientific Review of Mental Health Practice*, primavera/verão 2002, 5.

filhotes de macacos se tornaram ligados a "mães-macaco" gentis, calorosas e ternas, em vez de ligar-se a "mães-macaco" que davam leite.[26] A hipótese óbvia é que infantes humanos, por causa de sua herança evolucionária, são idênticos ou consideravelmente similares em desenvolvimento a filhotes macacos em suas respostas de ligação. Com base nesses estudos fundamentais, que terminaram merecendo considerável credibilidade, os psicólogos estabeleceram padrões de desenvolvimento geral que afetam as políticas governamentais e educacionais do bem-estar da criança. De forma ainda mais direta, conselhos terapêuticos dados aos pais são baseados na mesma pesquisa evolucionista.

A biopsicologia evolucionária define o homem como nada mais que uma soma total de seus componentes químicos. Uma análise da complexidade avançada do animal altamente desenvolvido, chamado homem, pode revelar o processo biológico que o faz pulsar. Muitos livros-texto de psicologia contêm a descrição do infeliz acidente de Phineas Gage, o empregado de ferrovias de 25 anos que em 1848 teve uma estaca de uma polegada de diâmetro fincada em sua cabeça enquanto dinamitava rochas. Admiravelmente, ele sobreviveu, mas foi um homem radicalmente transformado. Antes do acidente, ele era um empregado responsável, trabalhador, geralmente de um notável comportamento ético e inteligente. Depois do acidente, ele se transformou em um homem amaldiçoador, beberrão e irresponsável, que não conseguia manter-se em um emprego ou estabelecer bons relacionamentos com outros. De acordo com as teorias defendidas na maioria dos textos de psicologia, as áreas de associação do córtex cerebral do sr. Gage foram destruídas, uma região em que os elevados processos mentais como o pensamento, a linguagem, a memória e a capacidade da fala ocorrem. Em outras palavras, o texto declara que a moralidade não é de maneira alguma assunto espiritual; é uma questão orgânica. De acordo com eles, o homem é moral porque seu cérebro se desenvolveu por milênios de um núcleo central (o "velho cérebro") para uma capacidade de raciocínio mais alta no córtex cerebral (o "novo cérebro").

O que foi destruído no cérebro do sr. Gage foi uma porção de uma das mais altamente desenvolvidas áreas de associação do córtex onde a moralidade é determinada. Então, a pergunta que deve ser feita é: a moralidade é um assunto para a biologia, mas não para a Bíblia? As soluções orgânicas

---

[26]Veja o clássico estudo do psicólogo Harry Harlow: H. F. Harlow e R. R. Zimmerman, "Affectional Responses in the Infant Monkey", *Science* (1959), 130, 421-432.

serão suficientes? Será possível que pedófilos no futuro possam tomar uma pílula para deixar de molestar crianças? Poderá uma receita médica acabar com os furtos de uma mulher cleptomaníaca? A biopsicologia evolucionária caminha nessa direção.

Os casos de pessoas com traumas cerebrais como Phineas Gage e outros não provam nada. Novamente, a psicologia fez associações que parecem ser relacionadas a causas, mas não há causa direta e efeito entre um ferimento e o comportamento imoral. Uma forte relação é feita porque a psiquiatria evolucionária está comprometida com uma cosmovisão materialista — a uniformidade das causas naturais em um sistema fechado. Mudanças repentinas voltadas para a maldade, como a evidenciada por Gage, são também claras em casos onde nenhum dano cerebral foi sofrido. Da mesma forma, algumas pessoas que têm sofrido sérios danos cerebrais em áreas de processos neuronais associativos do cérebro não mudaram moralmente. Sem levar isso em consideração, um trauma, como um acidente rodoviário, poderia expor o coração de alguém como Gage à influência danosa da maldade, que havia suprimido isso anteriormente.

Seguidos anos de hostilidade e fúria podem emergir de uma pessoa que haja previamente vivido sob a influência de um estilo de vida basicamente moral. Como Ed Welch explica, uma ferida pode fazer com que seja mais difícil pensar claramente e resistir à maldade latente: "Quando afetados por pecados ocultos, os problemas cognitivos são com frequência traduzidos em comportamento infantil, como o não desejo de ser ensinado, a irresponsabilidade, a impulsividade (especialmente financeira), oscilações emocionais repentinas e sem causa aparente, depressão e irritabilidade".[27] O trauma apenas aumenta a necessidade de manter puro o coração. Idosos que sofrem precocemente de Alzheimer ou demência terão pela frente tempos difíceis reprimindo desejos impuros, especialmente se o íntimo não foi nutrido durante os anos de saúde. Conselheiros bíblicos reconhecem a realidade de uma uniformidade das causas naturais como um sistema *aberto*. Isso significa que esses problemas têm dimensões sobrenaturais/espirituais. A obra sobrenatural do Espírito de Deus por intermédio da palavra de Deus pode trazer uma vida renovada de santidade e justiça à vida da pessoa que crê, contrariando danos ou doenças cerebrais. O materialismo evolucionário termina em niilismo, desprovido dessa esperança.

---

[27]WELCH, Edward T. *Blame it on the Brain?* (Phillipsburg, NJ: Presbyterian & Reformed, 1998), 91.

A psicologia é uma disciplina científica? A resposta para esta pergunta é, na melhor das hipóteses, discutível. Certamente há aspectos dessa disciplina que usam raciocínios científicos rígidos cuidadosamente elaborados. Ainda assim, no entanto, as pressuposições *a priori* necessárias para trazer algum significado importante são patentemente evolucionárias. A psicologia é mais bem vista como um sistema filosófico de pensamento disseminado como uma cosmovisão materialista — behaviorismo, humanismo, determinismo, existencialismo, epifenomenalismo e simples utilitarismo pragmático.

Podemos afirmar com segurança que aconselhamento bíblico não pode ser também classificado como disciplina científica. E não declara ser, ainda que reconheça honestamente a validade da ciência médica e da pesquisa bioló-gica como aplicação para genuínos problemas orgânicos. O aconselhamento bíblico reconhece plenamente que sua epistemologia cresce na pressuposição teísta de um criador autorrevelador que ... *visto como o seu divino poder nos tem dado tudo o que diz respeito à vida e à piedade, pelo pleno conhecimento daquele que nos chamou por sua própria glória e virtude* (2Pe 1.3). A Bíblia não é uma enciclopédia com tópicos de aconselhamento que listam o trata-mento ou remédio específico para cada problema particularmente, mas ela contém, sim, suficientes dados reveladores para estabelecer um padrão efetivo de cosmovisão para o diagnóstico e cura para todos os problemas da alma. Uma explicação extensa feita por David Powlison ilustra esse ponto:

> Conselheiros bíblicos que não consideram cuidadosamente a natureza da epistemologia bíblica correm o risco de agir como se as Escrituras fossem exaustivas, e não compreensivas; como se as Escrituras fossem um catálogo enciclopédico de todos os fatos significantes, mais do que a revelação de Deus de fatos cruciais, ricamente ilustrados, que produzem uma cosmovi-são suficiente para interpretar qualquer fato que encontremos; como se as Escrituras fossem um saco de bolas de vidro, mais do que os óculos através dos quais interpretamos todas as bolas de vidro; como se nossa compreen-são das Escrituras e das pessoas fosse definitiva e completa. Integracionistas veem as Escrituras como um pequeno saco de bolas de vidro e a psicologia, como um grande saco de bolas de vidro. A lógica da epistemologia integra-cionista é esta: Coloque os dois sacos juntos, retire as bolas ruins e óbvias da psicologia e você terá mais bolas de vidro.[28]

---

[28]POWLISON, David. "Critiquing Modern Integrationists", *The Journal of Biblical Counse-ling*, XI (primavera de 1993), 32.

Alguns conselheiros bíblicos erram em acreditar que a Bíblia seja algo semelhante a um saco de bolas de vidro. De outro lado, psicólogos cristãos com uma epistemologia integracionista não acreditam que a Bíblia tenha suficientes bolas de vidro para oferecer ajuda satisfatória nos cuidados da alma. De fato, eles acreditam que, adicionando o grande saco de bolas de vidro da psicologia para uma boa mistura, estarão mais bem preparados para ter sucesso nesse jogo com bolas de vidro. Eles lançam mão constantemente, no entanto, das bolas de vidro da psicologia que são distorcidas e equivocadas pela influência de uma cosmovisão errada. suas bolas de vidro bíblicas são eventualmente marginalizadas por sua epistemologia integracionista. Com visão míope, não podem extrair as bolas más e muito menos jogar de forma eficaz. Powlison pergunta: "A Bíblia é um saco de bolas de vidro ou óculos todo suficiente da verdade — com muitas bolas ilustrativas — pelos quais Deus corrige nossa visão corrompida pelo pecado?".[29]

A diferença entre o aconselhamento bíblico e a psicologia cristã é uma questão de cosmovisão. Conselheiros bíblicos acreditam que o conselheiro precisa de novos óculos. Os psicólogos cristãos acreditam que o conselheiro precisa de mais bolas de vidro. Quando a Bíblia é a lente corretiva do conselheiro cristão, ele tem uma perspectiva de cosmovisão suficiente, com abundante material ilustrativo, para reinterpretar biblicamente todas as experiências humanas para os cuidados da alma.

Aconselhamento bíblico na Bíblia

A Bíblia justifica essa cosmovisão de aconselhamento? Se a resposta é sim, pode um conselheiro bíblico confiar nas afirmações feitas com base em pesquisa no mundo natural? Afirmamos com segurança que é possível priorizar a Bíblia em um esquema de aconselhamento, como também fazê-la fonte confiável para a etiologia de conselheiros cristãos. Dessa forma, a Bíblia provê a terminologia de diagnóstico e cura, assim como o padrão teórico, do qual cada problema da alma pode ser apropriadamente interpretado e resolvido. Os efeitos noutéticos (pertencentes à mente) do pecado não somente causam nos conselheiros uma interpretação errada quanto aos problemas da alma, como também desnorteiam a seleção de classificações adequadas para entender a significância desses problemas,

---

[29]Ibidem, 33.

começando com a visão do conselheiro sobre Deus e estendendo-se à visão do conselheiro sobre o homem.

A Bíblia, e não a psicologia, deveria estabelecer as categorias determinantes para entender a teologia e a antropologia. Por exemplo, as Escrituras não contêm informação alguma de que o homem esteja numa luta contra uma "cosmovisão deturpada de si mesmo" ou "baixa autoestima". Ainda assim, essa ideia tem sido a orientação de uma parte considerável da psicologia popular cristã. A fonte material teórica não vem da Bíblia, mas de psicologias seculares como as de William James, Erich Fromm, Karen Horney e Abraham Maslow. De fato, a antropologia bíblica ensina que o homem ama demais a si mesmo, e, se ele amasse a Deus e aos outros tanto quanto já ama a si mesmo, ele teria uma vida melhor.[30]

Em adição a isso, nenhuma justificativa para a classificação da personalidade como fator determinante em conflitos interpessoais e conjugais pode ser encontrada nas Escrituras. Uma etiologia psicológica de tais problemas faz com que os cristãos se concentrem em questões erradas, evitando o problema crítico do coração idólatra, que é o que realmente precisa mudar. Categorias classificatórias da personalidade não têm nada a ver com a Bíblia; principalmente quando encontram sua inspiração na antiga mitologia grega.[31] Mitologia à parte, a personalidade apresentada na Bíblia é flexível, e não uma característica pétrea. Um diligente estudante da Bíblia deveria estar apto para distinguir as declarações da psicologia, tanto antigas quanto novas, diferenciando-a do critério absoluto da verdade de Deus. Da mesma forma, o conselheiro cristão não apenas deveria se referir à verdade bíblica no aconselhamento, mas deveria ser também *sua razão de viver*.

Além disso, organizações credenciadas por entidades cristãs sérias e sem fins lucrativos, sustentadas pela Igreja, têm surgido nos últimos trinta anos para levar os cristãos de volta a um ministério de aconselhamento baseado na Bíblia. De forma notável, podemos destacar o trabalho

---

[30] 1Samuel 18.1; Mateus 22.37-40; Marcos 12.30,31; Efésios 5.28,29; veja também ADAMS, Jay E. *The Biblical View of Self-Esteem, Self-Love, Self Image* (Eugene, OR: Harvest House, 1986) e Paulo Brownback, *The Danger of Self Love: Re-examining a Popular Myth* (Chicago: Moody Press, 1982).

[31] *Sanguíneo, fleumático, melancólico* e *colérico* têm raízes no latim, referindo-se a quatro humores corpóreos respectivamente — sangue, fleuma, bile preta e bile amarela. Os antigos gregos acreditavam que a supremacia de qualquer um desses humores sobre os outros no corpo determinava as características da personalidade.

realizado pela *Association of Certified Biblical Counselors* (ACBC).[32] Essa entidade é a avó de tais organizações, criadas para assistir a Igreja no desenvolvimento e manutenção da excelência no aconselhamento bíblico. O termo *nouthetic* é derivado da palavra do Novo Testamento que significa prevenir, admoestar ou aconselhar. A ACBC tem sido extremamente influenciadora em ajudar igrejas a criar ministérios de aconselhamento construídos sobre um modelo de aconselhamento bíblico por excelência.

O paradigma do Salmo 19

A grande contribuição que a Bíblia oferece no processo de aconselhamento é belamente ilustrada no Salmo 19, que foi chamado de "o Salmo dos dois livros", porque a primeira metade apresenta Deus se revelando no domínio criado (revelação geral), e a segunda metade apresenta Deus se revelando por meio da Palavra (revelação especial). Um estudo cuidadoso de Salmos, no entanto, demonstra que o salmista Davi não mudou os tópicos à medida que compunha o seu Saltério. O Salmo 19 é um Salmo de um livro, e não de dois.

Revelação geral

A primeira metade do Salmo descreve teologicamente a base e a extensão da revelação geral (v. 1-6). O pastor/poeta introduz o Salmo com uma clara demonstração da glória de Deus nos céus, ao declarar: *Os céus proclamam a glória de Deus...* (v. 1)! A glória de Deus é pintada em cores brilhantes através do céu. Davi afirma que o projeto e o poder cósmico do universo colocam a resplendente glória de Deus em evidência, como uma bandeira desfraldada ao vento e estendida de horizonte a horizonte. A palavra hebraica para "glória" carregava originalmente a conotação mais literal de "carga" ou "peso". Mais tarde, o significado da palavra foi desenvolvido dentro de um conceito de "importância" ou "glória". Quando os olhos percorrem o brilhante céu noturno, uma pessoa está apta para entender o peso ou a importância do Deus Todo-poderoso. A revelação geral é capaz de tirar o fôlego do atento espectador, pelo temor da inteligência pura do criador onipotente.

A seguir, em paralelismo sinonímico, o salmista renova a mesma ideia na segunda linha usando palavras diferentes. Davi diz: *... e o firmamento*

---

[32]*Association of Certified Biblical Counselors* — ACBC. P.O. Box 40495. Jacksonville, FL 32203-0495 502-410-5526, https://biblicalcounseling.com/ [NE]: Anteriormente conhecida como NANC.

anuncia a obra das suas mãos (v. 1). Cada um dos verbos principais nas primeiras duas linhas, "proclamam" e "anuncia", usam a força do texto hebraico, indicando uma ação progressiva. A glória de Deus está sendo consistentemente demonstrada pelo mundo ao nosso redor.

O versículo 2 continua destacando o *moto contínuo* da obra natural do criador, que vem demonstrar mais uma vez a glória de Deus, para que o homem veja: *Um dia faz declaração a outro dia, e uma noite revela conhecimento a outra noite. Faz declara*ção provém de um verbo que significa "empurrar para fora". Como um gêiser naturalmente jorra vapor e água por meio da pressão subterrânea, assim a revelação natural está sob pressão para trazer à tona a glória de Deus.

Sem que nenhuma palavra seja pronunciada, tudo isto é consumado. A *English Standard Version* provê uma excelente tradução aqui: *Não se ouve discurso, nem há palavras, cujas vozes sejam ouvidas* (v. 3). A *King James Version* insere a palavra "onde" — ONDE *suas vozes não são ouvidas* — e, por intermédio disso, confunde o significado. A ênfase nesse versículo não é a localização da mensagem; é a linguagem da mensagem. Deus é capaz de entregar a mensagem essencial sem o uso de uma única expressão verbal. Pela comunicação não verbal, pessoas de todas as culturas e de todas as línguas têm a capacidade de entender que o Deus Todo-poderoso existe em toda a sua magnificência.

A primeira parte do versículo 4 reforça a mensagem: *Por toda a terra estende-se a sua linha, e as suas palavras até os confins do mundo.* Ninguém pode escapar dessa poderosa mensagem não verbal, porque ela se estende pelo horizonte afora. As pessoas não podem se esconder dela nem dela correr. Todos são visualmente bombardeados com o poder de Deus e seu incomparável projeto criativo.

Então, em paralelismo emblemático, Davi estende o entendimento do leitor sobre o papel da revelação geral com o uso de duas vívidas imagens — o noivo e o atlético maratonista (v. 4c-6).

> *Neles pôs uma tenda para o sol, que é qual noivo que sai do seu tálamo, e se alegra, como um herói, a correr a sua carreira. A sua saída é desde uma extremidade dos céus, e o seu curso até a outra extremidade deles; e nada se esconde ao seu calor.*

O sol é comparado a determinado noivo entrando em sua tenda para reivindicar o direito de possuir sua noiva. Vemos aqui uma direção predeterminada, assim como a cada manhã o véu da escuridão é deixado para trás com a promessa gloriosa de Deus de um novo dia. O Sol também faz seu percurso de uma extremidade do céu à outra, como um homem forte; ele não para e ninguém pode detê-lo. Um bom maratonista se mantém concentrado no objetivo de terminar a corrida, assim como o Sol está concentrado em completar o percurso que o criador lhe determinou. Todas essas especificações, movimentos ordenados, regularidade e poder são evidências abundantes da glória de Deus.

A descrição não termina ali, porque o versículo seguinte (6c) indica que ninguém pode escapar à influência da glória de Deus na criação: ... *e nada se esconde ao seu calor*. Ainda usando a analogia do sol, o salmista enfatiza que todos podem sentir o calor da glória de Deus. Mesmo o limitado mundo sensitivo de alguém que é cego, surdo ou mudo tem a capacidade de sentir o ir e vir do calor do rítmico pôr e nascer do sol. Pessoas com "menor capacidade intelectual" ou aqueles com profundo retraso mental (QIs 39 ou mais baixo) são significativamente tocadas com a mensagem básica da presença de Deus e da sua glória. Esse é o poder penetrante da mensagem não verbal. Claramente, a revelação geral tinha a intenção de colocar em evidência o poder e o projeto criativo de Deus.

Nesse ponto, uma pergunta deve ser feita: Qual a função pedagógica que a Bíblia atribui a Deus como o papel que ele pretende dar à revelação geral? Um cristão integracionista de psicologia respondeu assim: "Toda a verdade é certamente a verdade de Deus. A doutrina da revelação geral provê justificativa para ir além da revelação proposta pelas Escrituras em direção ao mundo secular, onde estudos científicos esperam encontrar a verdade e conceitos utilizáveis [...] Novamente, deixe-me insistir que a psicologia oferece ajuda real para o esforço do cristão em entender e resolver os problemas pessoais".[33] Conquanto seja realmente verdade que "toda a verdade é verdade de Deus", é também verdade que "todo erro é erro do Diabo".[34] O truísmo "toda a verdade é verdade de Deus" reduz seu argumento a *reductio ad absurdum* e leva a lançar essa pergunta óbvia, quando usado de forma simplista pelos integracionistas. Por exemplo, outro psicólogo cristão se apega a uma visão reducionista de que a Bíblia afirma: "Assim como os estatutos de Deus nas Escrituras estão ligados ao

---

[33]CRABB JR., Lawrence J. *Effective Biblical Counseling* (Grand Rapids, MI: Zondervan, 1977), 36-37.

[34]Uma frase cunhada por Jay Adams e ouvida pessoalmente por este autor.

seu povo, seus 'estatutos' ou modelos fixos dentro do padrão do céu e da terra estão ligados a todo o cosmo".[35] Então ele sugere que, assim como os autores de Provérbios apelaram para fenômenos naturais, também o psicologista cristão pode fazer o mesmo em determinar leis psicológicas *quase causais* para a vida. Isso não apenas coloca o psicólogo no mesmo nível dos escritores inspirados das Escrituras, mas anula o aviso de Provérbios 30.5,6 sobre adicionar conteúdo à exclusiva palavra de Deus.

Ninguém questiona os muitos benefícios da revelação natural para a humanidade, inclusive descobertas feitas por intermédio das ciências naturais e da pesquisa médica. Ainda assim, algumas dessas descobertas talvez tenham aplicação limitada para aquele que crê na santidade da vida, porque Deus criou as pessoas à sua imagem (por exemplo, com relação ao aborto e à tecnologia da fertilidade). Mas, quando a ponte metafísica para o ser interior é cruzada por uma psicologia transgressora, o que as Escrituras identificam como o papel da revelação geral?

De acordo com o Salmo 19, o papel da revelação geral é alertar todos os homens para a suprema glória de Deus. Ele é um criador organizado com projeto e poder que excedem nossa imaginação. O apóstolo Paulo entendeu esse papel da revelação geral e declarou: *Pois os seus atributos invisíveis, o seu eterno poder e divindade, são claramente vistos desde a criação do mundo, sendo percebidos mediante as coisas criadas, de modo que eles são inescusáveis* (Rm 1.20).

Uma limitação maior — o pecado — impede os efeitos da revelação geral, no entanto, e por isso pode ser totalmente ignorado ou ainda não entendido por seus receptores. Essa mensagem onipresente e poderosa pode ser distorcida e censurada. Paulo explica e justifica a ira de Deus quanto a tudo isso: *Pois do céu é revelada a ira de Deus contra toda a impiedade e injustiça dos homens que detêm a verdade em injustiça. Porquanto, o que de Deus se pode conhecer, neles se manifesta, porque Deus lho manifestou* (Rm 1.18,19). O coração do homem nunca pode ser neutro sobre a verdade. Em sua injustiça, o homem está em oposição a Deus e a qualquer reconhecimento fundamental de Deus. A informação derivada da palavra natural pode ser deformada e obscurecida pela astúcia enganadora do coração pecaminoso. Enquanto a revelação especial pode ser distorcida ou rejeitada como revelação geral, é diferente em um aspecto

---

[35]COE, John H. *Why Biblical Counseling Is Unbiblical*, CAPS 1991 posição do papel de apresentação, <www.students.biola.edu~jay/bcresponse.html>.

maior — é autoautenticada como verdadeira e suficiente, enquanto a revelação geral não é.

Revelação especial

Agora, este é o ponto do Salmo 19: *Maior que toda a revelação geral é a glória de Deus revelada em sua Palavra, porque a Palavra transforma o coração do homem.* Ronald Barclay Allen comenta sobre esse Salmo: "Eu creio que o ensinamento desse Salmo é que *Deus revela sua glória mais completamente em sua Palavra do que em toda a criação*" (grifos do autor)".[36] A revelação geral na obra de Deus, relacionada ao seu poder criativo, cumpre seu dever deixando o ser humano sem desculpas; mas isso não pode nunca produzir transformação, e essa é uma verdade absoluta para os problemas da alma, porque a revelação natural é muito vaga para que possa cumprir esse propósito. A revelação especial das Escrituras é necessária para a salvação — sendo divina, é a verdade absoluta que pode converter a alma (Rm 1.16,17; 1Co 1.18).

O Salmo todo se encaixa no versículo o qual declara: *A lei do Senhor é perfeita, e refrigera a alma...* "Refrigera" é a mesma palavra com frequência traduzida por "converte", "restaura" ou "retorna".[37] A palavra de Deus é perfeita no sentido de que é ideal ou perfeitamente adaptada para o homem; a alma que tem sido deturpada e deformada pelo pecado e por sérios problemas existenciais pode ser reformada por seu poder. Hebreus diz: *Porque a palavra de Deus é viva e eficaz, e mais cortante do que qualquer espada de dois gumes, e penetra até a divisão de alma e espírito, e de juntas e medulas, e é apta para discernir os pensamentos e intenções do coração* (Hb 4.12). Este texto não está dizendo que a palavra de Deus divide a alma do espírito, mas que ela divide o ser interior do homem — tanto que chega até os mais profundos pensamentos e intenções (ou motivações) do coração. A informação da revelação geral não pode nunca esperar produzir esse resultado, porque Deus jamais pretendeu isso. O ocasional discernimento útil provido por meio da busca em coisas como desordens do sono, percepção visual e desordens orgânicas do cérebro nunca se aproximará do poder da palavra

---

[36] ALLEN, Ronald Barclay. *Praise! A Matter of Life and Breath* (Nashville: Thomas Nelson, 1980), 140.

[37] JENNI, Erns e WESTERMANN, Claus. *Theological Lexicon of the Old Testament*, vol. 3, trad. de Mark E. Biddle (Peabody, MA: Hendrickson Publishers, 1997), 1312-1317.

POR QUE ACONSELHAMENTO BÍBLICO, E NÃO PSICOLÓGICO? « 259 »

de Deus para transformação. A palavra de Deus é inigualável dentro da dominante autoridade que possui sobre a alma.

Usar a psicologia para cuidar da alma é como tratar de um câncer com aspirina. Isso irá aliviar temporariamente a dor ou até mascarar os sintomas, mas nunca irá penetrar nos assuntos do coração, como, de fato, pode fazer a palavra de Deus.

Alguns poderiam argumentar que essa passagem bíblica fala apenas sobre o homem não regenerado e não se aplica a cristãos que estão sendo aconselhados. No entanto, esse não é o caso. Ainda que uma ampla aplicação possa ser feita para os não crentes, os últimos oito versículos desse Salmo (v. 7-14) descrevem o poder santificador da palavra de Deus na vida do crente. E se é verdade que a palavra de Deus é melhor para trazer à tona a glória de Deus no homem do que a revelação geral, então, por que os cristãos iriam querer retornar às mais simples e fundamentais verdades da revelação geral quando eles têm uma verdade tão grande, transformadora de vidas, a seu dispor?

Os efeitos da Palavra na vida do homem incluem: *refrigera a alma, faz sábio o simples, alegra o coração, ilumina os olhos, dura para sempre* e *é totalmente fiel*. As primeiras cinco características são particípios, significando que a Palavra da vida renova a vida em um processo constante, concede profundidade de discernimento, dá alegria ao coração, abre os olhos para o entendimento, e nunca estará fora de época. Onde mais uma pessoa poderá encontrar conselhos como esses? Essas frases expressam o progressivo ministério e relevância da palavra de Deus. A sexta característica é uma declaração resumida que conduz à ideia de que a palavra de Deus tem pleno poder para produzir uma compreensiva justiça.

Os adjetivos em referência à palavra de Deus descrevem de diversas maneiras a Bíblia como perfeitamente satisfatória, justa, pura, clara e confiável conselheira. Os sinônimos aqui apresentados para a palavra de Deus demonstram como seu conselho poderia ser aplicado. Esses sinônimos incluem a divina "lei" (*Torah*), um "testemunho", direções, mandamentos, o temor de Javé e os juízos de Javé. Em outras palavras, a verdade de Deus não é opcional. Não é um apanhado de sugestões divinas. Para que a palavra tenha efetivamente necessário impacto sobre o coração de um aconselhado, ela deve ser colocada com verdadeira reverência. Quando isso é feito, o aconselhado acha seu gosto realmente doce (v. 10).

Os versículos 11-14 desenvolvem o movimento final do Salmo. O impacto radical que essa Palavra teve sobre a vida de Davi se torna evidente. Ele abre seu coração para mostrar como foi transformado pelo conselho de Deus, levando-o a glorificar a Deus. Fora da Palavra, Davi pergunta: *Quem pode discernir os próprios erros?* (v. 12). Essa pergunta retórica evoca uma resposta ainda mais forte: *Ninguém pode!* Davi ora: *Purifica-me tu dos que me são ocultos. Também de pecados de presunção guarda o teu servo, para que não se assenhoreiem de mim* (v. 12,13). Pecados secretos são os pecados ocultos da alma, enquanto *pecados de presunção* são os pecados conhecidos. Pecados de presunção têm a lamentável característica de escravizar aqueles que por eles são dominados; eles assumem domínio na vida de uma pessoa (por exemplo, desejo sexual, glutonaria, embriaguez ou raiva). Esses são pecados cometidos com pleno conhecimento de sua pecaminosidade e, assim mesmo, são deliberadamente cometidos.

As Escrituras identificam o pecado como o principal problema do coração humano, revelando a urgente necessidade de aconselhamento (Jr 17.9). Outros fatores contributivos, incluem tanto problemas orgânicos quanto pecados cometidos por outros. Esses pecados de outros, contra ou em volta da pessoa, têm impacto direto sobre ela (por exemplo, estupro, incesto, abuso físico, irresponsabilidade financeira, ódio, raiva, ciúmes). Todas as questões que provocam necessidade de aconselhamento são consequência da perversidade de uma maldição do pecado e de um mundo infestado de demônios (Tg 3.14-16). Mas mesmo em casos de sofrimento injusto, como responde o coração de uma pessoa?[38] Quando a palavra de Deus é acolhida e obedecida, o indivíduo caminha livre de culpa. Davi anuncia corajosamente: *... então serei perfeito, e ficarei limpo de grande transgressão* (v. 13).

Sua oração final é para que ele seja aceito diante de Deus (v. 14). Ele sabe que isso será verdade apenas se ambas as suas ações (*as palavras dos meus lábios*) e seus desejos (*o meditar do meu coração*) estiverem agradando a Deus. O Senhor é a sua rocha e o seu redentor.

A QUESTÃO CRÍTICA

Maior que toda a revelação geral é a glória de Deus revelada em sua palavra, porque ela *sozinha* transforma o coração do homem. Para a questão

---

[38]Uma excelente ferramenta para instruir conselheiros cristãos a resistir quando estiverem enfrentando sofrimentos injustos está em 1Pedro 2.13—4.19.

crítica, "por que aconselhamento bíblico e não psicológico?", a resposta deve ser necessariamente que a palavra de Deus reina suprema no domínio da alma, onde a psicologia invade e busca usurpar a autoridade espiritual. Apenas a palavra de Deus pode efetivamente instruir os crentes a respeito de como glorificar a seu criador.

Ao serem guiados pelos sentimentos de Davi, que ele revela no Salmo 19, os cristãos têm sempre entendido que o objetivo principal do ser humano é glorificar a Deus e agradá-lo para sempre. Isso só pode ser consumado por meio da vivência da palavra de Deus. Todas as psicoterapias e psicologias do homem nunca santificarão o coração humano a tão altos e nobres propósitos. De fato, o núcleo rudimentar de todas as psicologias é o *eu* — vivendo pelo bem-estar e satisfação do *eu*. A maioria das curas da psicologia fornece mensagens de amar mais a si mesmo, estimar a si mesmo e acolher a si mesmo. Todas as psicologias veem isso como seu "principal fim", e, tragicamente, as chamadas psicologias cristãs têm sido também contaminadas com isso.

Além disso, a revelação geral jamais produzirá verdade absoluta, de autoridade universal, na qual uma pessoa possa basear confiantemente o bem-estar de sua alma. Por quê? Porque esse nunca foi seu propósito pretendido. Por sua própria natureza, a revelação natural não pode expressar a imagem completa de Deus, muito menos sua vontade para suas criaturas. Sobre as deficiências da revelação geral, João Calvino comenta: "É, portanto, claro que Deus tem provido a assistência da Palavra para o bem de todos aqueles que ele tem se agradado a dar instruções úteis, porque ele prevê que sua semelhança expressada na mais linda forma idealizada no universo poderia ser insuficiente na sua eficácia".[39] A revelação natural não é qualificada para mudar a alma do ser humano. Assim como Davi descreve de forma brilhante no Salmo 19, Deus entregou ao homem a mais poderosa revelação, capaz de entrar nos recantos mais profundos da alma e não apenas redimir, mas também instruir em justiça; então ele deve glorificar e conviver com Deus para sempre. Todo conselho espiritual para os problemas do homem se baseia nesses fatos fundamentais. As Escrituras são a chave para o que faz da vida, *vida! ... e não é assim que fazem bem as minhas palavras ao que anda retamente?* (Mq 2.7).

---

[39]CALVINO, João. *Institutes of the Christian Religion*, vol. 1, ed. John T. McNeill, trad. de Ford Lewis Battles (Philadelphia: The Westminster Press, 1960), 72.

« Leituras Adicionais »

ALMY, Gary L. *Haw Christian Is Christian Counseling?* Wheaton, IL: Crossway Books, 2000.

GANZ, Richard. *Psychobabble.* Wheaton, IL: Crossway Books, 1993.

ADAMS, Jay E. *The Christian Counselor's Manual.* Grand Rapids, MI: Zondervan, 1973.

ADAMS, Jay E. *Competent to Counsel.* Grand Rapids, MI: Zondervan, 1970.

MACARTHUR, John e MACK, Wayne A. *Introduction to Biblical Counseling.* Dallas: Word, 1994.

CAPÍTULO 12

Por que uma VISÃO BÍBLICA da CIÊNCIA?

TAYLOR B. JONES

É impossível superestimar o impacto da ciência em termos do que ela produz e sua influência sobre a maneira como pensamos. Desde assuntos controversos como o aquecimento global até a medicação oral, a ciência abrange aspectos da vida de todas as pessoas. Além disso, a maioria dos indivíduos pensa que a ciência produz informação que é inerentemente completa ou, no mínimo, altamente confiável. Algumas áreas de estudo têm sido objeto de um escrutínio científico intenso — por exemplo, o estudo astronômico do movimento planetário no sistema solar. Outras áreas, como a busca por inteligência extraterrestre, repousam sobre bases extremamente tênues, descritas pela incerteza das noções e teorias, sendo apoiadas por dados muito frágeis, hipotéticos.

O objetivo de qualquer inquirição filosófica deveria ser o desenvolvimento ou o refinamento de uma cosmovisão geral que seja correta; isto é, ela deveria ser consistente com uma representação precisa da realidade. Esse objetivo deve soar ridiculamente autoevidente, mas poucas pessoas consideraram alguma vez que tivessem uma cosmovisão definida para si mesmas, quanto mais ter certeza que ela é correta. Embora haja muitas cosmovisões, nem todas podem ser corretas. Uma cosmovisão correta deve ser verdadeira, uma expressão da maneira como as coisas realmente são. Uma cosmovisão incorreta é de pequeno valor, além de ser apenas divertida, interessante ou até mesmo fascinante. Embora essas visões incorretas possam render uma grande quantidade de estudos para os filósofos, elas não podem oferecer muitos *insights* sobre como viver a vida. Desde que temos de viver em um universo verdadeiro com pessoas reais e situações reais, uma cosmovisão que não faz uma correta interpretação e reflexão sobre o modo como as coisas realmente são tem pouco valor prático. Um mapa muito bem elaborado, incluindo muitos caminhos e estradas, atalhos e vias alternativas, mas que está desenhado de forma errada, jamais nos ajudará a orientar-nos com sucesso numa viagem, do início até o seu destino final. Assim ocorre com as cosmovisões aberrantes que têm sido apresentadas pela ciência. As consequências são trágicas: quem decide orientar sua vida seguindo seus parâmetros, termina perdendo o rumo da existência.

Se formos um pouco mais além, e considerarmos aqueles aspectos do universo que são fonte de análise de várias disciplinas da ciência, devemos aplicar necessariamente as mesmas linhas de direcionamento e estudo, para obtermos certa confiabilidade. A única diferença aqui é que o escopo da investigação tem sido reduzido às coisas que são relevantes para a ciência. Ainda se busca por uma cosmovisão da ciência que descreva com precisão e reflita de forma confiável toda a realidade.

Filosoficamente, uma cosmovisão cristã contém cinco blocos de crenças: crenças sobre 1) Deus (teologia); 2) realidade atual (metafísica); 3) conhecimento (epistemologia); 4) ética (axiologia); e 5) natureza humana (antropologia).[1] A ciência, como componente da epistemologia, é definida como:

1. O estado do conhecimento: conhecimento como diferente da ignorância ou incompreensão.
2. a) área do conhecimento sistematizado como um objeto de estudo; b) algo que pode ser estudado ou aprendido, como conhecimento sistematizado.
3. a) conhecimento que abrange verdades gerais ou o funcionamento de leis gerais, especificamente obtidas e testadas por intermédio de métodos científicos; b) conhecimento concernente ao mundo físico e seus fenômenos, ou seja, ciência natural.[2]

A segunda e a terceira definições poderiam ser obtidas por meio dos métodos da ciência descritiva. A noção de que a ciência é o antônimo da

---

[1]Nash, Ronald H. *Life's Ultimate Questions* (Grand Rapids, MI: Zondervan, 1999), 14-17.
[2]*The American Heritage Dictionary*, s.v. "ciência".

POR QUE UMA VISÃO BÍBLICA DA CIÊNCIA?   « 265 »

ignorância é implicitamente aceita, mas quase nunca afirmada exatamente dessa forma. Uma implicação mais filosoficamente dramática é a declaração da terceira definição, que assevera que há um elo direto entre a ciência e a verdade. Essa concepção crítica deve ser cuidadosamente estudada e será discutida neste capítulo, tanto quanto o seu impacto com relação a suas implicações.

Antes que a definição e a natureza da verdade sejam citadas, é necessário apresentar uma introdução à metodologia e às limitações da ciência.[3] Mesmo que a ciência moderna e seus efeitos cheguem até a vida de praticamente, todas as pessoas do planeta, o modo como a ciência age filosoficamente para produzir o progresso, por intermédio do qual nos beneficiamos, é pouco compreendido no final das contas.[4] Por esse motivo, a metodologia da ciência como apresentada pelo método científico será analisada aqui cuidadosamente, sendo ilustrada por intermédio de um exemplo que qualquer pessoa familiarizada com o mundo dos automóveis pode relacionar. Então, a natureza da verdade poderá ser discutida, particularmente relacionada à ciência e à autoridade atual, a verdade da palavra de Deus.

É importante observar que algumas áreas do estudo científico são inerentemente mais confiáveis que outras. Não se pode estar tão certo quanto a conclusões obtidas em áreas como a sociologia e a antropologia, se comparadas com aquelas conclusões da química ou física. As últimas têm a vantagem de apresentar condições materiais de serem experimentadas repetidas vezes para certificar-se de que os resultados são uma consequência natural às condições experimentais, e não a circunstâncias incidentais. De outro lado, um dos alicerces da metodologia científica como disciplina acadêmica é o conceito da *reprodutibilidade.*

Nessas disciplinas, pensa-se que os fatores que têm efeito detectável podem ser modificados e correlacionados sistematicamente com as mudanças nos resultados dos estudos. O que está envolvido em determinado processo pode então ser esclarecido sem ambiguidades. O estudo do efeito da gravidade sobre os objetos,[5] feito por Galileu (1564-1642), provou que a velocidade de um objeto em queda não dependia necessariamente de

---

[3]RATZCH, Del. *Science and Its Limitations* (Downers Grove, IL: IVP, 2000).
[4]BAUER, Henry H. *Scientific Literacy and the Myth of the Scientific Method* (Urbana, IL: University of Illinois Press, 1992).
[5]ASIMOV, Isaac *Asimov's Biographical Encyclopedia of Science and Technology*, 2. ed. (Garden City, NY: Doubleday, 1982), 100.

seu peso,[6] lançando por terra a visão de Aristóteles (384-322 a.C.) que tinha sido sustentada por longo tempo. Essas disciplinas, que permitem que a matéria de estudo seja analisada por intermédio de mudanças sistemáticas nas condições e anotando-se os efeitos dessas mudanças, são apresentadas como "ciências difíceis", onde a palavra "difícil" denota um nível de confiança. Exemplos de tais disciplinas incluem a física e a química.[7]

Disciplinas nas quais a reprodutibilidade da experiência é difícil ou impossível de alcançar são denominadas "ciências leves".[8] A implicação, portanto, é que elas são menos confiáveis e justificáveis. Não se pode, em um estudo sociológico, por exemplo, voltar atrás e fazer com que uma criança reviva sua vida com uma melhor educação e comparar diretamente os efeitos dessa influência na vida dessa criança. Em tais instâncias, só se pode observar um grupo de indivíduos e usar as estatísticas para indicar possíveis correlações entre a educação e seu impacto sobre a vida desses indivíduos. Não se pode ter mais certeza nesse tipo de estudos que o fator sobre o qual se está enfocando, isto é, o melhoramento das oportunidades educacionais, sendo necessariamente o único fator envolvido com os resultados desse tipo de pesquisa sociológica. Essa inerente falta de rigor metodológico não significa que esses estudos não tenham mérito ou que não se possa usar os resultados de tais estudos; significa, de qualquer forma, que se tem menos certeza sobre a significância da correlação causa/efeito. A Antropologia e a Psicologia são exemplos de "ciências leves". A falta de reprodutibilidade consistente obstrui qualquer forma de dogmatismo que se queira impor em relação às conclusões obtidas de qualquer estudo na "ciência leve".

O estudo de como a ciência funciona, a lógica da ciência e o desenvolvimento da ciência como disciplina têm sido objeto de análise rigorosa. O desenvolvimento de uma abordagem científica está baseado na civilização ocidental antiga e primária. (A reconstituição do desenvolvimento dessa abordagem e da ciência em geral constitui uma área de estudo por

---

[6]Embora massa e peso não sejam sinônimos, estão relacionados. Massa é a medida da quantia de substância presente. Peso é a medida da atração gravitacional da terra sobre um objeto. Em ciência, os termos são usados de forma intercambiável, ainda que no laboratório a massa seja sempre medida.
[7]Para uma lista de ciências difíceis, veja <http://www.hardsciences.info/>.
[8]Para mais informações comprovando que essa é uma perspectiva amplamente sustentada, veja <http://www.columbia.edu/cu21stC/issue-1.1/soft.htm>.

si só.)[9] Essa surpreendente noção é similar a como as ferramentas de um mecânico servem para ajudá-lo a consertar um automóvel. É difícil visualizar qualquer outra área de estudo na qual o *como* estudar um objeto de interesse venha acoplado a o *que* é o próprio estudo. Por conseguinte, o estudo da filosofia da ciência manifesta-se num novo livro criado com bases regulares.[10] Uma análise mais profunda do desenvolvimento da filosofia da ciência está além do escopo deste capítulo. Em vez disso, cremos ser mais útil considerar como a ciência funciona em um sentido geral.

O MÉTODO CIENTÍFICO

Apesar dos tipos de lógica envolvidos e da confiabilidade relativa de dada disciplina científica, o método utilizado em qualquer área da ciência, quer ela seja pesada quer leve, é filosoficamente o mesmo. A técnica geral para a aquisição, a avaliação e a compreensão da informação para um estudo científico é chamada de "método científico". Muitas pessoas pensam equivocadamente que a compreensão da ciência e sua prática estão além de sua capacidade intelectual. De fato, o pensamento dos cientistas não é assim tão diferente do pensamento dos não cientistas. Albert Einstein disse: "A ciência inteira nada mais é que um refinamento dos pensamentos diários".[11] Para confirmar essa afirmativa e definir e ilustrar o método científico, considere o seguinte exemplo cotidiano dos eventos que este autor já experimentou.

Suponha que um professor de química saia de seu escritório e veja que o pneu direito de seu carro novinho em folha está murcho. Aqui temos, então, um exemplo do primeiro de dois componentes do método científico. O professor reconhece o pneu murcho por intermédio da observação de que o carro está desnivelado numa das extremidades e que o pneu está horizontal na parte inferior, e não redondo. Isso é chamado de *observação*. Qualquer parte do dado científico adquirido pelos sentidos ou com

---

[9]Uma busca na internet usando google.com produziu 223 mil resultados para "método científico".

[10]Veja KUHN, Thomas S. *The Structure of Scientific Revolutions*, 3. ed. (Chicago: University of Chicago Press, 1996); LOSEE, John *A Historical Introduction to the Philosophy of Science*, 4. ed. (Nova York: Oxford University Press, 2001); LEON, Jeffery C. *Science and Philosophy in the West* (Upper Saddle River, NJ: Prentice-Hall, 1999).

[11]BARTLETT, John *Familiar Quotations* (Boston: Little, Brown and Company, 1968), 950a.

o benefício de algum tipo de equipamento científico é uma observação. Observações podem ser tão simples quanto o número de colheres de chá em uma lata de refrigerante ou tão complexas quanto o tamanho da fita de DNA em cada uma das células do corpo.

As observações em si mesmas e de si mesmas são necessárias como ponto inicial ao método científico, mas, para ser útil, a observação deve ser interpretada. O significado dessa observação, de que o pneu está murcho, é chamado *fato*, ilustrado sistematicamente a seguir:

O significado da observação, nesse caso, é tão imediatamente óbvio que nenhum comentário é necessário; mas, com frequência, surgem situações nas quais o significado do que é observado não fica tão claro. Considere os resultados de um estudo psicológico experimental que tenta medir a confiabilidade de uma descrição feita por uma testemunha ocular.[12] Para simular isso, uma ilustração de pessoas num metrô foi exibida a um grupo de pessoas. A imagem mostrava vários indivíduos, um dos quais um homem branco segurando uma navalha; o outro, era um homem negro, usando chapéu. A cena do metrô foi então retirada, e algum tempo depois foi solicitado às pessoas sujeitas ao teste que descrevessem uns aos outros, de maneira sequencial, o que tinham visto na fotografia. O resultado foi uma considerável tendência a transferir a navalha do homem branco para o homem negro. Sem levar em consideração os motivos dessa conclusão, o ponto principal a ser enfatizado é que os significados das observações nem sempre são deduzidos corretamente. É possível fazer uma observação, mas interpretar mal seu significado. A susceptibilidade dos cientistas a tal deficiência deveria ser mínima, mas esse não é necessariamente o caso. Assim como existem indivíduos competentes e incompetentes no grupo que estava sendo testado, assim também ocorre com os cientistas. Vestir um jaleco branco e ser graduado em alguma especialidade científica não concedem a ninguém imunidade sobrenatural, isentando-o de cometer erros.

Como é possível que um grupo de indivíduos olhe uma figura de um homem negro usando chapéu e um homem branco segurando uma navalha,

---

[12]Loftus, Elizabeth. *Memory* (Reading, PA: Addison Wesley, 1980), 39.

e depois diga que o homem negro é quem estava com a navalha? A resposta está no fato de que todo observador, cientista ou leigo, traz uma perspectiva peculiar, uma carga cultural anterior ao estudo que pode influenciar o que ele observa. Nesse caso em particular, a perspectiva que interfere na interpretação correta do que alguém vê é o preconceito racial. Fazer observações através da lente do preconceito distorce a compreensão do que alguém percebe. A fonte atual dessa distorção é o pecado, que embota a capacidade de alguém de interpretar corretamente o que vê. Os fariseus observavam os milagres do Senhor Jesus Cristo e atribuíam esse poder a Belzebu (Mt 12.24). Este autor sustenta aqui a tese de que os cientistas estão tão suscetíveis a esse tipo de preconceito quanto qualquer outra pessoa.

Outras fontes potenciais de equívoco podem ocorrer por ocasião das observações feitas. Um cientista pode simplesmente cometer um erro durante o processo experimental. Ele pode adicionar uma dose dupla de reagentes, aquecer demasiadamente uma reação química ou cometer um erro na leitura da saída digital de um instrumento. Erros humanos geralmente podem ocorrer. Algumas vezes, deficiências no projeto experimental ou a atribuição a um fator externo dos efeitos de uma mudança no experimento podem ocorrer. E isso não é, de jeito nenhum, uma lista extensa. É muito comum que essa lista seja feita para ilustrar os numerosos fatores que podem influenciar de tal maneira a execução da experiência que acaba produzindo resultado errado. A repetição de um experimento, para garantir a reprodutibilidade, pode revelar muitos desses erros.

Nesse ponto do processo, um "chute" científico, chamado de *hipótese*, é proposto — e essa é a explicação inicial, sem comprovação, de por que ou como o evento observado e corretamente interpretado aconteceu.

Essa formulação inicial, *a hipótese*, é um reconhecimento explícito de um dos princípios fundamentais da ciência: *causa e efeito*. Na filosofia da ciência, isso é chamado de *causa antecedente*.[13] A causa que suscita o efeito o precede. Ou escrito de outra forma, menos gramaticalmente correta: "Nada acontece sem motivo". Para cada efeito observado, há uma causa fundamental.

---

[13] LEON, *Science and Philosophy in the West*, 13.

Com relação ao pneu murcho mencionado, muitas hipóteses possíveis nos vêm à mente. Um estudante vingativo aborrecido por causa de uma nota ou prova esvaziou o pneu do carro do professor para expressar seu descontentamento com todas ou com uma nota baixa em particular. É possível, também hipoteticamente, que, ao rodar, o pneu tenha sido furado por um prego. Ou talvez o pneu estivesse com algum defeito. Resta agora descobrir qual das hipóteses é a correta (se é que há alguma).

Retirar o pneu e observá-lo mais atentamente nos costados e na banda de rodagem se mostra inútil na busca por um furo. Se alguém esvazia o pneu, pode não ser possível localizar um furo. Essa porção do método científico, testar a validade de uma hipótese, é chamado de *experimentação*. Isso ilustra um princípio importante sobre o método científico. Uma hipótese naturalmente trará experimentos à mente que podem ser feitos para testar sua validade. Os resultados da experimentação produzem mais observações e fatos que podem concordar com uma hipótese correta, ou provar que a hipótese era falsa.

Sendo incapaz de determinar o que causou o pneu murcho e necessitando repará-lo, o mestre retorna à loja onde o pneu foi adquirido e observa o mecânico repetir a mesma metodologia malsucedida que ele mesmo já havia usado. O resultado dos experimentos repetidos pelo mecânico confirma a possibilidade de que a hipótese elaborada pelo professor de química, que ele batizou de "hipótese do aluno vingativo", seja a que tenha maior probabilidade de ser a verdadeira, já que nenhum deles foi capaz de encontrar qualquer evidência física de um buraco. Certamente está começando a parecer que alguém esvaziou o pneu, em vez de o pneu haver murchado como consequência de algum tipo de furo, acidente ou defeito.

Esse nível mais alto de credibilidade é chamado de *teoria* ou, como é mais comumente conhecido, *modelo*. Uma teoria é uma hipótese testada e deve ser consistente com todos os dados experimentais existentes. A segurança que alguém tem numa teoria é diretamente proporcional à quantidade e à qualidade dos dados. Nesse caso, a teoria foi, no mínimo, duvidosa.

Uma teoria é similar a uma hipótese, porque ela também sugere experimentar para testar sua validade. A seguir, o mecânico enche o pneu e o submerge num tanque com água. Imediatamente bolhas sobem à superfície a partir de um sulco da banda de rodagem. Fica evidente que algum tipo de perfuração *ocorreu*. O professor e o mecânico têm então uma explicação mais plausível como resultado da última experiência. A hipótese do "estudante vingativo" tem de ser descartada porque não se encaixa nos fatos. Se alguém simplesmente esvaziou o pneu, não deveria haver bolhas escapando do pneu inflado e submerso.

Uma rápida remoção de um pequeno pedaço de metal, um remendo feito pelo mecânico e a confecção de uma nota fiscal finalizam a saga do misterioso pneu murcho. Se o mesmo enredo acontece uma e outra vez, até chegar ao ponto em que sempre que alguém tiver um pneu murcho for provado que isso aconteceu por causa de um pedaço de metal, então a teoria do pneu murcho pode ser elevada à categoria de *lei*.

Uma lei é uma teoria para a qual não há nenhum conhecimento ou mesmo exceção antecipada. Poucas teorias na ciência já alcançaram o *status* de leis. "Todo pneu murcho é causado por um pedaço de metal" não é verdadeiro; e isso é óbvio tanto pela intuição quanto pela experiência.

As leis da termodinâmica, que aplicam seus princípios naturais sobre a energia e suas transformações, e a lei da gravidade são exemplos de leis científicas. As explicações para os fenômenos nas demais ciências "pesadas" são, e provavelmente sempre serão, teorias. Isso acarreta consigo a possibilidade de que as atuais teorias possam, algum dia, ser abandonadas se novos dados irreconciliáveis com os antigos vierem a surgir.

Um exemplo ilustrativo, não muito conhecido fora da comunidade científica, tem a ver com o vírus da imunodeficiência adquirida, o HIV. A sequência de eventos bioquímicos que produz proteína, um dogma fundamental da bioquímica, foi sempre considerada como:

$$DNA \longrightarrow RNA \longrightarrow Proteína$$

Foi somente quando se tentava descobrir como o HIV funcionava que se encontraram enzimas que produziam DNA a partir de RNA, o que contradiz o dogma citado. A descoberta da transcriptase reversa, ou seja, enzimas que podiam "escrever" na direção inversa (RNA $\rightarrow$ DNA), demandaram um reexame da antiga crença. Os cientistas envolvidos deveriam ter sua mente aberta o suficiente para considerar a possibilidade de que um dos grandes dogmas da bioquímica estivesse errado. Isso é quase tão notável quanto explicar claramente como o HIV age e que medidas devem ser tomadas para retardar sua reprodução e, por conseguinte, o desenvolvimento do vírus.

Observe que, assim como no exemplo mencionado, qualquer teoria, para ser válida, deve ser consistente com o corpo de evidência existente. Sempre que novos dados são descobertos que sejam inconsistentes com a teoria corrente, esta também deve ser modificada para acompanhar esses novos dados, ou ignorá-la totalmente se a teoria não se reconciliar com os novos dados. Algumas vezes, as teorias se tornam tão amplamente aceitas que são adotadas como "leis". Ocasionalmente, uma informação nova é descoberta que força os cientistas a enterrar uma teoria anteriormente confiável.

O exemplo citado tipifica a lógica que caracteriza o método científico. E é esta mesma abordagem que é utilizada em toda a ciência para esclarecer os relacionamentos de causa e efeito nas respectivas disciplinas. Contrariando a opinião popular, o método científico e, por conseguinte, a ciência em geral não podem produzir conclusões que sejam imunes a análises constantes e à desaprovação. O que ela produz é logicamente autoconsistente com respeito a determinado dado.

Por que uma visão bíblica da ciência? «273»

As leis da termodinâmica, anteriormente citadas, têm sido examinadas com tanta frequência que os cientistas especialistas na área afirmam com extrema confiança que resultados inconsistentes relacionados a essas leis nunca serão encontrados. Em um sentido real, tais leis são verdadeiras. De outro lado, muitas vezes os cientistas classificarão, igualmente, os resultados da maioria dos experimentos como verdadeiros. Adicionar o mesmo nível de certeza de um experimento descrito por uma *lei* a um experimento com um princípio de causa e efeito descrito por uma *teoria* é injustificável e equivocado.

Além do mais, há um amplo espectro de certeza associado a diferentes teorias. A teoria quântica é um tratado importante e mais confiável do que a teoria do aquecimento global. Embora o termo "verdade" possa ser usado para descrever as conclusões de ambos os estudos, os termos não têm o mesmo significado. O que deve ser deixado de lado? Na opinião deste escritor, os resultados de todas as áreas da ciência, exceto aqueles descritos expressamente pelas leis, devem ser considerados de forma lógica, autoconsistentes e racionalmente. Um ceticismo razoável deve ser acrescentado a todos esses resultados e uma disposição para abandonar a teoria, na hipótese de que no futuro surja um dado incompatível com ela.

Essa incapacidade de produzir verdade significa que a ciência não pode produzir uma cosmovisão correta que seja completa e totalmente confiável. É de utilidade questionável possuir uma cosmovisão que tenha de ser reescrita ou descartada à luz de eventos futuros. Como saber, então, se uma cosmovisão é correta? Como testar uma cosmovisão?

Encontrando a cosmovisão correta

Talvez, em um sentido real, não seja muito óbvio como se pode avaliar a exatidão de uma cosmovisão. Se a cosmovisão de alguém é avaliada de maneira significativa, ela deve ser comparada à verdade. Como foi demonstrado, pode-se utilizar a ciência ou, de outra forma, qualquer outra área do conhecimento humano em parte ou no todo como modelo para a avaliação de uma cosmovisão. É possível e, com maior certeza, deve-se usar o atual estado do conhecimento humano como modelo funcional para a resolução de problemas como esse. De outro lado, isso não pode ser usado como uma bússola para definir com absoluta certeza que direção tomar em relação aos desafios da vida.

« 274 »   O RESGATE DO PENSAMENTO BÍBLICO

Da mesma forma que um valor numérico associado a qualquer medida científica é aferido pela medição de uma propriedade em comparação a um modelo externo, arbitrário e fixo para determinar seu significado, assim acontece de forma análoga com uma cosmovisão. Desde que nossa sociedade concorda implicitamente com a definição e, por conseguinte, com o significado de quanto mede um pé (medida), que há 5.280 pés numa milha e, ainda que existe doze subdivisões num pé conhecidas como polegadas, pode-se determinar assim a distância entre quaisquer dois pontos geográficos. Simplesmente se determina quantas vezes se pode cruzar a distância inicial de um ponto de partida até o destino final. Ao concordarmos com a "verdade" de quanto mede um pé ou uma milha, isso nos permite que determinemos a distância com certeza.

O fato de que o comprimento tanto dos pés quanto das milhas são modelos físicos de medida arbitrariamente aceitos, causa problemas que talvez não sejam previstos. Esses padrões não são utilizados na Europa e na maioria dos países, desde que o SI[14] ou sistema métrico, como é mais conhecido, foi adotado. O sistema americano de medidas de comprimento não é transcendente para o mundo inteiro. Nem sempre é "verdadeiro" no sentido de que ele pode ou não ser aplicado, utilizado e entendido de forma bem-sucedida em todo país ou cultura. Isso tem origem no fato de que os padrões de medidas são inerentemente arbitrários e não universalmente adotados. Se um padrão não é aceito universalmente, as medidas não têm significado algum para aqueles que não estão familiarizados com o padrão ou para aqueles que não o conhecem. Para que um padrão tenha utilidade universal, ele deve ser reconhecido como válido por todos os países e culturas.

Da mesma forma, para que uma cosmovisão venha a ser de utilidade universal, ela tem de estar em concordância com o padrão que descreve as coisas como elas são realmente. Desde que o modo como as coisas são não seja uma questão de geografia, cultura ou etnia, uma cosmovisão correta deve, necessariamente, coincidir com a realidade. Somos então imediatamente levados a outra questão: Qual é o modelo que reflete o modo como as coisas realmente são? "O que é a verdade?" A pergunta feita por Pôncio Pilatos cerca de dois mil anos atrás (Jo 18.38) é tão convincente e

---

[14]SI é uma abreviação para *Le Système International d'Unités*, em francês, para o *International System of Units*, veja o website <http://physics.nist.gov/cuu/Units/introduction.html>.

O MODELO CONFIÁVEL

A única coisa que é completamente confiável como verdadeira é a palavra de Deus. Este tem sido o princípio fundamental do cristianismo ortodoxo através das eras.[15] Essa visão está baseada no testemunho das Escrituras sobre si mesma e no fato de que a Bíblia é inequívoca.[16] A natureza das Escrituras (2Tm 3.16,17; 2Pe 1.21), tendo surgido da mente de Deus cujo caráter é a verdade (Tt 1.2), deve necessariamente refletir o mesmo caráter de toda união (Jo 17.17). Se esse critério não é reconhecido, tanto a veracidade de Deus (Tt 1.2) quanto sua imutabilidade (Ml 3.6) não se sustentam.

Não há dúvida de que muitos, se não a maioria das pessoas, adotam uma exceção passiva como posição. Atualmente há uma quase universal aceitação da noção errônea de que a verdade é aquela que cada um reconhece pessoalmente como verdadeira. A falácia de tal perspectiva é clara. Alguém pode, por exemplo, recusar-se a reconhecer que Abraham Lincoln (1809-1865) tenha existido. Isso significa que o décimo sexto presidente dos Estados Unidos é um mito? É claro que essa questão não é digna de resposta. Que Abraham Lincoln existiu é facilmente demonstrável por inumeráveis documentos históricos irrefutáveis. Assim, o fato de que é possível negar a verdade da existência de Abraham Lincoln de maneira nenhuma desaprova qualquer evidência. O que um indivíduo crê ou não nada tem a ver com a veracidade de uma afirmação. Uma afirmação pode ser tanto verdadeira à realidade quanto não ser.

A reação de uma pessoa a uma afirmação qualquer não tem impacto sobre ela. Entretanto, o número de pessoas que pensam que uma afirmação é verdadeira ou não, baseadas em suas avaliações, é avassalador na sua influência. Infelizmente, há muitos cristãos que compreendem corretamente a natureza das Escrituras e de seu autor, mas suas cosmovisões são incompatíveis com isso. Na década de 1970 era possível ver,

---

[15]Por exemplo, a *Westminster Confession of Faith* (1647) com relação a todos os 66 livros da Bíblia: "Todos estes foram dados pela inspiração de Deus para ser a regra de fé e prática" (I,I).

[16]Veja o capítulo 1, "Adotando a autoridade e a suficiência das Escrituras", para elaboração desse tema.

de vez em quando, adesivos de para-choques em carros dirigidos por cristãos, que diziam:

Deus o disse.
Eu creio nisso.
E fim de papo.

O uso desse adesivo podia ser interpretado como uma declaração da autoridade das Escrituras Sagradas. Mas, o fato de que certa harmonia da visão das Escrituras entre Deus e o dono do carro pode servir como definição da questão da autoridade das Escrituras não é simplesmente algo sujeito à opinião pessoal — é grosseiramente errado. A ratificação popular não tem nada a ver com a verdade. O adesivo de para-choques deveria ter sido escrito assim:

Deus o disse.
E fim de papo.
(E só por causa disso) eu creio nisso.

O fato de que Deus o disse é que o confirma. A confiança merecida e a autoridade do autor são a questão. Quando se estabelece que o autor é irrepreensível, então a questão foi decidida. Desde que a falibilidade das pessoas é um ponto sem discussão, o desvio da confiança de um indivíduo na autoridade suprema é o que logicamente se segue. Para o descrente, é sua falta de disposição em vir à luz da autoridade de Deus, por causa dos próprios pecados, que evita essa confissão (Jo 3.19,20). Para muitos cientistas, a confiança no conhecimento humano e o orgulho nas realizações humanas são os pecados específicos que obstruem o caminho para o reconhecimento da existência de Deus e todas as suas decorrentes implicações.

A veracidade e a completa confiabilidade das Escrituras implicam que, quando a Bíblia relata sobre qualquer área, apesar do fato de que a observação pode não ser diretamente uma questão de fé e prática, ela deve ter o nível de precisão pretendida por Deus. A visão que há mais tempo tem sido sustentada a respeito da Bíblia é verdadeira somente quando lida com questões que são espirituais, mas é algo de menor confiabilidade em áreas fora da esfera espiritual. Essas áreas são tradicionalmente chamadas de seculares. Desse modo, uma *dicotomia sacro-secular* surgiu no passado, e essa forma de classificar a matéria de conhecimento humano com base na Bíblia continua até hoje.

Uma tentativa de suprimir a distância entre essas duas áreas do conhecimento foi proposta por Arthur F. Holmes.[17] Ao afirmar que: "toda verdade é a verdade de Deus", Holmes buscou fazer do estudo da criação um valioso e respeitável exercício intelectual, no tempo em que os estudos seculares, especialmente os das ciências, eram considerados menos eminentes que a teologia. Lamentavelmente, essa visão de considerar disciplinas não teológicas como menos dignas de ser estudadas continua nos dias atuais, sendo amplamente sustentada em muitas igrejas que paradoxalmente declaram ter sua base confessional na Bíblia. Os estudos seculares são com frequência relegados a rincões de pesquisa intelectual, onde cristãos "espirituais", supostamente, não devem transitar.

O resultado de tal perspectiva dualista é que a autoridade geral e a confiabilidade da Bíblia são questionadas, dado ao fato de que não se permite o uso de algumas áreas das Escrituras no meio acadêmico. Na prática, as linhas de separação entre o sacro e o secular na Bíblia são, no mínimo, vagas. Cremos que não se pode separar um tema sacro de um secular nas Escrituras, porque Deus não pode ser separado de sua criação. Se aceitássemos essa visão tacitamente, teríamos de concluir logicamente que a revelação escriturística da Bíblia não merece confiança como ponto referencial da verdade (se somos intelectualmente honestos) e, por isso mesmo, não pode ser implicitamente declarada contendo a verdade em nenhum ponto.

Quando a Bíblia se refere a um assunto científico, como a fisiologia, astronomia ou qualquer outra área de estudo, ela o faz com certo nível pretendido de precisão. Entretanto, não se pode pretender que a Bíblia seja usada como um livro-texto de ciências. Esse não é nem nunca foi o propósito da Escritura. seu propósito é revelar Deus ao homem. Além disso, ela não é um livro de ciências, mas a Bíblia é verdadeira quando se refere a qualquer área da ciência, fazendo-o com a honestidade do autor divino.

No tempo em que William Harvey (1578-1657) descobriu o sistema circulatório, pacientes enfermos sofriam sangrias rotineiramente para remover "maus fluidos", os quais eram falsamente considerados a origem da enfermidade. Essas práticas, sem dúvida, resultavam em mortes desnecessárias de um grande número de pacientes; mas vejamos o que as Escrituras estabelecem claramente: *... porque a vida [...] está no sangue...* (Lv 17.11). A implicação médica, apesar de não ser a primeira intenção da passagem,

---

[17]HOLMES, Arthur F. *All Truth is God's Truth* (Downers Grove, IL: IVP, 1977).

está clara. Tirar o sangue é tirar a vida. Então, em geral, sangrar um paciente deve ser considerado um método medicinal imperfeito, uma vez que retira do paciente a principal coisa que ele necessita para sobreviver.

Um exemplo adicional é encontrado na mitologia grega, que posiciona a terra sobre os ombros do titã Atlas. Os antigos hindus colocam a Terra sobre as costas de quatro elefantes que, por sua vez, repousam nas costas de uma grande tartaruga que nada num mar de leite.[18] O livro bíblico de Jó data do tempo dos patriarcas,[19] muitos séculos antes das primeiras observações astronômicas feitas na Renascença começarem a revelar o intrincado arranjo do sistema solar. Apesar disso, o livro de Jó descreve corretamente a posição da terra como suspensa no espaço (26.7). Esse tema do estudo da astronomia nunca será demasiadamente enfatizado, de tal maneira que possamos confiar que, quando as Escrituras se entrecruzam com outras disciplinas do saber humano, esse ponto de contato será, com certeza, sempre confiável.

Uma fonte de informação que verdadeiramente se refere a todo e qualquer assunto é, certamente, verdadeira. Além disso, a extensão da confiabilidade da Bíblia excede tão grandemente a da ciência que descrevê-la quanto à verdade está longe de lhe fazer justiça. Em um sentido real, a verdade da Bíblia deveria ser chamada de A Verdade, com "V" maiúsculo. A deidade de Cristo, o nascimento virginal, a ressurreição e a expiação são exemplos dessa Verdade. E desde que a veracidade da Bíblia, bem como sua confiabilidade, suficiência e precisão, se estendem de Gênesis a Apocalipse, a descrição da criação deve estar no mesmo patamar de confiabilidade, pois pertence à mesma verdade.[20]

Uma cosmovisão que afirma ser bíblica deve poder se harmonizar com as Escrituras em qualquer ponto de intersecção. A cosmovisão da maioria dos indivíduos — ou seja, o meio que se utiliza para agir no mundo e para compreender a ordem criada — tem seu valor determinado de várias maneiras, com a ciência atuando no papel de maior importância. Às vezes, o assunto é proveitoso, referente à cosmovisão funcional, no sentido de que ela explica a realidade. A busca por uma cosmovisão correta, separada de uma cristandade bíblica, pode nunca conseguir levar a uma metodologia

---

[18]Veja <http://www.acesonline.org/Columnists/Jacobyarticle 21dj.htm>.

[19]MACARTHUR, John. *The MacArthur Study Bible* (Nashville: Word, 1997), 693.

[20]Para uma excelente abordagem desse tópico, veja MACARTHUR, John. *The Battle for the Beginning* (Nashville: Word, 2001).

ABORDANDO AS ESCRITURAS

A visão científica da Bíblia terá um enorme impacto em como um cientista atua. Geralmente, os cientistas percebem as Escrituras em uma de três maneiras. O dr. Douglas Bookman descreveu precisamente as três abordagens básicas no contexto do aconselhamento bíblico.[21] ele classifica os conselheiros com base no relacionamento de suas recomendações com a palavra de Deus. Aqueles que ignoram as Escrituras são chamados teóricos "sem livro". Os teóricos dos "dois livros" usam uma mescla de Bíblia com psicologia para aconselhar. E, finalmente, os teóricos do "livro de regras" confiam completa e totalmente na Bíblia como a única fonte de aconselhamento.

Embora seu contexto seja diferente, a explicação se aplica diretamente à ciência por analogia. Em ambas as instâncias, a questão divisora de águas é: qual é a principal autoridade? Assim como conselheiros podem adotar uma abordagem "sem livro", "dois livros" ou "livro de regras"[22] para referir-se a essa questão vital, concernente ao papel da Bíblia no contexto do aconselhamento, assim também os cientistas podem agir da mesma forma. O papel que as Escrituras desempenham na ciência tem enorme influência para o cientista. Todo cientista, consciente ou inconscientemente, toma decisões baseado em sua cosmovisão.

A abordagem "sem livro"

Um cientista que opta pela abordagem "sem livro" ignora completamente a contribuição que a Bíblia pode fazer à sua área científica. Tal cientista escolhe assumir que as Escrituras são tanto erradas quanto irrelevantes. Esta é a posição normalmente aceita pelos cientistas agnósticos ou ateus e é, de longe, a visão mais comum entre os cientistas. Esses indivíduos viram as costas para os *insights* potenciais que as Escrituras oferecem, optando

---

[21]Na obra de MACARTHUR, John F. e MACK, Wayne A. *Introduction to Biblical Counseling* (Dallas: Word, 1994), 63-97.
[22]O escritor teve a liberdade de referir-se à visão do livro "Rule Book" do dr. Bookman como a visão do "Único Livro" para colocar essa perspectiva em vívido contraste com a visão de "Two Books".

por trabalhar na escuridão espiritual sem o benefício proveniente da luz da palavra de Deus.

Na opinião deste escritor, essa visão pode ser investigada desde a rejeição da Igreja Católica à correta afirmação de Galileu (1564-1642) de que o sistema solar é heliocêntrico — ou seja, o Sol é o centro do sistema solar, e não a Terra. A partir desse ponto, foram dados os primeiros passos para que a visão cristã da ciência se perdesse. A concessão do cristianismo dominante, de que a Bíblia não tem nada a oferecer ao cientista com suas investigações, assinalou o começo da divisão dos caminhos entre a ciência e a cristandade. Essas diferentes jornadas continuam até os dias atuais. O que é particularmente doloroso é que a vasta maioria, tanto dos cientistas quanto dos cristãos, tem aceitado isso com normalidade, cada lado recusando-se a dar um passo à frente para aproximar-se do outro.

Desde o momento em que se descobriu que a Igreja Católica estava errada em seu ponto mais importante na história do desenvolvimento da ciência, se convencionou amplamente que a Igreja Católica e a religião organizada, em geral, eram completamente ineptas na compreensão da ciência e em oferecer subsídios confiáveis para tal. A consequência dessa triste posição é que o justo papel de uma compreensão correta da palavra de Deus e do sobrenatural foi erroneamente deixado de lado no esforço científico. Por conseguinte, a separação levou naturalmente a uma relação antagônica entre a ciência e a religião que continua em trincheiras opostas até os dias de hoje.

O erro que a Igreja Católica cometeu não foi fundamentado em uma inadequação das Escrituras, nem na inabilidade de compreendê-la. A Igreja optou por adotar a visão de Aristóteles (384-322 a.C.) sobre o sistema solar, em razão principalmente dos ensinamentos de Agostinho (354-430). A Igreja Católica se equivocou em colocar o conhecimento humano acima das Escrituras. Como resultado, qualquer um que tenha uma perspectiva religiosa é agora pintado com o pincel do catolicismo do século 17, um caso clássico de culpa por associação. A esses indivíduos, nenhuma credibilidade é tradicionalmente concedida pela comunidade científica em geral, assim como é conferida aos cientistas.

A abordagem "dois livros"

Em anos recentes, uma nova perspectiva tem desfrutado uma crescente popularidade. É a abordagem "dois livros", que tenta integrar duas áreas supostamente equivalentes. É defendida por cientistas que têm o cuidado de harmonizar sua compreensão da ciência com sua compreensão da

Bíblia. Essa tentativa de aglutinação, para e em si mesma, é um exercício louvável que todos os verdadeiros cientistas deveriam procurar fazer em algum grau. O papel da Bíblia é necessariamente supremo na vida de todo crente, uma vez que a principal fonte de tudo o que compreendemos sobre a vida humana, a obra de Deus entre os homens e a vida de Cristo, é baseada nas Escrituras. Elas são a base do comportamento, da ética e da moral do cristão. Da perspectiva dos teóricos que defendem a abordagem "dois livros", a ciência e a Bíblia são dois livros, sendo fontes de verdade que não podem ser mutuamente contraditórias. É mais certo dizer que, havendo duas afirmativas corretas, deve haver uma maneira de harmonizá-las entre si.

O que acontece quando surgem contradições entre a ciência e a Bíblia, dentro desse sistema de "dois livros"? É possível buscar uma resposta, analisando esses quatro cenários possíveis: 1) A ciência está errada, e a Bíblia está correta. Os dados da ciência devem ser reinterpretados, medidos novamente, ou descartados como falsos, assumindo que a interpretação da passagem bíblica pertinente está correta. 2) A ciência está errada, e a Bíblia, embora inequívoca, foi mal interpretada. O resultado é que ambas as conclusões estão erradas. Essas áreas necessitam ser reexaminadas. 3) A ciência está correta, e a Bíblia está correta. Trata-se de uma impossibilidade. Isso viola o princípio da não contradição. As afirmativas "A" e "não A" não podem ser ambas verdadeiras ao mesmo tempo. Não pode ser dia e noite no mesmo lugar, ao mesmo tempo. Esses pontos de vista devem ser reexaminados. 4) A ciência está correta, e a Bíblia está errada, no sentido de que ela foi incompreendida. Um documento infalível deve ser incompreendido para estar errado. O texto bíblico deve ser reavaliado.

Os teóricos dos "dois livros" erram com mais frequência no quarto cenário, assumindo que sua compreensão atual da ciência está correta, e a Bíblia foi erroneamente interpretada. Esta é a posição dos evolucionistas teístas que tentam adotar o darwinismo e a Bíblia de forma igual, apesar do conflito óbvio. A dificuldade nesse caso é removida, quando afirmam que Deus usou a evolução para produzir as espécies que existem atualmente por meio de um ato direto e criativo dele.

A consequência dessa abordagem é que o ensinamento claro das Escrituras foi erroneamente avaliado como menos confiável que a ciência. A suficiência e a autoridade da ciência agora repousam em um nível supostamente superior à palavra de Deus. Falível, o homem decaído, agora foi estabelecido num patamar de virtual infalibilidade, guindado à posição de um glorioso e

« 282 »

transcendente deus. Isso é comparável à elevação da tradição sobre e acima da autoridade das Escrituras na Igreja Católica,[23] assim como os fariseus fizeram nos dias de Jesus (Mc 7.8-13). A evolução, da mesma maneira como se adotou a visão geocêntrica de Aristóteles, é indicativa de confiança elevadíssima no julgamento humano, em vez da perspectiva divina.

Essa colocação injusta e radical da ciência acima das Escrituras tem implicações grandes e danosas. Nesse modelo, a ciência se torna a ferramenta usada para interpretar a palavra de Deus. A ciência determina a hermenêutica — ou seja, os princípios usados para interpretar o significado da Bíblia. A desvantagem de tal metodologia está no uso de técnicas temporárias, sujeitas a mudanças a qualquer momento e de formas imprevisíveis, para avaliar a palavra de Deus, sem levar em conta o soberano e eterno criador do universo.

Por exemplo, pode-se considerar a idade da terra. A Bíblia, tomada ao pé da letra, fala clara e inequivocamente de uma criação relativamente recente do universo. Contraditoriamente, a ciência atualmente argumenta que a terra tem aproximadamente cinco bilhões de anos.[24] A ordem de magnitude dessa idade proposta tem colocado um problema na interpretação da Bíblia para os que favorecem a perspectiva da ciência. Para ser consistente com a atual visão da ciência, deve-se inserir um tempo enorme na descrição de Gênesis sobre a criação, o que simplesmente não pode ser obtido tomando-se a Bíblia ao pé da letra.[25] Esse é um problema insolúvel para a abordagem "dois livros".

A abordagem "livro único"

Finalmente, há o teórico do "livro único". Esse indivíduo é um cientista que reconhece sincera e voluntariamente que a Bíblia é inequívoca, infalível, confiável e suficiente. Ele aceita as Escrituras como estando elevadas a uma posição de autoridade e confiabilidade que permanece acima de todas as outras áreas do conhecimento que ela venha a interceptar. A base para isso é uma visão correta da elevação, magnificência e glória do Autor divino. A visão exaltada é então corretamente relacionada à Escritura, já que não se podem divorciar as palavras do autor do caráter dele.

---

[23]McCarthy, James G. *The Gospel According to Rome* (Eugene, OR: Harvest House, 1995), 11.
[24]Veja, por exemplo, <http://www.talkorigins.org/faqs/faq-age-of-earth.html>.
[25]MacArthur, *Battle for the Beginning*, 53-54.

A Bíblia, então, é a única fonte da verdade eterna e tangível na face da Terra (Is 40.8). Essa compreensão assegura a total suficiência das Escrituras quando aplicada a todo tema referido nela (Sl 19.7-14). Adotando essa visão, um cientista que olha para o universo reconhece que a criação inteira é obra das mãos do Deus soberano (Jo 1.3). Suas observações e explanações subsequentes serão consistentes com essa perspectiva. Quaisquer observações que pareçam estar em divergência com essa declaração da origem da criação serão reavaliadas de maneira que não venham negar a Verdade do que Deus disse, claramente e sem ambiguidades, que ele fez.

O teórico do "livro único" aceita alegremente que a chave para a compreensão de tudo não é algo que Deus seja obrigado a fornecer. Mesmo que o mandamento tenha sido dado a Adão e Eva para "sujeitar" a terra (Gn 1.28) e tenha sido repetido a Noé após o Dilúvio (Gn 9.1-3), esse teórico reconhece que a compreensão e a habilidade necessárias para obedecer a essa ordem são igualmente dadas por Deus.

ele também compreende que Deus prometeu ajudar o homem a entender sua Palavra (1Co 2.12-16), mas Deus nunca deu a mesma garantia a respeito do universo. Esse teórico jamais buscará distorcer a Verdade do ensinamento claro das Escrituras para que se conforme a alguma teoria corrente da ciência. Em resumo, o teórico do "livro único" sempre buscará, nesses pontos de intersecção, enxergar em que sua ciência reflete a verdade da palavra de Deus.

Como conclusão

Ao tornar-se um teórico do "livro único", o cientista cristão adquire a perspectiva da ciência que Deus planejou. Certamente, uma parte crucial dessa visão é que a ciência pode ser de grande valor para a sociedade e pode contribuir para uma compreensão maravilhosa, correta e *verdadeira* do universo que, em troca, pode ser usada para benefício de toda a humanidade. Dizer isso de outra maneira é negar a essência da ciência. Essa conclusão dá margem também a que se valorize o fato de que a *verdade* nem sempre é *A Verdade*. A distinção entre a verdade da ciência, que é sujeita a mudanças, e a Verdade das Escrituras, que é um reflexo da imutabilidade de Deus, também faz parte dessa visão.

A adoção da cosmovisão do "livro único" da ciência reconstitui os passos erráticos da ciência contemporânea iniciada séculos atrás e reiniciada para trilhar agora o caminho harmonioso e compatível com o das Escrituras. O conhecimento no terreno da ciência tem retornado à sua perspectiva apropriada como fonte valiosa e importante de aprendizado lógico e autoconsistente, mas em submissão à palavra de Deus. O lugar de direito da autoridade do Autor divino tem sido reconhecido. O uso apropriado das Escrituras onde ela colide com a ciência tem sido restabelecido. Essa compreensão, por si só, permite à ciência reassumir seu lugar correto na epistemologia.

O seguinte poema, intitulado "O verdadeiro cientista", resume apropriadamente essa discussão. Ele foi extraído dos trabalhos de André-Marie Ampère (1775-1836), o físico francês que estabeleceu os fundamentos da eletrodinâmica e em cuja homenagem o ampere, a unidade da corrente elétrica, foi batizado.

> Feliz aquele que em suas observações aprendidas,
> Contemplando as maravilhas deste vasto Universo,
> Diante de tanta beleza, diante de tanta magnificência,
> Dobra os joelhos e reconhece o divino criador.
> Eu não compartilho a incoerência tola
> Do cientista que contestaria a existência de Deus,
> Daquele que cerraria seus ouvidos para aquilo que os céus declaram,
> E se recusam a ver o que resplandece diante de seus olhos.
> Conhecer a Deus, amá-lo, oferecer-lhe um respeito puro,
> Estas coisas são o verdadeiro conhecimento e o estudo da sabedoria.[26]

As duas últimas linhas, com certeza, resumem o verdadeiro cientista. A reação do verdadeiro cientista em buscar a majestade da criação é responder, em confissão sincera e humilde, que apenas Deus é digno de adoração (Rm 1.20). O verdadeiro cientista não é tão tolo a ponto de olhar a criação e negar o seu autor (Sl 14.1). Ele/ela também compreende corretamente que fechar os olhos para o testemunho da criação não é ciência verdadeira (Sl 19.1). Fazer tal coisa é ilógico, irracional e incredulidade deliberada. O maior desejo do verdadeiro cientista é conhecer a Deus, o qual é descrito nas Escrituras como tendo a vida eterna em si mesmo (Jo 17.3). De fato, essa é a descrição que melhor expressa a visão cristã da ciência.

---

[26]*Les moments poetiques d'Andre Marie Ampère*, trad. de Frederick N. Skiff (Paris: Sodel, 1986).

« Leituras Adicionais »

LINDSELL, Harold. *The Battle for the Bible*. Grand Rapids, MI: Zondervan, 1978.

MORRIS, Henry M. *The Biblical Basis for Modern Science*. Grand Rapids, MI: Baker, 1984.

RATZSCH, Del. *Science and Its Limits*. Downers Grove, IL: IVP, 2000.

CAPÍTULO **13**

Por que **EDUCAÇÃO CRISTÃ,** e não doutrinação secular?

JOHN A. HUGHES

Bobby, o mais velho dos quatro filhos de Robert e Liz Green, sentiu-se animado e apreensivo quando entrou no avião, rumo ao seu primeiro ano em uma prestigiada universidade do oeste. Bobby havia crescido em uma família de classe média, estável, amorosa e ativamente cristã; desde criança ele frequentou a igreja regularmente, vindo conhecer e receber a Cristo como seu Salvador durante o seu segundo ano na escola cristã da igreja. O casal Green eram pais ativos, cristãos maduros e cuidadosos com seus filhos, estando dispostos a fazer alguns sacrifícios financeiros a fim de permitir que seus filhos frequentassem uma escola cristã academicamente forte. O senhor Green estava comprometido em garantir que seus filhos estivessem aptos para ter algumas oportunidades educacionais que ele não tivera, em sua juventude. Ele havia começado a trabalhar como vendedor de uma loja de departamento de sua cidade, imediatamente depois de concluir o segundo grau. Com trabalho árduo e muita perseverança, ele era o gerente da loja, um negócio que prosperara muito financeiramente, ampliando os horizontes como uma rede de lojas com uma localização privilegiada e popular, oferecendo produtos de consumo familiar em muitas regiões do país.

Bobby tinha se destacado nos estudos, havia feito bons amigos e, como atleta, chegou a ganhar títulos no time de basquete da escola cristã de segundo grau. Por conseguinte, suas boas notas, a alta pontuação nos testes e um justo e reconhecido sucesso como parte do time de basquete, que venceu o torneio escolar, fizeram que Bobby recebesse muitas ofertas de bolsas de estudo em várias universidades.

Ainda durante a semana de orientação vocacional, Bobby percebeu que estava entrando em uma experiência extremamente desafiadora. Seus princípios eram constantemente atacados por atitudes e conversas abertas e casuais sobre assuntos relacionados a sexo nos dormitórios, na cantina e no grêmio estudantil. O impacto da primeira semana de aula se juntou à sua angústia quando o professor da aula introdutória de filosofia solicitou que levantassem a mão os alunos que se chamavam "cristãos". A frase obscena que se seguiu ao acenar de Bobby e de alguns poucos mais, um verdadeiro impropério verbal, feriu seus ouvidos e sua alma. Argumentando educadamente, o professor prometeu que faria tudo o que pudesse para esclarecê-los quanto à ingenuidade e estupidez de suas crenças. O professor declarava sua expectativa de que, ao final do semestre, haveria poucos, se não nenhum, idiota restante.

Bobby tentou encontrar uma igreja que lhe parecesse doutrinariamente sólida na qual adorar e estar em comunhão. Infelizmente, os membros da igreja que ele encontrou, perto da faculdade, pareciam intimidados quanto à defesa e demonstração de sua fé, em razão da presença e influência da universidade, tão perto da igreja. Com o passar do tempo, sua frequência à igreja nas manhãs de domingo se tornou mais esporádica (assim também suas devocionais pessoais), e isso inversamente proporcional ao aumento da demanda de tempo para o estudo, prática de basquete e viagens para jogos. Ele descobriu no início do semestre que nunca deveria desafiar a declaração de algum professor, não importando quão ultrajante fosse para a sua posição cristã, pelo menos no ambiente da aula. Dar aos professores apenas o que eles queriam era a melhor estratégia para evitar conflito e humilhação pública.

No fim do semestre, Bobby lutava com sua fé e sua caminhada com Deus. Seus pais observaram isso quando ele voltou para casa para passar o Natal em família (ainda que brevemente, porque tinha de voltar ao *campus* para um torneio de basquete). No final de seu primeiro ano, Bobby era um homem transformado. Ele não estava certo se acreditava mesmo na existência de Deus. Sabia com certeza que a verdade não existia e que a Bíblia era arrogante em proclamar que existia. Também estava bem claro para ele que seu país, a democracia e o capitalismo não passavam de esquemas inventados e perpetuados por um bando de homens velhos, ricos e brancos que sistematicamente exploravam todo e qualquer grupo étnico, cultural e/ou economicamente desfavorecido que cruzasse seu caminho. No final, Bobby decidiu que era melhor não pensar demais, crer demais ou preocupar-se demais com alguém.

A história de Bobby Green é completamente fictícia. Mas, infelizmente, mudando o nome e adaptando alguns detalhes da história, muitos leitores com certeza puderam transformar esse relato na atual experiência de um ou mais jovens promissores de suas próprias igrejas. É um cenário que tem se repetido como a frequência das batidas cardíacas dentro da maioria das igrejas evangélicas em todo o país.

A proposta deste capítulo é examinar o que a Bíblia diz sobre educação e o processo educacional. Esperamos sinceramente oferecer alguns pontos de vista sobre os assuntos críticos que precisam ser levados em conta no momento em que são tomadas decisões quanto ao sistema educacional que se pretende cursar, para você, leitor, e seus filhos. Questões a serem discutidas incluirão os objetivos da educação, responsabilidade educacional, qualificação dos professores e guias para currículo educacional.

EDUCAÇÃO DEFINIDA

Sem dúvida, pode-se dizer que a educação (o processo de ensinar e aprender) é uma das funções centrais e básicas da existência humana. A educação é um processo que é único para o homem, não sendo compartilhado em nenhum grau importante com nenhuma outra criatura do mundo criado por Deus. Pode-se dizer que há um mínimo de aprendizagem nos animais jovens até certa etapa da sua maturidade física e cerebral, o desenvolvimento de instintos inatos que proveem a grande base para seu aprendizado. Podemos acompanhar o trabalho de treinadores de animais, que usam aprimoradas técnicas de condicionamento para domesticar e ensinar animais a desempenhar várias tarefas importantes e, às vezes, divertidas. seu trabalho pode durar semanas, meses ou mesmo anos até se chegar a um resultado satisfatório; mas, se comparado ao aprendizado que acontece em qualquer classe de crianças do Ensino Fundamental, uma criança normal aprende muito mais no tempo de uma semana.

Podemos concluir também, quanto ao processo educacional, que Deus estabeleceu a capacidade cognitiva como mecanismo humano para perpetuar e provocar o progresso da vida na terra. Deus capacitou todo homem e toda mulher com a habilidade intelectual de raciocinar, formar hipóteses, inventar, filosofar e teorizar. É o processo educacional que transmite os resultados da atividade intelectual pessoal para outros indivíduos e para gerações subsequentes. E é o conhecimento e as descobertas das gerações anteriores, passados adiante para um indivíduo por intermédio do processo educacional, que servem como força e base para sua atividade intelectual. Tem sido claramente argumentado que cada geração se apoia nos ombros das gerações anteriores para desenvolver uma compreensão da realidade e do universo no qual vivem. Evidentemente, não teria sido possível a civilização humana progredir sem o mecanismo da educação. Existe alguma espécie de animal que tenha desenvolvido um estilo de vida substancialmente melhor para sua espécie ao longo de centenas de gerações de existência?

A educação de uma pessoa, e desta para outras, é uma habilidade que Deus concedeu exclusivamente aos seres humanos. Uma vez que esse é o caso, caberia aqui fazer a ligação desse aspecto da habilidade humana com a afirmação bíblica de que o ser humano foi criado à imagem de Deus? Certamente a necessidade de aprender não é uma característica da natureza de Deus porque ele é onisciente. No entanto, a habilidade e o desejo de passar adiante o ensinamento para seus semelhantes poderiam ser considerados parte de seu caráter estampado nos seres humanos desde o começo da criação?

Ensinar e aprender são atividades consideradas independentes dentro do processo educacional. É possível para um indivíduo aprender a ser um professor. Talvez, nesse caso, deva ser considerado o ato de aprender como seu próprio professor. De outro lado, pode ser questionado se o processo de ensinar pode ser corretamente realizado na ausência de um aprendiz ou ainda na presença de estudantes que falham no processo de aprendizado. Enquanto a educação deve dirigir tanto o ensinar quanto o aprender, tende a se concentrar mais no que e no como do aspecto de ensinar e seu processo, para que se possa afirmar que ocorreu um aprendizado eficaz. Ensinar pode ser visto como a causa do processo educacional que produz o efeito de aprender.

Influências históricas que moldam a educação atual

Como em muitos aspectos da vida, o passado molda o presente; assim é também no caso da filosofia e da prática educacional dos dias atuais. Várias das influências históricas mais importantes que têm contribuído para o pensamento educacional atual serão brevemente resumidas nos próximos parágrafos.

A concepção filosófica de uma "educação liberal" começa mais de 2.500 anos atrás com o pensamento de Sócrates, Platão e Aristóteles. Nos livros VII e VIII de *The Politics*, Aristóteles descreve as características de uma educação "liberal" que equiparia indivíduos com virtude, lazer e apta cidadania.[1] A obra desses filósofos foi expandida e formalizada por alunos na cidade grega de Alexandria. "As escolas de Alexandria enfatizavam uma empírica aproximação à ciência e ao estudo da linguagem e literatura [...]. Os estudos avançados de Alexandria foram construídos em um modelo atual de uma ampla educação geral, preparatória aos estudos de retórica e filosofia. O sistema havia se desenvolvido da primitiva preocupação grega de nutrir nos jovens as virtudes aristocráticas de sua cultura, virtudes que no século 5 a.C. iluminaram o caminho para ideais mais democráticos e que, em tempos posteriores, ainda serviam de base filosófica para valores humanistas da era helenística."[2] Com o passar do tempo, o currículo educacional grego se ampliou para incluir o treinamento físico via ginástica, como também a instrução musical de voz e de instrumentos. O centro do currículo das artes liberais passou a se formalizar e definir para incluir o estudo em sete áreas. As três primeiras, conhecidas como *trivium*, incluíram gramática, dialética e retórica, enquanto o segundo grupo de quatro, chamadas *quadrivium*, incluíam aritmética, geometria, astronomia e música.

Durante o império de Constantino, na primeira metade do século 4, o cristianismo se tornou primeiro tolerado e depois a religião oficial, à força de um decreto, dentro do Império Romano. A igreja veio a ser indicada como a responsável pela liderança e supervisão das atividades educacionais e escolares. Do século 4 ao século 10, escolas confessionais ligadas a catedrais católicas e episcopais ensinavam às crianças a doutrina cristã, assim como as sete artes liberais. "No século 9, os cristãos também tinham escolas paroquiais (da comunidade) da catedral ou monastério."[3] A fundação da Universidade de Bolonha em 1158 é geralmente reconhecida como o nascimento da educação de nível universitário. "A partir de suas raízes monásticas e através do século 19, todas as universidades foram fundadas como instituições cristãs, independentemente de se elas ensinavam

---

[1]ARISTÓTELES, *The Politics*, trad. de T. A. Sinclaire (Baltimore: Penguin Books, 1972), 295-316.
[2]HOLMES, Arthur F. *Building the Christian Academy* (Grand Rapids, MI: William B. Eerdmans, 2001), 9.
[3]SCHMIDT, Alvin J. *Under the Influence: How Christianity Transformed Civilization* (Grand Rapids, MI: Zondervan, 2001), 173.

lei, teologia ou medicina."[4] Foi nesse solo intelectual que as sementes da Reforma, da Renascença e do Iluminismo germinaram e geraram a ciência moderna.

Cristãos do período do Iluminismo, no século 18, buscavam alcançar um mais profundo entendimento do escopo e da complexidade do universo físico criado por Deus; e, para chegar a essa melhor compreensão, usaram o método de observações sistemáticas e da manipulação fenomenológica. Eles, no entanto, perceberam claramente que a *verdade revelada* tinha autoridade enquanto a *verdade descoberta* necessitava ser reconhecida apenas temporariamente, mas nunca aceita quando em contradição com a verdade revelada. Através dos vários séculos que se seguiram, o pensamento racional e a exploração científica se tornaram o mecanismo reconhecido para descobrir e definir a verdade. O papel absoluto da Bíblia foi perdido, até mesmo em muitos círculos do pensamento cristão erudito. Atualmente, muitos estudantes cristãos realizam incríveis malabarismos intelectuais para reinterpretar o claro significado das Escrituras, na tentativa de adaptar as teorias científicas atuais ao conteúdo bíblico, com a esperança de ganhar respeitabilidade na comunidade secular e intelectual. A verdade bíblica é aceita temporariamente por eles, e apenas quando não entra em conflito com as teorias científicas em voga.

Como o racionalismo deu à luz a teoria evolucionista, o objetivo e estudo da ciência mudaram seu rumo, de descobrir a criação maravilhosa de Deus para o desenvolvimento de teorias científicas que poderiam competentemente excluir o envolvimento de Deus no universo natural. Os princípios do método científico foram estendidos ao estudo do comportamento humano, gerando as ciências sociais. Uma concepção fundamental da ciência social é que o homem é um ser natural, e não espiritual ou moral, o produto de forças evolucionárias. Por conseguinte, a doutrina da depravação do homem foi completamente rejeitada. O homem, concluiu-se, não seria um ser nem moralmente neutro nem inerentemente bom. A mente das crianças foi definida como essencialmente um quadro em branco para ser preenchido por educadores com o conteúdo que as moldaria para prover valores mais positivos à sociedade. Comportamentos errados foram definidos como resultado de uma ausência de educação. O papel da educação passou a ser identificado como o mecanismo para equipar indivíduos com

---

[4]Ibidem, 187.

o conhecimento, habilidades e atitudes que farão com que eles não usem comportamentos autodestrutivos, antissociais ou criminais, inspirando-os a colocar os objetivos da sociedade acima de seus próprios objetivos. Essa visão básica para a aplicação potencial da educação permeia na prática toda a moderna sociedade ocidental nos dias atuais.

A proposta, o currículo e os métodos da educação mudaram dramaticamente como resultado do Iluminismo. O racionalismo dominou a seleção e apresentação do conteúdo em todos os assuntos abordados. O estudo das ciências naturais e sociais compete por mais tempo e relevância dentro dos currículos acadêmicos. O estudo da teologia se tornou marginalizado, repartido e dissociado de qualquer vínculo mais sério com matérias ditas sérias, em qualquer campo acadêmico. Através do século 20, os métodos de ensino mudaram à medida que cientistas sociais se concentraram na aplicação de princípios derivados de experimentações da psicologia e sociologia para estabelecer princípios educacionais. Técnicas condicionadas desenvolvidas por psicólogos clássicos e comportamentais foram adaptadas para o uso na sala de aula para aumentar o aprendizado dos estudantes e controlar o seu comportamento.

Essa seção não estaria completa sem considerar o efeito que a atual cosmovisão pós-moderna (veja o capítulo 7 deste livro para uma análise mais profunda do pós-modernismo) tem na filosofia e prática educacional. As dificuldades econômicas e os conflitos mundiais do século 20 abalaram seriamente o otimismo e a confiança do mundo ocidental na ciência como a chave para a verdade, o progresso e a prosperidade. As cosmovisões pós-modernas mais depreciativas começam a ganhar ampla aceitação. A pedra fundamental dessas cosmovisões passa a ser a não existência da verdade objetiva. Nessa cosmovisão, a "verdade" é redefinida para ser uma metanarrativa (isto é, um modelo explanatório completo) que procura organizar o fluxo de forças sensoriais que um indivíduo recebe todos os dias. Se a verdade é definida dessa maneira, nenhum indivíduo ou grupo pode declarar ter um esquema de metanarrativa que seja mais válido que qualquer outro indivíduo ou grupo. A atitude de tolerância com relação a todos os outros pontos de vista passa a ser regra básica de convivência dentro de uma mentalidade pós-moderna. No entanto, a tolerância não é mais definida como uma graciosa resposta individual para uma pessoa que sustenta pontos de vista errados. A tolerância é agora definida como a expectativa de que toda pessoa chegue a abandonar a ideia de que sua compreensão da verdade tenha mais validade que a perspectiva de outra pessoa.

Uma consequência social do pós-modernismo é o surgimento do tribalismo. Se a verdade é concebida para ser uma metanarrativa mental individual para explicar o mundo ao seu redor, então seria natural que a pessoa que assim raciocina tenha mais afinidade com indivíduos que compartilham metanarrativas similares e por conseguinte demonstrem desconfiança dos que têm uma compreensão diferente da realidade. A heterogeneidade de qualquer grande organização faria dela automaticamente suspeita por defender uma verdade hegemônica. Do ponto de vista de uma mentalidade pós-moderna, a história é primariamente vista como o relato de um grupo dominante impondo sua percepção da realidade a grupos menos influentes.

A aplicação da filosofia pós-moderna no campo intelectual tem resultado em mudanças radicais na filosofia e na prática educacional. Existe ainda uma forte e dominante influência do Iluminismo e do racionalismo nessa área, mas especialmente na abordagem das ciências. A aplicação de processos não naturais para explicar a origem e o desenvolvimento do Universo é simplesmente proibida pelo costume acadêmico e, em muitos casos, pela lei. Nessas áreas específicas do currículo acadêmico que são mais indutiva e subjetivamente influenciadas por esse tipo de filosofia (isto é, as ciências sociais e as humanas), os efeitos do pensamento pós-moderno são mais penetrantes e caóticos. Não há bases objetivas sobre as quais estudantes ou professores possam determinar a justiça ou significância de eventos históricos, obras criadas ou ainda ações individuais. Nesse ambiente, o desenvolvimento curricular nos níveis estadual e federal (*nos Estados Unidos*) degenera em um processo de negociação político por vários grupos interessados em assegurar que sua voz seja ouvida e suas perspectivas sejam representadas no currículo. Similarmente, um conjunto de princípios e normas com frequência aceitos para conferir qualidade estética e valor de conteúdo a peças individuais de literatura, música ou arte não existe mais. Os currículos quanto a esses assuntos são agora selecionados com o objetivo primário de ser representativos de diversas vozes culturais dentro da sociedade global dos dias atuais. Uma filosofia pós-moderna também faz que uma educação moral seja impossível. Na melhor das hipóteses, as escolas podem apenas ajudar os estudantes a esclarecer e definir seus próprios valores pessoais. Conquanto a nossa apresentação e análise do redemoinho do desenvolvimento histórico da filosofia educacional tenham sido bem resumidas, esperamos que tenha sido suficiente para dar ao leitor ideia de como o Iluminismo e a filosofia pós-moderna têm influenciado amplamente as propostas, os currículos e os métodos de ensino educacionais ocidentais nos dias de hoje.

Princípios bíblicos relacionados à educação

Nosso foco agora mudará para considerar que orientações as Escrituras oferecem para ajudar os cristãos a definirem uma base bíblica para o propósito e a prática da educação. A pesquisa por intermédio de uma palavra-chave, por exemplo *educação* ou *educado*, na maioria das traduções da Bíblia irá resultar em várias, se não muitas, referências. De modo geral, quando analisamos os principais temas abordados na Bíblia, podemos concluir que a educação não é um dos tópicos que se destacam como prioridade absoluta na revelação de Deus para o homem. No entanto, se a educação é concebida para ser um processo de ensinar e aprender os conteúdos fundamentais dessa revelação, e uma pesquisa for feita nas Escrituras para identificar o uso desses dois termos e suas formas relacionadas, a figura muda dramaticamente. Esses termos são usados centenas de vezes por toda a Bíblia e proveem significativo direcionamento para definir uma psicologia bíblica da educação. É importante que seja dito aqui que a Bíblia não foi escrita com a proposta específica de ser um livro-texto para preparação de professores, não contém um exaustivo e específico plano de currículo escolar, nem um manual de treinamento vocacional. No entanto, as Escrituras fornecem claros princípios de autoridade espiritual que podem ser considerados um sólido subsídio para uma sólida fundação e padrão para o desenvolvimento de uma filosofia educacional que honra a Deus.

O propósito e o objetivo da educação

A educação ganha propósito e significado quando contribui com pensamentos voltados para a realização do propósito mais alto de Deus para o homem. Resumindo o ensinamento em passagens bíblicas como Salmos 73.24-26, João 17.22-24, Romanos 11.36 e 1Coríntios 10.31, o *Breve catecismo de Westminster* declara que "a finalidade principal do homem é glorificar a Deus e desfrutá-lo para sempre". O mais alto objetivo da educação deve ser, então, ajudar os seres humanos no desenvolvimento do conhecimento, habilidades e atitudes que contribuam para que eles possam glorificar e agradar melhor a Deus. Há uma vasta gama de formas específicas em que a educação pode ajudar as pessoas em sua responsabilidade e desejo de alcançar esse objetivo mais alto na vida.

Jesus declarou à mulher junto ao poço *Deus é Espírito, e é necessário que os que o adoram o adorem em espírito e em verdade* (Jo 4.24). A adoração que honra a Deus envolve tanto o coração quanto a mente. Uma educação que honra a Deus irá constantemente oferecer oportunidades e motivação para que os verdadeiros adoradores adorem a Deus com amplo conhecimento do que é a verdade e um profundo temor pela pessoa de Deus. Cada disciplina acadêmica contém elementos e dimensões que podem ajudar os crentes a entender melhor e apreciar o caráter e a obra de Deus. Por exemplo, a criação tem sido projetada para testificar ... *o seu eterno poder e divindade...* (Rm 1.20). Davi escreveu no Salmo 19.1: *Os céus proclamam a glória de Deus e o firmamento anuncia a obra das suas mãos.* Quanto mais um crente aprende sobre a criação por intermédio do estudo das ciências biológicas e físicas, maior será seu temor pela imensidade, variedade, complexidade e detalhe deste Universo que o Todo-poderoso e onisciente Deus fez existir pelo poder de sua palavra (Gn 1.1) e se apega a isso ativamente (Cl 1.17). O estudo da história humana provê muitos motivos para a adoração quando o estudante descobre como o reino de Deus, através das eras (1Tm 1.17), orquestra os eventos da história desde o nível individual até o global, para realizar os propósitos de Deus e tributar a ele a glória. O estudo das obras criativas do ser humano nos campos da arte, música e literatura deveria levar a mente dos estudiosos a adorar a Deus que é cheio de beleza (Sl 27.4), o único que é o criador final de belas obras e que capacita o homem com habilidade criativa.

Paulo desafia os crentes: ... *apresenteis os vossos corpos como um sacrifício vivo, santo e agradável a Deus, que é o vosso culto racional. E não vos conformeis a este mundo, mas transformai-vos pela renovação da vossa mente, para que experimenteis qual seja a boa, agradável, e perfeita vontade de Deus* (Rm 12.1,2). Esses são elementos que criam as condições para uma educação que honra a Deus, pois ele será fiel em ajudar o cristão nesse processo de renovação da mente, provendo fundamento para uma concepção de cosmovisão cristã e cultivando processos de pensamento lógico, hábito de análise e modelos para uma correta avaliação; tudo isso são características que definem uma filosofia da educação distintivamente bíblica.

Crentes são tratados como soldados em inúmeras passagens do Novo Testamento (Fp 2.25; 2Tm 2.3; Fm 2). Os cristãos são exortados a reconhecer que vivem no meio de uma zona de guerra e são chamados a armar-se para a batalha (Ef 6.10-17). Ao contrário da forma como muitos grupos cristãos caracterizariam isso, a guerra espiritual descrita nas Escrituras é travada na frente intelectual. O mais poderoso "armamento" que Deus nos deu para usar, *as armas da nossa milícia não são carnais, mas poderosas em Deus, para demolição de fortalezas; derribando raciocínios e todo baluarte que se ergue contra o conhecimento de Deus, e levando cativo todo pensamento à obediência a Cristo* (2Co 10.4b,5). Judas desafiou seus leitores ... *a pelejar pela fé que de uma vez para sempre foi entregue aos santos* (v. 3b). Sem questionar, os crentes são chamados por Deus para desenvolver a mente para o propósito da guerra intelectual, e o processo educacional provê um mecanismo-chave para ajudar o cristão comprometido que deseja obedecer a esse mandado.

Apropriadamente focada, a educação deve também ajudar os indivíduos a realizar os mais altos propósitos de Deus, equipando-os para viver sabiamente. Em todo o livro de Provérbios, Salomão adverte rigorosamente de que o jovem possua conhecimento e sabedoria divinos. A receptividade à instrução divina produz sabedoria. Como ele declara em 9.9,10: *Instrui ao sábio, e ele se fará mais sábio; ensina ao justo, e ele crescerá em entendimento. O temor do SENHOR é o princípio da sabedoria; e o conhecimento do Santo é o entendimento.* Essa "sabedoria" e "discernimento" trazem honra a Deus e sucesso na vida (Js 1.7,8; Pv 3.4).

Responsabilidade para aplicar a educação

Havendo estabelecido que a educação deve habilitar o homem a cumprir melhor o propósito final que Deus ordenou, e que a busca por conhecimento e sabedoria é ordenada por Deus, a questão que abordaremos agora é quem é o responsável pela liderança no processo educacional. A Bíblia oferece um grande número de princípios muito claros a respeito disso:

1. *O ser humano é individual e finalmente responsabilizado por Deus para ser um aprendiz.* Este princípio de responsabilidade educacional é com frequência presumido que raramente é declarado explicitamente. No entanto, é necessário que seja detalhado porque é o relacionamento mais fundamental quanto à responsabilidade educacional, e incansavelmente declarado nas Escrituras. Deus espera que todo indivíduo, em todas as etapas da vida, busque ativamente e com diligência aprender com toda oportunidade de educação com a qual se depara, formal e informal. Em Provérbios 2.1-4, frases como ... *se aceitares as minhas palavras, e entesourares contigo os meus mandamentos, para fazeres atento à sabedoria o teu ouvido, e para inclinares o teu coração* [...] *se clamares por*

Por que educação cristã, e não doutrinação secular?

« 297 »

discernimento [...] *por entendimento alçares a tua voz; se o buscares como a prata e o procurares como a tesouros escondidos...*, caracterizam a paixão com a qual o indivíduo bom é orientado a buscar a sabedoria, o entendimento e o conhecimento de Deus. De fato, uma das características-chave que distinguem um homem sábio de um tolo é sua disposição para agir com sabedoria ou receber instrução (Pv 1.22; 9.7-10; 15.5).

A maior instrução de Deus como orientação para o ser humano vem explicitamente por intermédio da Bíblia e implicitamente pelas experiências que ele permite que a pessoa passe durante a sua vida. Deus espera que o homem perceba as experiências de sua vida como oportunidades de educação não formal e, dessa maneira, aprenda com elas. Fica evidente, ao analisar o conteúdo do livro de Provérbios, que o sábio Salomão era um aplicado estudioso do comportamento humano, analisando o caráter positivo e negativo, observando as reações das pessoas diante das situações da vida. É evidente também, lendo o texto de 1Reis 4.33,34 e as ilustrações apresentadas no livro de Provérbios, que Salomão se dedicava intensamente ao estudo do mundo natural ao seu redor. Jó desafiou aqueles que o confrontavam a olhar para a natureza e assim aprender como Deus é o sustentador da vida (Jó 12.7-10). Os reis de Israel foram orientados no sentido de assumir a responsabilidade de aprender, copiando pessoalmente a lei e depois lendo-a repetidamente durante toda a vida (Dt 17.18,19). O jovem Senhor Jesus serviu como modelo, sendo um ativo aprendiz durante seu tempo com os professores no Templo (Lc 2.46,47). Mais tarde ele ... *aprendeu a obediência por meio daquilo que sofreu* (Hb 5.8). Paulo aprendeu a estar contente mesmo em meio aos altos e baixos da vida material (Fp 4.11,12). Parece que muitos cenários da educação atual falham em enfatizar o princípio de que os estudantes devem ser responsabilizados por seu próprio aprendizado.

Enquanto Deus acredita que todo indivíduo é responsável por ser um aprendiz, ele também provê a capacitação necessária para a tarefa por meio de sua própria presença vivendo dentro do crente, na pessoa do seu Espírito Santo. Isso é particularmente verdadeiro com relação às questões espirituais, como Paulo esclarece em 1Coríntios 2.1-16. É o Espírito Santo que revela as coisas profundas de Deus (v. 10), e pela virtude de sua presença temos a mente de Cristo (v. 16). O Evangelista João se refere especificamente ao Espírito Santo como ... *o Espírito da verdade...* em João 14.17, 15.26, e 16.13. Paulo lembra a Timóteo que ... *Deus não nos deu espírito de covardia, mas de poder, de amor e de moderação* (2Tm 1.7).

O termo grego traduzido por *moderação* às vezes é traduzido por *uma mente sã* (NKJV). O Espírito Santo ajuda o crente a ter pensamento claro e disciplinado.

2. *Os pais são os responsáveis diretos e preferenciais pela educação de seus filhos.* Além da responsabilidade que Deus dá a todo indivíduo de ser um aprendiz, ele concedeu responsabilidades específicas aos pais para a educação formal das crianças. Deus ordenou especificamente que os pais israelitas ensinassem a lei mosaica a seus filhos (Dt 4.9; 6.7,8; 11.19). Deus ordenou que memoriais fossem levantados, como os que os israelitas construíram depois de haver cruzado o rio Jordão para entrar na Terra Prometida (Js 4), a fim de prover oportunidades para que os pais relembrassem a história de sua nação aos seus filhos (Js 4.6,7). A ordem de se honrar pai e mãe (Êx 20.12) implica a atitude de um aprendizado humilde voltado para os pais. A advertência de Salomão para que o jovem ouça a instrução de seu pai e de sua mãe carrega a óbvia implicação de que os pais são responsáveis em prover essa instrução. Nosso Senhor endossou o papel educacional de seu lar submetendo-se a seus pais quando a Bíblia registra que ... *crescia Jesus em sabedoria, em estatura e em graça diante de Deus e dos homens* (Lc 2.52).

3. *A educação não é uma função do governo explicitamente ordenada.* Uma vez que o controle do processo educacional formal das crianças foi dado quase por completo ao poder governamental dos dias atuais, é apropriado perguntar se isso é exigido ou permitido pelas Escrituras. A Bíblia não contém orientações a favor ou contra o envolvimento governamental na educação, tampouco antes do estabelecimento de Israel ou no Novo Testamento. Mas, mesmo dentro da nação de Israel, o lar era visto como o mecanismo primário de educação.

É importante verificar que, no Antigo Testamento, a educação não era explicitamente mencionada como responsabilidade do sacerdócio. No entanto, há exemplos de levitas e sacerdotes sendo envolvidos em tarefas educacionais durante o tempo do rei Josafá (2Cr 17.7-9) e depois do retorno de Israel do cativeiro (Ne 8.1-9). Esdras, o sacerdote e escriba, assumiu a liderança nesse papel de ensino, como indicado em Esdras 7.10: *Porque Esdras tinha preparado o seu coração para buscar e cumprir a lei do Senhor, e para ensinar em Israel os seus estatutos e as suas ordenanças.* No começo do Novo Testamento, o papel dos professores (rabinos) e escribas cresceu significativamente e era mesclado com a religião judaica e as funções civis.

A existência de sistemas educacionais controlados governamentalmente é mencionada em relação a dois grandes nomes da história do povo de Israel: Moisés e Daniel. É interessante verificar, nesse contexto, que o indivíduo não é nem elogiado nem condenado por ter sido educado dentro de um contexto desses sistemas de educação seculares.

4. *A liderança espiritual dentro da igreja local é a responsável pela educação de seus membros.* A ordem de despedida que o nosso Senhor deixou com os discípulos (comumente conhecida como a Grande Comissão) foi evangelizar as nações e ensinar os crentes (Mt 28.19,20). Dez dias depois que a igreja do Novo Testamento foi fundada como entidade organizacional, Deus a usou para cumprir essa ordem (At 2). As atividades centrais da igreja, que podemos observar por todo o livro de Atos, incluíam o evangelismo, a comunhão, o ensino e a oração comunitária. Os bereanos foram especificamente elogiados por Lucas por sua iniciativa em verificar a exatidão do ensinamento que eles estavam recebendo (At 17.11). Uma das qualificações específicas para a liderança dentro da igreja local é a habilidade de ensinar (1Tm 3.2; Tt 1.9). Existe uma expectativa natural dentro de cada congregação local de que crentes experientes e maduros tenham capacidade de ensinar os novos crentes (Tt 2.1-3); e os que foram ensinados, eventualmente amadureceriam para cumprir também a função de professores para a geração seguinte de aprendizes (2Tm 2.2; Hb 5.12).

Pelo que se verifica nos textos bíblicos, podemos defender a tese de que a "educação religiosa" é primariamente a missão e o foco da educação dentro da igreja. Se for assim, devemos concluir que é a educação religiosa no seu sentido mais amplo, não tanto no sentido limitado. As bases dessa experiência educacional eram as Escrituras, as quais não apenas são reconhecidas como hábeis para fazer que alguém seja sábio para ser salvo, mas também produtiva em fazer o homem de Deus perfeito, primorosamente habilitado para toda boa obra (2Tm 3.15-17). Considerada filosoficamente, a atividade educacional tinha de ser ampla o suficiente para transformar a mente do crente para que não se conformasse ao pensamento do mundo (Rm 12.2) e para equipar o crente para a guerra ideológica (2Co 10.3-5; Ef 6.12; Cl 2.8). Como é discutido em outros capítulos deste livro, as Escrituras proveem uma fundação e modelo para o estudo em toda disciplina acadêmica e em todas as áreas da vida.

Seria apropriado para a liderança da igreja local considerar se sua visão, estrutura e programas de educação estão ... *tendo em vista o aperfeiçoamento dos santos, para a obra do ministério...* (Ef 4.12) nesse contexto mais amplo. Algumas questões que deveriam ser colocadas quando consideramos o amplo escopo do ministério educacional da igreja incluem:

- A Escola Dominical e o currículo da igreja são estruturados de tal forma que sejam hábeis para encorajar os alunos a aplicar os princípios bíblicos que aprendem na igreja, nos assuntos geralmente ensinados na escola secular de ensino fundamental e médio, durante a semana?
- Qual é a responsabilidade da igreja na preparação de seus líderes, com relação a suas crianças e jovens que estão no ambiente da escola formal?
- São dados passos específicos para preparar as crianças que frequentam a escola de ensino fundamental e médio, de tal maneira que tenham condições intelectuais de identificar e recusar as falsas filosofias que eles encontram na sala de aula diariamente?
- Quando as crianças amadurecem, existe um avanço correspondente no conteúdo e no nível intelectual da escola dominical da igreja e no currículo para adolescentes? Parece que, infelizmente, muitos adolescentes cristãos lutam com sérios estudos de cálculos, física, história mundial e literatura de segunda a sexta-feira, mas são apresentados a um currículo para adolescentes na igreja que é extremamente fraco em rigor ou desafio acadêmico.
- A igreja se sente desafiada espiritualmente para organizar e gerir uma escola cristã que ofereça alternativa de experiência educacional completa para suas crianças? Se uma igreja local não tiver os recursos para administrar efetivamente uma escola cristã, existem possibilidades de associar-se com outra entidade afim, para que possa instruir as igrejas teologicamente nesse tipo de empreendimento?
- Existe uma estrutura de suporte para os pais que escolhem cumprir pessoalmente essa responsabilidade educacional de seus filhos por intermédio do ensino doméstico?
- Qual é a responsabilidade da igreja com seus jovens que estão no nível escolar pós-ensino médio? O investimento educacional que os pais e a igreja têm feito para oferecer ao jovem uma estruturação bíblica sólida pode ser perdido durante a transição de jovem para adulto. Que passos têm sido dados antes da partida dos alunos em direção a essa nova etapa acadêmica, para prepará-los para esse desafio?

POR QUE EDUCAÇÃO CRISTÃ, E NÃO DOUTRINAÇÃO SECULAR?

• Até que ponto a igreja deve promover e amparar colégios cristãos, permitindo uma opção educacional pós-ensino médio para seus jovens?

A forma como a liderança dentro de uma igreja local analisa e estrutura essas questões propiciará que uma estratégia seja desenvolvida para o cumprimento cabal da responsabilidade educacional que Deus deu à igreja.

Qualificações para professores

Depois de ter esboçado a proposta e a responsabilidade bíblicas do processo educacional no desenvolvimento de crianças e de jovens crentes, é importante agora apresentar algumas ideias quanto às qualificações e características de professores cristãos eficazes. A Bíblia apresenta altos desafios e responsabilidades para aqueles que aceitarem a responsabilidade de ser professores cristãos. Tiago 3.1 deixa claro que Deus julgará o discurso dos professores ainda mais duramente que o discurso de outros crentes. Uma das razões para essa alta expectativa com relação aos professores é que os aprendizes confiam em que seus mestres falem e ensinem sempre a verdade. De fato, o processo educacional pode funcionar efetivamente apenas quando essa confiança é construída e mantida. Todo o capítulo 3 de Tiago descreve o poderoso papel da comunicação verbal por toda a vida de uma pessoa, sendo comparada a uma ferramenta do bem e do mal. O professor é mencionado como um exemplo arquetípico desse princípio. Um bom professor, então, deve ter um compromisso supremo de sempre falar o que é verdadeiro, edificante e sábio.

Enquanto as palavras do professor são um mecanismo primário para a instrução dos alunos, suas ações inevitavelmente terão um efeito definitivo no que os alunos aprendem finalmente. O caráter e o comportamento do professor serve como modelo para os alunos. Nosso Senhor deixou claro que *Não é o discípulo mais do que o seu mestre; mas todo o que for bem instruído, será como o seu mestre* (Lc 6.40). A associação irá finalmente afetar o caráter de um indivíduo, como esclarecido em 1Coríntios 15.33: *Não vos enganeis. As más companhias corrompem os bons costumes.* Somos aconselhados a não ter amizade com um homem irritado (Pv 22.24), a fim de evitar a influência de seu caráter deletério sobre nós.

Selecionando e treinando novos líderes para o ministério de ensino na igreja em Éfeso, o apóstolo Paulo ordenou a Timóteo ... *transmite-o* [o que tem sido ensinado] *a homens fiéis, que sejam idôneos para também ensinar os outros* (2Tm 2.2). Grande parte das qualificações dos presbíteros (as quais incluíam a habilidade de ensinar), listadas em 1Timóteo 3, se concentra em qualidades de caráter. Paulo reconheceu a necessidade de que os professores da igreja local tivessem habilidade para se comunicar de forma eficaz, além de um compromisso com a verdade e a vida que serviria como modelo para os alunos.

Enquanto a consideração do caráter pessoal é um fator poderoso para selecionar professores para o ambiente de educação religiosa como a Escola Dominical ou grupo de jovens, é raramente dada muita importância à ética e à moral pessoal na seleção de professores no contexto educacional mais amplo. Até que ponto os pais cristãos devem levar isso seriamente em conta, na tentativa de conhecer a qualidade do caráter do professor na sala de aula de seus filhos ou filhas? No nível educacional básico, seus filhos passarão mais tempo sendo influenciados por figuras-modelo que por qualquer outro adulto, com a possível exceção de seus próprios pais.

Metodologia educacional

Uma vez que a Bíblia não foi escrita com o propósito primário de ser um manual de treinamento para professores, ela não contém claramente listas específicas de várias técnicas ou metodologia de ensino, nem quando e como usar eficazmente cada uma delas. No entanto, uma vez que Deus projetou a Bíblia como um livro de instrução (2Tm 3.16), é possível identificar métodos eficazes de ensino pelo exame das técnicas e abordagens que ele embutiu nas Escrituras.

No escopo acadêmico mais amplo, o processo educacional é caracterizado como o processo que leva os alunos de ser aprendizes dependentes a ser aprendizes independentes, a ser professores (Ed 7.10; 2Tm 2.2; Hb 5.12-14). Os dois ambientes primários nos quais um processo educacional formal ocorreu no contexto bíblico foram os lares e a igreja. Além desses dois locais educacionais, a Bíblia menciona vários exemplos do uso de relacionamentos humanos que podemos definir como interdisciplinares (similares à aprendizagem formal de nossos dias) e locais específicos organizados para desenvolver atividades educacionais. Samuel era aprendiz de Eli (1Sm 1—2) preparando-se para o ministério profético. Eliseu aprendeu com Elias por um tempo razoável antes que assumisse o manto profético de Elias (1Rs 19.19—2Rs 2.18). Paulo assumiu pessoal responsabilidade de ser o mentor de inúmeros jovens, inclusive Tito e Timóteo, com o objetivo de prepará-los para o posterior ministério no papel de liderança eclesiástica. A única referência bíblica explícita à escola relata a *escola de Tirano* em Corinto (At 19.9).

A essência básica do ensino é a comunicação de informações, conceitos e habilidades do professor para o aprendiz pelo uso da linguagem e do exemplo. O uso de instrução verbal como meio educacional começou no sexto dia da existência do mundo, quando nosso pai celestial instruiu Adão, com relação ao que ele deveria e não deveria comer no jardim (cf. Gn 2.16,17). É de supor implicitamente que a caminhada e o diálogo que Adão e Eva tiveram com Deus ao cair da tarde (Gn 3.8) tinham, ao menos em parte, um propósito instrutivo. O Pentateuco poderia ser considerado o primeiro uso bíblico de materiais escritos como metodologia instrutiva. A Bíblia contém muitos exemplos do processo de ensino/aprendizagem, sendo conduzido pelo uso de materiais instrutivos escritos. Parece que praticamente todos os escritores do Novo Testamento tinham objetivo educacional em mente quando escreveram seus livros. Materiais escritos apresentam um benefício a mais com relação à instrução verbal, porque têm uma óbvia e maior permanência que a transmissão oral, pois, ao escrever a instrução, o mestre permite que o processo educacional continue, mesmo na ausência do professor.

As Escrituras nos fornecem muitos exemplos de ensinamentos cuja metodologia era via instrução verbal. Quando o ensino envolvia um grupo pequeno de aprendizes, como Jesus ensinando seus discípulos, parece que um estilo socrático e didático de interação pergunta e resposta foi usado pelo professor. É importante observar a distinção entre essa interação socrática e o que é geralmente referido como método de discussão em grupo. No método socrático, a comunicação é focada e controlada pelo professor. O professor apresenta a informação e faz perguntas. Os alunos dirigem suas perguntas e respostas ao professor. Em uma discussão, a comunicação começa com a pergunta do professor, mas então flui de um estudante para outro. Há várias, se não muitas, instâncias na Bíblia de discussões sendo usadas como método instrutivo formal. Os exemplos bíblicos de ensinamento verbal para pequenos grupos eram focados no professor. O uso dessa abordagem pode ser visto no discurso no cenáculo com seus discípulos, particularmente a seção relatada em João 13.31—14.31. Quando os grupos aumentavam de tamanho, a instrução verbal se transformava mais em uma apresentação de leitura, com participação mais escassa dos estudantes. Isso pode ser visto no Sermão do Monte proferido pelo nosso Senhor (Mt 5—7) e na mensagem de Pedro no dia de Pentecostes (At 2.14-39).

O uso eficaz da linguagem para prover aprendizagem e uma clara comunicação está no cerne de todo bom método de ensino, seja de forma verbal, seja de forma escrita. Sendo Deus o autor da linguagem e o maior professor, a Bíblia fornece exemplo absoluto de como a linguagem pode ser usada para tornar o ensino bem-sucedido em seu propósito. O dr. Roy Zuck, em *Teaching as Paul Taught* fornece uma análise excelente de como Paulo usou a linguagem em suas cartas para ensinar eficazmente. Alguns dispositivos linguísticos citados incluem:

- Semelhança
- Metáfora
- Personificação
- Antropomorfismo
- Eufemismo
- Hipérbole
- Lítotes
- Ironia
- Sarcasmo
- Paradoxo
- Humor
- Jogo de palavras
- Aliteração
- Assonância
- Aforismo
- Sinônimos
- Antíteses
- Listas
- Idiomas
- Paralelismos[5]
- Contradição

Outra importante característica instrutiva que deveria ser notada nos exemplos bíblicos de instrução escrita e verbal, é o uso eficaz de questões para desafiar e direcionar o aprendiz. O dr. Zuck assinala que Paulo usou perguntas para os seguintes propósitos em suas cartas:

- Para pedir informações ou relembrar fatos.
- Para alcançar pessoas rapidamente.

---

[5]Zuck, Roy B. *Teaching as Paul Taught* (Grand Rapids, MI: Baker, 1998), 198-240.

POR QUE EDUCAÇÃO CRISTÃ, E NÃO DOUTRINAÇÃO SECULAR?

- Para oferecer pensamento ou reflexão.
- Para provocar uma opinião.
- Para instigar a consciência.
- Para forçar a aplicação da verdade.
- Para apontar algo contrário ao fato.
- Para promover uma conclusão.
- Para expressar uma emoção.
- Para investigar motivos.[6]

Além do uso da instrução escrita e verbal, outros métodos para promover aprendizado eficaz são encontrados nas Escrituras. Deus usou um "exercício de aprendizado pela descoberta", no qual ele fez com que Adão desse nome a todas as espécies de animais que ele havia criado, a fim de mostrar a Adão que não havia ainda uma ajudante apropriada para ele (Gn 2.18-21). A importância da instrução prática, da repetição, da atualização e de auxílios visuais estrategicamente usados para promover um aprendizado eficiente é claramente vista na ordem de Deus para os israelitas:

> *E estas palavras, que hoje te ordeno, estarão no teu coração; e as ensinarás a teus filhos, e delas falarás sentado em tua casa e andando pelo caminho, ao deitar-te e ao levantar-te. Também as atarás por sinal na tua mão e te serão por frontais entre os teus olhos; e as escreverás nos umbrais de tua casa, e nas tuas portas* (Dt 6.6-9).

As Escrituras revelam o valor do uso de rimas e músicas para ajudar no processo de memorização. Deus instruiu os israelitas: *Agora, pois, escrevei para vós este cântico, e ensinai-o aos filhos de Israel; ponde-o na sua boca, para que este cântico me sirva por testemunha contra o povo de Israel* (Dt 31.19). O maior livro das Escrituras é um livro de música — Salmos.

Guias para o currículo educacional

Uma questão final a ser considerada é: Até que ponto a Bíblia identifica assuntos e tópicos que não são nem exigidos nem proibidos dentro de uma experiência educacional biblicamente focada? Em primeiro lugar, o próprio termo "educação, biblicamente focada", implica que o estudo da Bíblia

---

[6]Ibidem, 172.

deve ser a ênfase central no currículo. Muitas passagens bíblicas podem ser citadas em apoio a esse princípio. A importância e o benefício pessoal em conhecer a palavra de Deus é abundantemente esclarecido no Salmo 119. Segunda a Timóteo 3.16 fala sobre a inclusiva e plena condição das Escrituras de preparar o homem de Deus para toda boa obra. Paulo ordena diretamente a Timóteo: *Procura apresentar-te diante de Deus aprovado, como obreiro que não tem de que se envergonhar, que maneja bem a palavra da verdade* (2Tm 2.15).

Dentro do estudo das Escrituras, a teologia tem de ter uma posição de particular importância. Paulo, tomando por empréstimo as palavras de um poeta grego, declarou que em Deus ... *vivemos, e nos movemos, e existimos...* (At 17.28). João escreve que Cristo é a Palavra encarnada (cf. Jo 1.1-4,14). Alguns estudiosos bíblicos têm argumentado que ao usar o termo *logos* João quis dizer que Cristo é a base racional para a existência dentro do universo físico. Ele é o criador de todos e o doador da vida. Ele contém a plenitude da verdade (Jo 1.14) e *é* a própria verdade (Jo 14.6). Em Cristo, *estão escondidos todos os tesouros da sabedoria e da ciência* (Cl 2.3).

Para concluir esta abordagem quanto a uma análise do currículo, há realmente algumas áreas específicas que são explicitamente proibidas de ser incluídas num projeto de educação biblicamente focado. Paulo desejava que os crentes romanos fossem ... *sábios para o bem, mas simples para o mal* (Rm 16.19). Enquanto Filipenses 4.8 aconselha aos cristãos a dirigir seus pensamentos a tudo o que é verdadeiro, o texto menciona também qualificações adicionais que o crente deve levar em conta, na sua atividade intelectual, incluindo *respeitável, justo, puro, amável, boa fama*, excelente (ou virtuoso) e *digno de louvor*. À igreja em Éfeso Paulo diz: ... *e não vos associeis às obras infrutuosas das trevas, antes, porém, condenai-as* (Ef 5.11,12). Professores biblicamente instruídos deveriam reconhecer que existem áreas que, mesmo sendo verdadeiras e históricas, são tão vergonhosas que eles deveriam decidir evitar, pois nada acrescentam à ética e à moral cristãs.

Em sua segunda carta a Timóteo, Paulo prescreveu a seu filho espiritual um grande número de orientações com relação ao ministério de ensino pastoral que incluía exortar seu povo de ... *que não tenham contendas de palavras, que para nada aproveitam, senão para subverter os ouvintes* (2Tm 2.14); ele acrescentou: ... *evita as conversas vãs e profanas; porque os que delas usam passarão a impiedade ainda maior* (v. 16), e: *E rejeita as questões tolas e desassisadas, sabendo que geram contendas* (v. 23). O professor

POR QUE EDUCAÇÃO CRISTÃ, E NÃO DOUTRINAÇÃO SECULAR? « 307 »

cristão precisa ter segurança para selecionar o conteúdo a ser ensinado, de tal maneira que tenha consistência e real importância, em vez de focar tópicos especulativos, subjetivos ou argumentando sobre semântica.

Até certo ponto, o princípio que o apóstolo deu aos coríntios é relevante nesse assunto. Ele ensinou que, conquanto todas as coisas eram lícitas para ele, nem tudo era útil (1Co 6.12), algumas coisas fossem poderosas demais e passíveis de escravizá-lo (1Co 6.12), e algumas não o edificariam (1Co 10.23). Os professores devem ser muito sensíveis na seleção de tópicos que comporão a grade escolar, e também em que momento e contexto específico serão apresentados, para evitar inculcar inadvertidamente qualquer um desses efeitos negativos nas vidas de seus alunos. Em muitas situações, o aluno poderia ser considerado o irmão mais fraco de Romanos 14, e é responsabilidade do professor não colocar uma pedra de tropeço em seu caminho. O Senhor enfatizou esse princípio no ensinamento de crianças quando disse: *Mas qualquer que fizer tropeçar um destes pequeninos que creem em mim, melhor lhe fora que se lhe pendurasse ao pescoço uma pedra de moinho, e que fosse lançado no mar* (Mc 9.42).

A discussão precedente, entretanto, não deve ser tomada como desculpa para que um aluno deixe de estudar os assuntos que são pessoalmente repreensíveis e/ou com o qual ele filosoficamente discorde. Em seu livro *Christian Education: Its Mandate and Mission*,[7] o corpo docente da *Bob Jones University* apresenta uma excelente discussão sobre esse assunto. Um capítulo nesse livro identifica os seguintes sete tipos de conteúdo educacional repreensíveis: profanação, realismo escatológico (referências específicas a excremento), realismo erótico, perversão sexual, violência pavorosa, ocultismo e suposições religiosas ou filosóficas equivocadas. O capítulo descreve a força e a fraqueza de três diferentes macroabordagens que os cristãos devem levar em conta com relação à censura nessas áreas (permissiva, exclusiva e pragmaticamente) e argumenta que a abordagem bíblica é distintivamente diferente de qualquer uma delas. Isso nos leva a concluir que a Bíblia menciona esses sete tipos de elementos censuráveis com objetivo instrutivo, e recomenda que os três critérios baseados biblicamente, (graça, clareza e valor moral) devem ser cuidadosamente

---

[7]HORTON, A. ed., "A Biblical Approach to Objectionable Elements", *Christian Education: Its Mandate and Mission* (Greenville, SC: Bob Jones University Press, 1992), 47-70. Este artigo também está disponível no *website* da Bob Jones University Press (www.bjup.com/resources/articles).

analisados em cada caso em que uma possível censura deva ser aplicada nos conteúdos curriculares.

Havendo descrito brevemente essas áreas curriculares do estudo que não são nem explicitamente ordenadas nem proibidas pelas Escrituras, restou um vasto território de assuntos e tópicos que o crente está livre para explorar. Há muitos assuntos dentro dessa categoria que as Escrituras claramente incentivam que devem ser conhecidos pelos estudantes, como meio de capacitar os crentes a glorificar e servir a Deus de forma mais eficaz. Por exemplo, um sério estudo da palavra de Deus requer que o indivíduo tenha a habilidade de leitura bem desenvolvida, com um vocabulário razoavelmente amplo, como também grande habilidade de análise e crítica. A ordem *... estai sempre preparados para responder com mansidão e temor a todo aquele que vos pedir a razão da esperança que há em vós* (1Pe 3.15) inclui a necessidade de desenvolvimento da comunicação verbal e habilidade retórica. Poderia ser razoavelmente argumentado que um cuidadoso estudo de história e filosofia é uma parte necessária da preparação para a guerra espiritual, no sentido de capacitar os crentes a evitar ser cativados *... por meio de filosofias e vãs sutilezas, segundo a tradição dos homens, segundo os rudimentos do mundo, e não segundo Cristo* (Cl 2.8) como também *... derribando raciocínios e todo baluarte que se ergue contra o conhecimento de Deus, e levando cativo todo pensamento à obediência a Cristo* (2Co 10.5). Se o leitor desejar conhecer mais a respeito, especialmente do ponto de vista do corpo docente de uma universidade cristã, a respeito da amplitude de assuntos e habilidades que são áreas importantes para a atividade acadêmica, no contexto de uma experiência educacional de graduação, recomendamos visitar a seção de programas acadêmicos do *website* da *The Master's College* (www. masters.edu).

O exemplo de personagens bíblicos também fornece encorajamento para um amplo estudo de nossa parte. Jó e Salomão demonstraram profundo conhecimento da natureza. Sabemos, pelo relato bíblico, que Daniel e seus amigos hebreus receberam profundo treinamento em [*... letras e a língua dos caldeus*] (Dn 1.4). De fato, Deus deu a eles especial capacidade nesse estudo da literatura pagã secular (Dn 1.17). Então, *em toda matéria de sabedoria e discernimento, a respeito da qual lhes perguntou o rei, este os achou dez vezes mais doutos do que todos os magos e encantadores que havia em todo o seu reino* (Dn 1.20). O uso frequente que o apóstolo Paulo fazia da literatura secular grega em sua mensagem deixa claro que ele havia estudado esse assunto com grande profundidade. O estudo das artes e da música em especial, é endossado pelos exemplos bíblicos de Bezaleel (Êx 31.1-5), Davi e Asafe.

Alimento para o pensamento

Este capítulo tem esclarecido as diferenças entre o foco secular e bíblico no que se refere ao propósito, aos métodos e aos conteúdos da educação. O mais alto objetivo da educação deve ser consistente com os mais altos propósitos de Deus — preparar indivíduos mais efetivamente para glorificar a Deus por meio da adoração e do serviço. Em primeiro lugar, dentro do currículo é preciso priorizar a centralidade das Escrituras. Além disso, escolhas curriculares devem ser centradas em princípios bíblicos para preparar os alunos em um amplo contexto, evitando alguns tópicos destrutivos e lidando com outros conteúdos com sensibilidade em relação ao nível de maturidade dos alunos. Deus estabelece para os professores um alto grau de responsabilidade por suas escolhas curriculares, pelos métodos que usam e pelos exemplos pessoais que sua vida representa para os seus alunos.

Pais, pastores e professores devem considerar as escolhas que fazem na continuidade de sua própria educação, na educação de seus filhos e nas estratégias educacionais que eles recomendam a outros em sua esfera de influência. A atual educação pública ocidental nos níveis fundamental, médio e superior está, na melhor das hipóteses, esquecendo-se dos princípios bíblicos da educação e, com mais frequência, é completamente contrária a eles. Que passos pastores e pais estão dando para neutralizar os efeitos secularizantes da educação pública na vida de suas crianças, jovens e universitários? Diretores de escolas cristãs e reitores de universidades cristãs precisam semelhantemente considerar o efeito que o treinamento da educação pública tem tido nas perspectivas e métodos de muitos membros de seu corpo docente e como eles podem fornecer efetiva reeducação nessas áreas. Uma resposta equilibrada e clara deve ser dada nessas questões se a Igreja quiser prover uma educação biblicamente focada para preparar a próxima geração de líderes cristãos.

« Leituras Adicionais »

HORTON, Ronald A., ed. *Christian Education: Its Mandate and Mission.* Greenville, SC: Bob Jones University Press, 1992.

GAEBELEIN, Frank e KEENAN, Derek J. *Christian Education in a Democracy.* Colorado Springs: *Association of Christian Schools International*, 1995.

GREENE, Albert E. *Reclaiming the Future of Christian Education: A Transforming Vision.* Colorado Springs: *Association of Christian Schools International*, 1998.

HOLMES, Arthur F. *The Idea of a Christian College.* Ed. rev. Grand Rapids, MI: William B. Eerdmans, 1999.

MORELAND, J. P. *Love Your God with All Your Mind: The Role of Reason in the Life of the Soul.* Colorado Springs: NavPress, 1997.

CAPÍTULO **14**

Refletindo honestamente sobre a **HISTÓRIA**

CLYDE P. GREER JR.

Deus criou o tempo e o espaço. O Deus supremo, transcendente, autossuficiente, autoexistente e pessoal saiu da eternidade para inaugurar a História. No sexto dia da História, Deus criou as pessoas. *Façamos o homem à nossa imagem, conforme a nossa semelhança; domine ele...* (Gn 1.26).

Deus criou os seres humanos à sua imagem com as faculdades racionais necessárias para exercer o domínio sobre toda a criação. Usando sua maravilhosa, porém decaída, mente, o homem e a mulher agora pesquisam sobre o universo divino do tempo e do espaço. Astrônomos, geógrafos e outros investigam o sistema solar e a terra. Historiadores estudam os eventos na passagem do tempo.

O QUE É HISTÓRIA?

História é "mais que datas e pessoas mortas".[1] "Todo mundo sabe, é claro, o que a História foi e é: dito de forma muito simples, a História é o estudo

---

[1]MANSFIELD, Stephen L. *More Than Dates and Dead People: Recovering a Christian View of History* (Nashville: Cumberland House, 2000). Um livro breve, singelo e de fácil leitura para ajudar estudantes cristãos a apreciar a História. São apresentadas muitas notas de rodapé como precioso auxílio para comentar as fontes. Algumas notas contêm informação realmente importante e relevante, mas não totalmente essencial para a narrativa do capítulo. "Se os historiadores não pudessem fazer citações, talvez seriam avaliados

do passado."[2] *A História* [...] *pode ser definido como a reconstrução literal interpretada do passado humano socialmente significante, baseada em dados provenientes de documentos estudados por intermédio de métodos científicos.*[3] E muitíssimas definições existem em abundância. A etimologia da palavra *história*, de qualquer forma, revela ao estudante as duas maneiras básicas de utilizar o termo. No grego, *história* se refere a *conhecer* a respeito do passado — os registros escritos e a interpretação baseada na investigação deliberada. No alemão, a palavra *geschichte* tem a conotação de os *eventos* do passado. Desse modo, o passado por si só é história — tudo o que já aconteceu (*geschichte*). As pessoas também classificam as descrições escritas de incidentes do passado como história (*história*).[4] Este capítulo empregará esses dois significados principais da palavra *história* (o passado por si só, ou o estudo do passado); o contexto indicará claramente qual se encaixa melhor.

Quanto do passado os historiadores estudam? Em uma iniciação clássica na disciplina, um estudioso declarou: "A História estuda tudo que o homem já foi ou tentou ser".[5] Uma apreciação recente começa com a declaração: "Toda a experiência humana está ao alcance dos historiadores".[6] A História, obviamente, compreende um vasto campo de estudo. Além do mais, esse campo cresce a cada dia com o passar do tempo, obviamente!

---

negativamente no processo de comunicar o conhecimento sobre o passado." J. H. Hexter, "Historiography: The Rhetoric of History", *International Encyclopedia of the Social Sciences*, vol. 6 (Nova York: Macmillan and Free Press, 1968), 385, mencionado por David L. Sills e Robert K. Merton, eds., *Social Science Quotations: Who Said What, When and Where* (New Brunswick, NJ: Transaction Publishers, 2000), 89.

[2] SOUTHGATE, Beverley. *History: What and Why? Ancient, Modern and Postmodern Perspectives*, 2. ed. (Nova York: Routledge, 2001), 13. Uma sofisticada abordagem sobre a História de uma perspectiva pós-moderna.

[3] CAIRNS, Earle E. *God and Man in Time: A Christian Approach to Historiography* (Grand Rapids, MI: Baker Book House, 1979), 15. Uma valiosa e excelente obra que deveria ser atualizada e reeditada.

[4] CAIRNS, Earle E. *Christianity Through the Centuries: A History of the Christian Church*, 3. ed. revisada e expandida (Grand Rapids, MI: Zondervan, 1996), 17. Uma grande obra, num só volume, sobre a história da Igreja que todo cristão deveria ler.

[5] NORLING, Bernard. *Towards a Better Understanding of History* (Notre Dame, IN: University of Notre Dame Press, 1960), 10. Este livro é tão bom que foi reimpresso inúmeras vezes sem ter sido modificado em nada.

[6] FOX-GENOVESE, Elizabeth e LASCH-QUINN, Elisabeth, eds., *Reconstructing History: The Emergence of a New Historical Society* (Nova York: Routledge, 1999), xiii. Uma excelente antologia publicada principalmente para explicar a formação da Sociedade Histórica, cujos membros rejeitam a exatidão política pós-modernista.

Além disso, os cristãos empreendem com frequência o esforço para discernir a soberania divina e sua manifestação na História.

POR QUE ESTUDAR HISTÓRIA?

Por que as escolas geralmente exigem que seus jovens alunos estudem História? Através dos anos, muitos estudantes que tiveram aulas de História, tediosas e sem imaginação, consideram a matéria apenas um pouco mais tolerável que os insípidos almoços da cantina. Esses estudantes têm se perguntado por que as autoridades escolares os forçam a estudar História quando parece que essa matéria não tem nada a ver com sua busca consumista por atividades sociais prazerosas no fim de semana. Por que estudar História?

Identidade, cidadania, sabedoria, prazer

Indivíduos necessitam de uma memória histórica pessoal para seguir o conselho de Sócrates "conhece-te a ti mesmo". O estudo da História pode, igualmente, construir identidades grupais. Se "História é a memória da humanidade",[7] então a amnésia histórica generalizada — isto é, a ignorância ou a negligência em relação à História — pode causar crise de identidade coletiva, até mesmo em nível nacional. Líderes políticos e administradores educacionais, desse modo, exigem dos estudantes o estudo da História como parte do processo da socialização política — identificando-se com a nação e participando em sua vida pública. Pessoas sábias observam a História, considerando-a um guia moral e prático. Indivíduos, grupos e nações-Estados podem adquirir *insights* na atual tomada de decisões para o futuro por intermédio do estudo do passado.

Além dessas considerações práticas que por si sós justificariam o estudo da História, muitas pessoas simplesmente gostam de História. A julgar pela existência de uma grande quantidade de filmes, museus e patrimônios históricos, assim como de livros do ramo na lista dos mais lidos, acessos a *websites* de História e associações em sociedades históricas, existe um enorme público faminto por História. Infelizmente, esse apetite com frequência se satisfaz com "conteúdo de segunda categoria" —, por exemplo, dramas-documentários e filmes que misturam livremente fato e

---

[7] LUKACS, John. *A Student's Guide to the Study of History* (Wilmington, DE: ISI Books, 2000), 1. Uma introdução breve e muito bem feita sobre o assunto.

ficção.[8] As pessoas necessitam conhecer a História para evitar serem iludidas. Historiadores profissionais poderiam servir ao público muito bem nessas situações confusas. Eles podem "apontar distorções e falsificações, assim como outros equívocos e deformidades nesta ou naquela representação histórica [...] [porque] o propósito da História é a redução das inverdades".[9]

Edificação

Cristãos maduros, mais do que todas as pessoas, deveriam apreciar grandemente a História. Por quê? "Pois o cristianismo [...] é, essencialmente, uma religião histórica: uma religião, quer dizer, cujos principais dogmas são baseados em eventos."[10] Registrando eventos reais no tempo, livros históricos compõem uma boa parte da Bíblia. Personagens bíblicos existiram num tempo real, e não como figuras míticas ou lendárias. A Queda, o Dilúvio, o Êxodo, a Conquista, o Exílio, a Encarnação, a Crucificação, a Ressurreição e a Ascensão aconteceram na história real.

Nas Escrituras, Deus admoesta seus filhos a aprender com os eventos da História. *Lembra-te dos dias da antiguidade, atenta para os anos, geração por geração...* (Dt 32.7). *Escutai o meu ensino, povo meu; inclinai os vossos ouvidos às palavras da minha boca. Abrirei a minha boca numa parábola; proporei enigmas da antiguidade, coisas que temos ouvido e sabido, e que nossos pais nos têm contado. Não os encobriremos aos seus filhos, cantaremos às gerações vindouras...* (Sl 78.1-4). A palavra de Deus repetidamente instrui durante o transcurso da história de Israel (Dt 1—3; Js 24.1-13; Sl 105; 106; 136). Mesmo no Novo Testamento, o apóstolo Paulo reviu algo da história do Antigo Testamento (1Co 10.1-10). Ele então apresentou uma razão para estudar História: *Ora, tudo isto lhes acontecia como exemplo; e foi escrito para aviso nosso...* (v. 11). Em Atos Estêvão apresentou um longo discurso histórico antes que seus ouvintes o apedrejassem até a morte. (Os professores de História atualmente deveriam estar felizes por seus ouvintes não seguirem essa prática.)

---

[8]SOUTHGATE, *History*, 2; Lukacs, *A Student's Guide to the Study of History*, 34.

[9]LUKACS, John. "Popular and Professional History", *Historically Speaking* III, 4 (2002), 5. Veja também WILSON, John, *The Decline of Popular History?*, e MEGILL, Allan, *Are We Asking Too Much of History?*, que abordam o mesmo assunto.

[10]BLOCH, Marc. *The Historian's Craft*, trad. de Peter Putnam (Nova York: Vintage Books, 1953), 31. Uma obra clássica escrita por um valoroso autor francês que não era cristão evangélico.

Por que Deus incluiu tantas lições históricas (reflexões conscientes sobre o passado), assim como história básica (descrições do que aconteceu) em sua Palavra infalível? A história bíblica ajuda a reforçar a identidade especial da pessoa de Deus, mas, ainda mais importante, ela nos lembra a respeito de sua fidelidade. Ele agiu com mão poderosa no passado. Isso deveria reafirmar nossa fé no sentido de que, apesar de eventuais castigos, ele manterá suas alianças e cumprirá suas promessas para o presente e para o futuro. Os crentes atualmente são abençoados pela leitura dessa história também.

É claro que Deus não se ausentou, deixando de envolver-se no desenrolar da História após os tempos bíblicos. Ele não cessou de participar na história humana após a conclusão do cânon. Os cristãos deveriam estudar as obras de Deus em sua igreja através dos anos. Esta é a sábia opinião de Philip Schaff, conhecido como "o fundador da disciplina história eclesiástica na América".

> Como poderíamos trabalhar com algum proveito para construir a Igreja, se não tivermos um conhecimento completo de sua história, ou se falhamos em apreendê-la por meio dos pontos de observação apropriados? A História está, e deve continuar a estar, próxima da palavra de Deus, a mais rica fonte de sabedoria e o guia mais correto para toda atividade prática de sucesso.[11]

Os cristãos, certamente, têm muitas razões convincentes para estudar História: o estudo da História leva ao aprimoramento da fé, do regozijo, provê sabedoria, prática da cidadania e desenvolvimento da identidade. A História, como campo de estudo, merece uma das mais altas posições na Igreja de Jesus Cristo.

A HISTÓRIA DA HISTÓRIA

A História tem uma história. "Historiografia" se refere à "disciplina de escrever história".[12] Pessoas têm se dedicado propositadamente a escrever sobre

---

[11]SCHAFF, Philip, *What Is Church History? A Vindication of the Idea of Historical Development* (Philadelphia: J. B. Lippincott and Co., 1846), 5, mencionado por BAUMAN, Michael e KLAUBER Martin I., *Historians of the Christian Tradition: Their Methodology and Influence on Western Thought* (Nashville: Broadman & Holman, 1995), 273, 279 (citação). De maneira estranha, minha edição brochura do livro de Bauman e Klauber não contém uma tabela de conteúdos, algo realmente lamentável para um tipo de livro tão bom.
[12]CAIRNS, *God & Man in Time*, 11.

o passado há séculos. As diferentes formas e métodos pelos quais os historiadores abordam o passado, examinam registros e, então, escrevem as histórias dos eventos passados, têm mudado no decorrer dos anos. "Por causa desse elemento da subjetividade no processo histórico, qualquer estudo do significado na História deveria incluir um estudo de como o homem escreveu e interpretou a História em outras eras."[13] As seções seguintes resumem sucintamente as principais ideias e cosmovisões de alguns dos historiadores mais influentes do mundo ocidental nos últimos tempos.

História pré-moderna

O termo *pré-moderno* se refere tanto à era antiga quanto à medieval na civilização ocidental. Tradicionalmente, escritores e estudiosos históricos do Ocidente classificaram como "antiga" a História desde a criação até aproximadamente 500 d.C., a data aproximada da queda do Império Romano e o subsequente final da síntese cultural da Antiguidade clássica. O período medieval, ou Idade Média, engloba um milênio desde mais ou menos 500 d.C. até quase 1500 d.C. Depois da revolução científica e do Iluminismo modificarem a mentalidade medieval, a história ocidental se tornou *moderna*.

Historiadores antigos

Assim como todas as pessoas antigas, os antigos hebreus e gregos fizeram história no sentido alemão da palavra (*geschichte*) — eles participaram em *eventos* durante os tempos passados, mas não fizeram muita coisa. Criaram história no sentido grego de *história* — escreveram intencionalmente interpretações significativas dos eventos passados. Em contraste, muitas civilizações não ocidentais, nos tempos antigos e, algumas vezes, continuando até os nossos dias, visualizaram o passado como uma série de ciclos infinitos sem significado intrínseco, indigno de uma reflexão séria.

Heródoto (c. 484-420 a.C.), o historiador grego conhecido como o "pai da História", narrou a guerra entre a Grécia e a Pérsia. Apesar de amar uma boa história, "ele claramente distinguiu em sua história o que era baseado em relatos verbais daquilo que ele viu e ouviu pessoalmente ou tomou conhecimento

---

[13]Ibidem, 59.

por intermédio de inquirição".[14] Seguindo os passos de Heródoto, Tucídides descreveu a Guerra do Peloponeso. O "pai da história científica", Tucídides (c. 460-395 a.C.) desenvolveu padrões rigorosos para a verificação crítica da precisão das fontes, rejeitando totalmente explicações sobrenaturais. "A ausência de romance em minha história, temo eu, difamará um pouco de seu interesse; mas se ele for considerado útil por inquiridores que desejam um conhecimento exato do passado como um auxílio à interpretação do futuro [...] Eu ficarei contente."[15] Ele e os historiadores gregos posteriores, distinguiram claramente seus trabalhos (aqueles que eles pretendiam que fossem verdadeiros), de poesias ou outras formas de literatura imaginativa.

A alegação grega de que a História estabelece praticamente "conhecimento exato" de "fatos em particular" sobre o passado para conduzir as pessoas no presente e no futuro poderia servir de fundação sólida para a escrita da história. Depois dos antigos hebreus e gregos, "e pelos dois mil anos seguintes [...] não houve mudanças profundas na natureza do pensamento histórico".[16]

> Historiadores hebreus foram os primeiros a ter alguma filosofia real da História. seu desenvolvimento de um conceito de tempo linear, em vez de cíclico, e sua consciência da unidade da raça [humana] sob um único Deus inauguraram o caminho para tal filosofia. Eles também, de modo diferente de outros povos antigos, olharam para uma futura idade dourada sob a liderança de seu Messias, em vez de uma era dourada passada. Deus, assim como o homem, molda a História, na visão deles. História é um processo no qual se encontrará um apogeu significativo sob o comando da soberania de Deus. Esta abordagem deu uma nova perspectiva e completude à história humana.[17]

"A consciência messiânica e escatológica dos judeus foi, é claro, transferida para os cristãos."[18] Essa perspectiva linear e universal dominou a historiografia cristã pré-moderna e continua a constituir um componente fundamental de qualquer visão bíblica da História até os nossos dias.

---

[14]Ibidem, 64.

[15]*The Peloponnesian War:* Livro 1, capítulos 1, 14—15. Em *The Complete Writings of Thucydides: The Peloponnesian War* (Nova York: Modern Library, 1951). Mencionado por SILLS e MERTON, *Social Science Quotations*, 230.

[16]LUKACS, *A Student's Guide*, 12.

[17]CAIRNS, *God & Man in Time*, 62.

[18]CONKIN, Paul K., e STROMBERG, Roland N., *The Heritage and Challenge of History* (Nova York: Dodd, Mead & Company, 1972), 6-7.

O famoso pai da Igreja latina, Agostinho (354-430), bispo de Hipona no norte da África, legou à História uma teologia desafiadora para a História na sua obra clássica *A Cidade de Deus*. Ele escreveu esse livro em resposta à turbulência no Império Romano durante seu declínio. *A Cidade de Deus* ajudou inumeráveis cristãos a reconciliar eventos profundamente perturbadores nas cidades humanas com a providência de Deus. A "Providência divina" envolve a ideia de que Deus conduz soberanamente os assuntos humanos. Como poderia um pai celestial bom e poderoso permitir que desastres recaiam sobre seus filhos na terra? Agostinho explicou que a cidade de Deus e a cidade dos homens coexistem sobre a terra, mas os cristãos devem confiar a terra a Deus e manter um panorama escatológico.[19] Semelhante à forma como o apóstolo Paulo relembra aos filhos de Deus: *Mas a nossa pátria está nos céus, donde também aguardamos um Salvador, o Senhor Jesus Cristo* (Fp 3.20). A perspectiva celestial na história terrena que Agostinho articulou exerceu um profundo impacto na escrita da história medieval — e nas cosmovisões cristãs desde então.

Historiadores medievais

Monges e sacerdotes na Europa medieval com frequência escreviam, em latim, anais simples ou crônicas. Muito simbólico entre eles, o Venerável Beda (c. 673-735), descrito como o "pai da história inglesa"), atentou conscientemente em distinguir entre fato e rumor. Sua *História eclesiástica do povo inglês*, entretanto, identificou livremente a providencial mão de Deus intervindo repetidamente na História, algumas vezes, realizando milagres. *... o que se lê na história de Beda é nada menos que a história reveladora de um 'roteiro escrito por Deus*.[20]

Resumo pré-moderno

Para resumir moralmente a historiografia pré-moderna, os antigos historiadores gregos adotavam faculdades racionais para a investigação de tudo na

---

[19]"O fato de que Roma quisesse andar conforme os propósitos de Deus não significa que Roma deva ser sacralizada por causa disso, ou que sua queda tivesse qualquer implicação negativa para a compreensão cristã da providência ou do poder de Deus [...] há espaço para uma reversão radical do destino [na terra], sem necessidade de desistir da esperança [...] o lar [final] do cristão não está neste mundo." Alister McGrath, "Augustine of Hippo", na obra de Bauman e Klauber, *Historians of the Christian Tradition*, 90 (a citação é de McGrath comentando as ideias de Agostinho). [20]Southgate, *History*, 44. A expressão "uma peça escrita por Deus" é atribuída a R. G. Collingwood, autor de clássicas obras de historiografia: *The Idea of History* (Oxford: Clarendon Press, 1946) e *Essays in the Philosophy of History* (Nova York: McGraw-Hill, 1965).

vida, inclusive o passado. A história pré-moderna grega e de outros lugares tendia a ser cíclica e pessimista. No Ocidente cristão medieval, entretanto, historiadores possuíam perspectiva linear e providencial para com a História, a qual retrataram como verdadeira e moralmente útil. Aceitando a autoridade da Escritura, eles ensinavam que a História começou com a invenção de Deus no tempo da criação. Os medievalistas enfatizavam suas intervenções no tempo assim como revelado na Escritura e na História. Afirmavam que a História poderia culminar no futuro quando Deus cumprisse sua promessa de que o Salvador retornará no fim dos tempos e do espaço na história.

História moderna

Revolução científica e historiadores iluministas

A revolução científica do século 17 e o Iluminismo do século 18, a "idade da razão", causaram a quebra mais decisiva com relação às cosmovisões pré-modernas. Uma mudança monumental do paradigma de cosmovisão ocorreu quando os historiadores profissionais, assim como outros intelectuais e estudiosos dessa época, tentaram amarrar o método científico a suas técnicas. Eles também entendiam o progresso como o desdobramento da História por meio do uso humano da razão e da ciência, em vez de ser o resultado do trabalho da providência divina.

Essa revolução científica eventualmente engendrou uma declaração de independência intelectual em relação às Escrituras Sagradas. Os filósofos iluministas aplicavam, ou, melhor dizendo, aplicavam mal as descobertas científicas para criar uma nova cosmovisão racional baseada no naturalismo. O naturalismo exclui intencionalmente as realidades espirituais e, por conseguinte, baseia a busca pela verdade somente nos fenômenos naturais e nas explanações empíricas. Do ponto de vista do naturalismo iluminista, as pessoas precisam apenas utilizar a razão e o método científico para reformar as sociedades e alcançar níveis de progresso e grandiosidade. "O progresso era possível, insistiam eles, porque os seres humanos são basicamente bons, e não fundamentalmente maus como o cristianismo ensinou."[21]

---

[21]APPLEBY, Joyce, HUNT, Lynn e JACOB, Margaret, *Telling the Truth About History* (Nova York: W. W. Norton & Company, 1994), 62. Este é um livro muito importante sobre o tema, escrito por importantes historiadores que "confrontam diretamente a incerteza sobre valores e buscas da verdade" levantadas pelo pós-modernismo.

« 320 »   O RESGATE DO PENSAMENTO BÍBLICO

A conjetura do Iluminismo também omitiria Deus de um universo funcional "como um relógio" por meio das recém-descobertas leis naturais. O deísmo, a filosofia que considera Deus como criador apenas como uma força histórica impessoal, se tornou a religião de muitos intelectuais. Voltaire (1694-1778), o pai do Iluminismo, tentou escrever a História, ao dizer: "Vamos deixar [...] a parte *divina* nas mãos daqueles a quem foi confiada e dediquemo-nos somente àquilo que é *histórico*"[22] (grifos do autor). Descrições históricas foram escritas durante essa época por Voltaire e Edward Gibbon (1737-1794),[23] que previam o progresso acontecendo por intermédio da razão e da engenhosidade humana; e assim desprezaram qualquer papel significativo para Deus na História. Nas mãos dos irados deístas, a História não mais foi considerada "História de Deus".

Historiadores científicos

Historiadores alemães aplicaram propositadamente métodos científicos à História e estabeleceram o primeiro patamar acadêmico para a História durante o final do século 18. Os programas curriculares de Ph.D. em História envolviam "a insistência nas fontes 'primárias',[24] como requerimento de seminários e de dissertações doutorais, monografias, bibliografias, notas de rodapé, publicações jornalísticas".[25] O historiador alemão tremendamente influente, Leopold von Ranke (1795-1886) definiu desta forma o trabalho do moderno historiador: reconstruir um evento do passado *wie es eigentlich gewesen* — "como ele realmente aconteceu".[26] O método para produzir história científica veio a ser algo como isto:

> ... os dados devem ser abordados sem preconceitos; os fatos devem ser claramente diferenciados de opiniões; evidências devem ser aceitas somente

---

[22]Citado por SOUTHGATE, *History*, 48.

[23]GIBBON, Edward, *The History of the Decline and Fall of the Roman Empire* (Nova York: AMS Press, reimpressão em 1974). Preconceitos anticlericais de Gibbon fizeram com que ele concluísse negativamente que o cristianismo fora a grande causa da decadência de Roma.

[24]"Na historiografia, uma fonte primária é distinguida de uma secundária pelo fato de que o autor usa as palavras da testemunha ou os primeiros relatos de um evento." BARZUN, Jacques e GRAFT, Henry F., *The Modern Researcher*, 4. ed. (San Diego: Harcourt Brace Jovanovich, 1985), 124. Um guia inigualável para pesquisa e elaboração de texto, particularmente na História.

[25]LUKACS, *A Student's Guide*, 19-20.

[26]Ibidem, 20.

de testemunhas imparciais e pontualmente submetidas à análise crítica; a objetividade deve ser mantida, com quaisquer preconceitos pessoais apropriadamente suprimidos; e os registros subsequentemente escritos devem ser escrupulosamente precisos.[27]

Crendo nisso, assim como os cientistas, obtinham conhecimento por meio de dados sentidos, e alguns se consideraram "empiristas". Eles aceitavam a popularização feita por John Locke (1632-1704) da doutrina de Aristóteles (384-322 a.C.) de que "nada está na compreensão que já não tenha estado primeiro nos sentidos".[28]

Para alguns historiadores, o trabalho consistia no esforço de "fazer a História cientificamente originada seguir o padrão do positivismo de Augusto Comte (1798-1857), sociólogo francês. O termo "positivismo" foi usado para contrastar os métodos confiáveis da ciência natural com as especulações etéreas da metafísica".[29] Outro erudito resumiu desta forma a atividade histórica: "O ponto central do modernismo era a crença de que o uso apropriado da razão humana podia garantir progresso. Essa crença cresceu durante o Iluminismo e culminou com o surgimento do positivismo do século 19".[30] O ideal científico empírico e positivista, em sua forma modificada, continua a nortear muitos historiadores quando tentam escrever sobre o passado tão precisamente quanto possível.

Historicismos

Em vez de estudar História estritamente de uma posição empírica e positivista, alguns estudiosos mais ambiciosos escreveram uma história especulativa que tentou formular metanarrativas históricas — ou seja, modelos explanatórios que abrangessem tudo. Surgiram algumas dessas metanarrativas, manipuladas por uma posição filosófica conhecida como *idealismo*. Edificando sobre a visão de René Descartes (1596-1650) de que a

---

[27]SOUTHGATE, *History*, 13. Embora o professor Southgate rejeite a possibilidade de historiadores derivarem a verdade do método, ele o resume bem.

[28]OOSTERHOFF, Frederika, *Ideas Have a History: Perspectives on the Western Search for Truth* (Lanham, MD: University Press of America, Inc., 2001), 101. Uma abordagem erudita de uma perspectiva cristã.

[29]CLARK, Gordon H., *Historiography: Secular and Religious* (Nutley, NJ: The Craig Press, 1971), 110.

[30]OOSTERHOFF, *Ideas Have a History*, 193.

« 322 »   O RESGATE DO PENSAMENTO BÍBLICO

razão traz certeza, Immanuel Kant (1724-1804) "viu a História como o registro do progresso humano por meio da racionalidade e liberdade"[31] guiado por uma natureza determinística. Georg W. F. Hegel (1770-1831) "é provavelmente o mais conhecido desses filósofos idealistas na História, e ele foi grandemente influenciado pelo totalitarismo do século 20, tanto de direita quanto de esquerda".[32]

Assim como a maioria dos modernistas, Hegel construiu sua superestrutura histórica sobre a ideia do progresso conduzido "por meio do triunfo da razão e da liberdade".[33] Hegel utilizou imaginativamente vários termos para referir-se à força impessoal dirigindo o avanço da História: Espírito do Mundo, Razão, Logos, o Absoluto e, até mesmo, Deus.[34] O sistema de Hegel sobre as dialéticas forneceu o padrão para a progressão histórica. Uma tese predominante confrontaria sua opositora, a antítese. A resolução do conflito criaria a síntese. Essa síntese se tornaria uma nova tese, a qual geraria uma nova antítese e assim por diante.

Karl Marx (1818-1883) se apropriou da dialética de Hegel em sua filosofia ainda mais famosa na História. Marx era da opinião de que o materialismo dialético, baseado nas relações econômicas mais importantes,[35] determinava a história humana. De acordo com suas famosas palavras no *Manifesto comunista*: "A história de todas as sociedades que existiram até os nossos dias tem sido a história das lutas de classes".[36] A luta socioeconômica fortaleceu o conflito medieval entre os nobres e os vassalos, seguidos pela rixa da era industrial entre capitalistas e o proletariado. Finalmente, a utopia comunista desprovida de classes antevista pelo socialismo científico de Marx aniquilaria a dialética, e o Estado se desvaneceria. Similar

---

[31]Ibidem, 166.

[32]CAIRNS, *God & Man in Time*, 120.

[33]OOSTERHOFF, *Ideas Have a History*, 168.

[34]Ibidem.

[35]Em um discurso feito ao lado do túmulo de Karl Marx em 1883, seu colega de trabalho, Frederick Engels resumiu esta ideia marxista básica: "Assim como Darwin descobriu a lei do desenvolvimento da natureza orgânica, assim também Marx descobriu a lei do desenvolvimento da história humana: o simples fato, até aqui escondido pelo desenfreado surgimento de ideologias, de que a raça humana, mesmo que deva primeiro comer, beber, ter abrigo e roupas, não invalida o fato de que possa desenvolver noções de política, ciência, arte [e] religião". *Karl Marx and Frederick Engels: Selected Works*, vol. 2 (Londres: Lawrence and Wishart, 1950), 153. Citado por Sills e Merton, *Social Science Quotations*, 59.

[36]MARX, Karl e ENGELS, Frederik, *The Communist Manifesto* (1848) (Nova York: Modern Reader, 1964), 37. Citado por Sills e Merton, *Social Science Quotations*, 155.

à visão liberal do progresso contínuo, Marx retratou um milênio seculari-zado de duração indefinida.

Na meta-história de Marx, o determinismo econômico substituiu a natureza, razão ou liberdade dos historiadores como chave para encon-trar o significado ou a direção do processo histórico. Mesmo não sendo historiador, Charles Darwin (1809-1882) adicionou sua desafiadora teoria da evolução à sopa intelectual do século 19. Ele alterou profundamente as concepções ocidentais de tempo com o processo de seleção natural que, conforme se alega, durou milhões de anos. Além disso, "ao fornecer uma solução para o problema das origens, que frustrou desde sempre os agnós-ticos e ateus, Darwin tornou o ateísmo possível".[37] Dos deístas e céticos iluministas aos positivistas, aos historiadores, aos naturalistas, chegando até os comunistas ateus, a conclusão se tornou inescapável: os historiado-res modernos podem banir Deus de seu cosmo.

Se os modernos historiadores destronaram Deus, eles simultaneamente entronizaram e desumanizaram o homem ao colocá-lo no lugar de Deus. Historiadores que aceitaram a antropologia de Darwin se equivocaram ao enxergar a espécie humana como a coroa da criação. Os positivistas, algumas vezes, viam as pessoas como não mais que estatísticas sociais ou massas a serem manipuladas. Historiadores especulativos, inclusive deter-ministas econômicos e ambientalistas, descreviam os indivíduos como miseráveis, atores medíocres levados para lá e para cá por forças impesso-ais supremas.

Ainda, a maioria dos modernistas, crendo que o homem não é ina-tamente pecador, argumenta que a razão humana auxiliada pela ciên-cia inevitavelmente gerará o progresso, culminando eventualmente em alguma forma de utopia humanística. As metanarrativas determinísticas coexistem com esse modernista culto ao progresso. Enquanto os moder-nos historiadores inegavelmente contribuem enormemente para essa base mundial de conhecimento total, suas filosofias a respeito da História se enganam e rejeitam as visões primordiais da Bíblia centradas em Deus. Isto, é claro, refletiu um crescimento gradual da rejeição amplamente difundida de Deus e do cristianismo durante a era moderna inteira. Por conseguinte, os cristãos sofrem atualmente as consequências do legado da era moderna. De algum modo, entretanto, as perspectivas pós-modernas na História são piores que as modernas.

---

[37]Ibidem, 195.

História pós-moderna

Os historiadores não podem dar uma data precisa para definir o início da era pós-moderna e sua correspondente mudança na cosmovisão até este momento aceita.[38] As características do modernismo continuam — pesquisa científica e desenvolvimento de economias industriais, crescimento da democracia, urbanização e secularização. É claro que traços tradicionais do período pré-moderno ainda subsistem — agricultura, políticas autocráticas e atividades religiosas. E também no campo da História a continuidade coexiste com a mudança. Os historiadores, cristãos ou seculares, ainda confiam em arquivos empoeirados ou embolorados para escrever História usando rigorosamente velhos modelos "modernos" profissionais (além de novas técnicas computadorizadas).[39] Como a História mudou nos tempos pós-modernos?

Como um adjetivo, *pós-moderno* implica apropriadamente um elemento temporário — *após* a história pré-moderna e moderna. Como substantivo, o *pós-modernismo* representa algo especialmente radical, definido de várias maneiras. "... no pós-modernismo temos tanto a consumação do modernismo quanto a reação contra ele. A consumação é evidente no secularismo pós-modernista e a crença na autonomia humana. A reação é o resultado da desilusão com o modernismo".[40] As guerras mundiais do século 20 e as depressões econômicas minaram o "culto ao progresso" modernista. Ao romper com o modernismo, a cosmovisão pós-modernista reflete uma revolução, ideológica e intelectual, comparável à mudança da fé medieval pré-moderna em Deus à fé moderna na razão humana, na ciência e no progresso.

---

[38]Embora seja cedo demais para afirmar categoricamente, o período dos turbulentos anos 1960 parece ser um bom candidato, como nenhum outro, para servir como ponto de retorno. Apresentando-se com uma defesa muito bem articulada da tradicional história moderna, "os promotores e agitadores desse movimento [pós-modernista] são a conhecida multidão da velha nova esquerda dos anos 1960 [...] adicionado também às últimas tendências da moda do vestuário, podendo ser verificado o retorno de acessórios extravagantes e calças brilhantes". Keith Windschuttle, *The Killing of History: How Literary Critics and Social Theorists Are Murdering Our Past* (San Francisco: Encounter Books, 1996), xiv.

[39] ELTON, Geoffrey Rudolph, "A nova história 'científica' ou 'cliométrica' — fruto do casamento entre os problemas históricos e as análises estatísticas avançadas, com a teoria econômica como madrinha e o computador como padrinho — tem feito tremendos avanços nesta última geração". *Which Road to the Past? Two Views of History* (New Haven, CT: Yale University Press, 1983), 3. Citado por SILLS e MERTON, *Social Science Quotations*, 64. Para mais discussões e exemplos da história quantitativa de uma perspectiva cristã, veja os escritos de Robert P. Swierenga.

[40]OOSTERHOFF, *Ideas Have a History*, 261.

O ponto central do desafio pós-modernista é o repúdio a ambas episte-mologias pré-moderna e moderna — a teoria do conhecimento. Ao criar uma crise epistemológica, os questionamentos pós-modernistas rejeitam até a possibilidade da verdade, histórica ou qualquer outra. Desde que o pós-modernismo, como visão de mundo, apoia várias outras tendências no campo da História, popularmente (ou impopularmente) conhecidas como "multiculturalismo", "politicamente correto" e "revisionismo", essas questões foram relacionadas com o pós-modernismo.

Raízes do pós-modernismo

É evidente que as raízes filosóficas do pós-modernismo estão firmadas em épocas mais remotas, especialmente no relativismo, existencialismo e filolo-gia (linguística) modernos, que se desenvolveram completamente no século 20. Para um breve, porém completo, exame do desenvolvimento do pós--modernismo, veja o capítulo 7 (Entendendo nosso mundo pós-moderno). O que apresentaremos, a continuação, procura relacionar as posições espe-cialmente desafiadoras do pós-modernismo à disciplina de História.[41]

O pós-modernismo adota uma forma extrema de relativismo.[42] O rela-tivismo sustenta que modelos para julgamento variam de acordo com a pessoa, com o tempo e com as situações. Para os pós-modernistas, os absolutos universais não existem (exceto pela sua afirmativa dogmática de que os absolutos universais não existem). Alguns escritores históricos do romantismo do século 19 apresentavam concepções relativistas. Além disso, historiadores científicos[43] argumentavam que eles somente podiam estudar e avaliar todas as eras e culturas de acordo com seus próprios

---

[41]O título de uma excelente refutação de uma ameaça pós-modernista à História resume bem a cena — Keith Windschuttle, *The Killing of History: How Literary Critics and Social Theorists Are Murdering Our Past.*

[42]VEITH, Gene Edward, *Postmodern Times: A Christian Guide to Contemporary Thought and Culture* (Wheaton, IL: Crossway Books, 1994), 19. Esta é uma explicação extraordi-nariamente contundente e compreensível do pós-modernismo com base na obra Turning Point Christian Worldview Series, lançada pela Crossway Books.

[43]"O termo 'historicismo', cuja origem remonta ao século 19, é a tentativa de descrever o método de abordagem aos escritos da história e crítica literária, caracterizando-se pela interpretação que diz que cada era do passado deveria ser interpretada em termos de seus próprios valores, perspectivas e contextos, mais do que por aqueles do presente." Winds-chuttle, *The Killing of History*, 12. Karl Popper e outros também usaram o termo "histo-ricismo" para descrever meta-histórias como aquelas de Hegel e Marx. Críticos literários ressuscitaram o significado original nos anos 1980.

« 326 » O RESGATE DO PENSAMENTO BÍBLICO

critérios, em vez de fazê-lo de acordo com os valores contemporâneos dos historiadores. Se os historiadores não podiam invocar as leis de Deus, de qualquer forma, quem poderia dizer quais ações, no passado, foram corretas ou erradas? Os pós-modernistas poderiam responder: "ninguém".

A elogiada objetividade científica dos estudiosos do século 19 se viu sob ataque. Quando está selecionando tópicos e fontes para estudar para, em seguida, escrever interpretações baseadas nos fatos selecionados, um historiador pode isentar-se completamente de suas perspectivas pessoais baseadas em seu próprio passado, seus preconceitos e da tendência de ter uma opinião própria? Os pós-modernistas poderiam novamente responder que não. As perspectivas pessoais determinam as realidades pós-modernas.

Os existencialistas do século 20, assim como o romantismo do século 19, pressionaram indivíduos e a responsabilidade individual para criar significados subjetivamente. O existencialista francês Jean-Paul Sartre (1905-1980) afirmou: "O homem nada é além daquilo que ele faz de si mesmo".[44] Para ele, a esfera da verdade objetiva era absurda. "Considerando que o existencialismo moderno ensina que o significado é criado pelo *indivíduo*, o existencialismo pós-moderno ensina que o significado é criado por *um grupo social e sua linguagem*"[45] (destaques do autor). Para os pós-modernistas, a identidade individual deriva e depende de uma cultura, transmitida e apreendida inteiramente via linguagem.

Influentes teóricos linguísticos no século 20 "têm, de maneira crescente, chegado a perguntar sobre a validade de referir a alguma realidade externa fora da linguagem em sim mesma".[46]Pensadores pós-estruturalistas como Michel Foucault (1926-1984) e Jacques Derrida (1930-2004) rejeitaram o realismo filosófico. O realismo afirma que uma realidade objetiva existe independentemente da mente e linguagem humanas. "Desde que a linguagem é uma invenção cultural, o significado é finalmente [...] uma construção social."[47] Foucault acreditava que "os dispositivos tradicionais para construir uma visão abrangente da História e para reconstituir o passado como um desenvolvimento contínuo e paciente devem ser sistematicamente desmantelados"[48] ou desconstruídos e, finalmente, descartados.

---

[44]Mencionado por OOSTERHOFF, *Ideas Have a History*, 245.

[45]VEITH, *Postmodern Times*, 48.

[46]SOUTHGATE, *History*, 76.

[47]VEITH, *Postmodern Times*, 51.

[48]FOUCAULT, Michel, "Nietzsche, Genealogy, History", em *Language, Counter-Memory, Practice: Selected Essays and Interviews* (1971) (Ithaca, NY: Cornell University Press, 1977), 153-154. Citado por SILLS e MERTON, *Social Science Quotations*, 65.

Uma desconstrução ou análise crítica dos textos sobre linguagem, inclusive os históricos, apresenta segundas intenções. Esses significados ocultos dos documentos históricos, quando desmascarados pelos pós-modernistas, de certa forma demonstram, invariavelmente, que homens brancos, capitalistas e heterossexuais oprimiram e exploraram vários grupos sociais marginalizados, como negros, trabalhadores, homossexuais e mulheres. De fato, as perspectivas históricas marxistas, feministas e pós-coloniais desafiaram as afirmativas consideradas verdadeiras das metanarrativas históricas tradicionais.[49] As categorias "raça-classe-gênero" compreendem a rede que guia muito da escrita histórica pós-moderna e ameaçam fragmentar as meta-histórias em micro-histórias discretas.[50]

A História e a "verdade" pós-modernista

Com relação às questões epistemológicas, os pós-modernistas têm definido a História por intermédio das seguintes linhas:

> ... a História pode ser redescrita como um discurso que é fundamentalmente retórico e [...] a representação do passado ocorre por meio da criação de imagens poderosas e persuasivas que podem ser mais bem compreendidas como objetos, modelos, metáforas ou propostas criadas sobre a realidade.[51]

Na visão pós-modernista, a História difere pouco, ou quase nada, da poesia ou de outras formas de literatura. A historicidade atual envolve uma "escala descendente entre o fato e a ficção que define seu lugar na

---

[49]SOUTHGATE, *History*, capítulo 5.

[50]HUNT, Lynn presidente da *American Historical Association*, assim como o fez neste livro, adicionou um capítulo a um livro intitulado *Encounters: Philosophy of History After Post--modernism*. Ela comentou com muita perspicácia, sobre as reflexões do livro a respeito da história pós-modernista, concluindo: "É difícil encontrar exemplos da História escritos com espírito pós-moderno". Na obra de Ewa Komanska, ed., *Encounters: Philosophy of History After Postmodernism* (Charlottesville: University of Virginia Press, 1998), 273, levanta-se a questão: Como podem as escolas pós-modernas, que rejeitam as narrativas, levar a sério a pesquisa histórica e seus documentos, se, afinal, é tudo mentira? Isso se torna "um conto narrado por um idiota, cheio de grandiloquência e paixão, mas sem nenhum significado". Na análise final, o pós-modernismo tem, de fato, causado muito mais danos que benefícios no campo da História — e também em outros campos. (Na citação de *Macbeth*, ato 5, cena 4, linhas 26-28, o tópico refere-se à vida, mas se encaixa em uma visão pós-modernista da História.)

[51]KELLNER, Hans, "Introduction", em *A New Philoshophy of History*, ed. Frank Ankersmit e Hans Kellner (Chicago: University of Chicago Press, 1995), 2.

« 328 »   O RESGATE DO PENSAMENTO BÍBLICO

atual 'realidade-ficção'".[52] Na cosmovisão pós-modernista, a História não mais narra histórias verdadeiras a respeito do passado.[53]

Voltando à questão anterior, como a História mudou nos tempos pós-modernos? O relativismo, ceticismo e desconstrucionismo pós-modernistas minaram os fundamentos filosóficos anteriores. O sistema de crenças do ocidente *pré-moderno*, assim como o dos antigos hebreus, se baseava nas sábias e fundamentais verdades sobre Deus; os sistemas intelectuais *modernos* se apoiavam nos fundamentos supostamente inabaláveis e firmes da ciência empírica. Como o salmista, muitos agora lamentam: *Quando os fundamentos são destruídos, que pode fazer o justo?* (Sl 11.3). O que os historiadores cristãos justos (ou os historiadores seculares honestos)[54] podem

---

[52]Ibidem, 3.

[53]Historiadores de mente aberta querem aprender das críticas. Eles reconhecem que os pós-modernistas estabeleceram um ponto válido em criticar a inabilidade dos historiadores em chegar a uma objetividade perfeitamente neutra. Entretanto, procedendo dessa maneira, construíram um homem de palha para analisar. Então, no início do século 19, historiadores profissionais desistiram da história puramente positivista. Eles já estavam honestamente admitindo que suas perspectivas pessoais tinham prejudicado suas narrativas e, por isso mesmo, começaram a tomar precauções contra a subjetividade excessiva. A seguir, teóricos linguísticos demonstraram corretamente o poder e a instabilidade da linguagem. Logicamente, os historiadores têm reconhecido há tempos que sua "ciência" revelou também a existência de elementos de "arte" literária, por isso passaram a ser mais cuidadosos sobre seus escritos, especialmente evitando palavras grosseiras quanto a sexo e racismo. Jovens historiadores começaram a escrever sobre a mulher, as pessoas comuns e grupos sociais secundários e minorias, provocando o surgimento de obras com novas histórias sociais e estudos da cultura, mais do que simplesmente abordando a história do ponto de vista do Grande Homem, do vencedor, antes de extremistas pós-modernos levantarem um clamor sobre a ausência de representação proporcional para tais grupos nos relatos mais antigos da História. Os pós-modernistas têm alfinetado os historiadores para que desistam de declarar total imparcialidade e, dessa forma, tenham cuidado com sua linguagem e também para escrever sobre fenômenos que poderiam surgir na ausência de uma crise epistemológica. Os pós-modernistas contribuíram um pouco mais com esse quadro.

[54]A comunidade de profissionais contribui para a busca da verdade histórica. "... a busca pelo conhecimento envolve um esforço enérgico e contínuo entre diversos grupos de inquiridores da verdade [...] uma comunidade dos que agem cumprindo o papel de verificação sobre os historiadores." Appleby, Hunt e Jacob, *Telling the Truth About History*, 254, 261. Especialmente quando se reflete honestamente sobre o contexto em geral, os historiadores podem ajudar seus colegas posteriores a evitar armadilhas do subjetivismo excessivo ou do uso descuidado da evidência. "... há suficiente clareza sobre nossa situação para continuar fazendo nosso trabalho." Shirley A. Mullen, "Between 'Romance' and 'True History': Historical Narrative and Truth Telling in a Postmodern Age", em *History and the Christian Historian*, ed. Ronald A. Wells (Grand Rapids, MI: William B. Eerdmans, 1998), 40. Em seus esforços para alcançar sucesso na empreitada, vemos na obra *The Historical Society* alguns grandes princípios para os historiadores dos dias atuais. "Tudo o que pedimos dos membros é que eles estabeleçam premissas plausíveis; razão lógica, apelo à evidência e

fazer sem as pressuposições fundamentais sustentando a realidade objetiva e a verdade universal?

Problemas pós-modernistas

Para reparar as injustiças cometidas contra os grupos oprimidos, os estudiosos pós-modernistas escrevem histórias de autoajuda, acabam por confirmar a "política de identidade". Alguns multiculturalistas radicais se apropriaram da História como arma ideológica, expondo "mentiras nobres" ou mitos para criar um patrimônio encorajador para os grupos oprimidos.[55]

> A rejeição da objetividade histórica em favor de um aprendizado de defesa está atualmente em voga dentro dos redutos intelectuais. "Estudiosos revisionistas" difamam Cristóvão Colombo e outros heróis americanos e, ao fazê-lo, argumentam que a herança americana não é a liberdade, mas a opressão. Eles desprezam as tendências do aprendizado e do currículo escolar "eurocêntricos", apenas para substituí-los agressivamente por um aprendizado e currículo escolar "afrocêntricos". As histórias são reescritas [...] de acordo com programas feministas ou homossexuais [...] Se o eurocentrismo é uma falha, poderia se pensar que o afrocentrismo também poderia sofrer as consequências de uma visão limitada. Se o patriarcado é errôneo, por que deveria o matriarcado ser melhor? No entanto, essas picuinhas perdem de vista o principal ponto do ensino pós-modernista. A verdade não é a questão. A questão é o poder.[56]

Além disso, em defesa da tolerância para todos os grupos sociais, criando suas próprias e equivalentes "verdades" válidas, subjetivas sobre a História e de acordo com as perspectivas de cada grupo, ironicamente, os pós-modernistas abriram a porta para que as pessoas escrevam qualquer coisa que promova uma causa, até mesmo aquelas sem nenhum

---

respeito à integridade de todos os que procedem do mesmo modo." Eugene D. Genovese, "A New Departure", em *Reconstructing History: The Emergence of a New Historical Society*, eds. Elizabeth Fox-Genovese e Elisabeth Lasch-Quinn, 8.

[55]SCHLESINGER, Arthur Jr., *The Disuniting of America: Reflections on a Multicultural Society* (Nova York: W. W. Norton & Company, 1992) oferece também uma das melhores exposições da história comum, escrevendo em nome do multiculturalismo, incluindo os mais acirrados defensores dessa linha de interpretação, já que o autor conhece bem a todos eles.

[56]VEITH, *Postmodern Times*, 50, 57.

fundamento válido.[57] Utilizando a lógica pós-modernista, se é que existe, ninguém pode condenar uma má história escrita por qualquer um, não importando quão errada ela seja moral ou factualmente. Tudo é uma questão de perspectiva, não é? Como é que alguém pode explicar as tentativas revisionistas de negar a genuinidade do Holocausto, um fenômeno atestado por testemunhas oculares, documentos e artefatos materiais? Esses meios poderosos para estabelecer a verdade na história pré-moderna e moderna foram deixados de lado como irrelevantes numa estranha aplicação da mentalidade pós-modernista.[58] Pessoas racionais deveriam desprezar a desonestidade na História, independentemente do objetivo ou motivação pretendidos pelos autores.

A perspectiva do pós-modernismo no poder apresenta um problema alarmante. Por intermédio de suas discussões sobre a linguagem, moralidade e política, o filósofo alemão Friedrich Nietzsche (1844-1900) causou impacto enorme no pós-modernismo. Os cristãos o conhecem melhor por sua frase infame: "Deus está morto". Entretanto, sua expressão "desejo pelo poder" resume de forma mais concisa sua explicação metanarrativa da conduta humana,[59] similar à "luta de classes" de Marx e ao foco sobre o "inconsciente" de Sigmund Freud (1856-1939).[60]

---

[57]"Eles [os pós-modernistas] estão felizes em legitimar a multiplicidade de vozes, contanto que todos pertençam aos grupos esquerdistas que são aprovados por eles. No entanto, abandonando a verdade e endossando a interpretação do passado 'como bem entendemos', inconscientemente acabam dando legitimidade às posições políticas que eles mesmos, certamente, condenariam, como aquelas do neonazismo, neo-stalinismo, partidarismo branco e negro, contraditores do Holocausto, purificadores étnicos ou qualquer outra variedade de depravação política." Windschuttle, *The Killing of History*, 320-321.

[58]Os efeitos do pós-modernismo podem ser verificados indo além de alguns loucos na academia. Em 1994, um escritor relatou: Vinte e dois por cento de todos os americanos acreditam ser possível que o Holocausto nunca tenha acontecido. Outros 12% dizem que não sabem". Citado em Southgate, *History*, 155.

[59]"... o pós-modernismo continua apoiando a rejeição do modernismo a Deus. O resultado da negação tanto da razão quanto da fé é niilismo intelectual e moral, e deixam Nietzsche declarando o desejo pelo poder como a força que dá energia ao homem e ao mundo. É também a força que dá energia ao uso humano da linguagem." Oosterhoff, *Ideas Have a History*, 262.

[60]RUSHDOONY, Rousas J., *The Biblical Philosophy of History* (Nutley, NJ: Presbyterian & Reformed, 1977), 14. "Para o darwinista, a História é o produto de forças biológicas impessoais; para o marxista, as forças são econômicas; para o freudiano, são a psicologia e o inconsciente. Não apenas o significado da História é despersonalizado, como também o homem é despersonalizado."

REFLETINDO HONESTAMENTE SOBRE A HISTÓRIA

« 331 »

Utilizando a afirmação de Nietzsche de que o desejo pelo poder conduz o comportamento humano, muitos pós-modernistas condenam os homens branco-burgueses que supostamente têm dominado as estruturas de poder ocidentais e utilizado a linguagem para oprimir os demais.[61] O objetivo dos grupos oprimidos por desbancar os opressores está implícito ou declarado em muitos dos escritos pós-modernistas. Se não existem absolutos morais para restringir o abuso do poder, entretanto, podem os discípulos pós-modernistas de Nietzsche, quando no poder, fazer melhor do que Adolf Hitler em evitar as implicações totalitárias de uma filosofia construída sobre o desejo de poder?[62]

Os pós-modernistas algumas vezes receberam poder sobre certos segmentos da academia americana. Nesse cenário, suas transgressões contra o livre discurso dos estudiosos conservadores e tradicionais que se opõem às versões pós-modernistas do "politicamente correto" servem como advertência desanimadora do que pode acontecer se eles conquistarem o poder total. A opressão (sobre os homens brancos, antigos possuidores do poder) em nome da antiopressão (dando poder às pessoas anteriormente sem poder) assemelha-se ao discurso dúbio de Orwell e não pode promover qualquer conceito saudável de justiça. Além disso, se a verdade não existe, os detentores do poder podem mentir vergonhosamente, se isso contribui para divulgar sua ideologia, e então, podem tentar usar jogos linguísticos pós-modernistas para encobrir as mentiras. Tudo "depende de qual seja sua definição sobre isso".[63]

História e a epistemologia bíblica

> *Perguntou-lhe, pois, Pilatos: Logo tu és rei? Respondeu-lhe Jesus: Tu dizes que eu sou rei. Eu para isso nasci, e para isso vim ao mundo, a fim de dar testemunho da verdade. Todo aquele que é da verdade ouve a minha voz. Perguntou-lhe Pilatos: Que é a verdade?... (Jo 18.37,38)*

O que é a verdade? Uma definição simples em qualquer dicionário diria que a verdade é "a conformidade com os fatos ou a realidade; veracidade;

---

[61]Como pode um pós-modernista niilista que rejeita todos os valores morais fazer um julgamento moral condenando a opressão?. Quem disse que a opressão é errada? O Deus da Bíblia diz, mas o deus do pós-modernismo não pode fazer tal declaração moral com a mesma consistência autoritativa.

[62]VEITH, *Postmodern Times*, 159.

[63]Palavras famosas do então presidente Bill Clinton tentando evadir-se da autoincriminação.

genuinidade ou existência real". Jesus e os autores bíblicos falaram repetidas vezes sobre a verdade como se ela fosse real e de importância vital. Pilatos, entretanto, parecia-se um pouco com um pós-modernista na época pré-moderna. Podemos referir-nos a outro homem conhecido por sua dúvida, Tomé. *Respondeu-lhe Jesus: Eu sou o caminho, e a verdade, e a vida; ninguém vem ao Pai, senão por mim* (Jo 14.6). Cristo não apenas dizia a verdade — ele a encarnava. Ele também orou a Deus, o Pai: *Santifica-os na verdade; a tua palavra é a verdade* (Jo 17.17). A palavra de Deus é a verdade em forma de escritura. A verdade existe. A realidade não é apenas uma construção social observada por meio da linguagem cultural. Os historiadores podem estudar o passado e fazer afirmações verdadeiras sobre ele, mesmo se não puderem reconstruí-lo perfeitamente.[64]

Os teóricos linguistas avaliam corretamente a linguagem como algo extraordinariamente importante. O Deus altíssimo falou e o universo veio a existir, e o legou a seus filhos por meio de sua palavra. Deus não se revela visivelmente; ele normalmente utiliza a linguagem como ponte para possibilitar que seu povo o compreenda. Embora o Espírito Santo também desempenhe um papel um tanto quanto inescrutável na vida de cada crente, os cristãos são, em primeiro lugar, "o povo do Livro". Estes sabem, pela revelação escrita, que Deus, o universo físico e a verdade espiritual existem. Os cristãos experimentam toda essa manifestação divina pela fé, mas a razão também confirma sua realidade. Enquanto rejeite o naturalismo, a sincera fé pré-moderna em Deus e uma limitada fé na ciência moderna[65] podem trabalhar unidas para confirmar a realidade — tanto

---

[64]A magnífica pesquisa de Richard J. Evans muito apropriadamente intitulada *In Defense of History* conclui desta maneira: "Eu continuo otimista de que o conhecimento histórico objetivo é tanto desejável quanto alcançável. Então quando [...] o [pós-modernista] Roland Barthes afirma que o mundo inteiro é um texto e Frank Ankersmit jura que não podemos nunca saber nada em absoluto sobre o passado [...] e Keith Jenkins proclama que toda história é apenas uma ideologia nua [...] eu olharei humildemente para o passado e direi, apesar de tudo: Realmente aconteceu, e nós realmente podemos — se formos muito escrupulosos, cuidadosos e autocríticos — descobrir como isso aconteceu, e obteremos algumas conclusões defensáveis sobre o que tudo isso significa". Evans, *In Defense of History* (Nova York: W. W. Norton & Company, 1997), 220.

[65]Em um intrigante artigo publicado nos idos de 1984, George Marsden descreveu uma arena filosófica compartilhada por historiadores cristãos e não cristãos, assim como por um grande número de leigos no assunto: o bom senso. Um escocês do século 18, Thomas Reid, elaborou ainda uma escola de filosofia do bom senso. Em vez de apoiar-se nas especulações de filósofos, "O conhecimento humano", argumentou Reid "tem, de fato, uma

no passado quanto no presente.[66] Baseada numa reafirmação dos aspectos da historiografia pré-moderna e moderna, a disciplina de História sobreviverá ao pós-modernismo. Mais importante ainda, o Senhor da História conduzirá o desdobramento da História até o fim, quando seus propósitos tiverem sido todos cumpridos.

Uma filosofia bíblica da História

No início deste capítulo, sustentou-se que os cristãos deveriam estudar História, auxiliados por uma visão linear e providencial dela, e utilizando as habilidades dadas por Deus para compreender a verdade histórica, a qual é real e parcialmente conhecível.

Linearidade

A Bíblia contém e elucida a História. O cristão compreende a História não como um ciclo, mas como uma linha que começa na criação, indo ao apogeu com Cristo na cruz, e sendo consumada na segunda vinda de Cristo

---

base sólida: o bom senso da humanidade [...] praticamente todos são forçados a crer na existência do mundo externo, na continuidade da própria existência um dia após o outro, na conexão entre o passado e o presente, na existência de outras pessoas, nas conexões entre causas e efeitos e (dadas as condições adequadas) na confiança de seus sentidos e de seus raciocínios". Pessoas normais usam tais revelações de bom senso diariamente. Mesmo os pós-modernistas e místicos hinduístas se esquivam quando um caminhão se precipita em sua direção. Quando Thomas Kuhn e outros questionaram a onisciência e onipotência da ciência moderna, as pessoas também questionaram o bom senso. Eles não deveriam ter feito isso. Os cristãos percebem que Deus planejou suas criaturas racionais, feitas à sua imagem, com capacidade de compreender sua criação por meio de seus sentidos e com sua mente. Historiadores de todos os tipos deveriam usar o bom senso tanto quanto sua inteira capacitação profissional. George Marsden, "Common Sense and The Spiritual Vision of History", em *History and Historical Understanding*, ed. C. T. McIntire e Ronald A. Wells (Grand Rapids, MI: William B. Eerdmans, 1984), 57 (citação), 56-60 outras ideias.

[66]Appleby, Hunt e Jacob, *Telling the Truth About History*, 247-251. Muitos historiadores que não compartilham as premissas teológicas mencionadas, apesar de tudo, argumentam que os historiadores podem discernir algumas verdades sobre o passado. Em *Telling the Truth About History*, três distintos professores da UCLA aconselham a adoção de um "realismo prático" pragmático. Eles rejeitam a declaração positivista extremada do século 19 de completar a verdade, reconhecendo problemas de linguagem. Eles afirmam, no entanto, que uma realidade objetiva fora de si mesma e da linguagem existe realmente. Finalmente, eles admitem que há uma lacuna entre os eventos do passado e o relato histórico que interpreta esses eventos, ao mesmo tempo que afirmam ser possível e necessária alguma correspondência parcial.

no fim dos tempos.[67] Por que os cristãos consideram a crucificação como o ápice da História? Como declarou certo pastor, "a cruz é o 'coração do evangelho'. Seu ponto principal é moderador; se a afirmativa é verdadeira, ela é o ponto de virada da História. E ponto final. Se não é, então é apenas um 'trote' da História".[68] Sem o ponto de virada da História, a humanidade ainda estaria insolúvel e desesperadamente morta em seus delitos e pecados. *... mas, vindo a plenitude dos tempos, Deus enviou seu Filho...* (Gl 4.4). Jesus cumpriu as profecias da História por meio de sua encarnação, seu sacrifício expiatório pelo pecado e sua ressurreição dos mortos. A linha desde a criação até o juízo final se concentra em Cristo.

Uma filosofia bíblica da História também reconhece a soberania de Deus. *O Senhor dos exércitos jurou, dizendo: Como pensei, assim sucederá, e como determinei, assim se efetuará* (Is 14.24). A filosofia da História é uma "interpretação sistemática da História universal de acordo com o princípio pelo qual os eventos e sucessões históricos são unificados e direcionados para um significado principal e final".[69] O princípio é o controle providencial da soberania de Deus sobre a História. Deus é a força unificadora e direcionadora da História. O gracioso plano redentor de Deus na História lhe confere propósito e significado primordial. O maior objetivo da História e sua principal função é o cumprimento da vontade soberana de Deus, para sua honra e glória.

O sermão do apóstolo Paulo no Areópago (Campo de Marte) exibiu a essência da filosofia cristã sobre a História. Ele iniciou com a criação: *O Deus que fez o mundo e tudo o que nele há...* (At 17.24). Paulo identificou a Deus como o soberano sustentador da vida: *... pois ele mesmo é quem dá a todos a vida, a respiração e todas as coisas* (v. 25); *... porque nele vivemos, e nos movemos, e existimos...* (v. 28). Ele é Deus de tudo: *... e de um só fez todas as raças dos homens, para habitarem sobre toda a face da terra...* (v. 26). Paulo pregava o Cristo ressuscitado (v. 31) e conclamou a todos a buscar a Deus (v. 27) aquele que *... manda agora que todos os homens em todo lugar se arrependam* (v. 30): *... porquanto determinou um dia em que com justiça há de julgar o mundo...*

---

[67]MONTGOMERY, John Warwick, *Where Is History Going?* (Grand Rapids, MI: Zondervan, 1969); o capítulo 1 oferece uma excelente elaboração da visão linear da História.

[68]LUCADO, Max, *No Wonder They Call Him the Savior* (Portland: Multnomah, 1986), 13.

[69]LOWITH, Karl. *Meaning in History: The Theological Implications of the Philosophy of History* (Chicago: University of Chicago Press, 1950), 1.

(v. 31). Da criação a Cristo e até o futuro julgamento, Paulo descreveu o Deus soberano sobre toda a terra atuando de forma linear através da História.

O médico Lucas, autor do livro de Atos, apresentou "um excelente resumo do processo do estudo histórico no prólogo de seu evangelho".[70]

> *Visto que muitos têm empreendido fazer uma narração coordenada dos fatos que entre nós se realizaram, segundo no-los transmitiram os que desde o princípio foram testemunhas oculares e ministros da palavra, também a mim, depois de haver investigado tudo cuidadosamente desde o começo, pareceu-me bem, ó excelentíssimo Teófilo, escrever-te uma narração em ordem, para que conheças plenamente a verdade das coisas em que foste instruído* (Lc 1.1-4)

Lucas delineou uma narrativa histórica sofisticada e cronológica, utilizando fontes primárias e secundárias confiáveis, tendo como objetivo a certeza — dizendo a verdade sobre Jesus. Em resumo, "o médico amado" (Cl 4.14) soube executar a arte do historiador com muita destreza. É claro que, assim como outros autores das Escrituras, Lucas também foi movido *pelo Espírito Santo...* (2Pe 1.21b), uma experiência que os historiadores não experimentam da mesma forma desde que o cânon bíblico foi concluído.

Fé e História

Os cristãos têm escrito história desde Lucas, Eusébio (c. 265-339), Agostinho e Beda. Nos dias atuais, os historiadores cristãos exercem sua vocação em uma variedade de instituições e pertencem a organizações relacionadas à sua função. Uma dessas organizações, a *Conference on Faith and History* [Conferência sobre Fé e História], produz um periódico intitulado *Fides et Historia* [Fé e História]. Em suas páginas e nas reuniões da organização, assim como por intermédio de outras vias, os historiadores cristãos com frequência têm discutido e debatido como as convicções cristãs afetam a escrita da História.[71]

---

[70]CAIRNS, *God & Man in Time*, 10.

[71]Para um resumo e análise úteis dos artigos de jornal ao longo dos anos, veja D. G. Hart, "History in Search of Meaning: The Conference on Faith and History", em *History and the Christian Historian*, ed. Ronald A. Wells (Grand Rapids, MI: William B. Eerdmans, 1998), 68-87.

« 336 »   O RESGATE DO PENSAMENTO BÍBLICO

Cristãos leitores e escritores de história, que compartilham de uma antropologia bíblica, sabem que *Enganoso é o coração, mais do que todas as coisas, e perverso...* (Jr 17.9). Os cristãos discernem facilmente a natureza pecaminosa da humanidade, ao tomar conhecimento de pavorosos exemplos históricos da "desumanidade do homem contra o homem". Ao compreender a depravação da natureza humana tanto na Bíblia quanto na História, os cristãos devem rejeitar os métodos humanistas e ateus, como a visão marxista de uma utopia sem divisão de classes. Se Deus é realmente soberano, os cristãos devem, igualmente, rejeitar as metanarrativas determinísticas e materialistas.

A compaixão cristã faz com que o retrato criado por historiadores cristãos de pessoas do passado, afligidas pela natureza pecaminosa, seja mais realista e simpático. "Seremos tremendamente auxiliados em nosso estudo dos homens e mulheres da História se pudermos manter diante de nós o retrato bíblico da humanidade criada à imagem de Deus, favorecida com o poder e a responsabilidade da escolha moral, decaída, porém redimível."[72] Ao mesmo tempo, todos os cristãos também podem avaliar as pessoas e práticas do passado baseadas nos padrões imutáveis de Deus, em vez de os critérios humanos relativistas.

Alguns não cristãos, de outro lado, também podem mostrar empatia e adotar padrões morais elevados ao discutir assuntos humanos falíveis no estudo histórico. Eles também podem estudar história da Igreja, uma área na qual os cristãos afirmam ter mais domínio. Uma cosmovisão bíblica, entretanto, deveria verdadeiramente habilitar as pessoas a aprimorar sua sensibilidade — ligar a "antena" — para enxergar a significância da fé religiosa na História.[73]

Ironicamente, os multiculturalistas têm fornecido inconscientemente aos historiadores cristãos um argumento para reforçar sua afirmação de que, como membros participantes, podem analisar sua área melhor do que os não-membros. Alguns multiculturalistas radicais declaram que uma

---

[72]SWANSTROM, Roy, *History in the Making: An Introduction to the Study of the Past* (Downers Grove, IL: IVP, 1978), 77. Um ótimo manual acadêmico de uma perspectiva cristã. Veja também o artigo de George Marsden em *History & Historical Understanding*, já citado, 64-65.

[73]"Há uma tendência ao reducionismo na História, para diminuir algo a uma causa essencial, [um] fator econômico ou social. Creio que é válido dar aos fatores religiosos a importância que lhes é devida. Você não tem de ser uma pessoa religiosa para fazer isso, mas certamente ajuda. A maioria dos historiadores americanos simplesmente não tem antena alguma para captar isso." George Marsden, citado por Tim Stafford, "Whatever Happened to Christian History?", *Christianity Today*, 2 de abril de 2001, 48.

pessoa não pode escrever história sobre um grupo minoritário sem ser um membro desse grupo. Obviamente, adotar tal posição em seu extremo lógico poderia impedir as pessoas de compreender qualquer outro que não seja idêntico a elas mesmas. Mas se a filiação a um grupo fornece uma sensibilidade especial para entendê-lo melhor, então os historiadores cristãos podem afirmar legitimamente que eles podem escrever história da Igreja de maneira mais profunda. De fato, o trabalho acadêmico bem-sucedido dos historiadores eclesiásticos de uns anos para cá tem devolvido efetivamente os fatores religiosos ao cenário histórico, ampliado recentemente pelos temas raça-classe-gênero.[74]

História providencial

A história providencial permanece como um ponto luminoso, faiscando nos debates mais vigorosos entre os investigadores históricos cristãos. Os horrores da Primeira Guerra Mundial destruíram o mito do progresso humano que fornecia a base de suporte para a metanarrativa histórica modernista. O livro pessimista *The Decline of the West*[75] [O Declínio do Ocidente], de Oswald Spengler, ofereceu aos intérpretes um substituto insatisfatório, com sua visão neopagã cíclica. Então, a Segunda Guerra Mundial novamente pareceu demonstrar a veracidade de Provérbios 16.18: *A soberba precede a destruição, e a altivez do espírito precede a queda*. Historiadores proeminentes, como Reinhold Niebuhr[76] e Herbert Butterfield[77], no período pós-guerra, iniciaram uma reavaliação da providencial visão pré-moderna da História. Conforme as pessoas lutavam com a compreensão dos horrores da guerra moderna e com a complexidade da guerra fria, "Niebuhr e Butterfield acreditavam que a crise se devia, particularmente, a uma visão otimista da História da qual o liberalismo e o marxismo compartilhavam".[78]

---

[74]Ibidem, 43-49.

[75]SPENGLER, Oswald, *The Decline of the West* (Nova York: A. A. Knopf, 1939).

[76] NIEBUHR, Reinhold, *Faith and History: A Comparison of Christian and Modern Views of History* (Nova York: Scribner's, 1949).

[77]BUTTERFIELD, Herbert, *Christianity and History* (Londres: Collins, 1949), *History and Human Relations* (Londres: Collins, 1951), *Christianity in European History* (Londres: Collins, 1952).

[78]C. T. McIntire, "Introduction: The Renewal of Christian Views of History in an Age of Catastrophe", em McINTIRE, C. T., ed., *God, History and Historians: An Anthology of Modern Christian Views of History* (Nova York: Oxford University Press, 1977), 12.

Na Universidade de Cambridge, Herbert Butterfield explorou a ideia do providencialismo, apesar de anteriormente haver construído sua reputação ao escrever o que ele chamou de "história técnica" (ou seja, cientificamente factual[79]), em vez de história metafísica. O que Butterfield chamou de "história técnica", alguns estudiosos modernos rotularam de "história comum", isto é, história limitada a "evidências e causas e efeitos em que quase todo indivíduo que possa ser convencido pode ter participado".[80] Butterfield ilustrou uma filosofia bíblica prática da História com uma questão hipotética proposta a alguém no fim de uma jornada:

> Por que você está aqui agora? Você pode responder: "Porque eu quis vir"; ou ainda: "Porque o trem me trouxe até aqui"; ou até: "Porque esta é a vontade de Deus"; e todas estas respostas podem ser verdadeiras ao mesmo tempo — verdadeiras em níveis diferentes. O mesmo ocorre com a História...[81]

O livre-arbítrio humano, as leis da natureza e a providência de Deus trabalham todos juntos, simultaneamente, embora misteriosamente.[82] Butterfield batizou de "biográfico" o primeiro elemento histórico; o segundo

---

[79]McIntire, C. T., ed., *Herbert Butterfield: Writings on Christianity and History* (Nova York: Oxford University Press, 1979), 134. Butterfield declarou: "Pessoalmente, nunca considerarei uma coisa como 'historicamente estabelecida' — isto é, como genuinamente demonstrada pela evidência histórica — a menos que o caso para isso possa ser comprovado de forma definitiva e impossível de escapar para qualquer pessoa que estude o passado — protestante ou católico, cristão ou não cristão, francês ou inglês, *Whig* ou *Tory*". [(NT): O escritor Butterfield refere-se a dois grupos políticos opostos na Inglaterra do séc. 18.]

[80]*Christianity Today*, 2 de abril de 2001, 45. A declaração é atribuída a Mark Noll. Na introdução de um excelente livro a respeito de um assunto muito interessante, outro estudioso explica a abordagem: "Enquanto escrito de uma perspectiva cristã sobre a natureza e destino dos seres humanos e sua história, esta obra é um exercício na história comum [...] Eu escrevo história supondo que essas forças espirituais estão atuando nos eventos humanos, embora nem sempre de forma fácil de discernir. Embora não esteja afirmando ser um profeta inspirado, estou plenamente satisfeito em abordar uma causalidade histórica normal". Joel Carpenter, *Revive Us Again: The Reawakening of American Fundamentalism* (Nova York: Oxford University Press, 1997), xiii.

[81]McIntire, *Butterfield*, 195.

[82]"Afinal, o relacionamento entre a providência de Deus e a liberdade humana é um mistério. Na teologia, o termo 'cooperação' é usado para expressar a ideia de que Deus está trabalhando no universo e ao mesmo tempo o homem também está trabalhando. Deus traz seu governo providencial para ir além da real atuação humana." R. C. Sproul, *Tabletalk*, agosto de 1989, veja 33, 34, 38.

de "científico" e o terceiro de "teológico".[83] ele "defendia a absoluta centralidade na História da ideia bíblica da providência. Afirmava a racionalidade do universo como expressado nas leis históricas e acreditava que essas leis iluminavam realmente os caminhos de Deus".[84] Sua identificação explícita da maneira minuciosa pela qual as mãos de Deus atuaram na História, de qualquer forma, tendia a ser algo cautelosa.

"Um grande número de historiadores deseja afirmar que Deus está atuando na História, mas praticamente ninguém quer dizer exatamente como",[85] concluiu um jornalista após entrevistar diversos historiadores cristãos bem conhecidos. "De fato, a doutrina da providência ensina que Deus atua sobre tudo, tanto nas coisas boas quanto naquelas não tão boas. Mas determinar o que Deus pretende num evento particular é uma questão totalmente diferente."[86] Em outras palavras, muitos historiadores relutam em responder "eu" ao ler a pergunta retórica de Paulo: *Pois, quem jamais conheceu a mente do Senhor?* (Rm 11.34). Podem os cristãos saber com precisão por que Deus causou e permitiu que eventos específicos ocorressem na História?[87]

---

[83]McIntire, *Butterfield*, 199,200.

[84]McIntire, C. T., "Herbert Butterfield: Scientific and Christian", *Christian History*, XX, nº 4 (2001), 48.

[85]Stafford, "Whatever Happened to Christian History?", *Christianity Today*, 46.

[86]Ibidem. D. G. Hart está sendo citado aqui.

[87]Bem recentemente, um historiador, que se declarava cristão, da Universidade de Yale publicou uma biografia de George Whitefield sem incluir uma análise providencial de qualquer atuação sobrenatural envolvida no Grande Avivamento [do séc. 18]. Harry S. Stout, *The Divine Dramatist: George Whitefield and the Rise of Modern Evangelism* (Grand Rapids, MI: William B. Eerdmans, 1991). Outro historiador cristão que escreveu bem e extensamente sobre a história dos reavivamentos lamentou essa ausência de perspectivas providenciais. Iain H. Murray, *Jonathan Edwards: A New Biography* (Edinburgh: Banner of Truth, 1987) e *Revivals and Revivalism: The Making and Marring of American Evangelicalism, 1750-1858* (Edinburgh: Banner of Truth, 1994). D. G. Hart, em *History and the Christian Historian*, oferece um pequeno resumo desse confronto, 68-71, 85. Em 2001, a revista *Christian History* apresentou um interessante contraste pontual entre as posições sobre providencialismo, entrevistando George Marsden, um respeitado defensor da abordagem do "compromisso da fé subjacente a tudo", e John Woodbridge, defendendo uma abordagem amplamente providencial (no sentido de uma intervenção divina). Marsden elabora sua visão não providencial em *The Soul of the American University: From Protestant Establishment to Established Nonbelief* (Nova York: Oxford University Press, 1994) e *The Outrageous Idea of Christian Scholarship* (Nova York: Oxford University Press, 1997). A edição inverno/primavera da revista *Fides et Historia*, da mesma forma justapõe artigos que provocam discussão e respostas eruditas na abordagem do assunto da educação cristã, tema também do congresso nacional da Conference on Faith and History ocorrido em outubro de 2002. Enquanto discussões acaloradas provocarem demasiadas e sinceras reflexões sobre o assunto, será impossível chegar a um consenso.

Providência nos tempos bíblicos

De vez em quando, Deus explica abertamente suas ações providenciais nos tempos bíblicos. Essas explicações algumas vezes fornecem *insights* que são úteis para a compreensão de suas obras, após a conclusão do cânon. Considere o caso de Israel sendo levado para o cativeiro:

> No quarto ano do rei Ezequias [...] Salmanasar, rei da Assíria, subiu contra Samaria, e a cercou e, ao fim de três anos, tomou-a [...] Depois o rei da Assíria levou Israel cativo para a Assíria, e os colocou em Hala, e junto ao Habor, rio de Gozã, e nas cidades dos medos (2Rs 18.9,10,11).

Por que Deus permitiu providencialmente a derrota e o desterro de seu povo escolhido? O versículo seguinte responde de forma impositiva. Deus o permitiu ... *porquanto não obedeceram à voz do Senhor seu Deus, mas violaram o seu pacto, nada ouvindo nem fazendo de tudo quanto Moisés, servo do Senhor, tinha ordenado* (v. 12). Apesar de que a Escritura ensina claramente que o pecado produz sofrimento, é o pecado o único fator causal envolvido numa calamidade específica a afligir as pessoas no mundo decaído?[88]

Os modelos bíblicos de semeadura e colheita proveem sempre uma explicação simples e direta de causa-efeito para todo fracasso humano na História? Jesus rejeitou o abuso desse modelo interpretativo genérico quando as pessoas lhe perguntavam por que Deus permitia aos romanos matar alguns galileus (cf. Lc 13.1-5) e por que um homem nascera cego (Jo 9.1-3). Cristo pregou que o ser humano pode defrontar-se com um desastre eterno muito mais portentoso se ele não se arrepender. Jesus também mostrou que seu Pai ... *faz nascer o seu sol sobre maus e bons, e faz chover sobre justos e injustos* (Mt 5.45).

Os historiadores devem receber inspiração divina do Espírito Santo para escrever história providencial? Alternativamente, pode uma evidência circunstancial provar a ação de Deus na História? O apóstolo Paulo aceitou relatórios sobre a fé demonstrada pelos colossenses e tessalonicenses sem exigir divina inspiração para o reconhecimento da obra de Deus na vida deles (Cl 1.1-9; 1Ts 2.13; 3.5; 1Ts 2.13-15). Jesus ressaltou que as

---

[88]Butterfield, *Christianity and History*, capítulo 2, "Cataclysm and Tragic Conflict" oferece uma excelente análise sobre o assunto.

REFLETINDO HONESTAMENTE SOBRE A HISTÓRIA « 341 »

pessoas podem discernir o impacto da intervenção divina na vida dos cristãos por meio de suas ações observáveis: *Nisto conhecerão todos que sois meus discípulos, se tiverdes amor uns aos outros* (Jo 13.35). No Egito, a percepção de José sobre a providência de Deus provinha aparentemente do entendimento da evidência circunstancial: *Assim não fostes vós que me enviastes para cá, senão Deus [...] Vós, na verdade, intentastes o mal contra mim; Deus, porém, o intentou para o bem, para fazer o que se vê neste dia, isto é, conservar muita gente com vida* (Gn 45.8a; 50.20).[89] Talvez, delinear como Deus traz o bem final aos fiascos humanos seja uma área útil a ser enfocada por historiadores providenciais honestos.

Oportunidade pós-moderna?

O impacto intimidador da academia secular sobre a escrita da História representa um problema. A comunidade acadêmica geralmente elogiava os trabalhos excelentes da história técnica comum produzida por alguns historiadores cristãos pioneiros, como George Marsden,[90] Nathan Hatch,[91] Mark Noll,[92] entre outros. Teriam esses intelectuais cristãos, como *sir* Herbert Butterfield antes deles, merecido o direito de ser ouvidos agora se quisessem expor uma história providencial mais visível e ainda mais explícita do que teriam feito normalmente? Talvez seja o tempo oportuno para desafiar a academia.

---

[89]As ideias neste parágrafo vêm de um manuscrito não publicado, escrito pelo professor Jim Owen, cujo sábio conselho, encorajamento e bibliografia na composição deste capítulo têm sido grande e consideravelmente apreciado. O professor emérito Edmund Gruss foi, em anos idos, um grande conselheiro, relatando o entendimento de uma filosofia bíblica da História.

[90]MARSDEN, George M., *Fundamentalism and American Culture: The Shaping of Twentieth-Century Evangelicalism 1870-1925* (Nova York: Oxford University Press, 1980). *Reforming Fundamentalism: Fuller Seminary and the New Evangelicalism* (Grand Rapids: William B. Eerdmans, 1987). *Religion and American Culture* (San Diego: Harcourt Brace Jovanovich, 1990). *Understanding Fundamentalism and Evangelicalism* (Grand Rapids, MI: William B. Eerdmans, 1991).

[91]HATCH, Nathan O., *The Democratization of American Christianity* (New Haven, CT: Yale University Press, 1989).

[92]NOLL, Mark A., HATCH, Nathan O., e MARSDEN, George M., *The Search for Christian America* (Wheaton, IL: Crossway Books, 1983). Mark A. Noll, *Christians in the American Revolution* (Grand Rapids, MI: Christian University Press, 1977). *One Nation Under God? Christian Faith & Political Action* (San Francisco: Harper & Row, 1988). *The Scandal of the Evangelical Mind* (Grand Rapids, MI: William B. Eerdmans, 1994).

Em uma atmosfera influenciada pelo pós-modernismo, quando uma variedade de opiniões é aceitável contanto que os autores confirmem que trabalham conforme a metodologia da "perspectiva" particular, parece igualmente que estudiosos cristãos bem estabelecidos poderiam ser ouvidos com atenção, até mesmo para discutir o providencialismo. Como Butterfield mesmo disse: "As questões mais graves não são eliminadas simplesmente por considerá-las fora dos limites".[93] Por que não admitir uma perspectiva cristã e, então, combinar a metodologia e o conteúdo dos melhores estudiosos modernistas com um modesto providencialismo pré-moderno, mesmo em áreas que não a história da Igreja?[94] Seria esse um "escândalo da mente evangélica", ou uma iniciativa ousada e extremamente necessária numa época crucial na História, para influenciar a elite intelectual espiritualmente perdida já num estado de descontrole sobre o pós-modernismo?

O que dizer de historiadores cristãos menos conhecidos que trabalham em instituições de menos prestígio, inclusive faculdades cristãs? Como Paulo, ... *quando viram que o evangelho da incircuncisão me fora confiado, como a Pedro o da circuncisão* (Gl 2.7), alguns historiadores podem servir a Deus na academia secular, e outros podem ministrar à Igreja. As pessoas no mundo e na Igreja precisam do evangelho, e tanto a academia quanto a Igreja necessitam beneficiar-se em ouvir as histórias do poder de Deus exibidas na História. "Os historiadores evangélicos deram um grande primeiro passo à frente, ao estabelecer a validade das memórias religiosas. O segundo passo, que é unir essas memórias a tudo o mais, mal começou."[95]

Os cristãos podem trabalhar com proveito acadêmico e espiritual na tarefa de vincular com precisão o cristianismo à História. Essa tarefa pode com certeza edificar a Igreja. Uma sincera submissão e temporalidade, entretanto, devem caracterizar todos os esforços na história providencial. Como o Senhor soberano declarou: *Porque, assim como o céu é mais alto do que a terra, assim são os meus caminhos mais altos do que os vossos caminhos, e os meus pensamentos mais altos do que os vossos*

---

[93]Citado por Donald A. Yerxa, "A Meaningful Past and the Limits of History: Some Reflections Informed by the Science-and-Religion Dialogue", *Fides et Historia*, 34:1 (2002), 21.
[94]Essa modesta proposta foi influenciada pelas ideias presentes nos seguintes textos da edição anteriormente citada da revista *Fides et Historia:* Christopher Shannon, "Between Outrage and Respectability: Taking Christian History Beyond the Logic of Modernization", 6, e Ronald A. Wells, "Beyond 'Religious History': The Calling of the Christian Historian", 46.
[95]STAFFORD, "Whatever Happened to Christian History?", *Christianity Today*, 49.

REFLETINDO HONESTAMENTE SOBRE A HISTÓRIA

pensamentos (Is 55.9). O reducionismo simplista e o triunfalismo arrogante não combinam com os esforços para escrever a história providencial. Os cristãos necessitam admitir que ... *agora vemos como por espelho, em enigma...* (1Co 13.12). Mas, com o espírito de modéstia e submissão, podemos procurar enxergar como nossas habilidades finitas nos permitem ver a História.

Revisionismo na história dos Estados Unidos

De certa forma, tentando evitar as "batatas quentes" políticas relacionadas aos assuntos Igreja-Estado,[96] autores de livros-texto pré-universitários têm, em anos recentes, revisado sistematicamente a História para subestimar o papel da cristandade na história dos Estados Unidos. Naquilo que, para os cristãos, parece ser um truque ideológico relativamente liberal, os livros-texto também incorporaram um pouco mais da história social das mulheres e dos grupos minoritários. Os maus-tratos e lutas destes na história americana mostram um retrato embaraçoso e geralmente negativo do que tradicionalmente era contado como um grande épico nacional nos primeiros livros-texto.[97]

A nova revisão multicultural "politicamente correta" da história americana preocupa e enfurece os americanos que continuam a acreditar que a socialização política pró-patriotismo permanece sendo um objetivo para a História na educação pública. Em 1994, a apresentação radical pelo ex-presidente da Fundação Nacional de Humanidades, Lynne V. Cheney, de novos padrões nacionais multiculturais e altamente politizados para o ensino de História acendeu uma fogueira de debates. Muitas pessoas concordaram com as críticas à História dos novos livros-texto, que falavam muito mais de Harriet Tubman do que de George Washington.[98] Recentemente, o Congresso Americano reagiu contra o uso exagerado tanto de identidades

---

[96]Muitas supostas batalhas entre a Igreja e o Estado surgiram de um mal-entendido a respeito da Primeira Emenda. Veja David Barton, *The Myth of Separation: What Is the Correct Relationship Between Church and State? A Revealing Look at What the Founders and Early Courts Really Said* (Aledo, TX: Wallbuilder Press, 1992).

[97]HUNT, Appleby e JACOB, *Telling the Truth About History*, 299.

[98]Fox-Genovese e Lasch-Quinn incluem uma excelente seção composta de quatro artigos resumindo e comentando a controvérsia sobre esses temas fundamentais nacionais a respeito do ensino de História, sob a responsabilidade das organizações governamentais NEH e U.S. Department of Education e preparado pelo National Center for History nas escolas da UCLA: *Reconstructing History*, 237-298.

americanas hifenizadas (afro-americano, nativo-americano etc.) quanto dos estudos sociais que subestimam a história dos Estados Unidos, dando maior destaque aos estudos globais e de perspectivas interdependentes.[99] O congresso decretou que o currículo das escolas públicas deve reforçar a história política americana tradicional e os componentes cívicos. Os cristãos devem refletir sinceramente sobre esses conflitos.

Deveria a História retornar à tarefa tradicional de cultivar os valores da cidadania nos jovens? Durante uma longa guerra contra o terrorismo, um currículo escolar saudável deve ajudar os jovens americanos a perceber que a tolerância religiosa, a liberdade de expressão e de imprensa, o voto feminino e outras práticas e valores democráticos valem a pena ser defendidos. Programas históricos honestos também necessitam admitir as imperfeições na história americana que incluem escravidão, maus-tratos aos índios, segregação religiosa e racial, e outras manifestações que revelam a natureza pecaminosa. Apesar de tudo, os conflitos que sobrevieram dessas imperfeições produziram uma nação que muitas pessoas no mundo admiram e invejam. A História não pode retornar a descrições centradas apenas em poderosos, presidentes e papas, todos homens brancos. Mas uma História prudentemente equilibrada deve igualmente evitar abordagem excessivamente fragmentada e negativa, que ressalta as diferenças e problemas raciais e de sexo — a menos que os americanos desejem imitar a desintegração da Iugoslávia em facções étnicas rivais.

A reescrita da História acontece por motivos positivos, como também por motivações preocupantes. Por exemplo, cerca de um século atrás, as escolas seculares usavam a falta de dados históricos sobre os antigos hititas, fora das referências bíblicas, como parte de sua "alta crítica", questionando a precisão e a autenticidade da Bíblia. Então, entre 1906 e 1908, arqueólogos desenterraram a capital hitita, completa e com abundantes registros escritos, como também uma grande quantidade de objetos. Uma instância positiva do revisionismo histórico ocorreu para incluir informações sobre a civilização hitita nos livros-texto novos.

O filósofo George Santayana certa vez disse de forma crítica: "A História sempre é escrita de forma errada, incompleta, portanto, sempre precisa

---

[99]HYMOWITZ, Kay S., "Anti-Social Studies", *The Weekly Standard*, 6 de maio de 2002, identifica e critica alguns dos problemas inerentes à forma como o *National Council for Social Studies* exagera ao enfatizar as perspectivas globais em detrimento das perspectivas nacionais dos Estados Unidos.

ser reescrita".[100] Talvez a reescrita histórica, tanto para incluir as histórias dos grupos minoritários quanto para voltar a incluir fatos da história religiosa, nem sempre possa ser considerada, em sua maior parte, como a correção da história errada (apesar de isso também poder ocorrer), mas sim a inclusão de uma representação mais rica e completa. Histórias mais bem escritas, equilibradas e cuidadosamente precisas sobre todos os tipos de pessoas e fatos, satisfazem a curiosidade, fornecem exemplos (tanto negativos quanto positivos) e fortalecem a identidade nacional.

Para onde caminha a história?

Para onde ela está caminhando? Está caminhando para onde Deus quer que ela vá. Embora isso não venha a produzir debates, cristãos genuínos com fé verdadeira discordam sobre o futuro, assim como com o passado. Alguns analisam as interações de Deus com seu povo no passado enfatizando suas alianças — com Adão, Noé, Abraão, Moisés, Davi e a nova aliança. Outros cristãos dividiram a História em dispensações — grandes períodos de tempo na "economia de Deus para o homem e para o mundo pelo esforço da vontade e do propósito divinos".[101] Esses cristãos algumas vezes incluem dispensações de inocência, consciência, governo humano, promessa, lei, graça e reino. De qualquer modo, a última dispensação, o reino milenar de Apocalipse 20, será literal e terrena, constituindo diferença crucial na discussão sobre a direção futura da História de uma perspectiva teológica.

Conhecer o final da História ajuda na compreensão do meio? Saber que Jesus retornará no futuro com certeza encoraja a todos os verdadeiros crentes no presente (cf. 1Ts 4.18). Os cristãos defendem uma das três principais visões do final da História. Utilizando uma versão teísta otimista da metanarrativa modernista do progresso humano, os cristãos conhecidos como pós-milenaristas creem que Jesus voltará *após* o reavivamento e reformas cristãs, reinando numa era dourada milenar. Os amilenaristas, de outro lado, rejeitam a ideia de um reinado de mil anos literal de Cristo sobre a terra, aceitando um reinado espiritual. Finalmente, os

---

[100]George Santayana, citado por SILLS e MERTON, *Social Science Quotations*, 204.
[101]BELCHER, Richard P., *A Comparison of Dispensationalism and Covenant Theology* (Southbridge, MA: Crowne Publications, 1986), 8. Um bom tratado, equilibrado e bem sucinto do assunto. Veja também Renald Showers, *There Really Is a Difference: A Comparison of Covenant and Dispensational Theology* (Bellmawr, NJ: The Friends of Israel Gospel Ministry, 1990).

« 346 » O RESGATE DO PENSAMENTO BÍBLICO

pré-milenaristas não preveem um progresso moral consistente antes do segundo advento de Cristo. sua interpretação é pessimista com relação à natureza humana pecaminosa e à possibilidade de utopias terrenas, mas é otimista com relação ao poder de Deus em regenerar os pecadores e seus planos para um futuro glorioso.[102] Os pré-milenaristas afirmam que o declínio moral precederá o retorno de Cristo, o que ocorrerá *antes* que ele estabeleça um reino milenar literal na terra que exiba seu triunfo e glória finais. Como um estudioso concluiu sobre a atuação de Deus na história:

> ... cada época representa um avanço sobre a era precedente, quando vista do ponto de vista do que Deus dá e faz pelo homem. É verdade que o homem pecador está sempre errando; mas, quando o pecado aumenta, a graça transborda. Desse modo, à velha pergunta: "O mundo está ficando melhor ou pior?", desse ponto de vista podemos responder: "As eras estão piorando, mas o curso da História, pela graça de Deus, está avançando".[103]

« Leituras Adicionais »

Livros

BUTTERFIELD, Herbert. *Christianity and History*. Londres: Collins Books, 1949.

MARSDEN, George e ROBERTS, Frank et al. *A Christian View of History?* Grand Rapids, MI: William B. Eerdmans, 1975.

McINTIRE, C. T., ed. *God, History, and Historians: Modern Christian Views of History*. Nova York: Oxford University Press, 1977.

McINTIRE, C. T. e WELLS, Ronald A., eds. *History and Historical Understanding*. Grand Rapids, MI: William B. Eerdmans, 1984.

WELLS, Ronald A., ed. *History and the Christian Historian*. Grand Rapids, MI: William B. Eerdmans, 1998.

Periódicos

FIDES ET HISTORIA, jornal da *Conference on Faith and History*, com frequência publica artigos sobre o tema da visão bíblica da História. Em

---

[102]CAIRNS, *God & Man in Time*, capítulo 7.

[103]McCLAIN, Alva J., *The Greatness of the Kingdom: An Introductive Study of the Kingdom of God* (Winona Lake, IN: BMH Books, 1959), 529-530.

XXXIV, nº 1 (inverno/primavera 2002), as nove primeiras seleções são todas referentes a esse tema.

CHRISTIAN HISTORY, XX, 4 (2001) é uma introdução particularmente excelente da história da igreja para quem estiver iniciando seus estudos sobre esse assunto.

CAPÍTULO **15**

Desenvolvendo uma visão bíblica da **IGREJA** e do **ESTADO**

JOHN P. STEAD

Por toda a história dos Estados Unidos, podemos verificar a existência de numerosos movimentos religiosos que influenciaram a vida e a política americana. Aqueles de maior impacto incluem o movimento abolicionista, o movimento abstencionista e o movimento dos direitos civis no século 20. Enquanto o objetivo de todos esses movimentos era mudar a política pública, nenhum deles via o governo como algo para ser conquistado e controlado.

Durante a maior parte do século 20, muitos evangélicos foram consumidos pela paixão missionária de proclamar a salvação, no cumprimento da Grande Comissão dada por Jesus Cristo a seus discípulos, esforçando-se também na implantação de igrejas e missões. Isso aconteceu até o crescimento da secularização da cultura e da hostilidade cultural da elite voltada para o cristianismo evangélico, primeiramente encontrado nas universidades, na mídia e nas artes, fazendo com que um grande número de evangélicos caísse no outro extremo, com posições fundamentalistas quanto à orientação moral e social da América. Essa preocupação cresceu até o estado de completa revolta cívica e eclesiástica em razão da decisão da Suprema Corte que legalizou o pedido de aborto em 1973. Os líderes evangélicos então começaram a discutir estratégias para tomar o governo "de volta" das mãos daqueles que contaminaram o poder político com influências liberais e seculares.

Por que eles se concentraram em instituições governamentais e então confrontaram diretamente os grupos que apoiavam "a esquerda" em seu ataque aos valores cristãos? A razão era bem evidente: O escopo do governo havia mudado radicalmente. Durante o século 20, irromperam quatro eventos monumentais no país e no mundo, que levaram ao crescimento e fortalecimento do governo federal: duas guerras mundiais, uma grande depressão e uma guerra fria que durou mais de quarenta anos. A grande explosão da ciência e da tecnologia, especialmente nas comunicações, continuou revolucionando tudo. O governo federal se tornou incrivelmente centralizado e foi visto por todos os grupos de interesse específico, inclusive líderes evangélicos, como o maior distribuidor de favores políticos, sociais e econômicos. O sistema de dois partidos, o qual por décadas serviu como veículo moderado para indivíduos e grupos de interesse, esteve e ainda está em declínio, como visto no número sempre crescente de grupos de interesse com suas armas de arrecadação de fundos, *Political Action Committees* (PACs). Como um dos resultados do declínio do sistema de dois partidos, a política passou a se caracterizar como desavença definitiva entre interesses opostos e inflexíveis. As instituições governamentais são agora vistas como algo a ser conquistado e usado por um grupo de interesse particular para seus próprios fins.

Com o surgimento de tão poderosos grupos de interesse evangélicos, como A Maioridade Moral, A Coalizão Cristã, O Foco na Família, *The Family Research Council* [Conselho de Pesquisa Familiar] e *Concerned Women for America* [Mulheres Preocupadas com a América], entre outros, os evangélicos são vistos por aqueles que estão no governo, bem como por seus oponentes vocais, como grupos de *lobbies* defendendo interesses políticos, cuja agenda política é acompanhada por intermediários que os representam nos salões do Congresso e na burocracia. Como consequência, verifica-se agora uma luta de vida ou morte pelo poder político. Os cristãos são vistos como um bom grupo de pressão e manobra por aqueles que desejam controlar o governo para sempre — pois veem nos cristãos boas características de moralidade e valores familiares tradicionais. Os que estão na oposição veem a igreja evangélica como reacionária, pois estariam defendendo o *status quo* quanto a valores moralmente repressores e defendendo o livre comércio e o sistema econômico liberal, o qual supostamente explora os grupos pobres e os que não têm representação política, como as minorias raciais, mulheres e homossexuais.

Surgem muitos problemas quando se tenta controlar a sociedade por intermédio dessa abordagem política. O maior problema que se detecta é que, pelo fato de serem bem organizados, esses grupos de interesse ou facções podem realmente chegar a atingir seus objetivos às expensas da vasta maioria não organizada. Os autores da Constituição, quando analisavam a sua elaboração, manifestaram a sua grande preocupação com a possibilidade da tirania do poder irresponsável da maioria dentro da democracia. O maior desafio dos constituintes era encontrar um sistema que permitisse a manutenção de uma grande parte responsável. A vastidão territorial dos Estados Unidos permitiria a existência de um grande número de facções, cada uma tentando trazer à tona suas exigências sobre o sistema de governo ou subverter a vontade da maioria. Cada grupo, se considerado em si mesmo, era pequeno demais para realizar seu projeto particular; mas, usando a estratégia da moderação de suas exigências mais radicais, conseguiria unir-se com outros grupos para formar uma maioria. Esse processo de união ou compromisso moderaria naturalmente essas exigências.[1] Isso pode ser observado em qualquer um desses grupos cristãos mencionados anteriormente. Questões teológicas e doutrinárias são deixadas em segundo plano para que a "agenda consensual" possa ser passada adiante com mais chances de vitória, com maior número de adesões e, evidentemente, com maior retorno financeiro.

Um dos líderes constitucionalistas desses tempos, James Madison (1751-1836), acreditava que o motivo básico para o surgimento da maioria das facções seria econômico; mas estava preocupado também com as facções religiosas. Ele via o partidarismo religioso como uma força positiva no controle do poder irresponsável da maioria, mas expressava sua preocupação quanto ao surgimento de uma religião monolítica, sancionada pelo Estado. O risco que ele previa era o controle das instituições governamentais pelo poder eclesiástico único.

Os constituintes compartilharam a reação do século 18 contra o fanatismo e tirania religiosos. O relato histórico, começando com o Decreto de Milão, no ano 313, por intermédio da Reforma no século 16, era um alerta que devia ser considerado, especialmente quanto às consequências da extinção de liberdades religiosas e guerras contínuas. Madison acreditava que a fragmentação religiosa preveniria qualquer grupo religioso de exercer um poder pétreo sobre o governo. Nenhum grupo religioso poderia por si só alcançar maioria nacional, necessitando, então, do processo moderador da união. O resultado seria a proteção nacional contra a opressão

---

[1]KESLER, Charles. *The Federalist Papers*, ed. Clinton Rossiter (Nova York: Mentor Books, 1999), nº 10,51.

aplicada por maiorias religiosas. Isso explica a forma como os autores da Constituição projetaram o sistema de trabalho. Uma diversidade de grupos religiosos iria garantir a liberdade de todos os grupos religiosos, sem nenhuma igreja nacional sancionada pelo Estado.

Quão próxima estava a visão dos constituintes das relações entre Estado e Igreja conforme a que encontramos na Bíblia? Na verdade, estava mais próxima do que poderíamos inicialmente crer. Pelo fato de os autores serem na sua maior parte racionalistas teístas,[2] chegaram a definir essa questão das relações entre Igreja e Estado, baseados em constatações históricas e pragmáticas.

O MOVIMENTO HISTÓRICO E BÍBLICO VOLTADO PARA A SEPARAÇÃO ENTRE IGREJA E ESTADO

Por toda a História, a relação entre a religião e o poder político foi acontecendo de forma progressiva, ou, como Leonard Verduin[3] afirmou, foi um "movimento avançado"[4] a partir do nascimento da nação de Israel, passando pelo nascimento da Igreja e indo até o Decreto de Milão, em 313, sob Constantino.

Israel, desde seus primeiros dias como nação, foi uma sociedade baseada em rituais, da circuncisão ao sistema sacrificial, que delineou a identidade da nação. A pessoa nascia israelita; a pessoa não tomava normalmente a decisão de se tornar israelita. Nesse sentido, era muito parecido com outras nações no antigo Oriente. Não havia nenhum senso óbvio de missões.[5] Nunca houve desejo claro algum de ir e fazer prosélitos de outras tribos e nações.

---

[2]FRAZER, Gregg, *Nature's God: The Political Theology of the American Founding Fathers* (tese de doutorado, Claremont Graduate University, 2002).

[3]Neste capítulo pude utilizar extensamente os escritos de Leonard Verduin quanto ao assunto de lidar com a história bíblica e da Igreja. É uma pena que suas obras não tenham recebido a atenção do grande público, tendo pouca circulação. Ele era fluente nos idiomas usados durante a Reforma, o que lhe permitiu acessar os escritos e documentos da época. Na minha opinião, sua historiografia é de alta qualidade. O que Paul Johnson fez pela historiografia, expondo os esquemas utópicos do século 20, Verduin faz trazendo à tona as grandes contribuições de dissidentes de 313 d.C. para a fundação desta nação.

[4]Leonard Verduin, *The Anatomy of a Hybrid* (Sarasota, FL: The Christian Hymnary Publishers, 1990), 29.

[5]Ibidem, 26.

« 352 »   O RESGATE DO PENSAMENTO BÍBLICO

Com a coroação de Saul como primeiro rei de Israel, uma divisão entre rei e sacerdote começou a aparecer. Conquanto fique evidente, com base em 1Samuel 8, que Deus viu o desejo de Israel de ter um rei como uma rejeição à sua liderança, ele instruiu Samuel para atender ao desejo do povo. Isso significa que pela primeira vez na história de Israel haveria uma separação de função. A função do rei era a provisão divina denominada biblicamente de *comum* ou *conservador da graça*. Isto é, o papel do rei era preservar a ordem internamente e proteger a nação das invasões estrangeiras. O papel do sacerdócio continuava sendo o de representar a nação diante de Deus.

A seriedade com a qual Deus tratou essa nova forma de estruturação da nação fica evidente por sua reação negativa quando Saul usurpou o papel de sacerdote, liderando pessoalmente a oferta de sacrifício antes de ir para a batalha, pois o sacerdote Samuel se demorava: ... *Porquanto via que o povo, deixando-me, se dispersava, e que tu não vinhas no tempo determinado, e que os filisteus já se tinham ajuntado em Micmás* [...] *Assim me constrangi e ofereci o holocausto* (1Sm 13.11,12).

Sabemos, pela informação bíblica, que um dos propósitos do sistema de sacrifícios no altar era ocasionar uma proximidade cultual; tendo isso em mente, fica mais fácil entender por que Saul ia pragmaticamente lançar mão do papel sacerdotal para oferecer ele mesmo um sacrifício. Verduin descreve o sentido de como Deus expressaria seu novo relacionamento com seu povo: "Muito bem, vocês têm agora seu rei como outras nações têm, mas eu preciso deixar claro o seguinte: que ele se limite a fazer as coisas que são pertinentes ao *regnum*, mas que deixe as funções de sacerdote para um tipo diferente de servo, que eu mesmo designo".[6] O mesmo descontentamento de Deus caiu sobre o rei Uzias quando ele também assumiu o papel sacerdotal e morreu como um indigente (2Cr 26). A questão aqui é muito clara: tem de haver uma divisão de trabalho; uma pessoa não pode ser rei e também sacerdote. "O problema em questão é uma primeira graça e uma graça final; a graça que vem para expressar o relacionamento criador/criatura no qual o pecado é contido, e a outra graça que vem para expressar o relacionamento redentor/redimido no qual o pecado é vencido."[7] Essa ideia surge muito clara e completa no documento do apóstolo

---

[6]Ibidem, 30.
[7]Ibidem, 33.

DESENVOLVENDO UMA VISÃO BÍBLICA DA IGREJA E DO ESTADO «353»

Paulo que aborda o tema do governo civil, no capítulo 13 da epístola aos Romanos. Nesse trecho, ele declara que o propósito da espada é suprimir o mal, e não redimir as pessoas ou julgar os hereges.

Conclusões bíblicas adicionais quanto à diferença das funções da Igreja e do Estado podem ser extraídas dos ministérios de João Batista e do Senhor Jesus Cristo. João começa seu ministério convocando as pessoas: *Arrependei-vos, porque é chegado o reino de Deus* (Mt 3.2). Ele faz isso em meio a uma sociedade renovada e ritual. Ele chama um grupo de "arrependidos" que motivam seu arrependimento com um sinal externo — isto é, o batismo. É bom lembrar que aqueles que estão inseridos em uma sociedade ritual não têm chance de escolha — eles nasceram dentro dela. João agora, pela primeira vez, introduz o elemento da escolha na cultura judaica.

Cristo também reforçou as duas graças. No episódio em que os fariseus queriam testá-lo quanto à sua posição sobre pagar ou não os impostos, ele ordena que lhe mostrem a moeda romana; com muita sabedoria, Jesus lembrou a validade do papel do governo e como esse papel é diferente do papel sacerdotal (Mt 22.15-22). É significativo que Jesus não tenha tido problemas vivendo sob legisladores pagãos. Fica muito claro com base na pregação do Senhor que nesse momento havia dois grupos de pessoas em Israel — o arrependido e o não arrependido.

Com o nascimento da Igreja, esse progressivo movimento continuou. A igreja é, por definição a *eclesia*, ou literalmente "os chamados". Ele surgiu no meio de uma sociedade ritual. Roma praticava e requeria adoração ao imperador com a adoração a um enorme panteão de deidades. Dentro dessa cultura, os cristãos eram hereges — eram "fazedores de escolhas" porque haviam escolhido adorar o único e verdadeiro Deus. O problema aqui não era o fato de adorarem o único e verdadeiro Deus, mas o fato de que eles adoravam *somente* a ele. Esse era o pomo da discórdia com as autoridades romanas. A única coisa que uma sociedade ritualista não pode tolerar é um herege.

Os cristãos do século 1 viam a si mesmos como "o corpo de Cristo". Pelo arrependimento de seus pecados e colocando sua fé em Jesus Cristo como Senhor e Salvador, seu estado foi mudado; isto é, eles foram redimidos do pecado e da morte. Eles também experimentaram uma mudança de condição — eram novas criaturas em Cristo Jesus (Ef 2.1-10). Isso significa que agora havia dois tipos de pessoas no mundo — os redimidos e os não redimidos. A cultura não era mais ritualista ou uniforme, mas agora era "composta".[8] É assim também que os cristãos viram a si mesmos. O batismo dos crentes era um testemunho externo de um indivíduo redimido que havia progredido de uma sociedade ritualista. O batismo dava testemunho sobre a escolha que a pessoa tinha feito.

A visão do apóstolo Paulo sobre essa nova forma de ver a separação entre a Igreja e o Estado é clara. Os cristãos têm a responsabilidade de julgar e disciplinar os que declaram ser crentes, mas devem deixar o julgamento e a disciplina dos não crentes para Deus (1Co 5.9-12). Na área das relações entre Igreja e Estado, era assim como a Igreja deveria funcionar. Os apóstolos acreditavam e ensinavam que a sociedade sempre seria "composta" de cristãos encarando a grande perseguição e rejeição até o restabelecimento da sociedade ritualista sob o reinado absoluto de Jesus Cristo como profeta, sacerdote e rei.

A retirada do ritualismo cristão começou no ano 313 com o Decreto de Milão de Constantino (c. 274-337), o qual fez do cristianismo, pela primeira vez, uma *religio licita*, um culto permitido. Isso logo foi seguido pelo Decreto de Tolerância, no qual o cristianismo foi elevado à posição de única fé legítima. Assim começou a fusão entre Igreja e Estado e também o fim do cristianismo conforme o modelo do Novo Testamento. O resultado foi o nascimento da cristandade. "A mudança implantada por Constantino deu início a uma sociedade e terminou outra, quanto à questão crucial da decisão: desse dia em diante, todas as pessoas eram consideradas cristãs sem que tivesse havido luta alguma precedente da alma e o arrependimento, o que é impossível."[9]

Corpus Christi, o corpo de Cristo, deu lugar ao *Corpus Christianum*, o corpo do batismo. A pregação da palavra de Deus que requeria decisão foi substituída pela passividade sacramental do povo e pelo batismo infantil, o qual passou a substituir o rito da circuncisão. Todos foram colocados na comunidade cristã ao nascer; nenhuma decisão individual tinha de ser feita. "O *regnum* e o *sacretodium* se uniram para garantir que ninguém ficasse omitido; de fato, o *regnum* fez do batismo de todo recém-nascido seu domínio obrigatório."[10]

O primeiro "pai" da teologia reformada, Agostinho (354-430), apoiou a homogênea sociedade ritualista. Ele não negava o uso da espada para

---

[8]Ibidem, 85.
[9]Ibidem, 112.
[10]Ibidem, 118.

impedir que as pessoas abandonassem a fé. Essa posição é diferente da igreja apostólica, que disciplinava os cristãos desobedientes "colocando-os fora da comunhão da igreja", não os exilando ou matando-os. No século 4, os hereges não foram nem exilados nem executados. Não havia mais lugar para dissidentes em uma cultura ritualista com poder político.

O movimento regressivo da Igreja para longe das origens do Novo Testamento levaria ao surgimento de um número de grupos dissidentes como os donatistas dos tempos de Agostinho, os albigenses, os valdenses, os anabatistas durante a Reforma e, na América colonial, os dissidentes da Nova Inglaterra. Enquanto os elementos secundários desses grupos tinham uma teologia anormal, todos eles compartilhavam uma crença em comum — os verdadeiros cristãos eram chamados uma minoria (*Corpus Christi*) e convocados a viver em meio a um mundo não regenerado. Eles rejeitavam a retrógrada ideia de cristandade.

O donatismo era uma rebelião contra a mudança constantiniana, a redução do ritualismo onde os papéis da Igreja e do Estado foram combinados. "Os donatistas continuaram a pensar na Igreja de Cristo como um 'pequeno corpo de salvos cercados pela massa não regenerada.'"[11] Eles insistiam que a independência da Igreja com relação ao imperador e seus oficiais tinha de ser "sustentada a qualquer custo".[12] O que os donatistas tentavam fazer era reter a fé cristã e a eclesiologia do século 1. Eles assumiram para si a declaração "Jesus é Senhor" seriamente. A salvação para os donatistas significava tanto mudança de estado (arrependimento) quanto mudança de condição (santificação). O fruto do Espírito e do arrependimento seria evidente na vida de uma pessoa verdadeiramente regenerada. Isso significava uma total rejeição do sacramento do batismo infantil, o sacramento que sem escolha colocava automaticamente a pessoa dentro da comunidade cristã.

Os valdenses foram considerados hereges por haver ousado pregar sobre a queda da Igreja medieval e sua corrupção em relação ao papa como sacerdote. Eles também estavam centrados na Palavra. A negligência da Igreja quanto à Palavra era evidente.[13]

---

[11]Verduin, Leonard, *The Reformers and Their Stepchildren* (Sarasota, FL: The Christian Hymnary Publishers, 1991), 33.
[12]Ibidem.
[13]Ibidem, 143.

« 356 »   O RESGATE DO PENSAMENTO BÍBLICO

> Os sacerdotes fizeram com que as pessoas morressem de fome e tivessem sede de ouvir a palavra de Deus [...] não apenas eles próprios rejeitavam ouvir e receber a palavra de Deus mas [...] também, a fim de que não fosse pregado fazer leis e ordens como lhes agradasse, assim também a pregação da Palavra é obstruída. A cidade de Sodoma será perdoada antes disso acontecer.[14]

Como a Reforma floresceu no século 16 com sua ênfase em *sola Scriptura*, denunciando a depravação total e afirmando que a justificação é somente pela fé, alguém anteciparia um retorno à visão apostólica da Igreja consistindo nos "chamados". Isso não ocorreu plenamente. Lutero, Zuínglio e Calvino continuaram a adotar o poder governamental para exterminar e banir os grupos heréticos. O batismo infantil também foi uma influência indesejada da sociedade ritualista. Autoridades civis seriam usadas para impressionar ou executar os que praticavam o batismo dos crentes.

Já na época em que seu ministério havia amadurecido, Lutero desfrutava uma confortável posição, cooperando com os príncipes alemães. Emil Brunner disse que o velho Lutero "parou logo, antes de uma reforma completa. Ele estava contente por andar lado a lado com o Estado, ficando atolado no meio do caminho entre o catolicismo e as organizações eclesiásticas do Novo Testamento".[15]

Comentando sobre os que praticavam o batismo dos crentes, Lutero escreveu: "As autoridades seculares estão comprometidas em suprimir a blasfêmia, a falsa doutrina, a heresia. Eles devem infligir pesada punição sobre os que apoiam tais coisas".[16] Em outra carta para um de seus ministros seguidores, Lutero escreveu: "Pela autoridade e em nome do mais sereno Príncipe, temos o hábito de assustar e ameaçar com punição e exílio todos os que são negligentes nos assuntos religiosos e falham em vir aos cultos".[17] Com relação ao batismo, Lutero disse que a água do batismo era "a divina água de Deus, uma boa, celeste, santa, abençoada água, na qual a fé se agarra, uma preciosa água doce, um perfume, um elixir poderoso, é no que ela se transforma; aquela com a qual Deus misturou a si mesmo,

---

[14]Ibidem, 153.
[15]VERDUIN, Leonard, *The First Amendment and the Remnant* (Sarasota, FL: The Christian Hymnary Publishers, 1998), 195.
[16]Ibidem, 199.
[17]Ibidem.

verdadeira Água Viva, que leva embora a morte e o inferno e cria o viver eternamente".[18]

Também deve-se observar que Lutero não atacou os judeus por causa de sua raça, mas por causa de suas práticas religiosas. Eles estavam fora de uma sociedade ritualista, assim como os anabatistas.

O clima que apoiou a união da cruz e da bandeira não foi diferente em Zurique. Assim como Lutero, Zuínglio tinha suas dúvidas quanto ao fato de a Igreja como o Estado serem envolvidos em relações religiosas. Mas, no tempo do relacionamento de Mantz, ele caminhou na mesma direção que Lutero. Felix Mantz havia analisado e estava convicto da iniciação e participação no batismo dos crentes.

> Pelo fato de ele ter sido contrário aos costumes e ordens cristãos, acabou sendo envolvido na polêmica do rebatismo [...] Ele confessou ter dito que queria reunir-se a eles (*aos rebatizados*), como também queria aceitar a Cristo e segui-lo, para unir-se aos cristãos por meio do batismo [...] então ele e seus seguidores acabaram se separando da Igreja, para fundarem uma seita só para eles [...] tal doutrina era danosa para a convenção de união de todos os cristãos e tendendo à ofensa, à insurreição e sublevação contra o governo.[19]

Esse é um clássico exemplo de como a Igreja e o Estado eram vistos em Zurique. Não havia nenhuma diferença reconhecível entre a lealdade ao Estado e a lealdade à Igreja. Felix Mantz teve as mãos e os pés amarrados, e foi levado por um barco até o meio do rio Limmat, que cruzava a cidade de Zurique e ali foi jogado, morrendo afogado. Enquanto no passado os hereges eram queimados (Jo 15.6),[20] Zuínglio achava que seria mais apropriado que esses dissidentes que acreditavam no batismo por imersão morressem da mesma maneira.[21]

O que era verdade na Alemanha e em Zurique também era verdade em Genebra. Calvino nunca se separou completamente da sociedade ritualista da cristandade. Os magistrados deveriam desempenhar um papel maior do que apenas a justiça civil, para assegurar que Deus fosse adorado em

---

[18]Ibidem, 208.

[19]VERDUIN, *The Anatomy of a Hybrid*, 170.

[20]Este é o versículo que a Inquisição usou para justificar a queima dos hereges na estaca. Infelizmente, os reformadores também procederam de igual forma.

[21]VERDUIN, *The Anatomy of a Hybrid*, 169.

seus domínios e eles também deveriam exercer sua responsabilidade de levar "hereges e blasfemos" à morte.[22]

A execução de Serveto revelou claramente a visão de Calvino sobre esse assunto. Vários historiadores questionam o fato de que Serveto fosse realmente um herege. Mas o assunto real era que punição ele mereceria. Ele deveria ser banido de Genebra ou deveria ser executado? ele foi julgado na corte civil e condenado à pena capital, sendo queimado em uma estaca. Melâncton, colaborador de Lutero, escreveu a Calvino elogiando-o com estas palavras: "A Igreja deve a você agora e sempre terá uma dívida de gratidão [...] isso mostra que seu magistrado fez a coisa certa quando eles levaram os blasfemadores à morte".[23]

O NOVO MUNDO

Em grande parte, os primeiros colonos da Nova Inglaterra, desde o começo da década de 1620, eram filhos da Reforma e mais especificamente de Calvino. John Robinson era um dos pastores dos "separatistas" conhecidos como os peregrinos. Sendo ele um aluno e admirador de Calvino, acreditava que seria ignorância simplesmente fechar-se à "luz adicional" que as Escrituras revelam. Ele estava aberto a ensinamentos adicionais dentro da relação Igreja e Estado. O outro grupo que chegou à baía de Massachusetts, em 1624 era o dos "não conformistas", conhecido como os puritanos. Eles estavam completamente comprometidos com a visão reformada do magistrado e da Igreja, e para eles o poder judiciário e o eclesiástico faziam parte da mesma estrutura.

Um dos pastores puritanos, Roger Williams (c. 1604-1684), desempenhou um papel importante no reatamento das relações entre Igreja e Estado, argumentando que voltava à era apostólica, na qual a responsabilidade do magistrado era a supressão do mal, tanto interna quanto externamente, pela força civil. Williams se defrontou de imediato com sérios problemas em Massachusetts, depois de escrever um livrete intitulado *Christening Maketh Not Christians.* sua posição sobre o batismo infantil era frontalmente contrária à legislação da cidade, implicando, portanto, em violação da autoridade civil em Massachusetts.

---

[22]VERDUIN, *The First Amendment and the Remnant*, 257.
[23]VERDUIN, *The Anatomy of a Hybrid*, 208.

> É decretado e aceito que se qualquer pessoa, ou pessoas, dentro da jurisdição não condenar abertamente ou se opuserem ao batismo infantil, ou tentar secretamente convencer outros a aprovar esta prática, ou mesmo comparecendo à corte continuar obstinadamente nisto depois do tempo devido, e dos meios de convicção impostos pela corte, tal pessoa, ou pessoas, deve ser sentenciada ao banimento.[24]

Os que desobedeciam não apenas eram colocados para fora da igreja, mas também banidos da colônia. Leis semelhantes foram impingidas na Virgínia, a qual tinha maioria anglicana. No entanto, na Virgínia os pais pagavam uma multa de 2.000 libras de tabaco por não ter seus filhos batizados. É interessante verificar o fato de que um casal declarado culpado de ter cometido fornicação era multado em 500 libras de tabaco; essa grande diferença do valor pecuniário da multa revela o grau de importância dada a essa violação da lei; não batizar os filhos era considerado a violação legal mais séria.

Williams também sustentava e ensinava publicamente que os magistrados não tinham autoridade alguma sobre a primeira tábua da lei de Moisés. Por essa crença, ele foi julgado culpado e banido com sua esposa e filho no meio do inverno. Ambos foram salvos pelos índios da região, que demonstraram misericórdia para com ele e sua família, uma vez que o conheciam desde que ele lhes havia pregado o evangelho, ainda que fosse na tentativa de aprender sua língua.

Esses fatos históricos revelam outra diferença entre as autoridades de Massachusetts e Williams. Ele via os índios em termos de missão, não como selvagens fora dos limites do universo cristão, passíveis de serem explorados e eliminados. A visão dos puritanos era que a Igreja e o Estado, mesmo tendo diferentes funções, eram compreendidos exclusivamente do ponto de vista da eleição visível. Os dois, portanto, trabalhavam de forma harmoniosa. Se o povo estivesse fora dos limites do Estado cristão significava que eles estavam além da preocupação de Cristo.

Na série de debates com John Cotton (1595-1652), Williams apontou a perniciosidade dessa teologia ritualista. Na realidade, o amálgama da Igreja e Estado, com sua natureza autoritária, reprimiria o livre exercício e propagação do evangelho. "Uma uniformidade forçada da religião por

---

[24]VERDUIN, *The First Amendment and the Remnant*, 327.

« 360 » O RESGATE DO PENSAMENTO BÍBLICO

toda nação ou Estado civil confunde o civil e o religioso, nega os princípios do cristianismo e da civilidade e que Jesus Cristo veio em carne."[25] A visão de Williams sobre o governo civil foi influenciada pela antiga ideia romana da *pax civitatis* — isto é, a paz da cidade. Crendo ou não, os magistrados poderiam cumprir esse mandato.[26] ele comparou a Igreja visível a qualquer outro grupo ou facção dentro da cidade.[27]

> Todos os Estados civis, com seus oficiais de justiça em suas respectivas constituições e administrações, mostram-se essencialmente civis; portanto, não são juízes, governadores ou defensores da vida espiritual ou cristã nem da adoração. Esta é a vontade e a norma da maioria das consciências, sejam elas pagãs, judias, turcas ou até anticristãs; e o culto é garantido a todos os homens em todas as nações e países; e eles podem somente se defender com aquela espada que é, espiritualmente falando, capaz de conquistar: essa é a espada do Espírito de Deus, a palavra de Deus.[28]

A posição de Williams a respeito do relacionamento entre o magistrado e a Igreja é apresentada de forma bem clara, de tal maneira que veio a ser conhecida como "correspondência naval"; essas cartas foram escritas de Providence, Rhode Island, para responder à falsa acusação feita pela liderança puritana em Massachusetts de que não havia lei civil em Rhode Island. Transcrevemos aqui alguns trechos, dada a sua importância para a nossa argumentação.

> Lá vai um navio ao mar, com muitas centenas de almas, nessa embarcação em que ventura e desdita são comuns, e é uma verdadeira parábola da riqueza em comum, ou combinação humana ou sociedade. Tem havido algumas vezes que tanto papistas quanto protestantes, judeus ou turcos, estejam embarcados em um navio; sobre cuja suposição eu afirmo que toda liberdade de consciência, que eu já haja defendido, se volta para essas duas vertentes — de que nenhum dos papistas, protestantes, judeus ou turcos seja forçado a vir ao navio de louvadores ou adoradores, nem compelido

---

[25] MASON, Alpheus T., *Free Government in the Making*, 3. ed. (Nova York: Oxford University Press, 1965), 68.
[26] Ibidem, 66.
[27] Ibidem, 55.
[28] Ibidem, 66.

por seus próprios louvadores ou adoradores, se ele não pratica isso. Mais adiante eu acrescento, o que nunca neguei, que, não obstante essa liberdade, o comandante do navio deve ordenar o curso do navio, sim, e também ordernar que a justiça, a paz e a sobriedade sejam mantidas e praticadas no meio dos marinheiros e todos os passageiros. Se qualquer dos marinheiros se recusar a desempenhar esses serviços ou passageiros, a pagar o embarque [...] se qualquer um se recusar a obedecer às leis e ordens comuns do navio, com respeito à sua paz comum e preservação [...] então qualquer um deveria pregar ou escrever que não deveria haver comandantes ou oficiais, porque todos são iguais em Cristo, portanto nem mestres nem oficiais, nem leis ou ordens, nem correções nem punições [...] o comandante ou comandantes devem julgar, resistir, compelir e punir tais transgressores, de acordo com suas deserções e méritos.[29]

As ideias de Roger Williams têm claro embasamento nas normas da era apostólica e têm deixado marca indelével na história subsequente. Os Estados Unidos da América se tornaram a primeira nação fora da Europa a rejeitar a sociedade ritualista. As primeiras duas cláusulas da Primeira Emenda colocaram um marco no coração da cristandade. Nos Estados Unidos, não há cristandade; as pessoas são livres para estabelecer suas próprias formas de adoração e livres para adorar como bem lhes parecer, desde que outras normas constitucionais não sejam violadas. Biblicamente falando, há apenas dois tipos de pessoas, nenhum dos quais tem nada a ver com os limites nacionais ou ritualismo. Existem os salvos e os não salvos. Os que são salvos esperam com grande expectativa e olham para o céu na expectativa de ver o dia quando a cristandade irá verdadeiramente ser estabelecida na terra, quando o rei dos reis reivindicará sua autoridade suprema e estabelecerá seu governo no coração dos homens, assim como sobre os reinos políticos da terra. Nesse meio-tempo, qual deve ser a responsabilidade do cristão na arena da atividade política?

O CRISTÃO COMO CIDADÃO

Atualmente, o medo que ecoa de nossos púlpitos é o de que o governo esteja sendo assaltado e controlado por leigos fanaticamente anticristãos.

---

[29]WILLIAMS, Roger, *The Complete Works of Roger Williams*, vol. II (Nova York: Russell & Russell, reimpressão em 1963), 278.

« 362 »

O RESGATE DO PENSAMENTO BÍBLICO

A recente decisão (verão de 2002) tomada pelo Nono Circuito da Corte de Apelações de suspender o Juramento de Fidelidade julgando-o inconstitucional, por causa da expressão "sob Deus"; este seria um primeiro exemplo.

Com frequência, no entanto, os cristãos demonstram sentir saudades do passado distante, desejando o restabelecimento da América cristã.[30] Para muitos, o mecanismo para chegar a esse resultado, isto é, o exercício do poder político. A visão de que Deus tem algum tipo de relacionamento especial com a América, uma visão predominante no século 19 com o pós-milenarismo, ainda perdura nos dias atuais.[31] Mas indagamos: esse caminho para conquistar o poder político é claramente definido na Bíblia?

O ativismo político deveria ser levado a cabo à luz do que a Bíblia tem a dizer sobre as influências satânicas nos corredores do governo. É fato que cremos que o domínio de Satanás foi quebrado na cruz, que o governo nos é dado para sempre, assim como o poder político existe para a supressão de malfeitores (Rm 13.1-7). Satanás ainda é extremamente poderoso na área dos relacionamentos governamentais. Passagens como Mateus 4.8,9, Efésios 6.11,12 e partes de Daniel e Ezequiel testificam sobre o poder de Satanás sobre as instituições do governo.

Jamais devemos esquecer que a luta dos cristãos é contra principados, cujo poder fortalece as instituições políticas. Esses principados usarão as armas do sistema do mundo. Assim como em qualquer outra área da vida, o ativismo político desenvolvido pelo cristão demanda que ele não use as armas deste mundo, mas as armas espirituais que Deus lhe deu (Ef 6.11-20).

> Empregamos as armas da "verdade", da "justiça", da "fé", da "salvação", do "evangelho da paz", da "oração", do "Espírito", da "perseverança", da "intercessão" e da "palavra de Deus". Fazendo assim, "encontramos força" no Senhor, em seu "grande poder"; por isso devemos "permanecer firmes contra as armadilhas do diabo", e "resistir" e "estarmos arraigados firmemente" quando as coisas pareçam piorar, para completar toda tarefa e ainda permanecermos firmes.[32]

---

[30]NOLL, Mark, HATCH, Nathan e MARSDEN, George, *The Search for a Christian America* (Wheaton, IL: Crossway Books, 1983), 128.

[31]*Time Magazine*, 1º de outubro de 1979, C.

[32]WALLIS, James, *Agenda for Biblical People* (Nova York: Harper & Row, 1976), 105-106.

A visão cristã do ativista político será seguramente aperfeiçoada se levarmos em conta seriamente o ensino do Novo Testamento quanto ao tema, que mostra que nossa cidadania é transpolítica (Fp 2.19,20; 1Pe 2.9-17). Somos cidadãos de um reino terreno (Rm 13.7) com responsabilidades de cidadania neste mundo e, ainda assim, somos estranhos e passageiros em um cosmo alheio e estrangeiro. Isso não é um chamado ao retrocesso, mas uma admoestação para que usemos de sabedoria e discernimento. Consequências políticas, especialmente em um regime democrático, são com frequência transitórias e, geralmente, o resultado de acordos. Cada ciclo eleitoral pode trazer consequências totalmente diferentes. O pragmatismo, mais do que o idealismo, geralmente vence. Os cristãos não são chamados para fincar suas raízes tão definitivamente na cultura política, pois há o risco de serem consumidos por ela.

O poder do Novo Testamento é radicalmente diferente do poder político. É o poder da cruz. O sistema do mundo conhece a cruz como um lugar de fraqueza, loucura e derrota. O cristianismo rejeita o uso do tradicional poder político para forçar a conformidade com crenças ou padrão de comportamento. Ele prepara os cristãos para lutar contra os principados e potestades na guerra espiritual (2Co 10.3-5). Ele nos deixa de joelhos, dando-nos um espírito de humildade e compaixão: isso nos leva a rejeitar a busca desenfreada do poder político em nome de Cristo. Jacques Ellul colocou isso desta forma: "Todas as vezes que uma igreja tentou agir por meio de estratégias de propaganda reconhecidas como legítimas pelos costumes da época, a verdade e autenticidade do cristianismo foram prejudicadas".[33] Pode haver algo melhor do que os líderes evangélicos serem oficialmente reconhecidos como quem pode contribuir no processo político da América? Isso é exatamente o que os autores desejaram e o que Roger Williams temia — que todos os grupos religiosos, ao participar da política institucional, iriam perder sua "salinidade"[34] e sua voz profética.

Os cristãos devem ser conquistados e cooptados a sistemas que eles desejam mudar? A voz profética do cristianismo evangélico pode se tornar afiada e clara? O rumo a ser seguido dependerá da visão da comunidade cristã em si, sua compreensão do propósito e função da Igreja em relação

---

[33]Kehl, D. G., "Peddling the Power and the Premises", *Christianity Today*, 21 de março de 1980, 20.
[34]Ibidem.

« 364 »

ao Estado e sociedade (isto é, um retorno à cristandade ou à era apostólica), e sua visão de cidadania cristã.

Em primeiro lugar, a comunidade cristã precisa ver a si mesma com muita humildade, reafirmando a necessidade de confissão, arrependimento e renovação. Os líderes da mídia evangélica atual com frequência possuem atitude de arrogância e ignorância nos assuntos políticos que embotam sua voz profética e seu ministério. Jamais poderá haver muita mudança em nossa nação enquanto essa imagem não mudar.

Percebemos também a necessidade de haver um estudo renovado sobre a essência e missão da Igreja; ela é o *Corpus Christi* ou o *Corpus Christianum*? Existe a necessidade de reafirmar o papel da Igreja em [fazer] conhecidos aos principados e potestades [...] a multiforme sabedoria de Deus [...] que fez em Cristo Jesus nosso Senhor [...] a saber, que os gentios são co-herdeiros [...] em Cristo Jesus por meio do evangelho [...] tendo em vista o aperfeiçoamento dos santos para a obra do ministério, para edificação do corpo de Cristo (cf. Ef 3.6,10,11; 4.12).

Deve ser aprofundado o estudo e a ênfase sobre o que a Bíblia tem a dizer a respeito da cidadania cristã. O que dizer do uso do sistema judicial?

O que dizer da desobediência às leis "injustas"? Os cristãos devem considerar o eventual uso da força física contra as autoridades constituídas?

Os cidadãos cristãos desta nação têm direitos constitucionais, os quais incluem a participação e o envolvimento político. Mas que tipo de envolvimento? Os cristãos devem rejeitar uma das concepções básicas associadas a grupos de interesse político — os famosos *lobbies* —, isto é, que as instituições governamentais são prêmios esperando para ser conquistados e então ser usadas para impor na comunidade, de forma geral, a visão do grupo sobre a justiça social com a força da lei por trás dele.

Também percebemos a necessidade de que haja uma melhor compreensão deste fato: quando um grupo se torna mais aceito e legitimado (isto é, abrindo escritórios em Washington, pagando lobistas e tendo membros nomeados a posições nas instituições políticas), então um grande número de coisas pode acontecer. Em primeiro lugar, ganha mais controle público, e sua liderança é institucionalizada.[35] Em segundo lugar, o grupo se torna burocratizado — isto é, envolvido na estrutura funcional das instituições, ele busca agora influenciar. Influenciar as instituições

---

[35]Lowi, Theodore J., *The End of Liberalism*, 2. ed. (Nova York: Norton, 1979), 60.

governamentais é uma ilusão sedutora. As instituições e centros de poder irão acabar cooptando os grupos que buscam influenciá-las. A causa de Cristo nunca cresceu em nenhum lugar ou época onde a igreja, católica ou protestante, dominou as instituições políticas da nação. Em terceiro lugar, a Igreja perde sua visão bíblica original quando busca, de forma enganosa, um poder cada vez maior com o objetivo de promover mudanças, tanto de interesse próprio quanto de sobrevivência de si mesma, mais do que uma mudança redentora. Com mais cartas de poder na mão, e mais manchetes, a organização é finalmente reduzida a um fim em si mesma. Durante o transcurso de seu longo tempo de vida, o falecido Malcolm Muggeridge observou o poder maligno sendo aplicado por indivíduos, grupos e governos. O resultado inevitável foi a corrupção. Ele concluiu: "Existem na vida duas coisas, amor e poder, e nenhum homem pode ter ambos".[36]

Os evangélicos deveriam evitar ao máximo envolver-se em uma competição no desejo de controlar as instituições políticas, porque isso é o *modus operandi* do autoritarismo e totalitarismo modernos. É apenas um pequeno passo que, uma vez dado, vai do controle das instituições governamentais para o controle não apenas da vida de pessoas públicas, mas também de sua vida particular. Esse controle ocorreria, ainda que feito em nome de Cristo.

Por último e mais importante, os cristãos deveriam rejeitar a tentação de buscar o poder político para sua própria causa, imaginando que um crente fiel subjugará sua própria capacidade pecadora, vencendo nesse meio hostil. Os "bons cristãos" irão tomar decisões consistentemente bíblicas com relação à moralidade e à justiça social? O fato de que isso tem ocorrido apenas raramente através da história da civilização ocidental testifica a validade questionável dessa crença. Os cristãos não podem concordar em muitos assuntos morais e sociais, particularmente em como as instituições governamentais deveriam ser usadas. Por exemplo, o que o *Bill of Rights* [Declaração de Direitos dos Estados Unidos] significa em relação ao estabelecimento e livre exercício de cláusulas constitucionais e à liberdade de expressão e de imprensa?[37] Crentes precisam ser lembrados de que não pode haver mudanças saudáveis ou duradouras das estruturas sociais sem uma mudança

---

[36]HUNTER, Ian, *Malcolm Muggeridge, A Life* (Nashville: Thomas Nelson, 1980).
[37]Daniel J. B. Hofrenning, "Religious Lobbying and American Politics", SMIDT, Corwin., ed., *In God We Trust?*, (Grand Rapids, MI: Baker, 2001), 122.

« 366 »

redentora nas pessoas, que no fundo é a razão única pela qual Cristo veio dois mil anos atrás.[38] Os cristãos deveriam considerar a mudança de foco da ação profética de um nível nacional para um nível local. James Madison observou que facções religiosas e sentimentos eram mais intensos em nível local. Thomas P. "Tip" O'Neill (1912-1994), que foi presidente da Câmara dos Representantes dos Estados Unidos, observou que "toda política é local". Os cristãos deveriam aprender uma lição dessa observação e concentrar-se nas preocupações sociais, morais e políticas que se levantam em suas próprias comunidades, as que estão bem próximas de suas congregações locais. Na prática, é muito mais fácil preocupar-se, construir e manter a atenção redobrada em nível local. Por causa do crescimento do governo nacional e da influência da mídia no âmbito geral, os cristãos com frequência olham para a direção errada e se dirigem à audiência errada.[39] Como, então, uma voz profética deve ser articulada localmente? Em primeiro lugar, assim como a verdade na era apostólica, os cristãos devem ser um povo separado dentro do cosmo. Deve haver verdadeiramente uma diferença demonstrada em valores defendidos e na prática deles. Este mundo é caracterizado pela indulgência pessoal, materialismo e busca por segurança mundana (Fp 3.19; 1Jo 2.15-17). Com muita frequência se percebe que as igrejas estão voltadas para si mesmas, não demonstrando ter visão alguma de missão com relação à comunidade na qual estão inseridas, nem sequer em evangelismo ou no envolvimento social na comunidade.

Em segundo lugar, a separação do mundo é o começo do redescobrimento da comunidade cristã; essa separação é também essencial para que a Igreja possa falar claramente e agir decisivamente. A questão não é propriamente o retorno às formas estruturais do século 1, mas ao espírito e valores da Igreja primitiva, quando os crentes obedeciam às Escrituras. As diferentes formas de estruturação e organização das comunidades eclesiásticas basicamente se espelham na época na qual elas nascem e vivem; a igreja em um ambiente rural terá, certamente, um formato diferente do de uma igreja urbana e industrial, tecnológica e suburbana. O sonho de um retorno ao espírito e valores de um tempo primitivo, no entanto, é outra questão. Espírito e valores transcendem épocas e culturas. O calor, espontaneidade, proximidade, compromisso e dinamismo da Igreja primitiva deveriam fazer

---

[38]BUHMUHL, Klaus, "The Socialist Ideal, Some Soulsearching Constraints", *Christianity Today*, 23 de maio de 1980, 56.

[39]SELLERS, Jeff M., "NAE goes to Washington", *Christianity Today*, 10 de junho de 2002, 17.

parte de qualquer igreja em qualquer época. Uma redescoberta da comunidade poderia suprir ao menos três coisas, das quais cada crente necessita.

> Dessas associações ele receberia sua identidade e sentido de dignidade. Dessa identidade ele também seria beneficiado por um profundo senso de segurança emocional e até, de certa forma, material. Se a congregação é verdadeiramente uma comunidade, um compartilhar genuíno de comunhão, ela irá voluntariamente assumir uma grande parcela de responsabilidade no sentido de ajudar a todos os seus membros que estão passando por enfermidades, adversidades e em idade avançada. O reconhecimento de que uma pessoa é parte de uma comunidade solidamente firmada propiciará às pessoas maior sensação de segurança do que a simples confiança de que há uma agência governamental para suprir suas necessidades urgentes. Finalmente, a comunidade provê a seus membros identidade individual, ajudando-os a manter os valores pelos quais irão conduzir sua vida. A comunidade cristã afirma a seus membros que eles são criaturas de Deus, feitos à sua imagem, chamados para ser seus filhos, com privilégios, responsabilidades e segura herança nos céus.[40]

Esse tipo de suporte espiritual e valor ético e comunitário contribuiria para provocar uma profunda discussão e reexame de importantes valores nacionais, como o terrível individualismo materialista que campeia nas camadas socialmente privilegiadas, o trabalho étnico secular, interesses pessoais e autopreservação à luz dos imperativos bíblicos da Grande Comissão, do bom samaritano e do fruto do Espírito na comunidade cristã.

Em último lugar, percebe-se a necessidade de haver uma real compreensão do fato de que, quando uma comunidade cristã purificada concentra-se em assuntos políticos e morais, muito provavelmente, haverá, intensa oposição por parte da maioria na comunidade na qual está inserida. Falar e agir profeticamente significa tomar o difícil caminho da cruz; os cristãos devem levar em conta o preço, sabendo que a obra de Deus sempre tem sido cumprida pelos muitos fiéis dispostos a pagá-lo.

O que os Estados Unidos necessitam, mais do que qualquer outra coisa, é de uma igreja evangelizadora que exerça o poder da cruz para mudar a

---

[40]BROWN, Harold O. J., *The Reconstruction of the Republic* (Nova York: Arlington House, 1976), 177.

vida das pessoas. Da mesma forma como todos devemos ter consciência de que sua primária cidadania é no céu, sendo desafiados a ser membros do reino de Cristo, somos também confrontados por um sistema de mundo preocupado em ganhar poder político. A Igreja deve rejeitar a tentação de controlar as instituições políticas, enquanto busca localmente alterar a vida dos que estão ao seu redor. Por seu discurso e vida, os cristãos devem mostrar aos homens e mulheres que há apenas um caminho para ter um relacionamento direto com Deus, o caminho da cruz. Crentes em Cristo precisam permanecer em todas as formas — espiritual, intelectual, moral e politicamente — como vitais, alternativa separada para um sistema de mundo que se gloria no materialismo, na autoindulgência e no poder político.

« Leituras Adicionais »

EBERLY, Don, ed. *Building a Community of Citizens*. Nova York: University Press of America, 1994.

KESLER, Charles. *The Federalist Papers*. Ed. Clinton Rossiter. Nova York: Mentor Books, 1999.

NOLL, Mark, HATCH, Nathan e MARSDEN, George. *The Search for a Christian America*. Wheaton, IL: Crossway Books, 1983.

THOMAS, Cal e DOBSON, Ed. *Blinded by Might*. Grand Rapids, MI: Zondervan, 1999.

VERDUIN, Leonard. *The Anatomy of a Hybrid*. Grand Rapids, MI: William B. Eerdmans, 1976. Reimpressão, Sarasota, FL: The Christian Hymnary Publishers, 1990.

VERDUIN, Leonard. *The First Amendment and the Remnant*. Sarasota, FL: The Christian Hymnary Publishers, 1998.

VERDUIN, Leonard. *The Reformers and Their Stepchildren*. Grand Rapids, MI: William B. Eerdmans, 1964. Reimpressão, Sarasota, FL: The Christian Hymnary Publishers, 1996.

CAPÍTULO **16**

Propondo uma abordagem bíblica da **ECONOMIA**

R. W. MACKEY II

Mesmo a Bíblia não sendo um livro de texto sobre economia, ela certamente aborda a economia como fazendo parte de uma cosmovisão específica. Mais de 700 passagens das Escrituras se referem ao conceito de riqueza, direta ou indiretamente. O livro de Provérbios está repleto de advertências sobre a prosperidade. Cristo falou sobre a administração de riquezas mais do que falou de céu e inferno, de tal maneira que ficamos a nos perguntar: "Por que o Salvador coloca tão grande ênfase no que parece ser, à primeira vista, um tópico mais trivial, algo eminentemente temporal?". A resposta para esta pergunta se concentra no foco da redenção — o coração humano! Cristo disse diretamente a seus seguidores:

> *Não ajunteis para vós tesouros na terra, onde a traça e a ferrugem os consomem, e onde os ladrões minam e roubam; mas ajuntai para vós tesouros no céu, onde nem a traça nem a ferrugem os consomem, e onde os ladrões não minam nem roubam. PORQUE ONDE ESTIVER O TEU TESOURO, AÍ ESTARÁ TAMBÉM O TEU CORAÇÃO* (Mt 6.19-21, destaques do autor).

A última sentença dessa passagem resume o conceito de que a administração individual da riqueza é um claro indicador da fidelidade do coração. Dando um passo adiante, a natureza percebida da riqueza como existindo primariamente tanto para uso imediato (propósitos temporais) quanto para uso a longo prazo (propósitos eternos) claramente revela se a pessoa está vivendo com uma perspectiva material ou celestial. Uma vez que Paulo lembra aos crentes que *a nossa pátria está nos céus* (Fp 3.20), a riqueza mais bem reservada é para o último destino dos crentes — a eternidade com Deus.

Muitas estradas no sul da Califórnia estão marcadas com cartazes afixados por pessoas que procuram emprego. Alguns desses trabalhadores diários migraram para o norte adentrando o território do estado da Califórnia, provenientes do México, da América Central ou da América do Sul, para encontrar oportunidades de emprego superiores àquelas que encontrariam em sua economia nativa. Quando finalmente encontram emprego, uma pequena parte dos salários obtidos eles gastam para manter nos Estados Unidos um estilo de vida americano modesto, embora temporário, enquanto a maior parte do salário recebido é enviada ao lar do trabalhador em sua terra natal para ser guardado como pé-de-meia para uso imediato e futuro. Levar dinheiro para outros países é um grande negócio no sul da Califórnia, porque a riqueza segue a cidadania! É uma pequena maravilha, então, entender por que a Bíblia aborda de forma tão extensa e evidente assuntos econômicos; é que a própria natureza do assunto claramente revela a condição do coração humano.

Pensamentos fundamentais

O estudo sobre economia é essencialmente de problemas humanos que estão enraizados na escassez de bens de consumo básico. Uma vez que não existe mercadoria e/ou serviços para satisfazer todas as vontades humanas, a necessidade de que a palavra de Deus aborde esse tipo de problema é fundamental, por revelar a natureza do ser humano. Embora a Bíblia não ofereça fórmulas para estratégias de investimento ou regras específicas para práticas contábeis, a linha de direção moral derivada da santa natureza de Deus revelada nas Escrituras dá clara e compreensiva direção para decisões econômicas. Na palavra de Deus, aprende-se sobre:

- A origem da economia.
- A economia da redenção.
- A responsabilidade da economia doméstica.

Que melhor guia nesses assuntos do que aquele que nos é dado pelo criador e sustentador de tudo o que é visível e invisível?

A ORIGEM DA ECONOMIA

Quando o conceito de *economia* surgiu no panorama humano? Alguns dizem que o começo da economia moderna ocorreu quando foi publicado um pequeno livro escrito por Thomas Robert Malthus (1766-1864), um sacerdote inglês. Em sua obra *An Essay on the Principle of Population as It Affects the Future Improvement of Society* (1798), ele previu que o crescimento da população humana seria aproximadamente de 3% ao ano, o que faria dobrar os habitantes da terra a cada 25 anos, mais ou menos.[1] Baseado nesses números, ele acreditava que os recursos agrícolas da terra não bastariam para sustentar o crescimento da população, resultando eventualmente em pessoas famintas matando umas às outras por comida. O cenário de Malthus era sombrio, sem dúvida, fazendo com que a economia fosse batizada como "a ciência funesta", um apelido que persistiu durante muito tempo.

Não se pode evitar a pergunta: Malthus entendeu direito o problema? A resposta é sim e não. A população da terra *de fato* dobrou a cada 25 anos, mais ou menos, mas Malthus errou em encaixar os avanços humanos dentro de sua equação. Se ele tivesse visitado os Estados Unidos antes de publicar seu livro, um vasto território descampado teria enchido sua visão. Grande parte da Califórnia pareceria como não cultivada, na melhor das hipóteses, e inóspita, na pior. Agora muitos dos fazendeiros da nação são pagos pelo governo para não colher os frutos de suas próprias terras a fim de manter altos os preços das colheitas. Esta é a prova que demonstra os incríveis avanços tecnológicos tanto em pesquisa agronômica quanto em técnicas de cultivo, que permitiram um gigantesco salto na produtividade de alimentos.

Mas, à parte desses assuntos, Malthus de fato identificou o verdadeiro drama da economia: a *escassez*. Ele sabia que a comida era um produto escasso. Ele existe em quantias finitas. Além disso, um item da produção mundial de riqueza se torna dramaticamente escasso na medida em que a demanda é maior que a oferta, pois não se acha com abundância na natureza. Isso explica por que os diamantes são mais caros que o ar. O ar é certamente mais importante que os diamantes (embora algumas jovens mulheres talvez creiam que irão "simplesmente morrer" sem um diamante); mas diamantes são mais caros porque existem em quantidades significantemente menores. O ar ganharia de repente um preço exorbitante

---

[1]MALTHUS, Thomas, *An Essay on the Principle of Population* (Londres: J. Johnson, 1798).

se não houvesse o suficiente disponível para todos. Sem dúvida, as pessoas entregariam alegremente seus diamantes por ar para respirar.

Sem a realidade da escassez, a economia não é apenas irrelevante, mas inexistente. A economia é simplesmente definida como a explicação de "como a escassez de recursos é determinada em meio a fins de competição".[2] Em outras palavras, uma vez que a maioria dos bens e/ou serviços está em menor oferta do que exige a procura, alguns métodos de distribuição devem ser usados. A distribuição é o sujeito da economia, e a ocasião para distribuição se torna um ponto controvertido. Se um item existe em relativa escassez, assim como os diamantes, então deve ser guardado e os preços devem ser ajustados para assegurar que a distribuição ocorra como pretendida, conforme a demanda.

Se um sistema econômico cumpre bem sua função, ele produz eficientemente. Essa eficiência é o subproduto do equilíbrio de fatores de produção (território, trabalho e equipamento) de tal forma que eles se complementam uns aos outros (ou cooperam uns com os outros) e produzem com quase nenhum desperdício. Em uma economia ideal, o equilíbrio também é percebido no ambiente como todo o processo produtivo propicia trabalho adequado e permanente para as pessoas, dentro de seus papéis dados por Deus, em uma forma constante. Uma economia equilibrada produz emprego para todos aqueles que necessitam trabalhar e oferece treinamento adequado para desempenhar a contento a sua função.

Algumas perguntas talvez surjam nesse ponto. Quando a raça humana experimentou a escassez pela primeira vez e por que a escassez continua nos dias atuais? A Bíblia nos diz algo sobre a origem e continuidade da escassez? Por que os sistemas econômicos precisam agora lidar com competições — altos impostos, barreiras alfandegárias etc. e instabilidades? As respostas a essas perguntas são encontradas em Gênesis 1—3. Pelo menos três fatores são evidentes, e eles têm grande importância para o pensamento econômico: abundância, cooperação e equilíbrio.

Abundância

O relato da criação é inicialmente um relato de *abundância*. Uma grande quantia de bens de consumo foi disponibilizada por Deus para os habitantes humanos da terra. Deus disse a Adão:

---

[2]RUFFIN, Roy J., e GREGORY, Paul R., *Principles of Macroeconomics* (Nova York: Addison Wesley, 2000), 32.

... Eis que vos tenho dado todas as ervas que produzem semente, as quais se acham sobre a face de toda a terra, bem como todas as árvores em que há fruto que dê semente; ser-vos-ão para mantimento (Gn 1.29).

Essa declaração foi feita depois que Deus fez com que a terra fosse habitável para a vida das plantas, animais e seres humanos por meio da introdução de ingredientes mantenedores da vida, como terra, água, atmosfera, luz, calor e estações. Tudo o que Adão e Eva precisavam para viver estava disponível para ser colhido e desfrutado. *Fartura* caracterizou a criação inicial.

Cooperação

Não apenas a abundância caracteriza a criação inicial, mas também a *cooperação* esteve presente. Inicialmente Adão foi criado para complementar a obra de seu criador, para dominar, multiplicar e cultivar o mundo criado. O comentário bíblico sobre a criação do segundo ser humano (a mulher) é:

Disse mais o SENHOR Deus: Não é bom que o homem esteja só; far-lhe-ei uma ajudadora que lhe seja idônea (Gn 2.18).

O papel dado por Deus a Eva não era o de competir com Adão, mas complementá-lo no cultivo do jardim. Como complemento de Adão, Eva aceitou sua liderança familiar e trabalhou para ajudá-lo a realizar as ordens dadas por Deus. Ela foi projetada por Deus para esse papel e o assumiu por um tempo. Essa atividade complementar se caracterizava por uma verdadeira cooperação, não em um contexto igualitário, mas em cumprimento das funções dadas por Deus dentro da criação. Competição não foi assunto incluído nesse ponto da história humana por duas razões:

1. Uma vez que os recursos da terra eram abundantes, a fartura existia para todos e não havia razão para competição.
2. Uma vez que os motivos de Adão e Eva eram puros, eles cooperavam perfeitamente um com o outro. Cada um desempenhava seu trabalho dentro das funções que Deus havia projetado para ele ou ela e experimentavam eficiente homeostase, eficiência na missão e prazer em desfrutar tudo, pelo equilíbrio e harmonia funcional entre eles.

Equilíbrio

Abundância e cooperação existiam em um ambiente de *equilíbrio*. As condições físicas da terra estavam em equilíbrio: escuridão e luz, terra e água, plantas e animais, seres humanos e animais, homem e mulher. Esse jardim, criado com maestria pelo maravilhoso Pai, era um modelo de ordem e, neste sentido, apto para uma existência infinita (Gn 3.22). Nenhuma mutação foi verificada, e a segunda lei da termodinâmica não era algo a ser levado em consideração. Adão e Eva não precisavam ouvir uma palestra sobre economia ou sentar-se para fazer um exame sobre as leis da oferta e da procura. Um ciclo de negócios com seu inerente comércio de trocas não existia. Competição por recursos escassos e variações climáticas e ambientais eram desconhecidas nesse mundo ideal.

No entanto, tudo isso mudou. As considerações econômicas começaram com os eventos relatados em Gênesis 3. Esse capítulo descreve como o pecado entrou no mundo e o resultado consequente que levou Adão e Eva a serem obrigados a afastar-se de Deus. As condições de abundância, cooperação e equilíbrio foram dramaticamente prejudicadas pela Queda.

Satanás abordou Eva no jardim e começou um processo de racionalização com ela. sua abordagem culminou em uma declaração a Eva, que resume a essência do pecado — orgulho. Satanás disse: ... *e sereis como Deus...* (Gn 3.5). Antes desse encontro, Adão e Eva não aspiravam a ser iguais a Deus, mas desfrutavam os benefícios da confiança na inteligência e bondade de seu criador. A bondade de Deus na criação tinha sido concedida a eles para supervisionar a criação. Agora o método divino de agir era colocado como algo a ser questionado, de tal maneira que, para Adão e Eva, parecia como se um caminho melhor tivesse sido identificado. Uma vez que não eram como Deus, eles não tinham a presciência para prever as consequências de comer a fruta.

Uma consequência do pecado foi o advento da escassez. Deus disse a Adão:

> *Porquanto deste ouvidos à voz de tua mulher, e comeste da árvore de que te ordenei dizendo: Não comerás dela; maldita é a terra por tua causa; em fadiga comerás dela todos os dias da tua vida. Ela te produzirá espinhos e abrolhos; e comerás das ervas do campo. Do suor do teu rosto comerás o teu pão, até que tornes à terra, porque dela foste tomado; porquanto és pó, e ao pó tornarás* (Gn 3.17-19).

PROPONDO UMA ABORDAGEM BÍBLICA DA ECONOMIA

A abundância se tornou *escassez* em razão da introdução de *espinhos e abrolhos*. As boas coisas se tornaram difíceis de cultivar, enquanto coisas potencialmente produtivas, mesmo quando deixadas sem cuidados especiais, se deterioraram. A iniciativa humana para a existência se tornou uma luta contra as circunstâncias iniciadas pelo pecado. A escassez se aliou ao suor. Seria possível extrair o fruto da terra, mas impregnado de esforço e ansiedade constante. O dr. Herbert Hotchkiss, um professor muito influente no *Los Angeles Baptist College*, disse a seus alunos que a queda do homem moveu a humanidade da segurança e do conforto para a insegurança e hostilidade; portanto, a humanidade passaria o restante de seus dias procurando comida e uma casa.[3]

A escassez resultou e foi acompanhada pela *competição* e *instabilidade*. Adão teria agora que competir arduamente em meio às condições arruinadas da terra — espinhos e abrolhos. Essas maldições não criaram o equilíbrio entre colheita e erva daninha, mas iniciaram o domínio do dano na criação sem que o esforço humano inteligente e constante pudesse reverter completamente o quadro. Adão também competiria com sua esposa pela liderança no lar, uma vez que Deus havia declarado que seu desejo seria para o seu marido (cf. Gn 3.16). Mais tarde, a competição se tornou mais acentuada entre as pessoas, transformando-se logo em corrupção infame, como relatado em Gênesis 6. Os que possuíam atributos superiores classificavam pejorativamente de menos favorecidas as pessoas que estavam materialmente abaixo deles — a demonstração crua da "sobrevivência no cenário econômico". A origem dessa corrupção foi a instabilidade genética — isto é, a falta de igualdade ou equilíbrio em habilidades inatas, unida à depravação, produzindo cultura deplorável, tão deplorável que Deus a removeu por meio de um dilúvio.

Essas condições de escassez, competição e instabilidade se ativaram quando o pecado entrou no mundo, fazendo da economia uma realidade. Fontes de fornecimento de produtos de necessidade básica para a vida se tornaram difíceis de adquirir e difíceis de manter. A competição caracterizava as interações sociais. A instabilidade começou a balançar como um pêndulo, de um extremo ao outro no curso das relações humanas. Como os indivíduos abordaram os desafios da aquisição e alocação de recursos passou

---

[3]HOTCHKISS, John, Literature Professor, *The Master's College*, 25 de julho de 2002. Entrevista pelo autor, Santa Clarita, CA.

a ser um gigantesco indicador da extensão dos danos e efeitos da Queda, que precisariam ser revertidos por intermédio de um processo redentor.

É deveras interessante verificar que, quando a redenção for finalmente uma realidade consumada na habitação eterna do crente com o Pai, a economia não irá mais ser uma questão que precisará ser considerada. O apóstolo João escreveu:

> *Ali não haverá jamais maldição. Nela estará o trono de Deus e do Cordeiro, e os seus servos o servirão; e verão a sua face; e nas suas frontes estará o seu nome. E ali não haverá mais noite, e não necessitarão de luz de lâmpada nem de luz do sol, porque o Senhor Deus os alumiará; e reinarão pelos séculos dos séculos* (Ap 22.3-5).

A existência eterna no novo céu e na nova terra irá restaurar a abundância, a cooperação e o equilíbrio encontrados apenas no perfeito e apropriado relacionamento humano com Deus. Os cristãos esperam com ardente fé que esse momento sublime aconteça no fim dos tempos, pois creem que o pai celestial é totalmente suficiente, e a vida com ele, portanto, será livre da pobreza. É um pequeno milagre, que, historicamente, crentes que têm passado grande perseguição pensem com frequência no céu e vejam a morte como uma jubilosa libertação, enquanto crentes abastados se concentram mais nas suas riquezas desta vida e veem a morte como um evento que lhes causa temor. A visão de alguém sobre a vida futura com Deus é um termômetro do seu amor ou falta dele pelo mundo.

A ECONOMIA DA REDENÇÃO

Escassez

O povo de Deus, considerado tanto como nação de Israel ou quanto igreja, tem se encontrado vivendo em um mundo decaído e sujeito a condições econômicas desafiadoras. Em primeiro lugar, o crente deve se adaptar à escassez por intermédio do esforço sério e inteligente. A passagem bíblica com frequência citada que exalta o trabalho apresenta esta questão:

> *Vai ter com a formiga, ó preguiçoso, considera os seus caminhos, e sê sábio; a qual, não tendo chefe, nem superintendente, nem governador, no verão faz a provisão do seu mantimento, e ajunta o seu alimento no tempo da ceifa* (Pv 6.6-8).

A formiga é o exemplo da indústria (trabalho). Essa indústria é simples, inteligente, planejada, consistente e automotivada. A passagem diz que, sem essa iniciativa, a pobreza irá tomar o comando (cf. Pv 6.10,11; 10.4,5).

O apóstolo Paulo exortou os efésios a trabalhar, escrevendo-lhes:

> *Aquele que furtava, não furte mais; antes, trabalhe, fazendo com as mãos o que é bom, para que tenha o que repartir com o que tem necessidade* (Ef 4.28).

Para os crentes em Tessalônica, Paulo escreveu:

> *E procureis viver quietos, tratar dos vossos próprios negócios, e trabalhar com vossas próprias mãos, como já vo-lo mandamos, a fim de que andeis dignamente para com os que estão de fora, e não tenhais necessidade de coisa alguma* (1Ts 4.11,12).

Trabalhando

A norma bíblica para superar a escassez a fim de sobreviver e dar aos mais necessitados é o trabalho honesto e consistente. Os princípios bíblicos são também apresentados para esboçar o cuidado dos que não estão aptos para trabalhar. Esse mandamento bíblico para o trabalho é tão forte que os que não se comprometem com o trabalho são chamados *preguiçosos* no livro de Provérbios. Esses preguiçosos estão grudados em sua cama (26.14), dão péssimas desculpas para a preguiça (26.13), falham em começar uma tarefa (6.9), falham em completar tarefas (19.24) e são inúteis para os que os empregam (10.26; 18.9).[4] Finalmente, esses indivíduos preguiçosos pensam que sua vida está perdida, é irrecuperável (24.30,31). Paulo é tão veemente contra os preguiçosos que orientou aos crentes tessalonicenses como lidar com aqueles que estão aptos para trabalhar, mas não trabalham: *sem trabalho — sem comida!*

> *Porque, quando ainda estávamos convosco, isto vos mandamos: se alguém não quer trabalhar, também não coma. Porquanto ouvimos que alguns entre vós andam desordenadamente, não trabalhando; antes, intrometendo-se na vida alheia; a esses tais, porém, ordenamos e exortamos por nosso Senhor*

---

[4]Kidner, Derek, *Proverbs: An Introduction and Commentary* (Downers Grove, IL: IVP, 1964), 42.

Jesus Cristo que, trabalhando sossegadamente, comam o seu próprio pão.
(2Ts 3.10-12)

O homem preguiçoso que tem uma família, à qual deveria sustentar, é especialmente criticado por Paulo. Ele instrui a Timóteo que o homem que não provê o sustento digno para sua família nega a fé e é pior que os não crentes (1Tm 5.8).

Sob condições normais, a escassez é o problema e o trabalho honesto é a solução. Muitos ativistas sociais creem que a solução para a maioria das enfermidades sociais é a riqueza; eles acreditam que uma camada social composta de pessoas pobres representa um problema para a sociedade, dada a sua falta de riqueza. Esses analistas sociais com frequência promovem programas que oferecem recursos aos mais necessitados, apenas para posteriormente julgar que os recursos têm sido gastos ou esbanjados durante todo esse tempo. As Escrituras ensinam, no entanto, que o problema das pessoas muitas vezes é a falta de recursos porque são tolas, falham em trabalhar duro e falham em gerenciar apropriadamente seus recursos (Pv 24.30-34).

Economizando

As Escrituras também ensinam que uma parte do que é ganho deve ser economizada. Observando novamente a formiga mencionada em Provérbios 6.6-9 e 30.25, podemos notar que esse princípio é demonstrado como paradigmático. As palavras-chave para essa lição são *verão* e *inverno*. Elas demonstram a perspicácia da formiga em estocar provisões quando estas estão disponíveis (verão) contra o tempo quando as provisões são escassas ou não existentes (inverno). Esse tipo de atividade é semelhante ao princípio de planejamento e provisão de José em Gênesis 41. Economizar é simplesmente preparar-se para a escassez futura que pode sobrevir por intermédio de circunstâncias previsíveis (era antiga) ou circunstâncias de alguma forma imprevisíveis. As palavras *de alguma forma* são usadas porque em um mundo decaído circunstâncias difíceis devem ser esperadas; apenas o momento da circunstância é desconhecido (tudo está em estado de decadência). Isso parece ser reforçado em Provérbios 21.20, onde Salomão escreve: *Há tesouro precioso e azeite na casa do sábio; mas o homem insensato os devora.* O "tesouro e o óleo" têm sido armazenados para necessidades futuras, mas pessoas tolas vivem despreocupadamente, como se eventos indesejáveis nunca fossem acontecer, com frequência contando com fundos emprestados para lidar com emergências.

Economizar é mencionado pelo apóstolo Paulo em 2Coríntios 12.14. Lembrando os coríntios de seu relacionamento com eles, Paulo usa uma delicada metáfora de pai e filho. Ele lhes diz que Paulo não seria uma carga para eles, porque a responsabilidade dos pais é economizar para prover recursos para seus filhos. Embora Paulo não mencionasse o propósito da economia paterna, ele exalta a atividade disciplinada de economizar recursos para as futuras necessidades da sua descendência.

Contribuindo

O terceiro antídoto para a escassez é contribuir. Contribuir alivia a escassez experimentada por outros. Jesus encorajou o gesto de contribuir quando disse: *Dai, e ser-vos-á dado; boa medida, recalcada, sacudida e transbordando vos deitarão no regaço; porque com a mesma medida com que medis, vos medirão a vós* (Lc 6.38). A igreja primitiva estabeleceu um padrão para a oferta semanal como parte de sua reunião dominical (1Co 16.1-4). O gesto de contribuir era direcionado ao avanço da obra do Senhor (2Co 9), para aqueles geralmente em necessidade (Gl 6.10; Ef 4.28) para o pobre (Pv 14.21; 1Jo 3.17), para as viúvas (1Tm 5.3-16), e para aqueles que têm se dedicado à liderança espiritual (Gl 6.6; 1Tm 5.17,18).

Os primeiros cristãos, que servem como bons exemplos, contribuíam generosamente (2Co 8.2), como sacrifício (2Co 8.2,3), alegremente (2Co 9.7), com amor (2Co 8.7) e com ações de graças (2Co 8.5). Algumas dessas contribuições resultaram da economia. Essa oferta era voluntária (2Co 8.4), não sendo vinculada a obrigação alguma da lei do Antigo Testamento como método de constranger a contribuir. O Novo Testamento silencia-se com relação às leis do Antigo Testamento pertinentes à oferta. Se uma pessoa fosse adotar o dízimo esperado dos israelitas, o dízimo total seria de aproximadamente 25%.[5] Uma coisa, no entanto, permanece consistente entre os dois Testamentos — contribuir tem sido sempre uma questão do coração (Êx 25.1,2; 2Co 9.7)!

Competição

Mas como o segundo problema econômico, *competição*, encontra sua solução redentora? Ou, perguntando mais especificamente, como o crente

---

[5]MacArthur, John, *Whose Money Is It Anyway?* (Nashville: Word, 2000), 113.

coopera com a ordem criada por Deus? O foco desta questão não está inicialmente na competição entre pessoas por recursos escassos, o que é uma questão concreta, mas principalmente na disposição dos crentes em cooperar com o projeto de Deus. Esse projeto contextualiza indivíduos dentro da criação e, portanto, permite que eles utilizem da melhor forma possível suas habilidades concedidas por Deus, unindo-os, dessa forma, ao bendito Deus (Tg 1.25).

Inicialmente, Adão se encontrou sob a autoridade de Deus, e Eva foi colocada sob a liderança de Adão. O restante da criação foi subjugado pela humanidade (Gn 1.26). Como a criação continuou na ordem estabelecida, a abundância persistiu. Quando a ordem foi quebrada, a escassez começou. O bem-estar da economia estava finalmente dependendo de seguir a ordem de Deus. Deus lembrou à nação de Israel que seguir o caminho dele resultaria em prosperidade (Dt 6). Teólogos medievais falavam de uma plenitude inerente na gradação. Na medida em que cada estrato da criação de Deus estivesse voluntariamente obediente à sua função, a plenitude viria como consequência natural.

Com muita sabedoria, Hamish McCrae observou que a primeira ameaça à prosperidade na América do Norte é a morte da unidade da família,[6] que muitos cristãos creem haver resultado de um movimento independente da cooperação com as estruturas ordenadas por Deus. Uma vez que o lar é o veículo primário para a transmissão de valores dentro da sociedade, essa decadência da família afeta todos os setores da economia, incluindo:

- Efetividade do sistema legal.
- Proliferação de leis.
- Necessidade de mais policiais e presídios.
- Ética da força de trabalho.
- Custos de seguro.
- Sobrecarga nas taxas para programas sociais.
- Preparação adequada da força de trabalho.
- Atitudes voltadas para débito e economia.

Seguir os padrões estabelecidos por Deus para o lar (Dt 6; Pv 2; 31; Ef 5; Tt 2) posiciona uma família dentro da economia divinamente idealizada

---

[6]McRae, Hamish, *The World in 2020: Power, Culture and Prosperity* (Boston: Harvard Business School Press, 1994), 43.

e, por conseguinte, produz condições na sociedade para a prosperidade. É possível que a pobreza acompanhe eventualmente uma falha na cooperação com a ordem de Deus? Outra questão que surge nesse contexto é: o estudo amplo do sucesso do esforço na história humana é, na realidade, um mapeamento da soberania de Deus movendo-se geográfica e culturalmente porque seu Espírito despertou corações para a obediência?

Instabilidade

A restauração do equilíbrio na criação ocorrerá também quando a redenção afeta a economia. A condição humana comum parece ser caracterizada por extremos. Esses extremos surgem quando se argumenta exclusivamente a favor do sistema econômico do socialismo ou do capitalismo, que no fundo são proposições humanas para a questão.

Socialismo

Os proponentes do socialismo defendem que as pessoas vão levar em consideração seus semelhantes, trabalhando pelo bem comum. Bens e serviços passam a ser administrados e desfrutados comunitariamente e alocados na base da necessidade, com uma forma de controle e planejamento central para propugnar um avanço coletivo. Os socialistas argumentam:

- O socialismo é mais nobre que o capitalismo porque o socialismo pressupõe que as pessoas são capazes de altruísmo (isto é, bondade).
- Os que "têm" passarão a ter vantagem injusta sobre os que "não têm" se permitir-se que o capitalismo se desenvolva livremente (o capitalismo não passaria de uma injusta "sobrevivência do mais ajustado").
- Eventualmente os que "não-têm" (isto é, a pobre classe trabalhadora) irão colocar um fim nos que "têm" para restaurar a igualdade (revolução proletária).
- O capitalismo simplesmente estimula o instinto básico de avareza.
- O socialismo preza pela compaixão pelos menos afortunados.
- O socialismo enfatiza a comunidade sobre a liberdade autônoma.

Alguns cristãos têm citado Atos 2.44,45 como defesa para um "socialismo santificado" que deve ser praticado pela Igreja. O uso desse texto para essa defesa, no entanto, não funciona por inúmeras razões. A igreja em Jerusalém praticava essa abordagem comunitária para a oferta em uma época determinada pelas circunstâncias e por um tempo limitado, numa base voluntária, sem ordem bíblica ou apostólica precedendo-a. Nenhuma menção dessa prática como normativa para as igrejas aparece no relato de Atos ou em outro livro do Novo Testamento.[7]

Capitalismo

O capitalismo, em uma forma pura, conta apenas com o poder de mercado (compradores e vendedores, oferta e demanda) para estabelecer e regular um preço equilibrado como ditados por excedentes e déficits. Oferta e procura governam o livre comércio, com os participantes apropriando-se privadamente de tudo o que estiverem aptos a armazenar por intermédio desse comércio. Os defensores do capitalismo argumentam:

- Ele é produtivo porque leva em conta de forma positiva a depravação do homem, provocando nele o autointeresse.
- Permite o equilíbrio do mercado para coordenar os compradores e vendedores, enquanto intervenções de fora (fatores externos) tendem apenas a causar problemas.
- Resolve a natureza subjetiva da venda.
- É verdadeiramente justo, como proposto por Adam Smith, não sendo determinado pelo fator "zero soma de ganho" (ambas as partes em benefício de troca).[8]
- Permite que seus participantes acumulem grande riqueza.
- Motiva (provê incentivo para) os trabalhadores porque eles devem manter ou dar os frutos de seu trabalho como acharem melhor para si mesmos.
- Tem gerado uma classe pobre de pessoas relativamente melhores se comparadas aos pobres em outras partes do mundo ("um aumento da maré levanta todos os barcos").

---

[7]É ainda possível que a liquidação dos bens e propriedades dos membros da igreja tenha sido um erro, fazendo com que a igreja em Jerusalém estivesse em constante necessidade de futuro suporte financeiro por outras igrejas (At 11.29; Rm 15.26; 1Co 16.1-4; 2Co 8.1-4). Em outras palavras, havendo desistido dos meios de produzir futuros rendimentos, a igreja de Jerusalém foi forçada a contar com a grande comunidade de crentes.
[8]SMITH, Adam, *An Inquiry into The Nature and Causes of the Wealth of Nations*, vol. 1 (Indianapolis: Liberty Classics, 1981), 26.

- Autocorrige imperfeições do mercado quando baseadas no livre comércio (erros causam prejuízos, enquanto atitudes corretas produzem lucros).
- Tem uma antítese, o socialismo, que tem falhado (como demonstrado pelo colapso da União Soviética).

Equilíbrio

Novamente, o equilíbrio se faz necessário. A economia de Deus, como retratada na teocracia de Israel, possuía ambos os sistemas de alocação. As leis, para proteção da propriedade privada, foram estabelecidas e aplicadas (Êx 20.15; 22.1-5). A oferta era esperada daquele que amava o Senhor, o que explicitava que a posse de bens era um fato (uma maneira de dar apenas o que lhe pertencia). Ainda, o ano do jubileu devolvia propriedades a seus donos originais — uma norma igualitária/socialista (Lv 25.10-16). O bem-estar era ordenado na lei como evidenciado na prática da colheita (Lv 19.9,10), mas a preguiça era algo criticado e condenado sem nenhuma hesitação. Por ser a oferta um esforço pessoal, a preguiça seria diferenciada da verdadeira necessidade, o que é uma impossibilidade dentro dos atuais programas do governo para promover o bem-estar. A abordagem de Deus para gerenciar a economia nacional era equilibrada.

Alguém pensaria que o sistema econômico oferecido por Deus resolveria os problemas de aquisição e distribuição de riqueza, mas Israel falhou diversas vezes nesse equilíbrio. O problema não estava no sistema, mas no coração dos que estavam dentro do sistema. O conhecido economista John Kenneth Galbraith acertou em seu famoso aforismo: "Sob o capitalismo, o homem explora o homem; sob o comunismo, é apenas o oposto".[9] Os princípios econômicos são apenas tão viáveis quanto o caráter moral dos participantes. Nenhum sistema funciona, a menos que conte com a adesão da maioria dos participantes e, ainda assim, deve ser reforçado por um sistema legal adequado.

Cabe ao indivíduo crente restaurar o equilíbrio, acrescentando o fator redentor também. Esse equilíbrio nunca será realmente restaurado em um nível macroeconômico, uma vez que as chances de que a Igreja cause danos ao ciclo de negócios parecem remotas. Mas é certamente possível

---

[9]"Capitalism", *Quote Project*, veja o *site* acessado em 15 de agosto de 2002, <http://www.quoteproject.com/subject.asp?=subject=44>.

viver de tal forma que os crentes demonstrem um caminhar equilibrado. Em Efésios 4.1, Paulo exorta o crente a andar "dignamente", usando uma palavra que originalmente significou "equilibrado" no grego *koiné*. Seguir a Cristo resultará em equilíbrio, uma vez que ele foi perfeitamente equilibrado em sua abordagem de todas as coisas.[10]

Esse equilíbrio trará resultados positivos em todas as áreas da economia: trabalho, poupança e oferta. O *trabalho*, se for considerado um fim em si mesmo, subtrairá do crente o tempo na igreja e no lar. *Economizar* não pode ser considerado um fim em si mesmo, pois trará como resultado armazenar mais e mais, produzindo no presente um falso senso de segurança para o futuro. O gesto de o*fertar* não será um fim em si mesmo enquanto a família for negligenciada e houver orgulho religioso. O filho de Deus irá aprender a equilibrar o desfrutar a criação do Pai com um sentido de autossacrifício. O crente maduro deve crescer ... *na graça e no conhecimento de nosso Senhor e Salvador Jesus Cristo...* (2Pe 3.18), pois está perfeitamente equilibrado em todas as facetas da vida. O crente deve ser equilibrado porque cada uma dessas três atividades é ordenada por Deus, e negligenciá-las é afrontar a sua ordem.

A responsabilidade da mordomia

A palavra com frequência usada descrevendo o relacionamento do crente com a riqueza é *mordomia*. Um mordomo é "alguém que age como um supervisor ou administrador, tanto das finanças quanto da propriedade, para outra pessoa".[11] A questão fundamental nesse conceito é posse. O mordomo não possui a propriedade que usufrui; o mordomo administra a propriedade do dono. Essa falta de posse limita a liberdade do mordomo. O curador do museu não possui a pintura impressionista em exposição. A pintura não pode ser retirada do museu e colocada na casa do curador com o simples argumento de que a obra-prima combina com a decoração da sua sala. O ponto que se destaca é: o mordomo é responsável por utilizar a propriedade da maneira e pelo tempo designado pelo proprietário. Agir de outra forma seria violação dos direitos de propriedade.

---

[10]CAIRNS, Earl E., *Christianity Trought the Centuries* (Grand Rapids, MI: Zondervan, 1954), 50.

[11]*New World Dictionary* (Nova York: William Collins & World Publishing, 1976), s.v. "organizador", 1397.

O salmista declara: *Do Senhor é a terra e a sua plenitude; o mundo e aqueles que nele habitam* (Sl 24.1). O apóstolo Paulo, quando discursava perante uma audiência ateniense, disse: *O Deus que fez o mundo e tudo o que nele há...*, e também ... *Ele mesmo* [Deus] *é quem dá a todos a vida, a respiração e todas as coisas* (At 17.24,25). Na verdade, a terra sempre pertenceu a Deus pelo direito de criação, por isso a mordomia (domínio) tem sido o papel da humanidade desde o começo (Gn 1.28). A mordomia foi estragada pela Queda; no entanto, a humanidade começou a ver o mundo material como existindo para os propósitos humanos, mais do que vendo a criação como sendo de Deus, por Deus e para Deus.

Uma pessoa talvez reagiria, afirmando: "Eu ganhei este dinheiro com meu próprio tempo, energia e inteligência!" A questão permanece: O que é a fonte de nosso tempo, energia e inteligência? Como os indivíduos encontram a si mesmos no lugar certo, no tempo certo, permitindo que as forças do mercado produzam riqueza? Moisés disse à nação de Israel: *... antes lembrar-te-ás do que o Senhor teu Deus fez porque ele é o que te dá força para adquirires riquezas* (Dt 8.18). Finalmente, toda riqueza vem de Deus.

Redenção — isto é, reverter os efeitos da Queda — é temporariamente expressada pelo crente ao subjugar o mundo criado em todas as suas facetas (tempo, energia, inteligência, riqueza) para o único propósito da glória de Deus (1Co 10.31). O problema consiste na preocupação com o que é temporário (as ambições da humanidade) e em negligenciar as coisas eternas (os propósitos de Deus). Jesus disse:

> *Se alguém quer vir após mim, negue-se a si mesmo, tome a sua cruz, e siga-me; pois, quem quiser salvar a sua vida perdê-la-á; mas quem perder a sua vida por amor de mim, achá-la-á. Pois que aproveitará ao homem se ganhar o mundo inteiro e perder a sua vida? Ou que dará o homem em troca da sua vida?* (Mt 16.24-26).

A cruz foi instrumento de morte. A vida do discipulado é uma vida de morte — morte do "eu" com suas ambições, mas vida com Deus por meio do Senhor Jesus Cristo. Pessoas mortas não estão preocupadas com seus próprios afazeres. Isso significa, no entanto, que crentes não estão nada preocupados com os cuidados deste mundo? Não, mas significa que os crentes devem buscar primeiro o reino de Deus e a sua justiça; como fica claro, esta é uma questão de prioridade (Mt 6.33).

Uma manhã, quando este autor se preparava para encarar o dia e olhava para o espelho do banheiro, percebeu um cartão colado por sua filha mais velha. No cartão estavam escritas estas palavras:

> Por isso não desfalecemos; mas ainda que o nosso homem exterior se esteja consumindo, o interior, contudo, se renova de dia em dia. Porque a nossa leve e momentânea tribulação produz para nós cada vez mais abundantemente um eterno peso de glória; NÃO ATENTANDO NÓS NAS COISAS QUE SE VÊEM, MAS SIM NAS QUE SE NÃO VÊEM; PORQUE AS QUE SE VEEM SÃO TEMPORAIS, ENQUANTO AS QUE SE NÃO VEEM SÃO ETERNAS (2Co 4.16-18; destaques do autor).

O primeiro pensamento do autor foi: *Acho que ela também percebeu o desperdício externo!* O segundo pensamento, no entanto, foi pelo afastamento de um pensamento melhor: *Eu estou preocupado com o transitório?* Essa preocupação com o material irá produzir tristeza porque o material não está separado da pessoa por causa de "traça... ferrugem... ladrão" ou a pessoa deixa o material para trás pela morte física. Centrar nossa atenção no que é eterno — a pessoa e os propósitos de Deus — produz grande alegria, antecipando que o melhor ainda está por vir!

A atitude do crente que se preocupa com a riqueza (adquirir e usar o que é temporário) não pode ser mais importante que avaliar se o seu caminhar é pela fé ou pela vista (2Co 5.7). Paulo lembra aos crentes: *Pensai nas coisas que são de cima, e não nas que são da terra; PORQUE MORRESTES, e a vossa vida está escondida com Cristo em Deus. Quando Cristo, que é a nossa vida, se manifestar, então também vós vos manifestareis com ele em glória"* (Cl 3.2-4, destaques do autor).

Um subproduto divino de ter um coração concentrado no eterno é um espírito de contentamento e satisfação com o que se tem. Quando o crente está concentrado no propósito eterno de Deus, a mão divina não é vista apenas como superior em circunstâncias, mas *a nossa leve e momentânea tribulação... empalidece porque produz para nós cada vez mais abundantemente um eterno peso de glória* (2Co 4.17). O apóstolo Paulo testifica:

> ... porque já aprendi a contentar-me com as circunstâncias em que me encontre. Sei passar falta, e sei também ter abundância; em toda maneira e em todas as coisas estou experimentado, tanto em ter fartura como em passar fome; tanto em ter abundância como em padecer necessidade. Posso todas as coisas naquele que me fortalece (Fp 4.11-13).

Paulo também escreveu sobre o tema da riqueza para Timóteo, que estava servindo como um pastor na igreja da cidade de Éfeso. Éfeso era uma cidade conhecida por prezar a riqueza, os esportes e o entretenimento, um tipo de pequeno precursor da atual cultura americana. Aparentemente alguns efésios adotavam o cristianismo porque acreditavam que essa nova fé era o caminho para enriquecer (um pequeno precursor da "saúde e prosperidade do evangelho"). Paulo disse que essas pessoas imaginavam que a piedade é fonte de lucro (cf. 1Tm 6.5). Paulo empregou um intrigante pensamento quando reagiu a essa falsa ideia no versículo 6: ... *e, de fato, é grande fonte de lucro a piedade com o contentamento.* Esta declaração, com frequência mencionada, resume o bem sentimental:

Muitos cristãos acreditam que: Deus + riqueza = contentamento.

A Bíblia ensina que: Deus + contentamento = riqueza!

Às vezes os cristãos e as igrejas falham quando procuram viver dentro de seu orçamento. Em muitas ocasiões, o débito é simplesmente um sintoma; a raiz mesma do problema revela falta de contentamento. O contentamento vem quando o crente está descansando na soberania de Deus (permitindo que ele guie sua vida através das circunstâncias) e sendo controlado pelo seu Espírito (uma das virtudes mencionadas nos frutos do Espírito é a "paciência"). Um espírito de descontentamento provoca no íntimo a infindável necessidade de mais e mais, que é satisfeito em parte com mais empréstimos. Quando os crentes estão contentes, eles economizam pacientemente (e isso redunda até em lucro, combinado com o esforço de trabalhar honestamente); de outro lado, não terão pressa em pedir dinheiro emprestado (que terminaria provocando prejuízo financeiro, pois os juros corroeriam suas economias).

Um dos papéis da adversidade no mundo é manter a população em perpétuo estado de descontentamento. O mundo, vivendo para o presente, desejará o que for mais novo, mais brilhante, maior, melhor, mais conveniente, mais rápido, mais desfrutável, mais luxuoso e mais saboroso. Deus oferece a seus filhos a oportunidade de caminhar fora da monotonia e descansar nele. *E não vos conformeis a este mundo, mas transformai-vos pela renovação da vossa mente, para que experimenteis qual seja a boa, agradável, e perfeita vontade de Deus* (Rm 12.2).

A primeira fonte de contentamento é encontrada em ter a perspectiva de Deus no que se refere à riqueza. Saber o que Deus preza, como expressado em sua Palavra, é um tremendo encorajamento para a vida normal de seus filhos; afinal, Deus nos sustenta neste mundo, mas não somos do mundo. De acordo com a Bíblia, inúmeras coisas são de maior valor que o ouro, isto é, de todas as riquezas materiais. Esses tesouros incluem:

- As almas das pessoas (Mt 16.26).
- Justiça (Pv 16.8).
- Sabedoria e entendimento (Pv 16.16).
- Um bom nome (Pv 22.1).
- A lei do Senhor (Sl 19.9,10).
- Integridade (Pv 19.1).
- Uma excelente esposa (Pv 31.10).
- Filhos (Sl 127.3,5).
- Conhecer a Cristo (Fp 3.7-9).
- Conhecer a Deus (Jr 9.23,24).

O mundo vê a riqueza material como fonte de felicidade e um fim em si mesma. É um pequeno milagre quando as pessoas assimilam a verdade de que mesmo sendo ricas das coisas deste mundo, essa riqueza é apenas fonte de felicidade passageira nesta existência finita. Deus vê a riqueza material como um meio de avançar em seus propósitos, e em muitas ocasiões uma falta de riqueza material levantará e até aprofundará as qualidades que mais importam na vida de seus filhos. Algumas das pessoas de Deus talvez possuam riqueza, enquanto outras talvez não. Em nenhum dos casos, um espírito de contentamento liberta o povo de Deus da preocupação com a riqueza. O crente, então, aceita aquelas concedidas por um amoroso e sábio Pai como sinal de sua direção. Tal atitude é maravilhosamente refletida na oração de Agur:

> Duas coisas te peço; não mas negues, antes que morra: Alonga de mim a falsidade e a mentira; não me dês nem a pobreza nem a riqueza: dá-me só o pão que me é necessário; para que eu de farto não te negue, e diga: Quem é o Senhor? ou, empobrecendo, não venha a furtar, e profane o nome de Deus (Pv 30.7-9).

TER ATITUDE

Quando o mundo caiu em pecado, a abundância foi suplantada pela escassez, a cooperação foi substituída pela competição, e o equilíbrio foi trocado pela instabilidade. Deus revelou seu remédio para essa questão dos resultados do pecado do materialismo: enfrentar a escassez material por intermédio do trabalho, da poupança e da dádiva de ofertas; cooperar com as estruturas ordenadas por Deus; e equilibrar de alguma forma as posições extremas. Entre os históricos relatos literários do perfeito ambiente de Deus (isto é, o jardim [Gn 2] e a nova terra [Ap 21 e 22]), os crentes recebem de Deus poderosa orientação para saberem lidar com a afeição do coração — suas atitudes voltadas para a riqueza.

« Leituras Adicionais »

BLUE, Ron. *Master Your Money*. Nashville: Thomas Nelson, 1986, ed. rev. 1997.

BURKETT, Larry. *What The Bible Says About Money*. Brentwood, TN: Wolgemuth and Hyatt, 1989.

CLOUSE, Robert G. *Whealth and Poverty: Four Christians Views of Economics*. Downers Grove, IL: IVP, 1984.

GETZ, Gene A. *A Biblical Theology of Material Possessions*. Chicago: Moody Press, 1990.

GILDER, George. *Wealth & Poverty*. San Francisco: Institute for Contemporary Studies, 1993.

MACARTHUR, John F. *Whose Money Is It Anyway?* Nashville: Word, 2000.

NOVAK, Michael. *The Spirit of Democratic Capitalism*. Nova York: Madison Books, 1982.

STAPLEFORD, John E. Bulls, *Bears & Golden Calves: Applying Christian Ethics in Economics*. Downers Grove, IL: IVP, 2002.

CAPÍTULO **17**

Glorificando a Deus na cultura
LITERÁRIA e ARTÍSTICA

GRANT HORNER

Vivemos em um mundo decaído. Muitas vezes, se diz que ele *está decaindo* mais do que está *decaído*. A cultura parece tornar-se pior a cada dia. Exércitos de comentaristas, tanto os que estão na política conservadora quanto os que apoiam a cultura judaico-cristã, inundam as estantes de livros, as páginas das revistas e as ondas aéreas com mensagens de perdição imoral da cultura, e proclamam que, se não lutarmos para preservar o centro moral da cultura ocidental, seremos invadidos pelo mal dos "ismos". Aqui, pode-se citar o "ismo" que se desejar: marxismo, pósmodernismo, feminismo etc.

Ironicamente, é muito fácil e comum para os cristãos olhar para a área da vida chamada *humanidades* — arte, cultura, literatura, filosofia e assim por diante — e identificar essas realizações humanas como a *fonte* de muitos males existentes no mundo. Mas talvez devêssemos considerar a possibilidade de que essas realizações culturais — assim como os "ismos" tanto de esquerda quanto de direita — não sejam simples ou meramente fontes, mas principalmente reflexos da natureza básica do ser humano. Esses reflexos deveriam ser interpretados por intermédio de um padrão que seja biblicamente baseado, e não culturalmente determinado. Se os cristãos tentam adotar a *cultura* — literatura, filmes, artes e filosofias fruto da criatividade do homem — de um ponto de vista humano e cultural, estarão atuando em desobediência a Deus. O ponto de referência da cultura é relativo e mutante, enquanto o padrão de Deus é absoluto e imutável.

GLORIFICANDO A DEUS NA CULTURA LITERÁRIA E ARTÍSTICA   « 391 »

O EXEMPLO DE CALVINO

Apesar de que possa parecer um ponto de partida incomum, desejo iniciar a minha argumentação citando uma passagem sobre um dos mais importantes e influentes pensadores da história cristã, João Calvino (1509-1564). Sua obra mais famosa, *A instituição da religião cristã* (mais popularmente *Institutas*) foi repetidamente revisada entre os anos 1536 e 1559 e é surpreendentemente compreensível até os dias atuais. Essa obra é tão amplamente lida que nada menos que 39 edições distintas, inclusive versões em latim, francês, espanhol, holandês, alemão e italiano, foram produzidas entre os anos 1557 e 1599.[1] O trabalho de Calvino, concordando ou não com sua posição teológica, é um exemplo obrigatório do discernimento bíblico[2] referente à cultura. É fascinante observar o tratamento dado por ele às várias ideias humanas sobre este tema básico:

> Loucura seria querer aceitar dos filósofos a definição da alma, dos quais quase nenhum, com exceção de Platão, chegou a afirmar que é imortal. Os demais discípulos de Sócrates se aproximaram um pouco da verdade, mas nenhum deles se atreveu a falar claramente para não afirmar aquilo do qual não tinham absoluta certeza. A opinião de Platão foi melhor, porque considerou a imagem de Deus na alma.[3]

Quando Calvino discute a natureza da alma, ele começa examinando o pensamento de grandes filósofos, aos quais estudou intensamente[4] em

---

[1] Há aproximadamente uma nova edição por ano (não simplesmente uma nova impressão) durante quarenta anos. Isso nem sequer inclui as primeiras doze edições de 1536 a 1559. Esse tipo de popularidade é equivalente aos autores de ficção que são *best-sellers* no mercado popular secular atualmente. Alister McGrath, *A Life of John Calvin* (Oxford: Blackwell Publishers Ltd., 1990), 141-142.

[2] Discernimento é uma das mais cruciais habilidades para os cristãos desenvolverem e provavelmente a que mais falta no meio evangélico contemporâneo. O termo em questão (*diakrino*) ocorre em várias formas diferentes em Mateus 16.3, 1Coríntios 11.29 e 12.10 e Hebreus 5.14. Nestas passagens, o grego original tem o significado de separação, distinção, julgamento, discernimento ou fazer uma avaliação judicial (isto é, pesar os fatos e chegar a uma conclusão apropriada).

[3] CALVINO, João *Institutes of the Christian Religion* (ICr), 1.15.8.

[4] Muitos evangélicos e fundamentalistas que provavelmente se chamem a si mesmos calvinistas e também sustentam que os cristãos nunca devem se envolver em atividades culturais "contaminadas" como filosofia ou literatura, acabam ficando realmente surpreendidos sempre que realmente lêem qualquer dos escritos originais de Calvino. Ao contrário

«392»   O RESGATE DO PENSAMENTO BÍBLICO

sua educação humanista-cristã clássica, típica do século 16. Ele observa que Platão (429-347 a.C.), apesar de ser um filósofo pagão, tem uma visão admiravelmente precisa — ele é o "mais correto". Isso implica que há um padrão final de julgamento do qual é possível estar mais perto ou mais longe. Alguém poderia perguntar: "Mais correto que quem?" Respondemos: mais que os outros filósofos cuja argumentação revela seu *profundo erro*. Como Calvino sabe isso? Muito simples, pela leitura e análise dos trabalhos deles e ao compará-lo com a Escritura — o modelo principal da verdade. Calvino então continua:

> Porém, somos obrigados a nos afastar até certo ponto dessa forma de ensino, pois os filósofos não conheceram a corrupção da natureza, que provém do castigo da queda de Adão, e confundem lamentavelmente os dois estados do homem que são muito diferentes um do outro.[5]

Calvino observa que o erro básico dos filósofos é sua pressuposição de que a humanidade *não está* em estado de depravação. Ninguém pode entender a *natureza humana* sem compreender a *natureza decaída* dela — e identificar a sua própria natureza decaída igualmente. Calvino então explica a visão bíblica da alma humana:

> A divisão que usaremos será considerar duas partes na alma: entendimento e vontade. Essa divisão se adapta muito bem ao nosso objetivo. O papel do entendimento é examinar e julgar as coisas que lhe são apresentadas, para verificar qual deve ser aprovada e qual, rejeitada. A função da vontade é escolher e seguir o que o entendimento julgou que era bom e rejeitar o que ele condenou, fugindo disso. Não caiamos nas armadilhas das sutilezas de Aristóteles, que afirma que o entendimento não tem nenhum movimento próprio e por si mesmo, mas que a eleição seria o que move o homem [...] É suficiente dizer, portanto, para não confundir-nos com questões

---

da crença popular, suas obras são muito simples, diretas e muito acessíveis; mas o que realmente assusta aqueles que se encontram com sua obra pela primeira vez é sua referência constante e evidente ao paganismo, da mesma forma como menciona as fontes cristãs. Não que Calvino cite o paganismo como concordando com ele, muito menos sugerindo-o como base para a conduta cristã; no entanto, ele estabelece o alicerce para os cristãos baseado em seu discernimento, estudo crítico e seu uso da cultura que o rodeia.
[5]CALVINO, *ICR*, 1.15.7.

супérfluas, que o entendimento é como um líder ou governador da alma; que a vontade sempre tem os olhos fixos nele e não deseja fazer nada até que ele o determine.[6]

Ele também menciona Aristóteles (384-322 a.C.), que foi um discípulo de Platão e defendeu muitas ideias diferentes sobre a natureza do universo. Ele criticou parcialmente a concepção de Aristóteles de como a mente funciona; até chama essas ideias de *minutiae* (insignificantes) e "inúteis".

O ponto principal é o relacionamento entre o *entendimento* e a *vontade*. O *entendimento* faz distinção ou julgamentos sobre aquilo que é percebido. A *vontade* segue-se ao entendimento e envolve a capacidade de suceder o julgamento com ação. Primeiro passo: vejo uma fatia de bolo e concluo que ele deve ser delicioso — entendendo a natureza do chocolate alemão. Segundo passo: levar o bolo do prato até a minha boca — a vontade de comer.

O propósito de examinar esses escritos de um dos maiores teólogos da Igreja é duplo: Primeiro, eles mostram que estudar e interagir com a cultura não corrompe necessariamente uma pessoa. De fato, isso deveria tornar tal pessoa mais forte, como fez com Calvino. Segundo, de acordo com a Bíblia, os crentes têm mais facilidade de compreensão e vontade, segundo Calvino afirma em seus escritos. É no relacionamento crítico entre o *entendimento* e a *vontade* que se encontram a ordem e a necessidade de exercer o discernimento.

DISCERNIMENTO: EXPLORAÇÃO, DESCOBERTA E ESCOLHA

O mal e o bem estão localizados na esfera da escolha. Escultura, música, poesia, pintura, cinema — estas são entidades abstratas sem uma natureza moral inerente. Na abstração, essas coisas não têm mais ou menos natureza moral que um motor de oito cilindros ou um par de pés de pato. A natureza moral é aquilo que criamos quando atribuímos satisfação. Toda criação humana revela a decadência da humanidade e reflete, queira ou não, aquilo que Deus disse sobre o homem — que, embora ele esteja

---

[6]Ibidem.

irremediavelmente decaído, ainda possui a *imagem de Deus*, a imagem de Deus. Além disso, pelo desígnio soberano do Senhor, os seres humanos decaídos fazem algumas observações precisas essenciais e, a partir daí, criam produtos culturais (por exemplo, o *Hamlet* de Shakespeare, o *Ion* de Platão, ou ainda o filme *O crepúsculo dos deuses* de Billy Wilder) que, em certa medida, representam aspectos do universo. Por causa de nossa natureza decaída, essas observações e representações, apesar de tudo, sempre conterão erros. Como observadores decaídos, nossa tarefa mais difícil é discernir a verdade do erro.

Muitos dirão: "E daí? Isso é só entretenimento ou material educacional ou simplesmente cultura *pop* irrelevante". Mas estas respostas são muito simplistas, e nenhuma delas é bíblica. De fato, na vida do cristão, *nada é irrelevante*. Se os crentes foram comprados, não com coisas terrenas corruptíveis, mas com o incalculavelmente precioso sangue de Cristo (1Pe 1.18,19), então toda ação e pensamento devem estar sob seu senhorio (2Co 10.5). Uma resposta bíblica à cultura artística e literária não tem apenas valor pragmático; ela também honra a Deus e é, na realidade, um ato de obediência direta ao Senhor. Ignorar ou minimizá-la é, realmente, desobediência. O isolamento e a permissividade também o são, apesar de serem erros opostos.

Leve-se em conta a atual febre entre os evangélicos por ficção e filmes "cristãos". Desconsiderando os méritos estéticos desses produtos de consumo, podemos observar que muitos cristãos estão extraindo grande parte de suas teologias (especialmente as escatológicas) dessas fontes, em vez de ir diretamente às Escrituras. Há, potencialmente, um grande perigo nessa tendência. O melhor filme ou trabalho de ficção cristão nunca terá o efeito poderoso que a "simples" Escritura tem. Somente a Palavra pode discernir os pensamentos e os intentos do coração — tanto de autores quanto de leitores (Hb 4.12), e ela é perfeita por si só, convertendo a alma (Sl 19.7).

É crucial compreender que este capítulo não é uma crítica a certos autores, gêneros, estilos ou mesmo ao conteúdo. Nosso desejo é oferecer, em vez disso, uma série de habilidades e estratégias para negociar num mundo cheio de decisões. Algumas dessas decisões envolvem a resposta individual a produtos culturais — livros de vários tipos, filmes, música, e assim por diante. Esta é uma abordagem aplicável não apenas à área de estudo deste autor na literatura e no cinema, mas também é útil para aplicação nas outras formas de expressão cultural e artística, desde comerciais

GLORIFICANDO A DEUS NA CULTURA LITERÁRIA E ARTÍSTICA «395»

de televisão até óperas italianas, desde Steinbeck até Camus, de *Seinfeld* a *Doonesbury*. Todo dia deparamos com programas de entrevistas radio-fônicas, anúncios de revistas, programas de entretenimento educativo na TV a cabo e uma enxurrada quase anestesiante de material cultural. Além disso, estamos constantemente expostos a uma ampla variedade de infor-mações que nos chegam com o rótulo de "cristão" ou *gospel*: sermões, fitas, livros, revistas, músicas, conferências, fóruns de discussão na internet. Como é possível processar, organizar e avaliar todo esse material? Com *discernimento bíblico*:

> *Ora, qualquer que se alimenta de leite é inexperiente na palavra da justiça, pois é criança; mas o alimento sólido é para os adultos, os quais têm, pela prática, as faculdades exercitadas para discernir tanto o bem como o mal* (Hb 5.13,14).

É até possível que um crente tenha um *expert* particular para que o municie com argumentos sobre os "pode ou não pode" do envolvimento estético, mas isso não resultará igualmente em crescimento espiritual verdadeiro. Ensinar o processo de discernimento é realmente o caminho certo para cultivar um jardim que certamente dará muito fruto. Considere que o *expert* também use do discernimento para tirar conclusões. O sim-ples fato de entregar uma lista definida de material aceitável a um grupo de ouvintes dificilmente ensinará o complexo processo do discernimento. Mas examinar os variados elementos culturais que inevitavelmente nos rodeiam, e então ensinar estudantes a discernir biblicamente entre o bem e o mal, o ruim e o pior, o bom e o melhor, é o caminho estratégico para viver como estrangeiros e peregrinos neste mundo decaído, passando vitoriosamente por esse caminho, e transmitindo-o à geração vindoura. O primeiro elemento nesse processo é o discernimento correto da condi-ção humana. Se este item crítico não for compreendido apropriadamente, então não haverá discernimento preciso de nada.

O ponto de partida crucial no compromisso do cristão com qualquer aspecto da cultura deve ser sempre uma antropologia bíblica. É importan-tíssimo, primordial mesmo, ter compreensão bíblica da condição humana, derivada da doutrina explícita e dos princípios implícitos das Escrituras. Assim, a pergunta mais importante é: o que Deus diz sobre nossa natureza decaída e nosso relacionamento com a cultura humana igualmente decaída? Infelizmente, a análise da cultura artística não se resolve com simples

« 396 »   O RESGATE DO PENSAMENTO BÍBLICO

chavões bíblicos, como "Não assistirás a filmes" ou "Lerás Montaigne e Lyotard, porém não os antigos romances de Shakespeare ou as comédias anteriores a 1596". É necessário enfocar princípios mais elevados, mantendo sempre em primeiro plano da discussão a doutrina fundamental da depravação do homem.

ALGUMAS QUESTÕES ÚTEIS

Há diversas áreas centrais que devem ser consideradas ao tentar abordar os produtos culturais de uma perspectiva bíblica:

- *Qual é a postura moral aparente do trabalho em questão?* O bem está representado como bem, e o mal, como mal? Essas categorias estão difusas, mescladas ou até mesmo invertidas? Há um sentido de justiça, de qualquer tipo, envolvido? O homem está representado como bom, mau ou nenhum dos dois?

- *Qual é a visão de mundo aparente do autor?* Deus está no universo na obra que está sendo analisada? Qual é a ideia de Deus envolvida? O universo é um lugar com livre-arbítrio ou determinismo fatalista? Quem vencerá no fim? O bem ou o mal? A vida tem ou não algum significado, seja ele aleatório, seja proposital? O universo é algo que faz sentido e está indo para algum lugar ou não?

- *O que é aceitável — ou seja, o que é verdadeiro?* Que partes dessa representação concordam com a revelação bíblica e em que concorda?

- *O que deve ser rejeitado como falso?* O que está contra a revelação bíblica? Em que ponto específico está em desacordo?

- *Deve alguém se afastar ou tomar parte da cultura? Em que medida?* Como uma pessoa pode glorificar a Deus por intermédio de sua experiência com esse produto cultural?

As questões restantes são diretamente mais pessoais e práticas:

- *A participação nesse produto cultural pode ser usada para a glória de Deus?* É possível e apropriado que tal participação (assistir a um filme, ler um livro) venha a glorificar a Deus por intermédio da obediência? Ela é edificante?

- *Seria essa participação prejudicial à vida espiritual?* Ela levaria uma pessoa a se tornar insensível ao pecado e às súplicas desesperadas dos perdidos? Faria com que alguém adotasse as filosofias mundanas que podem ser positivas ou negativas?

- *É esta uma área de problemas de ordem pessoal?* Teria alguém passado por problemas em alguma dessas áreas (por exemplo, a representação negativa de um romance em novelas como *Madame Bovary* ou a figura positiva do ateísmo materialista num filme contemporâneo)? Alguém consideraria qualquer um dos materiais apresentados como sedutor ou atrativo no sentido pecaminoso? Se a resposta for positiva, deveria arriscar sua transparência mental, usando sua liberdade em Cristo como racionalização? A consciência de um indivíduo usufruindo esse produto cultural é tranquila ou desassossegada?

- *A obediência do crente foi comprometida a ponto de ele não reconhecer isso como área problemática?* Qual é sua motivação pessoal? Há desejo sincero de glorificar a Deus pelo discernimento da obediência, ou o indivíduo está se enganando ao pensar que aquele pecado não é um pecado ou que a tentação não é tentação? Há compreensão da antropologia bíblica verdadeira?

A CRISTANDADE E AS ARTES
ATRAVÉS DA HISTÓRIA

Muitos cristãos têm usado as narrativas do Antigo Testamento como justificativa bíblica para uma total alienação da cultura mundana. Por exemplo, em Êxodo 34.11-16 o Senhor ordena aos israelitas destruir os altares idólatras dos locais pagãos para evitar contaminar-se com suas iniquidades. Entretanto, usar essa passagem para justificar uma simples atitude anticultural aplicável universalmente a todos os cristãos não tem base bíblica por diversas razões. Primeiro, porque a Igreja e Israel *não* são a mesma coisa (Rm 11). Segundo, porque aos cristãos não foi ordenado lutar (no sentido físico) pelo reino de Deus (Jo 18.36). Terceiro, porque a questão dos israelitas em relação aos pagãos era principalmente a idolatria (Êx 34.17), e não a cultura em si. Apesar da idolatria ser a raiz contaminada que eventualmente corrompe a cultura, o problema é, essencialmente, o *pecado*, e não a *cultura*, a qual simplesmente carrega as marcas do pecado. A existência de profetas que vivem na sociedade, mas que rejeitam e condenam o pecado existente nela, é evidência disso. Deus não julga nem redime as culturas que são corrompidas por causa dos indivíduos que as criaram. Ao contrário, ele julga os indivíduos por sua natureza pecaminosa particular.[7]

A idade média

Agostinho (354-430), um distinto pensador e líder da igreja, foi um especialista na área da retórica, a qual, no mundo antigo, era uma mescla de filosofia e literatura criada para tornar alguém um poderoso comunicador. Agostinho aparentemente foi levado, por intermédio de seu estudo da filosofia, a procurar sabedoria nas Escrituras,[8] e ele viu vaidade e inutilidade potenciais nas artes. Em seu livro *Doutrina cristã*,[9] Agostinho distingue entre "usar" e "deleitar". Estamos rodeados por coisas nas quais podemos

---

[7]Deus, evidentemente, tem julgado culturas, grupos de pessoas e nações; a raiz, no entanto, é sempre o pecado individual que compõe o maior grupo cultural antideus. Posso percorrer os salões de um museu de egiptologia e ver uma estátua de Anúbis (um ídolo para os egípcios, mas não para mim, 1Co 8.4) e aprender sobre mitologia antiga e cultura sem que isso me leve a cair em idolatria. O objeto cultural de idolatria em si (uma estátua de um rapaz com uma cabeça de chacal) não é o problema — é o resultado do problema, que é o pecado. O objeto cultural pode ser discernido e julgado pela cuidadosa e exaustiva leitura da Bíblia pelos cristãos. Isso *não* significa que todos os artefatos culturais possam ser certamente discernidos no mesmo nível de exposição. Posso olhar para uma obra feita pelo artista renascentista italiano Giorgione com uma pequena preocupação pela possibilidade de ser corrompido, enquanto experimento a misteriosa beleza de uma pintura como *A Tempestade*. Ler uma obra escrita pelo teólogo existencialista Sören Kierkegaard requer consideravelmente mais cuidado e discernimento, mas é tão interessante para mim quanto é para outros em termos de teologia histórica. Ver pornografia, no entanto, não tem valor algum e levaria somente a pecado de minha parte. Sei que são apenas imagens; conheço o conteúdo; sei que isso desonra a Deus, degrada o ser humano, viola a beleza do casamento e arruína verdadeiros relacionamentos. Não preciso saber mais.

[8]Em Confissões 3.4, Agostinho relata como foi atraído à prática da sabedoria pela leitura da obra *Hortensius,* de Cícero. Ele descreve como começou a alterar seus desejos de glória buscando a *immortalitatem sapientiae* — a imortalidade do entendimento. Agostinho parece reconhecer, no entanto, que não foi convertido pela filosofia pagã — ele cita Colossenses 2.8 para lembrá-lo de não se deixar contaminar pela vã filosofia humana; mas reconhece que Deus usou soberanamente sua experiência de ter conhecido a obra de Cícero para atrair o pecador Agostinho para ele. Ele conclui o capítulo declarando que aprendeu finalmente a importância do discernimento: Não importa quanto um livro possa "instruir, educar e estar corretamente escrito", se não estiver centrado no nome de Cristo, nunca estará em condições de ser completamente aprovado. Ele poderá ser lido amplamente, porém com cuidado, com discernimento. Muito ironicamente, o próximo capítulo servirá como advertência sobre o risco de nos tornarmos demasiadamente confiantes em nossa habilidade de detectar o erro e resistir a ele. Agostinho relata novamente como ele foi facilmente enlaçado pelo erro do culto maniqueísta.

[9]AGOSTINHO, *On Christian Doctrine*, Livro I, capítulos 4—5.

GLORIFICANDO A DEUS NA CULTURA LITERÁRIA E ARTÍSTICA

"deleitar-nos", mas a coisa mais importante que devemos fazer é "usar" tudo aquilo que nos leva para mais perto de Deus, o verdadeiro objeto de "deleite". Nossa tendência decaída é deixar de lado o verdadeiro prazer (encontrado somente em Deus) por divertimento pessoal com simples prazeres terrenos. Devemos aprender a fazer as escolhas certas.

De outro lado, Tertuliano (c. 160-220), um dos pais da Igreja, um separatista estrito, amaldiçoou a filosofia e o entretenimento. De qualquer forma, suas observações mostram que ele havia sido educado pelos métodos clássicos, pelo menos em seus primeiros anos. Ele dedicou um breve, porém veemente, capítulo de seu livro *Apologeticus*[10] à denúncia dos filósofos e da filosofia, condenando-os por inteiro.

Esses dois antigos pensadores representam a linha de pensamento típica dos cristãos através dos tempos. Podemos usar e aproveitar com discernimento os elementos culturais que nos cercam, ou podemos nos separar radicalmente de toda cultura. A primeira posição é arriscada; a segunda é essencialmente impossível.

A reforma

Muitos cristãos se surpreendem ao aprender que a grande maioria dos reformadores protestantes teve sua educação profundamente arraigada nos clássicos pagãos. O período da Reforma coincidiu com a Renascença, o ressurgimento do interesse nos clássicos pagãos *e* na antiga cultura cristã, que ocorreu na Itália nos séculos 15 e 16, e se espalhou para o norte por toda a Europa, culminando na Renascença inglesa dos séculos 16 e 17. Muitos evangélicos consideram a Renascença como um "período maligno" porque ele marcou o levante do que mais tarde se tornou o humanismo secular. De qualquer forma, esse período também pavimentou o caminho para a Reforma. Martinho Lutero (1483-1546) percebeu o crescimento paralelo da Renascença com a Reforma, dizendo que Deus sempre prepara os meios para um grande movimento de suas mãos, ao levantar uma geração de estudiosos linguísticos, como foi nos tempos bíblicos com João Batista, que preparou de igual forma um caminho reto e claro.[11] De fato, a

---

[10]TERTULIANO, *Apologeticus*, capítulo 46.

[11]Lutero reconheceu que a educação, especialmente o ensino de idiomas, foi um componente absolutamente necessário para o sucesso da Reforma. Veja Philip Schaff, *History of the Christian Church*, vol. 7 (Grand Rapids, MI: William B. Eerdmans, 1910), 512-515.

« 400 »   O RESGATE DO PENSAMENTO BÍBLICO

Reforma não ocorreria sem o surgimento da imprensa, do estudo do grego e do exame crítico dos textos, coisas que foram características marcantes da Renascença.

Humanismo

O humanismo começou como uma teoria ou sistema cultural e educacional, focados na recuperação do aprendizado clássico pelo exame dos antigos textos em latim e grego. Enquanto o latim era amplamente usado entre os estudiosos durante a Idade Média (500-1500), o grego era praticamente desconhecido. Isso, entretanto, começou a mudar lentamente na Itália durante a última parte do período medieval.

Tudo o que restava do passado romano e grego eram ruínas e livros. Ruínas não falam, mas livros sim. Os novos estudiosos tornaram-se conhecidos como *umanistas* — ou seja, "professores" do ensino clássico. Dessa palavra italiana foi derivada a nossa palavra *humanismo*. O humanismo, então, não se referia originalmente a uma filosofia humana ou centrada no homem, mas sim ao processo de aprendizagem e ensino da linguagem na Renascença que prepararam o caminho para a Reforma. A maioria dos humanistas era composta, de fato, por teístas cristãos clássicos, e o humanismo foi fortemente ligado ao protestantismo. O maior dos humanistas, Desidério Erasmo (1466-1536), produziu a primeira edição grega crítica do Novo Testamento em 1516. Isso significa que os estudiosos podiam estudar o *texto original do Novo Testamento*, não mais limitados à tradução latina católica de Jerônimo (c. 345-419), a *Sacra Vulgata* (ou *Vulgata Latina*). Lutero e os reformadores usaram a nova erudição grega para lançar seus ataques contra a Igreja Católica medieval.

O humanismo pavimentou literalmente o caminho para a Reforma, porque os ideais que promoveu se tornaram o modelo para a educação de homens como Lutero e Calvino. Os primeiros protestantes ingleses, como John Colet (c. 1467-1519 — o primeiro inglês a pregar com o texto grego do Novo Testamento) eram quase todos humanistas clássicos, cuja educação lhes permitiu ler cuidadosa e criticamente as línguas antigas. O Novo Testamento, escrito em coiné grego comum, é um documento surpreendentemente curto (o autor foi muito bom em ir diretamente ao ponto!). Para facilitar o estudo do grego, e ao mesmo tempo aprender sobre o passado, os humanistas estudaram cada texto antigo que lhes passou pelas mãos, fossem eles filosóficos, teológicos ou literários, cristãos ou pagãos. As habilidades desses humanistas incluíram necessariamente mais que

GLORIFICANDO A DEUS NA CULTURA LITERÁRIA E ARTÍSTICA

apenas linguística — o leitor obediente e efetivamente cristão necessitava desenvolver a habilidade do discernimento também.

Lutero

Lutero recebeu educação essencialmente clássica, liberal-artística, humanística, renascentista. Pelo exame de seu trabalho, percebe-se essas características. No entanto, ele foi altamente crítico dos pensadores pagãos, conhecendo-os muito bem por ter recebido sua instrução baseada neles. sua famosa obra *De servo arbitrio* [*Da escravidão da vontade,* 1525] foi escrita em resposta ao livro de seu amigo Erasmo, *De Servo Libero* [*Na liberdade da vontade*]. Erasmo sustentava que o homem tinha capacidade moral de decidir por si mesmo e escolher a obediência a Deus. Lutero retrucou de modo veemente que o homem era totalmente corrupto e escravo da natureza pecaminosa herdada de Adão. Os dois amigos tiveram uma rica experiência educacional humanista, mas Lutero, de forma magistral, tomou o humanismo menos crítico de Erasmo e, por meio de uma engenhosa concatenação de referências de textos tanto pagãos quanto bíblicos, estruturados como uma litania, mostrou a seu amigo o quadro não escriturístico que surgiu de tudo isso com relação à natureza humana. Em apenas uma dúzia de páginas, Lutero faz alusões a autores clássicos, filósofos e retóricos como Horácio, Lúcio, Epicuro, Virgílio, Quintiliano, Boécio, Plínio, Aristóteles, Demóstenes e Cícero. Eles ainda são mesclados com uma grande quantidade de referências a textos bíblicos.

Lutero, ao se referir ao uso das Escrituras por Erasmo (e, por extensão, das fontes pagãs também), reprova o humanista com a reprimenda: "Podes ver, então, quão sonolentamente examinaste essas passagens".[12] Apesar de sua excelência como um estudioso textual, Erasmo não lia nem estudava com *discernimento suficiente*. Ele simplesmente mesclava pensamentos pagãos e bíblicos, em vez de avaliar o aprendizado humano vazado única e exclusivamente no modelo da Palavra divina. A erudição de Lutero permanece como exemplo importante do discernimento bíblico-crítico.

---

[12]DILLENBERGER, John ed., *Martin Luther: Selections from His Writings,* (Nova York: Anchor Books, 1961), 174.

Calvino

Podemos considerar Calvino como um caso semelhante. Educado classicamente nas humanidades, especialmente em leis e teologia, mas também em literatura e filosofia, ele mostrou o importante papel que o discernimento deve desempenhar em todas as atividades intelectuais. O primeiro tópico de Calvino em sua obra magna *A instituição da religião cristã* tem a ver com o discurso de Paulo para alguns filósofos atenienses, um grupo de epicureus e estoicos do Areópago (Campo de Marte). Em sua discussão sobre o conhecimento de Deus sobre o ser humano, Calvino cita as palavras de Paulo: ... *porque nele vivemos e nos movemos...* (At 17.28).[13] O que é fascinante observar aqui, apesar de Calvino não haver deixado pistas sobre isso, é que essa citação também contém, ela mesma, uma citação. O apóstolo menciona dois clássicos poetas gregos pagãos (provavelmente Epimênides e Arato) nessa passagem.[14] A questão de Paulo era mostrar aos gregos que até em seus próprios poetas, separados do único Deus verdadeiro por causa de seus pecados, era possível reconhecer algumas coisas básicas sobre sua existência. O que deve ser observado em relação à citação de Paulo — e à citação de Calvino da citação de Paulo — é que ele havia lido amplamente os poetas pagãos e não tinha objeções em citá-los. Além disso, Calvino havia lido sobre o uso pelo apóstolo Paulo dos autores pagãos e considerava isso como um texto importante referente à teologia em geral e ao conhecimento cultural em particular, a ponto de ter iniciado sua maior obra com esse trecho e ter se referido a esse texto, mais tarde, diversas vezes.[15]

Que características Paulo, Lutero e Calvino compartilhavam? *O desejo e a habilidade de ler e pensar com discernimento*. Eles concordavam com tudo o que liam ou ouviam? Claro que não, mas chegaram a uma concordância ou discordância por intermédio de cuidadosa análise e de raciocínio crítico baseado nos textos bíblicos. Eles reconheceram a verdade e o erro, e utilizaram esse reconhecimento, esse discernimento, para tomar as decisões corretas e servir a Deus e ao povo dele? Claro que sim! É muito

---

[13]Calvino, *ICR*, 1.1.1.

[14]Esta é uma incrível evidência da absoluta soberania de Deus. As *próprias palavras* do filósofo e poeta pagão terminam sendo incorporadas ao texto das Sagradas Escrituras — as quais são inspiradas por Deus e perfeitas, eternamente estabelecidas no céu (Sl 119.89)!.

[15]Mais tarde, Calvino discutirá essa passagem novamente em *ICR*, 1.5.3, reconhecendo Arato como a provável fonte da citação de Paulo em Atos 17.

fácil enxergar esse processo nas obras de Calvino. Praticamente todas as páginas de sua obra *Institutas* e da maioria de seus outros trabalhos estão repletas de citações e alusões a obras pagãs. E elas são inevitavelmente comparadas às Escrituras. A maioria dos pagãos a interpreta equivocadamente na maior parte do tempo, mas alguns deles de vez em quando fazem observações corretas a respeito dela. Esse princípio, conhecido como a doutrina calvinista da *graça comum*, tem como principal fonte escrita o trecho de Romanos 1.19,20. Certas qualidades básicas de Deus e, igualmente, do homem são criadas em cada mente humana. Essa informação é então transformada em conclusões, algumas corretas, mas a maioria incorretas. Deus nos dá esse conhecimento, mesmo sabendo que o rejeitaremos, a não ser que sua graça nos chame ao arrependimento, porém os que não se arrependerem não terão desculpas.

Puritanismo

A atual e popular imagem que se tem dos puritanos dos séculos 16 e 17 da Inglaterra e da América é um pouco mais que uma caricatura de mercadores carrancudos, infelizes, antissexo, vestidos de preto, obcecados em ser os "eleitos de Deus". Na realidade, os puritanos eram com frequência criticados pela alta cúpula dos anglicanos por serem demasiado risonhos! Os puritanos certamente levavam muito a sério sua fé, mas seu foco estava na santidade, majestade e soberania de Deus, que levam a uma vida feliz, e não a uma religião legalista.[16]

É claro que os puritanos não eram um grupo monolítico e, sendo assim, havia entre eles uma variedade de opiniões sobre arte, educação e cultura humana. Os puritanos estavam divididos em relação à arte, com alguns poucos argumentando contra todo tipo de arte, reagindo violentamente contra a sensualidade católica. Muitos, entretanto, sustentavam que a literatura tem valor funcional e que as artes em geral eram uma oportunidade para exercitar o discernimento crítico-bíblico e a obediência. A arte literária sempre esteve sujeita a conflitos, baseados numa oposição entre uma força do "bem" e outra do "mal". A literatura revelaria o modo como o mundo decaído funciona. Um dos maiores exemplos disso é o impressionante trabalho do puritano John Milton, especialmente seu grande poema

---

[16]Uma das abordagens mais equilibradas é a muito acessível *Worldly Saints,* de Leland Ryken (Grand Rapids, MI: Zondervan, 1986).

épico *Paraíso perdido* (1674). Milton é o principal exemplo de humanista cristão clássico. sua obra *Paraíso perdido* é um poema de 10.576 linhas que reconta a história da queda de Satanás e da humanidade, nos moldes dos épicos clássicos de Homero, Virgílio e Dante. Milton faz alusão a nada menos que 1.500 autores, pagãos e cristãos, por intermédio de todo tipo de assunto que se possa imaginar. O que é ainda mais surpreendente é o fato de que Milton *ditou o poema* — ele era cego e demonstrou sua admirável memória, revelando uma vida inteira e intensa de aprendizado. A maturidade de seu discernimento em relação a uma gama de conhecimento humano para a glória de Deus é exemplo de humildade.

Em *The Sinfulness of Sin*[17] [A iniquidade do pecado], o puritano Ralph Venning faz citações do épico mitológico *Metamorphoses*, a obra central do poeta latino clássico mais importante da Antiguidade, Ovídio, que também foi notório pela autoria de alguns dos poemas mais vívidos e eróticos jamais escritos, *Amores* e *Ars amatoria*. O texto de Venning transborda de citações às Escrituras, apesar de demonstrar seus estudos sobre os pagãos. Isso significa que os cristãos devem impregnar-se de material pagão? Claro que não! O que Venning fez foi criticar biblicamente tudo o que ele encontrou de errado durante toda a sua vida. Nesse caso, percebe-se que ele leu *alguns* materiais de Ovídio e fez uma hábil aplicação, usando todo o seu discernimento bíblico.

Cristandade contemporânea

Alguns cristãos fundamentalistas do século 20 eram radicalmente contra qualquer tipo de arte. Entretanto, como regra geral, sua real preocupação não era com a arte em si, mas com a *representação positiva* do mal e da imoralidade. A questão central é como o mal é retratado — negativa ou positivamente? O cinema era o alvo principal, por causa do rápido crescimento dessa forma de mídia durante o mesmo período do crescimento do fundamentalismo. Ramos legalistas da cristandade condenavam todo tipo de filme, literatura e cultura artística como inerentemente mau, por isso devendo ser evitado pelos cristãos, enquanto aqueles com uma visão mais liberal tendiam por inclinar-se excessivamente em direção à permissividade ampla. Nenhuma dessas posições é bíblica. Uma análise descuidada e sem espírito crítico sobre tudo o que está disponível no

---

[17]VENNING, Ralph, *The Sinfulness of Sin* (Edinburgh: Banner of Truth, 1997), 61.

GLORIFICANDO A DEUS NA CULTURA LITERÁRIA E ARTÍSTICA   « 405 »

mercado da cultura é estupidez; mas o isolamento extremo não é bíblico nem mesmo possível.[18]

O QUE DIZ A ESCRITURA?

Como nem sempre é possível resolver a questão satisfatoriamente por intermédio de passagens bíblicas específicas, é necessário procurar alguns princípios. Porque cremos que a palavra de Deus é absolutamente suficiente e perfeita para todas as questões de fé e prática, além de ser inequívoca e infalível, aceitamos que os princípios que nela encontramos proveem tudo o que é necessário para que efetivamente possamos interagir com a cultura. O Espírito não fica segurando a mão do crente nem dizendo sim ou não para toda opção possível, mas ele nos dá sabedoria para podermos fazer as escolhas certas, e influencia a consciência, incomodando-nos quando fazemos escolhas erradas (Rm 2.15).

É claro que a criatividade em si não é má. Deus é o criador de tudo, inclusive da criatividade. A habilidade criativa humana é reflexo direto da imagem de Deus no ser humano (Gn 1.26,27). A criatividade nunca foi proibida pela Escritura, mas transformar em ídolos os objetos criados é obviamente um pecado (Êx 20.4-6). Por causa da Queda, a humanidade agora é completamente corrupta; o ser humano não consegue fazer o bem, mesmo sabendo o que é bom (Rm 1; 3.10-12), e não pode fazer outra coisa que não o mal (Ef 2.3). O homem, algumas vezes, aparenta estar fazendo

---

[18]Veja a obra *Successful Christian Parenting* de John MacArhur para uma abordagem sucinta e prática sobre por que o discernimento engajado (e, no caso dos pais, o ensino do discernimento) é preferível ao isolacionismo (Dallas: Word, 1998), 35-40. John Milton (e outros puritanos) estabeleceu o mesmo ponto repetidamente:

> .. para o puro todas as coisas são puras, não apenas comidas e bebidas, mas todos os tipos de conhecimento do que é bom ou mau; o conhecimento não pode se sujar, nem por conseguinte os livros, se a vontade e a consciência não forem sujas [...] O bem e o mal que conhecemos no âmbito deste mundo crescem juntos quase inseparavelmente; e o conhecimento do bem está tão envolvido e combinado com o conhecimento do mal, e sendo semelhantes em tantas coisas, são difíceis de serem discernidos [...] Aquele que pode compreender e considerar o vício, com todos os seus engodos e falsos prazeres, e ainda abster-se, e ainda distinguir, e ainda preferir aquilo que é verdadeiramente melhor, é um verdadeiro guerreiro cristão. Não posso louvar uma virtude fugaz e isolada, despreparada e sem fôlego, que nunca sai e vê seu adversário, mas foge da corrida, onde se deve competir por um galardão imortal, não sem poeira e calor... (*Areopagitica*, 1644, em *John Milton: Selected Prose and Poetry*, ed. C. A. Patrides [Columbia, MO: University of Missouri Press, 1965], 211-213).

o bem, mas até isso é evidência da depravação humana. Quando uma pessoa decaída e não redimida pratica uma "boa ação", com frequência há pelo menos uma ponta de motivação egoísta. Ainda que (teoricamente falando) não exista esse egoísmo, o simples fato de uma pessoa executar essa boa ação implica que ela é intrinsecamente pecaminosa, porque a ação humana, por melhor que seja, é imperfeita e, portanto, corrupta aos olhos de Deus (Pv 21.4). Mãos contaminadas acabam contaminando tudo que fazem, mesmo realizando boas ações. A santidade é principalmente purificação, e não uma simples limpeza.

Talvez a passagem mais familiar e útil quando se trata de examinar a resposta cristã à cultura artística seja Filipenses 4.8. Há aqui uma lista positiva de qualidades que caracterizam as coisas em que os crentes deveriam pensar, coisas com que ocupar a mente, coisas com que devemos ser preenchidos. O versículo 8 está comprimido entre duas referências à paz de Deus (v. 7,9); a paz de Deus conduz o cristão a meditar nas coisas boas citadas pelo versículo 8, e tal meditação o preenche ainda mais com a paz de Deus. É bom destacar também que essa passagem contém uma pressuposição geral: se os crentes pensarem nas coisas que Paulo explicitamente listou, então eles também deverão *descobri-las*.

Descobrimos aqui o processo bíblico de discernimento: verificar o que há ao redor e daí, deliberada e obedientemente, escolher o bem, em vez do mal, e fazer dele o objeto de nossa meditação. Essa exortação não deve ser usada como desculpa para expor-se a coisas que inflamem nossos desejos sensuais, que desonrem a Deus e que poluam a mente. O discernimento deve conduzir à rejeição absolutamente imediata e à recusa em explorar o objeto ou a ideia, ou então deve provocar um sentido de liberdade à consciência para aprofundar-se nos estudos dessa área específica. O texto de Filipenses 4.8 deveria sempre ser usado em harmonia com 1 Tessalonicenses 5.21: ... *mas ponde tudo à prova. Retende o que é bom.* Infelizmente, a carne quer compreender essa passagem como uma "carta branca" para experimentar tudo o que surgir, infundindo assim uma falsa confiança de que é fácil manter-se a uma distância segura de qualquer material pecaminoso. Assim, para podar essa linha de pensamento, o apóstolo imediatamente precede essa admoestação com a ordem resumida no versículo 22: *Abstende-vos de toda espécie de mal.* A versão King James, em inglês, é ainda mais vívida: *Abstende-vos de toda aparência do mal.*

O princípio é claro. Mas há ainda uma pergunta: No caso de dúvida, a participação nessa atividade pode mesmo *parecer* má? O mal com frequência se disfarça como bem, mas apenas rara e brevemente um cristão com discernimento pode ser enganado a ponto de pensar que algo bom é realmente mau. A bondade é essencialmente aberta e clara; ela não tem nada a esconder. O mal opera pela má orientação, pelo engano e pela decepção. Novamente, a chave é o discernimento: o mal e o bem estão quase sempre mesclados neste mundo e são difíceis de discernir, por causa da limitada capacidade perceptiva em razão da queda. Um poema, por exemplo, nunca terá todas as qualidades positivas de Filipenses 4.8. Ele pode ser "verdadeiro", mas não "recomendável"; "amável" em um sentido estético, mas não "justo". Muitos poemas "lindíssimos" são radicalmente opostos a Deus e à sua justiça.

Outra passagem crucial está em 2Coríntios 10.2-7. Sempre ouvimos a parte central dessa passagem, os versículos 4 e 5, mas o contexto é extremamente iluminador. Paulo contrasta o caminhar *na* carne com o caminhar *segundo* a carne.[19] Ele diz que, apesar de ter um corpo carnal normal e viver em um mundo carnal cheio de oportunidades para desobedecer que satisfazem à carne, ele não andará sob o poder ou controle da carne. Mais ainda, os cristãos nunca deveriam lutar contra a carne com armas carnais. E isso é possível porque, pelo poder de Deus, ele oferece armas específicas de combate espiritual que são divinamente poderosas para derrubar fortalezas.

O significado da metáfora "fortalezas" está sujeito a várias interpretações, mas no contexto fica claro que ela se refere aos pensamentos carnais que caracterizam um universo de ideias — a cultura humana como inimiga do Deus santo. Tal inimizade é principalmente a idolatria, e Paulo a enxerga na forma de raciocínios, imaginação (Versão King James) e ideias que exaltam a si mesmas, contra *o conhecimento de Deus*. A tarefa do crente é reunir *todas* essas racionalizações, pensamentos, teorias, filosofias, obras literárias, criações artísticas — tudo, a soma total do pensamento e criatividade humanos — em uma posição de submissão ante o conhecimento de Deus. Esse conhecimento se encontra exclusivamente num único lugar: as Sagradas Escrituras. Paulo nos encoraja a avaliar tudo, a medir tudo, a *discernir entre tudo* com base no modelo das Escrituras.

Alguém poderia perguntar: Como é possível buscar um versículo na Bíblia enquanto se assiste a um filme ou se lê uma revista ou poema? Não é

---

[19]"Sensualidade" (*sarx*) aqui significa os "alcances naturais do homem", os quais, é claro, são limitados e tentados pelo pecado (*Vine's Expository Dictionary of New Testament Words*, vol. 1, Londres: Oliphants Ltd., 1940), 108.

possível. Mas como Tiago 1.21 explica, o crente deve receber ... *com mansidão a palavra em vós IMPLANTADA, a qual é poderosa para salvar as vossas almas* (destaque do autor). A Versão King James diz *gravada*, e a representação grega da fala quer dizer "palavra enraizada". A Escritura ordena aos crentes que permitam que ela se enraíze em seu ser por intermédio da leitura constante, da meditação, da memorização e da obediência. A Palavra em nós arraigada, gravada e enraizada refaz, reconstrói e renova a mente, tornando-a semelhante à mente de Cristo. É dessa forma que assuntos e eventos podem ser julgados apropriadamente. Isso não pode ser interpretado como licença para expor-nos a tudo em igual medida. Uma pessoa não precisa se aproximar de uma obra pornográfica ou, igualmente, de um faminto tigre de Bengala para saber que são perigosos. E até mesmo uma avaliação a distância é uma avaliação; isso é discernimento, e é essa atitude que honra a Deus.

Quanto mais o discernimento crítico bíblico for praticado, mais bem desenvolvidas irão se tornando as habilidades. Com a mente armada e renovada dessa forma (Rm 12.2; 2Co 4.16; Ef 4.23; Cl 3.10; 1Pe 2.2), um crente pode encarar *qualquer coisa* e fazer um julgamento correto. Hebreus 5.11-14 exorta a que a mente seja impregnada com as *Escrituras*, que fornecem todas as condições para o discernimento apropriado durante as interações diárias inevitáveis com a cultura do mundo. Os cristãos *não* são chamados a saturar a mente com cultura, para daí querer entendê-la por intermédio de flagelação doutrinária decorando a Concordância bíblica de *Strong*. Confiança excessiva na habilidade de discernimento e autocontrole de um indivíduo (Pv 25.28) por si só é demonstração de discernimento muito pobre. O texto de Provérbios 21.12 afirma que o homem justo *observa* a casa do ímpio. *É* possível aprender por intermédio do mau exemplo. Entretanto, é importante evitar a tendência humana (Pv 23.17) em demorar-se demasiadamente sobre esses exemplos e acabar invejando os prazeres aparentes do mal.

TRÊS QUESTÕES CRUCIAIS

Chega o momento em que um crente com discernimento deve fazer uma série de escolhas. Considere as três seguintes questões centrais:

1. *As pessoas têm condições de fazer escolhas corretas, assim como observações e representações?*

GLORIFICANDO A DEUS NA CULTURA LITERÁRIA E ARTÍSTICA «409»

As pessoas são completamente depravadas em todos os aspectos de seu ser e não têm condições de fazer escolhas corretas se não contarem com a assistência da graça de Deus. Apesar de sermos responsáveis por seguir a Deus em nossa vida, ele ainda reina soberanamente sobre todos nós (Pv 16.9). Isso inclui nossas decisões, tanto erradas quanto corretas. Nenhum ser humano pode estar em plena retidão diante de Deus ou fazer escolhas corretas sem sua graça (Rm 3.10), seja ela a graça salvadora, seja a graça comum oferecida a todo homem (Mt 5.45). Além disso, não devemos confiar em nossa própria sabedoria, mas sim no temor de Deus, e evitar o mal (Pv 3.7). Os cristãos somos capacitados pelo Espírito que habita em nós a viver uma vida na qual possamos tomar sempre decisões que agradam a Deus (Gl 2.20). Mas mesmo assim, os crentes ainda lutam contra o pecado, o autoengano e a arrogância de se acharem capazes de vencer por conta própria (Cl 3.5-9). A única decisão realmente importante que um ser humano pode tomar é a de submeter-se inteiramente ao plano divino de salvação em Cristo por intermédio do arrependimento, e isso não é algo que somente nós fazemos, mas algo que ele faz (Jo 15.16; Ef 2.8,9).

2. *Há algo que se possa chamar de sabedoria ou verdade fora da esfera de Deus e sua Palavra?*

Aqui, a definição de verdade passa a ser crucial. Uma observação exata (ou seja, correspondente à realidade) e a representação disso são obviamente possíveis.[20] Um homem pode ver uma fotografia da mulher que lhe deu

---

[20]Se textos literários, filmes ou outras obras de arte apresentam verdadeiras (isto é, precisas) apresentações do mundo, então irão concordar com a cosmovisão bíblica (como uma história que retrata as características malignas de quem tem motivações malignas que serão justamente punidos em algum momento; isto é, eles merecem isso — mas ao mesmo tempo os "mocinhos" têm suas próprias falhas, fraquezas etc.). Tal produto cultural nunca será inteiramente "verdade", é claro. Mas se um texto apresenta o homem como basicamente bom, com boas motivações, então esse texto *também* concorda com a cosmovisão bíblica — porque o *texto em si*, como um artefato cultural humano, mostra a tendência depravada do homem para representar a si mesmo como *bom*! Um crente que discerne bem tudo isso, julgará todas as coisas por meio das Escrituras. Uma mente saturada com as Escrituras pode ser edificada também pela experiência. A dificuldade surge quando se apresenta a questão: o que acontece com crentes imaturos com discernimento fraco? — e essa é precisamente a razão pela qual os cristãos mais fortes e maduros *devem com a maior diligência possível ensinar o discernimento* pelo exemplo e pela prática aos crentes mais jovens. Trata-se de uma necessidade suprema na igreja nos dias atuais. Se tais crentes são incapazes de identificar cosmovisões incorretas em filmes e livros, como poderão lutar eficazmente na igreja?

à luz e o criou e se referir a ela como mãe. Essa é uma afirmação exata e verdadeira. Ele pode escrever uma história biográfica essencialmente precisa sobre ela, ou um poema, uma canção, ou ainda, fazer uma pintura ou escultura. Todas essas coisas podem, em maior ou menor grau, ser consideradas verdadeiras ou exatas. Entretanto, se ele começa a produzir um texto filosófico (ou fictício) a respeito da natureza essencial de sua mãe, e esse texto parte de princípios bíblicos básicos — por exemplo, sugerindo que ela é "boa" por natureza —, então surge, nesse ponto, um problema. Deixou de ter as características bíblicas da verdade.

Eis a dificuldade: parte da representação *é* "verdadeira" (ela é a mulher que lhe deu à luz e o criou) e parte *não é* (ela é boa por natureza). A frase "toda verdade é a verdade de Deus" é o clichê com mais frequência ouvido nesse tipo de situação. Novamente, a definição dos termos é crucial. Se a "verdade" é a soma total de tudo o que concorda com a realidade do mundo que Deus fez e sobre o qual reina, desde o significado simples de João 3.16 até a maneira como as células se dividem, então o rumo certo para se chegar a toda verdade é a verdade de Deus. Mas por causa da natureza humana completamente decaída antes da salvação, e da porção da natureza humana decaída ainda existente após a salvação, nossa tendência é enxergar apenas aquilo para o qual há (ou aparenta ter) evidência e então afoitamente concluímos que tal coisa seja parte da "verdade de Deus". Mas nada pode ser declarado como verdade apenas pelo fato de que é difícil encontrar argumentos contrários. Todo os dias, pessoas que a Bíblia chama de totalmente depravadas fazem coisas que são aparentemente "boas".

Como podem pessoas más fazer coisas boas? Parte da resposta reside na compreensão bíblica apropriada da natureza e percepção humanas decaídas. Se a autoridade final para que uma pessoa pressuponha que algo é verdade é a visão mecanizada e naturalista de Charles Darwin a respeito do universo, então esse indivíduo encontrará evidências da evolução no estudo da natureza. Se alguém decide seguir os ditames da teoria psicológica, encontrará evidências para seguir esse rumo. Uma pessoa que confia na autoridade dos jornais sensacionalistas acreditará que alienígenas estão recebendo conselhos de Elvis Presley e John F. Kennedy para que invadam o mundo, os quais foram abduzidos e substituídos por mortos semelhantes a eles. Da mesma forma, a crença sólida do cristão na Bíblia tanto cria quanto confirma sua visão de mundo. As atitudes e pressuposições adotadas por uma pessoa em relação ao mundo são a maior influência

GLORIFICANDO A DEUS NA CULTURA LITERÁRIA E ARTÍSTICA

na formação dos conceitos que ela tem sobre o mundo. *Alguns* tipos de fé precedem *todo* tipo de conhecimento; é justo que os cristãos concordem nisto, enquanto muitos outros não.

Então a questão não é se há sabedoria ou verdade fora da palavra de Deus. Essa é uma pergunta absurda. A questão mais importante é: minhas crenças e percepções se harmonizam com Deus ou com outra coisa?

3. *Há qualquer valor no estudo da cultura humana — em particular, a cultura artística?*

Tudo deve ser feito para a glória de Deus (1Co 10.31),[21] e certamente o estudo ou participação na cultura humana devem ser feitos em proporções cuidadosamente equilibradas. Somente a Escritura ilumina, condena e transforma homens e mulheres. Shakespeare faz algumas observações muito pertinentes da experiência humana, mas suas obras jamais converteram um pecador. Não está além do domínio da possibilidade, entretanto, que Deus use soberanamente a experiência educacional de um cristão ocasionalmente, inclusive o estudo de Shakespeare, para gerar um crescimento espiritual genuíno. O que é crucial entender, de outro lado, é que uma leitura cuidadosa de *Hamlet* não pode por ela mesma conduzir a uma experiência espiritual verdadeira. A comparação piedosa, consciente e com sábio discernimento entre o que Shakespeare diz e o que as Escrituras dizem é que causará mudança. As Escrituras são o juiz definitivo de tudo sobre a terra. Ao ler, ouvir música ou estudar um argumento filosófico *à luz das Escrituras*, podemos fazer muitas coisas: Em primeiro lugar, obedecemos a Deus (se vamos julgar anjos, por que não seríamos capazes de julgar livros? [1Co 6.3]); em segundo lugar, somos capacitados a, *deliberada* e *sabiamente*, proteger-nos do mundanismo, que irá nos rodear, estejamos ou não engajados com a cultura, intencionalmente ou não.

Os mesmos cristãos que condenam um crente por estudar "aquele Shakespeare pagão" ou "Platão, aquele filósofo inspirado pelo diabo" absorverão inconscientemente grandes doses de platonismo e humanismo secular todos os dias, ao ouvirem programas e músicas do rádio ou assistir à TV e filmes. Os pensamentos importantes da maioria dos pensadores e artistas influentes eventualmente acabam por escapar do âmbito

---

[21]Como sempre, quando se fala da liberdade que temos em Cristo, como nesta passagem, o Espírito adverte o leitor de não transformar liberdade em rebeldia. O versículo seguinte nos adverte de não ofender ninguém com aquilo que fazemos.

dos livros, universidades e salas de aula para infiltrar-se na mente dos que nunca buscaram um estudo formal. Praticamente todo comercial de televisão comunica o platonismo ou o aristotelismo. Anúncios de sapatos italianos em revistas de moda são tão repletos de filosofia quanto obras de Marco Aurélio ou Descartes — trata-se apenas de um tipo diferente de sistema psicológico de entrega. Seria difícil encontrar uma única pessoa no mundo ocidental que não tenha alguma ideia a respeito da "mente inconsciente" e da "formação da psique na infância". Não é necessário frequentar aulas universitárias de psicologia para aprender algo sobre Freud. As teorias psicológicas literalmente criaram nossa cultura e entraram profundamente na Igreja. Muitos anos atrás, durante um diálogo com Peter Gay, o famoso historiador de Yale e compilador da biografia de Freud, perguntei-lhe se Freud havia sido "prescritivo ou descritivo" — se ele tinha descrito apropriadamente a mente humana ou se simplesmente criou uma nova maneira de explicar-nos a nós mesmos. Ele respondeu de maneira muito franca: "as duas coisas". Freud, Jung e Piaget estão desde comerciais de iogurte até em contracapas de jornal; Louis Althusser e as teorias francesas marxistas têm dado a motoristas de caminhão do Alabama "sua" visão de como a sociedade "realmente" funciona. Não há diferença real entre baixa e alta cultura, exceto que as ideias básicas podem ser expressas de forma mais ou menos sofisticada. Ou seria o caso de que as ideias mais sofisticadas (2Co 2.11) são aquelas capazes de alcançar o coração sem serem detectadas?

O MAIOR PRAZER ESTÉTICO DE TODOS

Assim, os cristãos são estimulados a ter discernimento crítico-bíblico em relação à cultura. Mas como julgar quando estamos passando por um momento de experimentação estética? Ter experiências estéticas é claramente dom de Deus, assim como todos os prazeres benéficos o são. Mas, por causa do pecado inerente ao ser humano, a maldade perverte as boas dádivas de Deus e as transforma em ídolos. Em vez de agradecer a Deus por sua graciosa provisão de tudo — inclusive do prazer —, essa pessoa o troca por *qualquer outra coisa* para esvaziar sua mente dos pensamentos sobre Deus (Rm 1.21-23). Tudo pode se tornar um ídolo, e um prazer estético não é diferente.

Aos crentes é dado o privilégio de adorarem a Deus Todo-poderoso na *beleza* da santidade (Sl 96.9). Assim, Deus é o objeto definitivo de beleza,

GLORIFICANDO A DEUS NA CULTURA LITERÁRIA E ARTÍSTICA « 413 »

de prazer estético. Amá-lo, servi-lo e adorá-lo é *prazeroso*.[22] ele é mais amável que qualquer pintura, mais satisfatório que o prato mais sofisticado e saboroso, e mais enriquecedor que o melhor concerto erudito. Os cristãos deveriam alegrar-se totalmente com sua beleza incompreensível. Ele é o criador da beleza e o melhor exemplo dela. A razão de alguém existir e a coisa mais bela que pode experimentar é: ... *contemplar a formosura do* SENHOR... (Sl 27.4).

Deve-se, é claro, reconhecer o fato de que a beleza terrena pode cegar-nos para não percebermos as horríveis realidades negativas. Um exterior atraente pode mascarar um interior podre. Os cristãos com frequência se encontrarão envolvidos na apreciação da beleza, apenas para que baixem a guarda e permitam a entrada de pensamentos malignos. Mais ainda, a vida toda é uma experiência estética. Toda árvore sob a qual se estiver sentado, toda brisa morna que se possa sentir, todo riso entre mãe e filha são experiências estéticas. Objetos estéticos que são criados deliberadamente para o divertimento — sonatas, poesia lírica, obras dramáticas, novelas — são muito similares, e assim mesmo requerem, como tudo o mais na vida, uma atitude de discernimento. A risada de uma mãe pode não conter exatamente uma visão de mundo como tal — mas pode-se estar certo de que o *Rei Lear* de Shakespeare contém essa cosmovisão. A dificuldade é aprender como desfrutar experiências estéticas de maneira que agrade e glorifique a Deus sem transformá-las em ídolos. Os crentes devem aprender a experimentar tudo na vida como se estivessem *coram Deo* — ou seja, "diante de Deus", em sua presença. Todo momento da vida é uma oportunidade para exercer a obediência a ele. Deve-se reter o que é bom e resistir e rejeitar o que é mau, o que é contra Deus, contra sua Palavra e sua vontade. Os cristãos podem "deleitar-se", como diz Agostinho, mas o objeto apropriado de deleite é Deus. Só é apropriado "desfrutar" as demais coisas no universo quando se "tem consciência" de que o maior deleite é agradar a Deus e obedecer-lhe.

Mas, como é possível desfrutar algo, ao mesmo tempo que se passa a julgar tal coisa? Enquanto estava datilografando este ensaio em uma tarde de sexta-feira em meu escritório, com uma brisa suave de verão californiano entrando pela janela, ouvia a *Serenata nº 10 em si bemol* de Mozart. Esta talvez seja a obra musical mais melodiosa que já ouvi. Mas eu nem

---

[22]Veja, por exemplo, qualquer um dos livros de John Piper, especialmente *The Pleasures of God* (Sisters, OR: Multnomah, 2000).

estava pensando sobre isso nesse momento — estava concentrado no meu prazo de entrega dos originais para a editora! Não preciso realmente analisar isso para ter uma visão de mundo complexa. Se me viro e pego um livro da estante, aí é outra história. Mesmo que o autor seja um cristão e o conheça pessoalmente, tenho de pensar muito bem e comparar a mensagem com a Escritura. Esse é um trabalho árduo, mas que também pode ser prazeroso — especialmente se tenho a música de Mozart me acompanhando ao fundo. Mas como discernir crítica e biblicamente — ou seja, considerando cuidadosamente a crítica de um ponto de vista bíblico — e mesmo assim achar *prazer* nisso? Isso é como se acomodar bem na poltrona para ouvir alguém declamar o poema inglês *Beowulf*[23]

Antes da Queda, o *livre desfrutar* tudo, em Deus, era algo natural e fundamental para Adão e Eva. Havia apenas uma única ordem para obedecer, e tudo o mais na criação estava à disposição para o prazer deles em Deus. Após a Queda, a *obediência discernente*, num mundo de ambiguidade e tentações em potencial, tornou-se a atividade central, porém os Estados Unidos do século 21 têm uma cultura do prazer, um jardim virtual de deleites terrenos. As pessoas trabalham arduamente, mas também se divertem muito. As roupas, casas e até mesmo os veículos são projetados para o "desfrute". Muitos americanos, na maioria cristãos, infelizmente se sentam como zumbis na frente da televisão, dos filmes e dos computadores num estado de hipnose tal que parecem estar drogados de prazer, recusando-se (ou talvez sendo incapazes) de ao menos formular um *pensamento* genuíno sobre o que estão encontrando. E a participação sem espírito crítico é simples absorção. Quando estamos expostos a algo potencialmente destrutivo, é possível discernir um caminho por intermédio do produto cultural para emergirmos a salvo do outro lado, tornando-nos pessoas melhores por isso, por meio do discernimento espiritual. De outro lado, alguém pode ser exposto a algo que tenha apenas erros ou pecados mínimos e ainda assim ser seriamente afetado por causa do embotamento espiritual. Uma das razões de haver tantos erros nas igrejas evangélicas atuais e os cristãos não têm tempo para ler as Escrituras, *preferindo* continuar com seus entretenimentos favoritos. Assim, suas Bíblias — a única ferramenta que lhes ajudaria a discernir a influência da cultura — se tornam porta--copos de couro para o refrigerante e o controle remoto.

---

[23]*Beowulf* é um antiquíssimo poema épico sobre o herói inglês que dá nome à obra, poema esse que contém 3.182 linhas.

Surge novamente a pergunta: "Bem, então como posso me *divertir* quando estou tão ocupado analisando, criticando e teologizando?" Para responder, vejamos algumas questões fundamentais. Primeiro, os crentes *não estão* aqui para desfrutar o mundo ou para amar o sistema cultural mundano. Segundo, os cristãos *são chamados*, e até mesmo convocados, para julgar o mundo por intermédio de modelos bíblicos. Terceiro, se alguém leva a sério o primeiro ponto, mas não o segundo, se tornará mais e mais como o mundo e menos como Cristo. Entretanto, se os cristãos fazem o que diz o segundo ponto, estarão participando *biblicamente* da cultura, aprendendo como desfrutar alguns dos prazeres de ser uma pessoa enquanto usufrui o maior prazer de todos — a obediência a Deus (Sl 119.35,103). O primeiro (a participação na cultura, inclusive prazeres estéticos) é um simples subproduto da obediência a Deus e nunca deve tornar-se um ídolo. Isso é apenas uma forma subsidiária da graça de Deus, a qual ele derrama sobre todos. De maneira semelhante, posso desfrutar o prazer da beleza de minha esposa; e, porque ela é um presente de Deus para mim, é mais apropriado que eu *ame mais a Deus do que a ela*. O resultado disso é a alegria conjugal verdadeira que honra a Deus.

O que os crentes precisam reconhecer é que, assim como o mundo, eles também buscam o prazer com frequência em lugares errados. Todo prazer benfazejo está em Deus, na obediência a seus preceitos, que não são pesados. *Eu creio piamente que o maior prazer estético de todos é o do discernimento crítico-bíblico.* E isso ocorre não apenas pela interação com objetos belos ou ideias estimulantes; isso acontece porque a obediência a Deus é amável, preciosa e agradável. Os crentes deveriam ser hábeis em criticar, julgar e desfrutar a cultura humana melhor que qualquer pessoa. Os cristãos não deveriam afastar-se da experiência cultural — ler um livro, ouvir uma música, apreciar uma pintura —, tendo assim um momento existencial simplesmente temporal, breve e já concluído. *Cristãos obedientes que exercitam o discernimento deixam marcas na terra, por meio do exercício divino baseado na Palavra. Cada momento, cada escolha em nossa vida tem impacto espiritual.* Deus é glorificado na obediência tanto quanto em sua graciosa misericórdia quando pecamos.

Julgamento e discernimento são privilégio e deleite que Deus oferece a seus filhos. Os crentes têm de testar e provar todas as coisas — algumas pela rejeição absoluta, outras pela simples exploração, e pela análise aprofundada. Essa capacidade é desenvolvida com o tempo por intermédio da prática cuidadosa, preferivelmente sob a sábia orientação de cristãos mais experientes no discernimento, e sempre conduzida à luz dos modelos bíblicos de santidade. Os cristãos se tornam espiritualmente mais fortes por exercer o discernimento bíblico de maneira prática, sabendo que, enquanto não possam evitar as tentações, também não é recomendável buscá-las. A tentação com certeza surgirá.

O prazer estético é criação de Deus, fazendo parte de nossa faculdade de julgamento. Não devemos separar as duas coisas. Se negarmos nosso sentido estético natural e o virmos como algo mau, *então exercemos, de fato, um julgamento* — errado — *no qual inevitavelmente temos prazer*. O julgamento pode ser um prazer iníquo ou um deleite correto, dependendo de nossa atitude. Não devemos fazer do prazer estético um ídolo (estetismo); mas um perigo ainda mais sutil é transformar o processo de discernimento em ídolo (julgamentalismo), tanto por sustentar uma visão antiarte/anti-intelectual não bíblica quanto por defendermos uma atitude permissiva perigosa (novamente, o estetismo). O discernimento de um crente deve ser humilde e escriturístico, reconhecendo a tendência em errar, em justificar o pecado e em adotar a autossuficiência — mas também levando adiante a preciosa esperança da beleza deslumbrante de Deus e sua gloriosa bondade como o modelo principal.

Vivemos em um mundo decaído, que parece tanto estar ainda *caindo* quanto já estar completamente *caído*. Não podemos mudar o curso da cultura; ela não é remissível, porque não está perdida — as pessoas, sim, estão. O que os cristãos *podem* fazer é viver daqui para frente fixando sempre sua mente na glória eterna do Deus vivo.

> *... Ouvi-me vós todos, e entendei. Nada há fora do homem que, entrando nele, possa contaminá-lo; mas o que sai do homem, isso é o que o contamina.* (Mc 7.14,15)

« Leituras Adicionais »

SCHAEFFER, Francis A. *The God Who is There: Speaking Historic Christianity into the Twentieth Century*. Chicago: IVP, 1968: também disponível em The Complete Works of Francis A. Schaeffer, vol. 1 (Wheaton, IL: Crossway Books, 1982).

SIRE, James W. *How to Read Slowly: A Christian Guide to Reading with the Mind*. Downers Grove, IL: IVP, 1978.

_____. *The Universe Next Door: A Basic World View Catalog*, 2. edição Downers Grove, IL: IVP, 1988.

Índice remissivo de
PESSOAS e ASSUNTOS

A

A. B. 188

Abednego 141

aborto 84, 86, 257, 348

Abraão 29, 30, 97, 138, 139, 142, 144, 145, 209, 345

Abrão 138, 221

abundância 105, 205, 312, 371, 372, 373, 374, 375, 376, 380, 386, 389

aconselhamento bíblico 242, 251, 252, 254, 261, 279

aconselhamento cristão 243

aconselhamento pastoral 240

Adão 41, 43, 44, 45, 46, 71, 72, 75, 76, 100, 101, 102, 103, 105, 109, 112, 114, 115, 116, 136, 181, 186, 187, 192, 193, 194, 195, 218, 283, 303, 305, 345, 372, 373, 374, 375, 380, 392, 401, 414

Adão e Eva 41, 43, 44, 45, 46, 71, 76, 101, 105, 109, 112, 115, 116, 136, 187, 194, 283, 303, 373, 374, 414

adoração 106, 135, 137, 139, 143, 144, 145, 185, 219, 220, 221, 222, 223, 224, 225, 226, 228, 229, 230, 231, 232, 233, 234, 235, 236, 237, 238, 284, 295, 309, 353, 360, 361

adoração comunitára 230, 231

adoração pessoal 106, 135, 137, 139, 143, 144, 145, 185, 219, 220, 221, 222, 223, 224, 225, 226, 228, 229, 230, 231, 232, 233, 234, 235, 236, 237, 238, 284, 295, 309, 353, 360, 361

Agostinho 280, 318, 335, 354, 355, 398, 413

Agripa 60

Agur 244, 388

albigenses 355

Alfred Nobel 243

alocação 375, 383

American Association of Christian Counselors 245

American Psychological Association 245

Amós 225

Ampère 284

anabatistas 355

antiga aliança 231

antirrealismo 171

antropologia 266

antropologia bíblica 253, 336, 395, 397

aquisição 267, 375, 383

Arato 402

Aristóteles 171, 266, 280, 282, 290, 321, 392, 393, 401

aristotelismo 412

artes 157, 290, 309, 348, 390, 397, 398, 403

Asafe 235, 309

autores da Constituição 350, 351

Averróis 158

B

Barnabé 209

batismo 231, 353, 354, 355, 356, 357, 358, 359

batismo infantil 354, 355, 356, 358, 359

Baudrillard 157, 172, 173

Beda 318, 335

behaviorismo 251

bem-estar 108, 111, 208, 242, 245, 249, 261, 380, 383

Bezaleel 309

biopsicologia evolucionária 249, 250

Boaz 204

Bob Jones University 307, 309

Boécio 401

Bryant 85, 137

budismo 112

Butterfield 337, 338, 339, 340, 341, 342, 346

C

Calvino 261, 356, 357, 358, 391, 392, 393, 400, 402, 403

capitalismo 168, 287, 381, 382, 383

Carlson 210

Carson 243

Cheney 343

Chesterton 100, 101

Christian Association of Psychological Studies 245

Cícero 398, 401

ciências difíceis 266

ciências leves 266

Colet 400

Colombo 329

Colson 50

competição 200, 365, 372, 373, 375, 379, 380, 389

comunismo 68, 162, 168, 383

Concerned Women for America 349

Conferência sobre Fé e História 335

Confissão de Fé de Westminster 24

consciência 57, 66, 83, 93, 100, 101, 109, 115, 163, 223, 231, 305, 317, 345, 360, 368, 397, 405, 406, 413

Constantino 157, 290, 351, 354

contentamento 209, 386, 387, 388

conversão 27, 33, 60, 120, 131

cooperação 338, 372, 373, 374, 376, 380, 381, 389

Cordeiro de Deus 128

Cornélio 147

cosmovisão 12, 15, 16, 17, 20, 155, 156, 157, 158, 159, 160, 162, 164, 168, 169, 170, 173, 174, 175, 178, 240, 250, 251, 252,

ÍNDICE REMISSIVO DE PESSOAS E ASSUNTOS

253, 263, 264, 273, 274, 278,
279, 283, 292, 295, 319, 324,
328, 336, 369, 409, 413
cosmovisão cristã 16, 17, 20, 156,
174, 178, 264, 295
Cotton 359
Creation Research Society 79
criação
criacionismo 63, 70, 79, 81
criacionismo da Terra antiga 70
criador 16, 19, 41, 44, 45, 50, 64,
65, 66, 75, 77, 80, 81, 82, 83, 84,
86, 87, 94, 106, 134, 135, 136,
137, 138, 141, 142, 158, 180,
181, 184, 220, 228, 234, 251,
254, 255, 256, 257, 261, 282,
295, 306, 320, 352, 370, 373,
374, 405, 413
culpa 77, 78, 91, 101, 114, 115,
116, 121, 122, 129, 172, 216,
260, 280
cultura 15, 25, 65, 67, 119, 123,
155, 156, 157, 162, 168, 169,
172, 173, 174, 175, 181, 182,
184, 187, 220, 236, 274, 290,
326, 328, 348, 353, 355, 363,
375, 387, 390, 391, 392, 393,
394, 395, 396, 397, 398, 399,
403, 404, 405, 406, 407, 408,
411, 412, 414, 415, 416
cultura ocidental 156, 390

D

Daniel 17, 139, 141, 299, 308, 362,
365
Dante 404
darwin 62, 66, 67, 81, 88, 93, 95,
248, 322, 323, 410

darwinismo 67
darwinismo social 67
Davi 34, 36, 37, 38, 140, 142, 209,
254, 255, 259, 260, 261, 295,
309, 345
Decreto de Milão 350, 351, 354
Decreto de Tolerância 354
deísmo 320
Demóstenes 401
depravação do homem 181, 182,
291, 382, 396
Derrida 157, 169, 170, 171, 326
desconstrucionismo 328
determinismo 251, 323, 396
dicotomia sacro-secular 276
diferenças de gênero 188
direitos civis 348
direitos dos homossexuais 168
discernimento 34, 39, 95, 178, 194,
203, 258, 259, 296, 308, 363,
391, 392, 393, 395, 397, 398,
399, 401, 402, 403, 404, 405,
406, 407, 408, 409, 411, 412,
413, 414, 415, 416
dispensações 345
dízimo 379
dois livros 279, 280, 281, 282
domínio 38, 43, 69, 87, 91, 192,
244, 248, 254, 260, 261, 311,
336, 354, 362, 375, 385, 411
donatismo 355
dons espirituais 192

E

economia 67, 168, 207, 208, 345,
369, 370, 371, 372, 374, 375,
376, 379, 380, 381, 383, 384
economizar 379

« 420 »

educação
Ellul 363
entendimento 11, 27, 28, 34, 35,
39, 41, 43, 44, 48, 49, 54, 55, 60,
73, 74, 80, 82, 103, 113, 117,
133, 136, 141, 142, 173, 180,
184, 197, 205, 255, 259, 291,
296, 297, 341, 388, 392, 393, 398
Epicuro 401
epifenomenalismo 251
equilíbrio 57, 67, 158, 193, 246,
372, 373, 374, 375, 376, 381,
382, 383, 384, 389
Erasmo 400
escassez 370, 371, 372, 374, 375,
376, 377, 378, 379, 380, 389
escola de Frankfurt 168
Esdras 230, 298
estetismo 416
Estêvão 314
estruturalismo 167, 169
Eusébio 335
Eva 41, 43, 44, 45, 46, 53, 56, 71,
75, 76, 101, 105, 108, 109, 110,
111, 112, 113, 114, 115, 116,
136, 137, 186, 187, 192, 193,
194, 200, 218, 283, 303, 373,
374, 380, 414
evangelho 19, 27, 30, 59, 117, 118,
120, 124, 125, 128, 132, 137,
146, 147, 148, 149, 155, 189,
230, 232, 241, 335, 342, 359, 387
evolução 43, 62, 63, 66, 67, 68, 69,
70, 71, 76, 77, 84, 86, 87, 88, 90,
91, 93, 94, 96, 99, 100, 102, 162,
163, 281, 282, 410
exatidão política 312
existencialismo 251, 325, 326

ex nihilo 16, 32, 41, 42, 43, 62, 64,
65, 69, 70, 71, 72, 73, 74, 75, 76,
77, 78, 79, 80, 81, 82, 86, 88, 89,
90, 91, 93, 94, 95, 96, 97, 98, 100,
102, 103, 104, 105, 106, 109,
114, 116, 133, 134, 135, 136,
137, 150, 152, 181, 184, 192,
194, 218, 256, 257, 258, 277,
278, 282, 283, 284, 289, 291,
295, 311, 323, 327, 333, 372,
373, 374, 375, 380, 381, 384,
385, 393, 416
experimentação 63, 112, 270,
412
Ezequias 340

F

Family Research Council 349
feminilidade 180, 187, 196, 199,
200, 201, 202, 218
feminismo 168, 183, 390
filosofia bíblica 57, 59, 102, 133,
180, 182, 188, 214, 266, 286,
288, 289, 290, 291, 292, 293,
294, 295, 296, 297, 298, 299,
300, 302, 305, 306, 309, 339,
343, 392, 399, 400, 401, 403
Firestone 188
Fish 172
Freud 163, 165, 168, 241, 248, 330,
412
Friedan 200
Fromm 253

G

genocídio 67, 172
globalização 133
graça comum 403, 409

ÍNDICE REMISSIVO DE PESSOAS E ASSUNTOS « 421 »

graça de Deus 46, 141, 196, 197, 227, 346, 409, 415
Grande Comissão 59, 299, 348, 367
guerra espiritual 295, 308, 363

H

Hemã 235
Heródoto 316, 317
hipóteses 63, 64, 74, 79, 80, 174, 246, 251, 270, 288, 293, 309, 371
História 9, 17, 48, 99, 156, 164, 183, 186, 311, 312, 313, 314, 315, 316, 317, 318, 319, 320, 321, 322, 323, 324, 325, 326, 327, 328, 329, 330, 331, 333, 334, 335, 336, 337, 338, 339, 340, 341, 342, 343, 344, 345, 346, 347, 351, 391
história da Igreja 347
Holmes 12, 18, 20, 58, 59, 60, 61, 277, 290, 310
Homer 234, 243
Horácio 401
Hotchkiss 375
humanidades 390, 402
humanismo 135, 251, 399, 400, 401, 411
humanismo secular 399, 411
Hummel 210, 211
Hustad 221, 222, 238
Huxley 66, 67

I

Idade Média 156, 160, 316, 400
idealismo 321, 363
idolatria 50, 103, 135, 141, 145, 147, 151, 196, 397, 398, 407

Igreja da Eutanásia 86
Igreja e Estado 351, 354, 358, 359
iluminação 30, 35, 48, 49, 102, 115
Iluminismo 159, 291, 292, 293, 319, 320, 321
instabilidade 328, 375, 381, 389
Institute for Creation Research 79
International Psychoanalytical Association 245
internet 20, 63, 267, 395
ira de Deus 46, 120, 130, 131, 257
Isaías 51, 112, 126, 129, 135, 148, 150, 209, 223, 224, 225, 226, 227, 228
isolacionismo 405

J

Jacó 139, 142, 144, 328, 333, 334
julgamentalismo 416
justificação 69, 71, 74, 76, 122, 124, 127, 131, 356

L

lealdade 69, 142, 204, 357
lei da identidade 171
lei da não contradição 171
lei do meio excluído 171
Lemmel 233
lesbianismo 168
Lévi-Strauss 157, 170
liderança masculina 183, 190, 193
linguagem 73, 74, 75, 102, 156, 157, 160, 166, 167, 169, 170, 171, 172, 174, 244, 249, 255, 290, 303, 304, 326, 327, 328, 330, 331, 332, 333, 400
linguísticas 97

livro de regras 279
livro único 282
Locke 160, 161, 166, 175, 321
Lubenow 77
Lúcio 401
Lyotard 157, 169, 173, 179, 396

M

Machen 58
Malthus 371
Manifesto 322
Marcuse 168
Mark 10, 58, 133, 137, 152, 258, 338, 341, 362, 368
Marx 67, 68, 162, 163, 164, 165, 168, 322, 323, 325, 330
marxismo 168, 337, 390
masculinidade 180, 181, 182, 183, 184, 185, 187, 188, 189, 190, 191, 192, 193, 196, 197, 200, 201
matéria 81, 83, 84, 87, 88, 89, 90, 92, 93, 94, 95, 96, 239, 244, 266, 276, 308, 313
materialismo 35, 37, 69, 250, 322, 366, 368, 389
materialismo dialético 322
McCrae 380
meditação 38, 55, 56, 229, 406, 408
Mesaque 141
metanarrativas 173, 174, 176, 293, 321, 323, 327, 336
metanarrativas históricas 321, 327
método científico 64, 265, 267, 268, 270, 272, 291, 319
mídia 64, 134, 162, 172, 173, 348, 364, 366, 404
Milton 403, 404, 405

ministério transcultural 134, 151, 152
missões 145, 149, 151, 222, 348, 351
moderação 38, 87, 297, 298, 350
Moisés 17, 29, 30, 31, 75, 97, 139, 140, 212, 215, 220, 221, 299, 340, 345, 359, 385
Moody 12, 15, 20, 137, 152, 199, 218, 220, 222, 226, 234, 253, 389
mordomia 384, 385
mormonismo 112
morte expiatória de Jesus Cristo 122
Muggeridge 365
mulher virtuosa 207
multiculturalismo 133, 151, 168, 325, 329

N

Nabucodonosor 141, 142
National Association of Nouthetic Counselors 254
naturalismo 62, 63, 64, 66, 68, 69, 71, 72, 80, 84, 87, 90, 91, 92, 174, 319, 332
natureza 12, 17, 18, 30, 32, 33, 36, 42, 52, 57, 60, 67, 68, 77, 88, 100, 101, 120, 121, 136, 137, 156, 157, 159, 160, 162, 163, 164, 165, 168, 174, 185, 212, 247, 251, 261, 264, 265, 275, 289, 297, 308, 317, 322, 336, 338, 344, 346, 359, 369, 370, 371, 382, 390, 391, 392, 393, 394, 395, 398, 401, 410
nazista 68

ÍNDICE REMISSIVO DE PESSOAS E ASSUNTOS

« 423 »

Neemias 17
neopragmatismo 161
Newkirk 85
Nicodemos 101
Nietzsche 67, 68, 163, 164, 169,
  326, 330, 331
niilismo 90, 96, 250, 330
Noé 283, 345
Nono Circuito da Corte de
  Apelações 362
nova criação 76
nova esquerda 168, 324

O

observação 58, 64, 89, 156, 158,
  159, 160, 161, 164, 174, 267,
  268, 276, 315, 366, 409
ofertar 384
Onésimo 60
origens 31, 74, 75, 94, 168, 245,
  323, 355
Ovídio 404

P

Packer 116, 132, 183, 202, 203
pacto 134, 138, 139, 140, 142, 143,
  144, 145, 147, 149, 340
pacto abraâmico 140, 145
paganismo 135, 392
panteísmo 64
patriarcado 329
pax civitatis 360
Payton 236
pecado 28, 36, 37, 43, 45, 46, 48,
  52, 53, 71, 73, 76, 80, 82, 90, 91,
  96, 97, 99, 100, 101, 102, 103,
  106, 107, 108, 112, 113, 114,
  115, 116, 117, 118, 120, 121,
  122, 123, 126, 127, 128, 129,
  130, 135, 137, 183, 186, 196,
  210, 212, 216, 217, 224, 226,
  227, 233, 238, 252, 257, 258,
  260, 269, 334, 340, 346, 352,
  353, 374, 375, 389, 396, 397,
  398, 405, 407, 409, 412, 416
pecado original 76, 100
People for the Ethical Treatment of
  Animals 85
perdão 122, 128, 134, 150, 185, 228
permissividade 394, 404
Peterson 222
Pilatos 274, 331, 332
Platão 290, 391, 392, 393, 394, 411
pluralismo 175
Polanyi 166
pós-estruturalismo 169
positivismo 321
pós-modernismo 167
Powlison 239, 247, 251, 252
pragmatismo 161, 363
pressuposições 15, 16, 63, 70, 72,
  78, 79, 80, 84, 97, 166, 201, 248,
  251, 329, 410
Primeira Emenda 343, 361
princípio da incerteza 165
prosperidade 127, 205, 292, 369,
  380, 381, 387
providência 89, 210, 318, 338, 339,
  341
providencialismo 338, 339, 342
psicanálise 241, 243
psicociência 248
psicologia cristã 244, 245, 252
psicologia e teologia 29, 102, 111,
  163, 182, 239, 240, 241, 242,
  243, 244, 245, 246, 247, 248,

249, 250, 251, 252, 253, 256, 257, 259, 261, 279, 292, 294, 330, 412
psicoterapia 245, 246
psique 100, 241, 243, 412
psiquiatria evolucionária 250
puritanos 358, 359, 403, 405

Q

quadrivium 290
queda 71, 72, 76, 80, 82, 100, 105, 106, 107, 108, 110, 136, 265, 316, 318, 337, 355, 392, 404
queda de Satanás 105, 106, 107, 108, 404

R

Raabe 204
racionalidade 52, 83, 88, 158, 168, 322, 339
racionalismo 97, 291, 292, 293
racismo 67, 134, 328
realidade virtual 175
realismo 171, 172, 173, 307, 326, 333
reconciliação com Deus 121, 126, 130, 131
reconciliação racial 133, 151
recursos 13, 27, 31, 209, 300, 371, 372, 373, 374, 375, 378, 379, 380
redenção 30, 66, 82, 98, 102, 131, 133, 135, 136, 138, 143, 147, 148, 186, 369, 370, 376, 381
regeneração 46, 115
reino milenar 345, 346
relativismo 168, 169, 172, 175, 182, 241, 325, 328
Renascença 278, 291, 399, 400

renovação da mente 48, 56, 295
revelação bíblica 396
revelação das Escrituras 31, 32, 251, 294
revelação de Deus 31, 32, 251, 294
revelação especial 16, 32, 51, 57, 58, 59, 60, 254, 257, 258
revelação geral 32, 254, 255, 256, 257, 258, 259, 260, 261
revelação natural 16, 57, 60, 255, 257, 258, 261
revisionismo 70, 325, 343, 344
revolução científica 316, 319
riqueza 37, 209, 210, 246, 360, 369, 370, 371, 378, 382, 383, 384, 385, 386, 387, 388, 389
Rodeheaver 234
romantismo 325, 326
Rorty 157, 161, 169, 172

S

Sadraque 141
Salmanasar 340
salvação 19, 25, 29, 31, 32, 33, 39, 46, 48, 53, 57, 71, 96, 97, 101, 107, 120, 123, 138, 142, 143, 146, 147, 149, 186, 215, 243, 258, 348, 355, 362, 409, 410
Samuel 302, 352
santidade 28, 112, 127, 223, 224, 228, 250, 257, 403, 406, 412, 416
santificação 27, 30, 31, 33, 355
Sartre 326
Schaeffer 12, 96, 416
Scott 10, 12, 20, 180, 194, 198, 247, 248
sem livro 279

ÍNDICE REMISSIVO DE PESSOAS E ASSUNTOS

símbolos 173
Simeão 143
socialismo santificado 381
sola Scriptura 39, 57
Spencer 67, 93, 94
Spinoza 160
Steinem 200
Sunday 234

T

Tada 229
Tavris 248
tecnologia da fertilidade 257
Temple 223, 231
tempo 24, 25, 42, 52, 56, 58, 70, 72,
80, 87, 88, 92, 93, 94, 105, 107,
114, 124, 140, 142, 143, 146,
157, 159, 162, 164, 165, 166,
170, 181, 182, 191, 193, 206,
208, 209, 210, 211, 213, 215,
227, 228, 229, 233, 235, 236,
248, 266, 268, 276, 277, 278,
281, 282, 287, 288, 290, 292,
297, 298, 302, 311, 312, 314,
317, 319, 323, 325, 333, 336,
338, 341, 345, 352, 357, 359,
361, 365, 366, 371, 373, 376,
378, 382, 384, 385, 400, 403,
409, 413, 414, 415
tempo e acaso 88
tentação 29, 37, 108, 113, 137, 365,
368, 397, 416
Teófilo 335
teologia 16, 48, 58, 64, 100, 134,
158, 159, 223, 234, 235, 237,
240, 253, 264, 277, 291, 292,
306, 318, 338, 354, 355, 359,
398, 402

teoria científica 71, 73, 74, 81,
82
teoria do *bigue-bangue* 83
Tertuliano 399
tese 50, 63, 93, 158, 170, 269, 299,
322
Thucydides 317
Tiago 30, 112, 125, 146, 212, 217,
301, 408
Timóteo 4, 33, 39, 75, 107, 206,
209, 225, 297, 301, 302, 306,
378, 387
Tirano 148, 302
Tito 4, 190, 203, 214, 302
Tomé 332
Torrey 234
totalitarismo 322, 365
Tozer 230, 233
trabalho 12, 30, 49, 50, 73, 74, 76,
88, 101, 103, 116, 118, 138, 151,
158, 167, 168, 170, 171, 192,
193, 195, 196, 205, 210, 213,
224, 227, 248, 253, 286, 288,
319, 320, 321, 322, 328, 337,
351, 352, 367, 372, 373, 376,
377, 378, 380, 384, 389, 391,
394, 396, 401, 403, 414
trabalho social 248
tribalismo 293
trivium 290

U

umanistas 400
utilitarismo 251
Uzias 352

V

valdenses 355

Venning 404
Verdade 59, 60, 265, 278, 279, 283
Verduin 351, 352, 355, 356, 357, 358, 359, 368
vergonha 91, 115, 116, 183, 204
Virgílio 401, 404
Voltaire 320
von Ranke 320
vontade de Deus 5, 16, 17, 19, 41, 46, 47, 48, 51, 52, 53, 69, 75, 96, 101, 102, 106, 109, 113, 120, 121, 125, 158, 163, 183, 189, 190, 205, 206, 211, 214, 218, 220, 222, 223, 230, 261, 295, 334, 338, 345, 350, 360, 387, 392, 393, 405, 413

W

Wald 92
Watts 225, 226, 234
Webber 223
Welch 250
Weldon 81, 88, 95

Weltanschauung 15, 240
Wesley 221, 228, 234, 238, 268, 372
Whitehead 162
Wilkinson 61
William 12, 15, 16, 18, 20, 52, 58, 59, 61, 132, 139, 158, 223, 238, 241, 253, 277, 290, 310, 328, 333, 335, 339, 341, 346, 368, 384, 399
William James 241, 253
Williams 93, 358, 359, 360, 361, 363
Wilson 193, 194, 198, 314
Wittgenstein 166
Wolgemuth 229, 389

Y

Young 9, 73, 74, 111, 116

Z

Zuck 152, 304
Zuínglio 356, 357